DUMONT
Reise-Taschenbuch

978 3616 021027

W0092307

tal der loire

Manfred Görgens

Senkrechtstarter

Hätte man noch einen Wunsch, wenn die Seele zum Himmel aufsteigt, dann wäre es vielleicht ein letzter Blick hinunter auf die Loire. Wo die Jugend übermütig und lebensfroh in den Fluten schwimmt. Wo Brücken das miteinander verbinden, was unvereinbar scheint. Wo sich Wassermassen einen Weg quer durch ein großes Land bahnen, um an den Ufern immer neue Reize von Natur, Kunst und Kultur glitzern zu lassen. Kein Fluss Europas ist so ungezähmt wie diese Lebensader.

Überflieger

C'est trop!

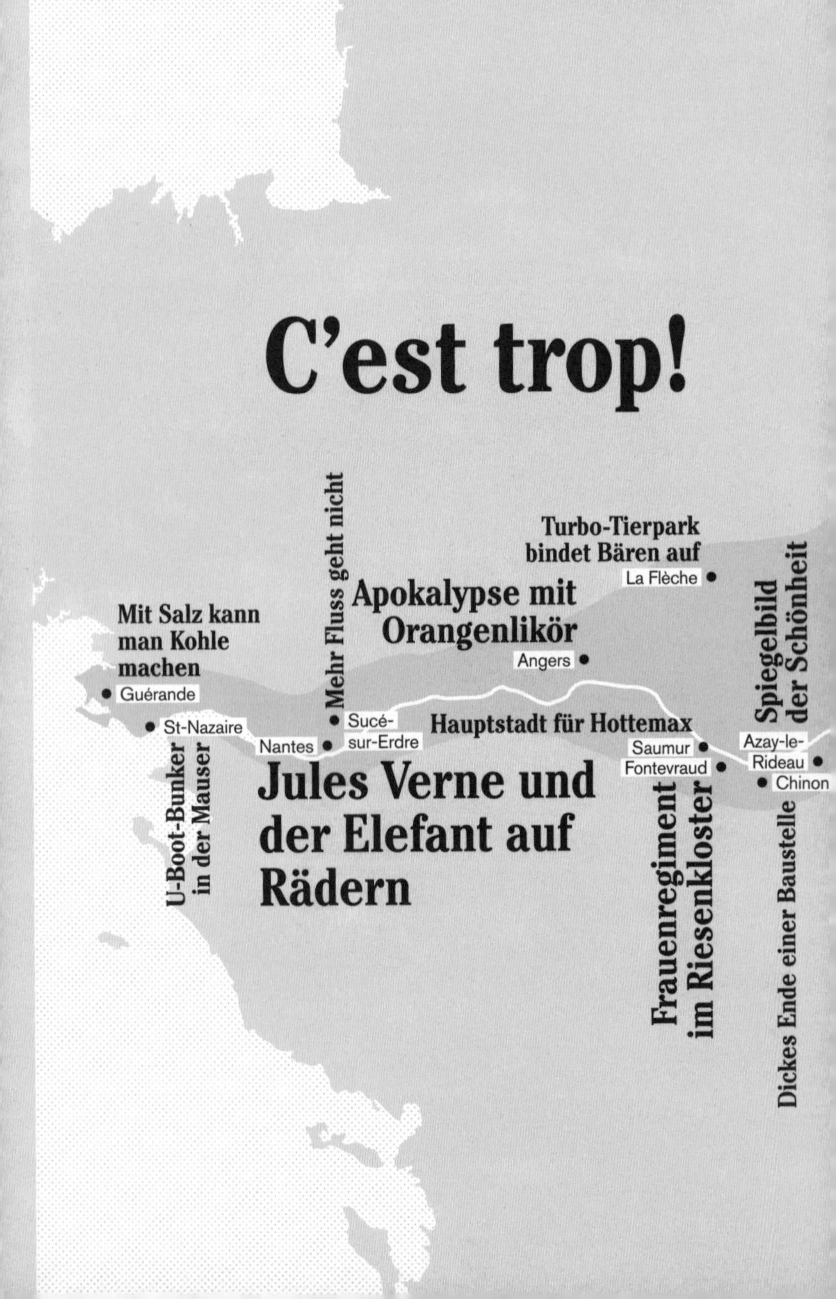

Mit Salz kann man Kohle machen
● Guérande

Mehr Fluss geht nicht

Apokalypse mit Orangenlikör

Turbo-Tierpark bindet Bären auf
La Flèche ●

Angers ●

Spiegelbild der Schönheit

● St-Nazaire

Nantes ●

Sucé-sur-Erdre ●

Hauptstadt für Hottemax

U-Boot-Bunker in der Mauser

Jules Verne und der Elefant auf Rädern

Saumur
Fontevraud ●

Azay-le-Rideau
● Chinon

Frauenregiment im Riesenkloster

Dickes Ende einer Baustelle

Das Tal der Loire — ein langes Band quer durch Frankreich. Mal eben drüberfliegen, von Nord nach Süd, aber vor allem von Ost nach West. Mehr Schloss kann man nicht träumen – aber das ist lange nicht alles!

Boxenstopp am Märchenfluss

Franzens Edelbutze

Nur echt mit Jungfrau

Ein Schloss aus vier Epochen

- La Chartre-sur-le-Loir

- Orléans

Germigny-des-Prés

Wie Puzzle, nur als Kunst

- Chambord

- Blois

- Briare
Kanal on top

Leonardo lebt!

- Cheverny
Frei nach Hundeschnauze

- Tours
- Amboise
- Villandry
Garten macht Freude

- Chenonceau

- Romorantin-Lanthenay

Renaissance trifft Renault

- Sancerre
Wein und Käse auf Kreide

Ich bin der Martin

Stein gewordene Lustbarkeit

- Bourges

In der Kathedrale wird's glasig

Querfeldein

Ab durch die Mitte — Auf 1012 km trennt die Loire Nord- von Südfrankreich. 300 km Filetstück sind UNESCO-Welterbe. 900 km können beradelt werden. Die gesamte Länge klappert der Wanderweg GR 3 ab.

Schlösser satt

Frankreichs Autobahnen haben einen Bezugspunkt: Notre-Dame in Paris. Auch wenn schon Asterix dort das politische und wirtschaftliche Zentrum Galliens verortet, kam Paris als Hauptstadt erst 987 dem Frankenkönig Hugo Capet in den Sinn. Seine Dynastie, die Kapetinger, hatte im Reich ihre mächtigen Zweige und auch Feinde, vor allem entlang der Loire. Das ist in Kurzfassung der Beginn einer Geschichte, die Frankreichs längsten Fluss vor Schlössern überquellen lässt. 40 Häuser werden als Top-Adressen geführt, insgesamt listet allein das Anjou 1200.

Woher der Wind weht

Tausende von Zeichnungen finden sich im Musterbuch der Girouetterie. Der Handwerksbetrieb macht Coudray-Macouard im Süden von Saumur zur Welthauptstadt der Wetterfahne und lehrt: lieber Fantasie in der Hand als Hahn auf dem Dach.

Auch rollender Stein setzt Moos an

Schlösser sammeln mit den Eltern. Wer sich traut, rebelliert dagegen, aber in den Nachkriegsjahren trauten sich nur wenige. Auch Mick Jagger saß einst brav im Fonds des Wagens und ließ die Schlösser der Loire über sich ergehen. 1980 kaufte der Frontmann der Rolling Stones eines dieser Anwesen, und kein bescheidenes: Château de Fourchette in Pocé-sur-Cisse. In Amboise, am anderen Loire-Ufer, sitzt Jagger auch schon mal wie du und ich im Café. Aber zum Geburtstag am 26. Juli lässt er es dann doch lieber in seinem Eigenheim krachen.

Vom Mythos der Schlösser lebte der französische Nachkriegstourismus. Nun wird es Zeit, das Tal der Loire unter erweitertem Blickwinkel zu betrachten.

Flicken drauf, fertig

Haben Sie Ihre *rustines* dabei? In Deutschland ist der Begriff nicht entfernt so geläufig wie in Frankreich, die Sache selbst aber durchaus bekannt: selbstklebende Flicken für den Fahrradreifen. Louis Rustin aus La Chartre-sur-le-Loir erfand die praktischen Helfer, seine Nachfahren haben ihren Firmensitz immer noch in dem charmanten Ort, wenn auch mit erweiterter Produktpalette. Und *rustines* wurden derweil zum Inbegriff für alles, was die Wechselfälle des Lebens kittet.

Am Ende doch geschüttelt

Bei Cocktails macht einen oft schon die Entstehungsgeschichte schwindelig. Was die Margarita anbelangt, so entspricht das älteste uns bekannte Rezept bereits der allgemein geläufigen Mischung: zwei Teile Tequila, ein Teil Limottensaft – und ein Teil Cointreau aus Angers.

Lebensart an Butter – Beurre blanc ist das kulinarische Schlüsselerlebnis an der Loire.

Vive la Loire vivante!

Allerlei war in den 1980er- und 90er-Jahren geplant, um den großen Strom samt seinen Zuflüssen zu zähmen und für wirtschaftliche Belange zu nutzen. Deiche und Stauwerke sollten entstehen, mehr Wasser für die Landwirtschaft und die Kühlung der Atomkraftwerke abgezweigt werden. Geballte Kräfte konnten das jedoch verhindern und die Loire als einen der letzten Wildflüsse Europas bewahren.

Sag's durch Blumen

85 Prozent der französischen Blumenproduktion stammt aus dem Anjou. Herzog René ist es zu verdanken, dass u. a. Nelken, Hortensien und auch Aprikosen früh dort heimisch wurden.

Inhalt

Vor Ort

Im Berry 14

Kunst im Cabrio: Unter dem eingestürzten Gewölbe der Abbatiale Toussaint zeigt die Stadt Angers Werke ihres größten Bildhauers Pierre-Jean David, genannt David d'Angers.

Zwischen Gien und Blois 40

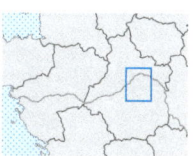

Tours und Touraine 82

Unterschiffen kann man nur Schloss Chenonceau.

Val du Loir 130

Das Anjou 148

Das Kleingedruckte

Das Magazin

Vor

Ort

Präsentierteller: In Trentemoult wird zum Menü die Aussicht auf die Loire und die Stadt Nantes serviert.

Im Berry

Einen Bock geschossen? — Das wäre extrem untertrieben, denn von der alten Hauptstadt Bourges aus, später von den großen Schlössern der Loire ballerte sich der Adel durch die Wälder des Berry, die immer noch reich an Wild sind.

Bourges ⭐

Die Hochkultur breitete sich mit Jean Duc de Berry schon im Mittelalter über das Herz Frankreichs aus. Der Herzogssitz Bourges verströmt heute noch den Geist einer verlorenen Ära.

Ums Zentrum kreisen

Schon mal von Bruère-Allichamps gehört? Hier soll Frankreichs geografische Mitte liegen. Einen besseren Anlass kann es nicht geben, um mal zu Fuß um das Dorf zu kreisen, das ansonsten in jeder Hinsicht bedeutungslos ist.

Lutschbonbons: Gegen Forestines sehen Kamellen alt aus.

Eintauchen

La Charité-sur-Loire

Die ›Stadt der Bücher‹ hat sich in dieses Buch gemogelt, denn eigentlich ist sie schon im Burgund – dabei aber so malerisch an der Loire gelegen, dass ihr die Ehre nicht verwehrt sei.

Vom Weißen zum Käse

Weil weder mit Reben noch mit Ziegen genügend Geld zu verdienen war, wählten die Bauern um Sancerre einen Mix. Dass ihr Sauvignon zur Weltmarke aufsteigen und den Ziegenkäse abhängen würde, konnte keiner ahnen.

Seite 34

Aubigny-sur-Nère

Die alte Frage, was unter dem Schottenrock sei, ließe sich auch hier klären. Der Fachwerkort war einst in der Hand des Clans Stewart und probt heute noch Dudelsackbläserei.

Seite 36

Denkmal der Emanzipation

Man kann wohl davon ausgehen, dass Keira Knightley die schönere Colette ist. Aber nur die wahre Colette wusste schreibend zu begeistern. Ihr Geburtsort St-Sauveur-en-Puisaye war Schauplatz der Claudine-Romane.

Seite 38

Briare

Schon mal auf einem Kanal über einen Fluss gefahren? Klingt gaga, ist aber real existierende Gelegenheit in Briare.

Seite 39

L'état c'est EDF

Atomkraft? Hat Frankreich nichts gegen. Der staatliche Energiegigant EDF sorgt dafür, dass mit Kraftwerken wie Belleville auch an der Loire alles ordentlich strahlt.

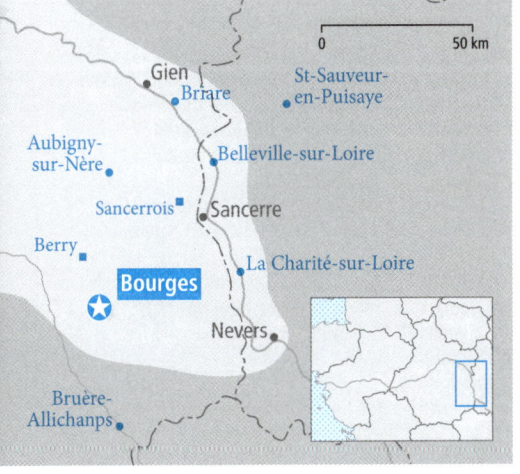

Tiefes Wasser führt die Loire nicht. Traditionell fährt man auf ihr mit flachen Booten wie der *toue*.

Unterirdisch, grottig – spätestens im 17. Jh. ist die Rede von einer Höhlenwelt unter der Stadt Bourges. Systematisch erforscht wurde das nie. Es geht sogar die Mär von Gängen bis ins 45 km entfernte Sancerre.

erleben

Das wahre Herz der Großen Nation

Z

Zentralismus und Frankreich bilden ein Wortpaar, das sich nur schwer trennen lässt. Zentral ist allerdings relativ, denn Paris liegt fast schon peripher. Gemessene geografische Mitte ist das Berry, es besitzt mit Bourges sogar ein kulturschweres Städtchen, das sich fast zur Hauptstadt entwickelt hätte. Nachdem nämlich König Charles VII im Hundertjährigen Krieg weiche Knie bekommen hatte, zog er sich hinter die schützende Loire zurück. Seine Nachfolger schätzten den Fingerzeig, auch wenn sie dichter an den Fluss rückten.

Darum also die vielen Schlösser der Loire – keine Landsitze derer, die eigentlich in Paris regierten, vielmehr die pompösen Machtzentren selbst, bis der Sonnenkönig nach Versailles wechselte. Im Berry, wo die Reise kunstvoll begann, stehen nur ein paar eher bescheidene Châteaux, umgeben von viel Natur und von Orten, die malerisch bröckeln. Den Zeitensprung erlebt man immer wieder, wenn man über Gien hinaus nach Süden fährt: Es wird nostalgisch zwischen Wein und Ziegenkäse, Wild und Waldpilzen. Etwas verwirrend dabei die Nomenklatur: Berry, Cher, Sologne und was sonst noch. Gelegentlich spricht man auch von

der *France profonde,* einem traditionsverhafteten Zentrum Frankreichs, das konservativ denkt, sich mit seinem Wein und seinem Käse begnügt und die wilde Natur wie eine Deckung gegen Modernismen nutzt. Claude Monet, Frédéric Chopin, George Sand – Künstler aller Sparten haben dort Zuflucht vor Trubel gesucht.

Bourges R5

Es klingt schon nach Galgenhumor, wenn sich eine Stadt, die 1487 samt Herzogspalast niederbrannte, eine Place de la Pyrotechnie leistet. Das nüchterne Umfeld des Platzes nimmt wie überhaupt die Außenbezirke nicht recht gefangen für das 66 000 Einwohner zählende Bourges. Aber dann öffnet sich von der Place Malus ein grandioser Blick auf das Herzstück der imponierenden Altstadt: die Kathedrale. Der Stadtmauer aus Römerzeit rückte ein Großumbau im späten 12. Jh. zu Leibe. Es entstand ein neues Bourges, dessen Sandfarben über ausgetretenem Kopfsteinpflaster das Bild prägen. Redynamisierung ist die aktuelle Ansage für diesen alten Kern mit seinen Fachwerkhäusern, der in der Tat Jahrhunderte der Träume hinter sich hat. Gegenstand solcher Träume war auch die Glanzzeit unter Jean I Duc de Berry. Obwohl ohne sonderliche historische Bedeutung, ist der Mann bis heute einer der bekanntesten Untertanen des damaligen französischen Königshauses, und das nur wegen einiger Buchseiten. In seiner Leidenschaft für die Miniaturmalerei vergab Jean um 1410 einen epochalen Auftrag an die Brüder von Limburg. So entstanden die »Très Riches Heures du Duc de Berry«, Meisterwerke der Buchmalerei. Das Original wird in Schloss Chantilly verwahrt, selbst Fachleute dürfen dort jedoch nur ein Faksimile begutachten.

Ein Glaswunder

Höhe – der Fingerzeig zum Himmel – war ein Anliegen gotischer Sakralarchitektur. Die **Cathédrale St-Étienne** ❶, seit 1992 UNESCO-Welterbe, fällt aber schon im Fernblick von der Place Malus durch ihre Breite auf. 45 m beträgt das Außenmaß.

Ausnehmend schöne Buntglasfenster wie in der Kathedrale von Bourges wecken den Wunsch, wenigstens Kunstdrucke von ihnen zu bewahren.

Die Kathedrale von Bourges verzichtet auf gotischen Höhenflug: erhebend flach.

Die asymmetrische Westfassade mit den fünf Portalen ist sogar noch 10 m breiter und kaum mehr zu überschauen, da neuere Bauten nicht genügend Abstand gestatten. Aus der Nähe beeindruckt die Darstellung des Jüngsten Gerichts über dem Hauptportal. Im Innern zeigt sich, dass den Eingängen fünf Schiffe entsprechen, die eine lange Flucht von 120 m ergeben – ein mächtiger, wohlproportionierter Raum mit nachdrücklicher Wirkung, der auch von einer sehr kurzen Bauzeit (1195–1260) profitiert. Eine genauere Analyse ergibt, dass die Baukörper mit der wesentlichen Aufgabe gesetzt wurden, dem Innern über zahlreiche Bleiglasfenster viel Licht zu geben. Gedämpft wird der Einfall dann aber durch die **Glasmalereien**, die zu den bedeutendsten Frankreichs zählen. Vor allem Blau- und Rottöne zaubern

eine mystische Farbigkeit. Die Motive umfassen im Chor die Darstellung von Zünften, die beim Bau als Stifter auftraten.

Die große **Fensterrose** im Westen finanzierte Jean Duc de Berry, dessen Sarkophag in der **Krypta** ruht. Dass eine solche Unterkirche existiert, ist für gotische Kathedralen die Ausnahme. Sie diente hier dazu, den Niveauunterschied zwischen West- und Ostteil, entstanden durch Überbauung des gallorömischen Wehrgrabens, auszugleichen. Die Liegefiguren des Herzogspaars dort unten tragen nicht mehr die originalen Häupter – diese waren während der Revolution abgeschlagen worden –, so wie auch die Kirchenfassade schwere Blessuren dieser Jahre trägt. Ihre zweite Blüte hatte die Kathedrale um die Wende zum 15. Jh., als die Valois-Könige in Bourges residierten und in der Kirche ihre Zeremonien feierten. Um 1420 konstruierte Domherr Jean Fusoris die **astronomische Uhr** im Eingangsbereich, die als älteste Frankreichs gilt. Etwa zeitgleich wurde nach dem Einsturz des Nordturms die 65 m hohe **Tour de Beurre** gebaut, finanziert mit einer kuriosen Abgabe: Wer spendete, durfte auch in der Fastenzeit Butter *(beurre)* essen. Über 396 Stufen kann man zum Turm hinaufsteigen und auf die Altstadt blicken. Über der alten Glocke dort oben thront ausnahmsweise ein Pelikan statt eines Wetterhahns.

Einen guten Blick auf die Kathedrale hat man vom **Jardin de l'Archevêché** aus. Hier auf der Südseite steht auch der zweite, kleinere Turm der Kathedrale, *sourde* (taub) genannt, weil ihm die Glocke fehlt.

www.bourges-cathedrale.fr, tgl. 9–18 Uhr, Krypta nur im Rahmen einer Führung tgl. außer So morgens: Mai–Aug. 10, 11.15, 14.30, 16, 17.30, April, Sept. 10.15, 11.15, 14.30, 15.45, 17, Okt.–März 10, 11.15, 14.30, 15.30, 17.30 Uhr, 8 €; Turm tgl. außer So morgens: Mai–Aug. 9.30–11.30, 14–17.45, April, Sept. 10–11.45, 14–17.30, Okt.–März 9.30–11.30, 14–16.45 Uhr, 6 €; Kombiticket Turm und Krypta mit Palais Jacques Cœur 12 €

Der nie bewohnte Prunkpalast

Etwa 150 km lang ist die heutige »Route Jacques Cœur«, die 1954 als älteste Touristenstrecke Frankreichs unter dem Namen »Circuit des Châteaux du Cœur de France« eröffnet wurde. Dass sie die Schlösser im Herzen (*cœur*) Frankreichs erfasst, würde all denen mehr bedeuten, die mit Jacques Cœur nichts anfangen können. Der illustre Herr war Schatzmeister jenes Charles VII, der sich als erster König Frankreichs an der Loire statt in Paris einrichtete. Darum auch ließ Jacques Cœur, um 1400 in Bourges geboren, seinen Wohn- und Geschäftssitz ab 1443 hier im königlichen Umfeld errichten. Der **Palais Jacques Cœur** ❷ besitzt sämtliche Attribute spätgotischer Pracht, ein grandioses Zeugnis dafür, was ein Kürschnersohn mit Unternehmergeist erreichen konnte. Der Orienthandel machte Cœur zum reichsten Mann Frankreichs. Aber als sein Palast 1451 bezugsfertig war, kam sein Besitzer unter die Räder. Man warf ihm Betrug und Mitschuld am Tod der königlichen Mätresse Agnès Sorel vor und sperrte ihn ins Gefängnis. Er entkam nach Rom, um vom Papst begnadigt zu werden, dann aber bei der Kreuzfahrt gegen die Türken spurlos zu verschwinden.

Seinen Palais über den Resten der gallorömischen Stadtmauer hat er nie bewohnen können, er wurde Rathaus und Gerichtshof, dann Justizpalast. So bleibt es heutigen Besuchern vorbehalten, das Innere dieses europaweit herausragenden weltlichen Gebäudes der Gotik zu erkunden. Über den kühlen Innenhof erschließen sich die Etagen mit Zimmern, die nicht ineinanderlaufen. Vielmehr sind sie, wie es später erst Mode wurde, durch Korridore verbunden. Die Symbole für Jacques und Cœur, Jakobsmuschel und Herz, begleiten den Rundgang ebenso wie mystische Zeichen und exotische Pflanzenmotive.

Figurenreliefs über den Türen verweisen auf die jeweilige Nutzung des Raumes dahinter, eine Kaminverkleidung ist einer Ritterburg nachempfunden, den Bankettsaal flankieren zwei Wendeltreppen, Holzgewölbedecken ergeben über ihren praktischen Nutzen hinaus imposante Architekturmuster. Es gibt sogar Badezimmer und Toiletten sowie

DIE BRÜSTE DER AGNÈS **B**

»Free the Nipple« nannte Lina Esco 2012 ihre Kampagne und ihren Film gegen den Widersinn, dass Männer allenthalben oben ohne erscheinen dürfen, Frauen jedoch nicht. Jennifer Wright von »Harper's Bazaar« streute via Twitter ein gotisches Gemälde, um die verklärte Vergangenheit in ein anderes Licht zu rücken. Es zeigt Agnès Sorel, intelligente Lebedame, der Einfaltspinsel Charles VII hoffnungslos verfiel. Maler war jener Jean Fouquet, der eben nicht nur den Palais Jacques Cœur dekorierte, sondern auch seine offenkundige Freude an einer »Thronenden Madonna mit dem Christuskind« hatte. Mit den teilentblößten Brüsten, angeblich nach dem lebenden Vorbild der Agnès Sorel, geriet ihm das religiös motivierte Werk eher wie ein mittelalterliches Pin-up. Agnès, die wegen ihrer Klugheit und ihres Regierungsgeschicks auch ihre Feinde hatte, starb jung. 2004 öffnete man ihr Grab in Loches und wies eine Quecksilbervergiftung nach. Mord oder ärztlicher Kunstfehler? Der bezichtigte Königssohn Louis kam jedenfalls ungestraft davon und schaffte es auf den Thron. Böse erwischte es derweil den ebenfalls verdächtigten Jacques Cœur, der all seinen Besitz verlor.

einen Kapellenhimmel des berühmten Malers Jean Fouquet aus Tours.

10bis, rue Jacques Cœur, T 02 48 24 79 42, www.palais-jacques-coeur.fr, Juli/Aug. tgl. 10–12.45, 14–18.15, April, Sept. tgl. 10–12.15, 14–18, Mai/Juni tgl. 9.30–12.15, 14–18.15, Okt.–März tgl. 9.30–12.15, 14–17.15 Uhr, 8 € (mit Krypta und Turm der Kathedrale 12 €)

Am Wasser gebaut

Beim Bummel durch die Altstadt ahnt man es nicht, aber sie ist von Flüssen umschlossen: Auron, Yèvre und Voiselle, die einst die Siedlung schützten. Von der fachwerkgesäumten **Place Gordaine** 3 kann man einen Spaziergang Richtung

Bourges

Ansehen

① Cathédrale St-Étienne
② Palais Jacques Cœur
③ Place Gordaine
④ Marais de Bourges
⑤ Musée du Berry
   (Hôtel Cujas)
⑥ Musée Hôtel
   Lallemant
⑦ Musée des Meilleurs
   Ouvriers de France
   (Jardin de l'Archevêché,
   Rathaus)

Schlafen

① Oustal
② La Maison du Théâtre

Essen

① Les Petits Plats du
   Bourbon
② La Scala

Einkaufen

① Halle au blé (Markthalle)
② Maison de la Florestine

Bewegen

① Centre Céramique
   Contemporaine
② Haute Voltige

Ausgehen

① Terrasse Jardin de
   l'Hôtel de Ville
② Le Jacques Cœur

Nordosten zur Voiselle unternehmen und staunen, wie schnell Stadt- in Wasserlandschaft übergeht. Am Ufer des Flüsschens erstrecken sich auf 135 ha die Sümpfe der **Marais de Bourges** ④. Jesuiten durchzogen sie vom 17. Jh. an mit Kanälen und verpachteten die somit gewonnenen Parzellen als Ackerland. Die Tradition setzte sich fort, indem heutige Bürger der Stadt dort inmitten der Kanäle ihre Gärten anlegten – die reinste Idylle, durch die man zu Fuß oder mit dem Fahrrad streift oder auf flachen Booten übers Wasser stakt.

Museen

Fast die Schönen Künste
❺ **Musée du Berry:** Als Napoleon Frankreichs Städte mit Kunstmuseen und Inventar bestückte, war Bourges längst zu unbedeutend, um teilhaben zu können. Im Hôtel Cujas aus der Renaissance wird deshalb nur gezeigt, was die Stadt schon zuvor besaß. Schwerpunkte sind u.a. Kunsthandwerk gallorömischer Zeit und Steingut aus La Borne (s. S. 23), ergreifendes Highlight aber die *pleurants*. Diese weinenden Mönche aus Alabaster stammen vom Grab des Duc de Berry und wurden von dem Bildhauer Jean de Cambrai geschaffen, der 1438 in Bourges starb.
4–6, rue des Arènes, www.ville-bourges.fr/site/musee-berry. Derzeit aus Sicherheitsgründen geschlossen, es wird saniert.

Königliche Schlafgelegenheit?
❻ **Musée Hôtel Lallemant:** Tapisserien und noch allerlei Kunsthandwerk seit der Renaissance sind im Hôtel Lallemant ausgestellt, das aber eher seiner selbst wegen den Besuch lohnt. Es war der Sitz einer reichen Kaufmannsfamilie, ausgestattet mit Innenhof und Kapelle. Hermeline am Kamin in der Chambre Basse lassen vermuten, dass 1506 König Louis XII und seine Gattin Anne de Bretagne bei ihrem Besuch in Bourges hier übernachteten.
6, rue Bourbonnoux, www.ville-bourges.fr/site/musee-arts-decoratifs, Di–Sa 10–12, 14–18, So 14–18 Uhr, 3,50 €

Das Rathaus und die Gesellen
❼ **Musée des Meilleurs Ouvriers de France:** Die Absicht, Frankreichs beste Handwerker zu ehren, steckt im Titel des Museums im ehemaligen Bischofspalast, der heute als Rathaus dient. Die Sammlung umfasst prämierte Gesellenstücke.
Place Étienne Dolet, www.ville-bourges.fr/site/musee-meilleurs-ouvriers-france, Di–Sa 10–12, 14–18, So 14–18 Uhr, 3,50 €

Schlafen

Zurück in die Belle Époque
❶ **Oustal:** Ein weitläufiger Garten mit Mammutbäumen umgibt die Villa aus dem 19. Jh. Marmorkamin, Parkett und große Fenster prägen die Atmosphäre in den Zimmern. Zu den Sehenswürdigkeiten der Altstadt sind es maximal 15 Gehminuten.
7, rue Félix Chédin, T 02 48 70 26 64, www.oustalenberry.fr, 4 Zi., DZ/ÜF ab 90 €

Ausgesucht überkandidelt
❷ **La Maison du Théâtre:** Fresken und Lüster aus Murano-Glas signalisieren auf den ersten Blick, dass es ein wenig crazy zugeht. Ein überdachter Pool in Verbindung mit einem hauseigenen Konzertsaal im italienischen Stil sorgt für den Rest. Die Adresse ist definitiv abgehoben, aber ein Erlebnis.
1, bd. Clemenceau, T 06 71 00 70 86, www.maison-du-theatre.fr, 5 Zi., DZ ab 70 €

Essen

Wirtshaus im Sakrallook
❶ **Les Petits Plats du Bourbon:** Wöchentlich ändert sich das Angebot auf der Schiefertafel. Landestypisches in frischer Qualität ist ein Teil vom Reiz. Der andere Teil besteht in der herausragenden Architektur: Die Brasserie wurde in einer ehemaligen Klosterkirche eingerichtet.
60, av. Jean-Jaurès, T 02 48 70 79 90, www.lespetitsplatsdubourbon.com, Mo 19.15–21.30, Di–Sa 12–13.45, 19.15–21.45 Uhr, Menü ab 22 €

Opera buffa
❷ **La Scala:** Nicht von ungefähr erinnert der Name an Mailand: Es gibt Pizza, Pasta, Salate und Logen wie in der Oper. Man kann aber auch die Terrasse vor dem Fachwerkhaus wählen. Kulinarisch darf man nicht zu viel erwarten, Scala ist eine

regionale Kette, deren Vorzug vor allem in der Atmosphäre ihrer Häuser besteht.
1, place Planchat, T 02 48 24 08 85, https://la-scaleta.fr/restaurant-bourges, tgl. 12–14, 19–22/23 Uhr, Menü 14–21 €

Einkaufen

Für Selbstversorger und Stöberer
1 Halle au blé: Mit zehn Märkten ist Bourges gut ausgestattet. Mein persönlicher Favorit: die denkmalgeschützte Getreidehalle von 1832–36. Der ursprünglich offene Innenhof wurde mit einem Glasdach gedeckt, um mit dem gesamten Warenangebot wetterunabhängig zu sein.
Rue de la Halle, Sa 8–13 Uhr

Bonbons für Krösus
2 Maison de la Forestine: 1878 überzog Georges Forest aus Bourges Nuss- und Mandelcreme mit einem Zuckermantel in schillernden Farben. Das war die Geburtsstunde der *forestines,* deren Preis mittlerweile so hoch ist, dass manche Besucher vor Wut schäumen – und doch dem Geschmack erlegen sind. Im Sortiment finden sich längst weitere Spezialitäten aus dem Berry, vor denen man in die Knie gehen kann.
3, place Cujas, www.forestines.fr, Di–Sa 10–12, 14–19 Uhr

Bewegen

Aus für die Toskana
1 Centre Céramique Contemporaine: Das berühmt-berüchtigte Töpfern in der Toskana hat ein Ende. Es geht nämlich auch in einem Dorf 35 km nordöstlich von Bourges: Hier wird ein dreistündiger Einführungskurs kombiniert mit Bett und Frühstück in einem nahen Gîte de France. Wer Inspiration sucht, sollte die Cathédrale des Künstlers Jean Linard im Nachbardorf Neuvy-Deux-Clochers besuchen.

LECKERLAND BERRY

Schnecken im Einmachglas haben vielleicht nicht das Zeug, Lieblingsmitbringsel deutscher Urlauber zu werden. Von der Schneckenfarm **Le Jacquin** im Dorf Chambon südlich von Bourges kommen aber auch die *croquilles,* knusprige Schneckenhäuser aus Teig, oft mit Butterfüllung. In Bourges selbst hat **Monin** seinen Sitz, ursprünglich ein Weinhandel, der sich nach dem Krieg auf Sirup spezialisierte. Mittlerweile ist Monin darin Weltmarktführer und hat sogar eine Fabrik in Florida gegründet.

25, Grand' Route, La Borne (♥ S 4), T 02 48 26 96 21, www.laborne.org, Buchung über Office de Tourisme, ab 80 € für 2 Pers.; Cathédrale Ostern bis Allerheiligen Sa/So und Fei 14–19, Juli/Aug. tgl. 10.30–19 Uhr, 3 €

Speiübel am Himmel
2 Haute Voltige: 20 Minuten vergehen nicht immer wie im Flug, insbesondere dann nicht, wenn der Flug an die Nieren geht. Hat der Pilot gerade schonend vom Boden des Aérodrome abgehoben, setzt er zur Wahnsinns-Tat an und dreht einen Looping. In der Regel steigt der Flugbegleiter nach der Landung als grünes oder schneeweißes Männchen aus der Einmotorigen.
Buchung über Office de Tourisme, ab 92 € pro Person

Ausgehen

Ein Sonntag wie damals
1 Terrasse Jardin de l'Hôtel de Ville: Da schon ein ordentlicher Name fehlt, ist es auch um andere Eckpunkte

schlecht bestellt: Website und verlässliche Öffnungszeiten fehlen, das Telefon wird auch nicht zwingend betreut. Die Bürger lieben diese zwanglose Adresse dennoch, allerdings nicht bei Regen und Innenbetrieb, sondern an strahlenden Sommersonntagen, wenn Chansons und Tanz für die echte Atmosphäre einer Guinguette sorgen.

Jardin de l'Archevêché, T 06 07 11 64 96, ganzjährig tgl. 7 bis 22 Uhr (teils nur Innenbetrieb, im Sommer auch Service im Rathausgarten), einfache Speisen um 10 €

Bier beim Aufschneider

✿ **Le Jacques Cœur:** Ein Messingschild in dem urigen Fachwerkbau behauptet, dies sei das Geburtshaus des königlichen Schatzmeisters gewesen. Zeit für Flüssigzufuhr ist dort jeweils bis nach Mitternacht. Irgendwann nach heftiger Betankung wird jemand die Wahrheit ausplaudern: Es stand an dieser Stelle nur das Haus der Frau von Jacques Cœur, und selbst das wurde 1487 vom großen Brand geschluckt.

1, rue d'Auron, T 02 48 70 72 88, Mo–Sa 10–0.30 Uhr

Feiern

• **Printemps de Bourges:** eine Woche ab Mitte April. Seit 1977 existiert das Festival, das anfangs Chanson und Schlager bot. Mittlerweile gibt es Rock und Rap und dazu 100 000 begeisterte Fans. www.printemps-bourges.com
• **Les Fêtes médiévales de Bourges:** Anfang Juni. Ein zweitägiges Mittelalterfest bringt Musiker und Maskenträger, Theaterleute und Tänzer in die Straßen der Altstadt. Zum Ende gibt es ein riesiges Bankett. www.ville-bourges.fr/site/les-fetes-medievales
• **Le Bel Été de Bourges:** Ende Juni–Ende Aug. Fast täglich gibt es in den Grünanlagen und bei den wichtigsten Sehenswür-

digkeiten kostenlose Open-Air-Konzerte lokaler und internationaler Musiker, dazu Feuerwerk und Theater. www.ville-bourges.fr/site/le-bel-ete-de-bourges
• **La Descente Infernale:** Sa um den 20. Juni. In drei Wettkampfkategorien donnern Seifenkisten von der Place du 8 Mai hinunter in die Altstadt und zum Ufer des Auron. www.descente-infernale.com
• **Les Nuits Lumière:** Ende Juni–Ende Sept. tgl. 21.30/22–24 Uhr. Auf einer Länge von 2,5 km leiten blaue Laternen durch die Straßen und führen zu herausragenden Fassaden, auf die farbige Strahler wahre Lichtkunstwerke werfen.
• **Les Très Riches Heures de l'Orgue en Berry:** Mitte Juli–Mitte Aug. jeweils So ab 17 Uhr. Bekannte Organisten spielen gratis in der Kathedrale. www.facebook.com/grandorguebourges
• **La Fête des Marais:** Ende Aug./Anfang Sept. Mit einem Anglerwettbewerb beginnt das große Garten- und Nachbarschaftsfest in den Marais, das sich mit Bootsfahrten sowie Musik und Tanz fortsetzt. www.ville-bourges.fr/site/fete-marais

Infos

• **Office de Tourisme:** 21, rue Victor-Hugo, T 02 48 23 02 60, www.bourgesberrytourisme.com
• **Bahn:** Gare SNCF, Place Gén.-Leclerc; TER nach Tours, Orléans und Vierzon, dort Anschluss an den TGV
• **Bus:** Direktverbindungen in diverse Städte mit Flixbus (www.flixbus.fr) und Ouibus (http://fr.ouibus.com) ab Rue du Pré Doulet. Rémi Linie 18 für Fahrten im Departement Cher, T 08 00 10 18 18, www.remi-centrevaldeloire.fr
• **Navette:** Mo–Sa kostenlos auf zwei Rundtouren ab Rue de Séraucourt unterwegs. www.agglobus.com
• **Autovermietung:** Rent-a-Car, 11, av. de la Prospective, T 02 48 27 90 27

TOUR
Ums Zentrum kreisen

Wanderung um Frankreichs geografische Mitte

Infos

R6
Start/Ziel: Centre
Géographique de la
France
Länge/Dauer: 12,
mit Prieuré 15 km,
3–4,5 Std.

Abbaye de Noirlac:
www.abbayedenoir
lac.fr, Mai–Okt. tgl.
10–18.30, Febr./
April, Nov./Dez. tgl.
14–17 Uhr, 7 €
Prieuré: www.
prieure-allichamps.fr,
Ende April–Anf. Okt.
Mi–So 14.30–
18.30 Uhr

Die frühen Valois-Könige hatten ihre Wahl gut getroffen: Bourges liegt fast mitten in Frankreich. Noch mittiger, sagt eine Berechnung von 1860, befindet sich 35 km schnurstracks südlich **Bruère-Allichamps**. Ein umgenutzter römischer Sarkophag markiert dort an der Kreuzung Avenue de St-Amand (D 2144) und Rue Jean Rameau (D 92) das geografische Zentrum des Landes. Von hier folgt man der D 92 Richtung Westen, biegt noch vor der Brücke über den Cher links in die Rue George Sand ab, dann rechts in den **Chemin des Vignes**. Er verläuft oberhalb des Flusses als gemütlicher Waldweg und erreicht bald einen **Aussichtspunkt** über das Cher-Tal. An der folgenden Gabelung hält man sich links, gelangt wieder zur Rue George Sand und wendet sich nach rechts in den **Chemin de La Fossé aux Moines**, der als Schotterweg durch dichten Wald führt. An der Einmündung in die D 35 geht es links und bald zur **Abbaye de Noirlac.** Die restaurierten Gebäude aus dem 12.–14. Jh. sind in ihrer Schmucklosigkeit pure Zisterzienserarchitektur. An fünf Samstagen im Sommer belebt das Festival Les Traversées die alten Mauern mit fast ebenso alter Musik.

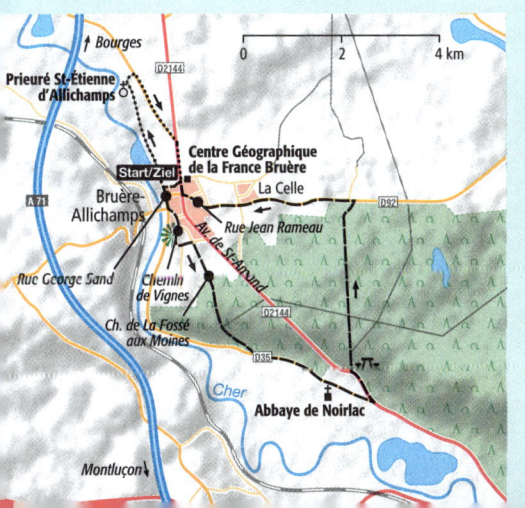

Die Straße folgt dem Klostergelände bis zur Gabelung mit der D 2144 Richtung Bruère. Vom Rastplatz führt rechts ein Waldweg zur D 92 und auf ihr links über **La Celle** wieder zum Ausgangspunkt. Wer noch Wanderlust verspürt, folgt der D 92 nochmals bis zur Rue George Sand, biegt rechts in die Rue de l'Orme, dann wieder rechts und erreicht am Fluss entlang die reich dekorierte **Prieuré St-Étienne d'Allichamps** (12. Jh.).

La Charité-sur-Loire 📍 T 4/5

Gründung der Barmherzigkeit

50 stramme Kilometer von Bourges über die Nationalstraße, dann ist erreicht, was erreicht werden soll: die Loire. Wer sich wundert, dass die Region Centre-Val de Loire ausgerechnet für das Musterstädtchen La Charité nicht wirbt: Es gehört zum Nachbarn Burgund, der Fluss bildet die Grenze. Der Blick von hüben nach drüben über die lange **Steinbrücke** aus dem 16. Jh. – wahrscheinlich war sie die erste über die Loire – verheißt Idylle und Verträumtheit. Über die Dächer ragt der Turm der **Église Notre-Dame.** Die heutige Pfarrkirche war als »erstgeborene Tochter von Cluny« ein Zentrum der

Charité, der Barmherzigkeit. 1059 hatte Abt Hugo von Cluny das Priorat gegründet, 1107 wurde die Kirche geweiht. Aber die stürmische Geschichte Frankreichs hatte keinen Sinn für den Benediktinersitz, am Ende sollte die Kirche sogar der Nationalstraße weichen, was der Denkmalschutz verhinderte. Dennoch bleibt der Besuch nach all den Wirren ein nur bedingt erbauliches Vergnügen. Kurios ist die zwischen zwei Apsiden des Chors eingeklemmte **Maison du Nain,** ein Häuschen, über dessen Alter und Zweck man nur rätseln kann.

Ebenso begeistert ein Spaziergang durch die gewundenen, teils steilen Gassen eines Örtchens, das sich seit 2000 »Ville du Livre« nennt. Etwa ein Dutzend Antiquariate in altgedienten Ladenlokalen untermauern diesen Ruf als Bücherstadt. Außer Passagen, Treppen und Kopfstein gehört zum Erlebnis auch die romanische **Stadtmauer** bzw. das, was von ihr blieb. Jeanne d'Arc biss sich 1429 an ihr die Zähne aus und musste La Charité beim anglophilen Herzogtum Burgund belassen.

Erlebnisse im Grüngürtel

Der Eichenwald von **Bertranges** ist ein verlockendes Wandergebiet rund 15 km östlich von La Charité. 26 km südlich mündet bei **Cuffy** der Allier in die Loire und lässt den Fluss deutlich anschwellen. Dieser markante Punkt war Anlass, den Kilometer 0 der Fernradstrecke »Loire à Vélo« hier mit einer Plakette zu kennzeichnen. Auf 900 km kommt der Weg mit allen Verästelungen, an einem Teilstück könnte man sich hier versuchen. Weniger sportlich und doch erlebnisreich ist ein Besuch im **Arboretum Adeline** schräg gegenüber der Stadt am linken Loire-Ufer (31, chemin du Pont de la Batte, La Chapelle Montlinard, http://arboretum-adeline.blogspot.com/). Zu den 2000 Pflanzenarten, die es dort zu sehen gibt, zählen auch etwa 50 uralte Ma-

Die Brücke ins Burgund: Die Kirche von La-Charité-sur-Loire steht bereits beim Nachbarn.

gnolien. Nicht gar so zahlreich, dabei aber rundum heimisch ist die Flora der 1500 ha großen **Réserve Naturelle Nationale du Val de Loire**. Sie beginnt bei der alten Loire-Brücke und erstreckt sich über 20 km nach Norden bis Tracy-sur-Loire.

Küchen des Indischen Ozeans. Kultstatus haben mittlerweile ihre Samosas.

4, Grande Rue, T 06 78 96 49 46, https:// lecocktaildeclementine.jimdo.com, Juli/Aug. tgl. 10–15, 18–21, sonst So abends geschl., Menü 17 €, vegetarisch 14 €

Schlafen

Ausnehmend praktisch
Maison de la Loire: Das B&B befindet sich am Brückenkopf auf der Île de Faubourg mit Blick auf die Stadt. Bei einem Bummel durch La Charité kann man das Auto dort getrost am Flussufer zurücklassen. Verlockend ist die Suite in der oberen Etage, die eine Terrasse besitzt.

5, rue Gén. Auger, T 06 98 28 63 65, https:// sites.google.com/site/maisondelaloire, 2 Zi., DZ/ÜF 45–60 €

Unverbaubarer Schönblick
Camping de la Saulaie: Als Insel nimmt man die Île de Faubourg zwar nicht sogleich wahr, aber es fällt dann doch auf, dass nur die Zufahrtsstraße zur Brücke von Durchgangsverkehr betroffen ist. Das Camp liegt abseits davon zwischen den Armen der Loire, man blickt entweder auf die Stadt oder auf das Naturreservat. Man kann im eigenen Zelt bzw. Camper schlafen oder eine *roulotte* mieten, einen Pferdewagen ohne Zugtiere.

Quai de la Saulaie, T 03 86 70 00 83, https:// entreprisefrery.fr/lacharitesurloire/, 82 Plätze, 3 Roulottes, Mitte April–Ende Sept., Stellplatz 2 Pers. mit Pkw 16 €, Roulotte ab 300 €/ Woche 2 Pers.

Essen

Exotischer Sonnenschein
Le Cocktail de Clémentine: Madame stammt aus Madagaskar, ihr Cocktail ist nicht als Alkoholspritze zu verstehen, sondern als leckere Mischung aus den

Bewegen

Alle in einem Boot
Mignonnette: *Gabarres, toues und fûtreaux* – für die traditionellen Boote der Loire gibt es je nach Bauweise unterschiedliche Begriffe. Die ›Mignonnette‹ ist eine *toue cabanée*, ein flaches Hausboot mit Segel, das man für einstündige bis mehrtägige Ausflüge mieten kann, auf Wunsch auch mit Verpflegung an Bord.

Quai Léopold Senghor, T 06 62 85 35 18, https://bateaudeloire.wixsite.com/mignon nette, eintägige Ausfahrt mit Verpflegung ab 100 €

Antriebslos war gestern
E-Véloc: An den ersten 30 Kilometern auf dem Fernradweg »Loire à Vélo« verhebt man sich zwar nicht, aber die Strecke bis zum Startpunkt in Cuffy (s. S. 26) will ja auch wieder zurück nach La Charité geschafft werden. Da ist ein E-Bike ebenso nützlich wie bei Touren ins hügelige Weinbaugebiet um Sancerre.

7, rue du Pont, T 03 86 61 49 89, auf Facebook, Tagesmiete 24 €

Feiern

• **Festival du Mot:** Ende Mai/Anf. Juni. Die Stadt der Bücher widmet sich dem Wort, allerdings nicht nur in klassischen Lesungen oder Buchausstellungen, sondern auch mit Begegnungen, Performances und Musik. www.festivaldumot.fr
• **Blues en Loire:** Mitte Aug. Bluesmusiker von Rang geben Open-Air-Konzerte im Stadtzentrum. www.bluesenloire.com

Infos

- **Office de Tourisme:** Place Ste-Croix, 58400 La Charité-sur-Loire, T 03 86 70 15 06, www.lacharitesurloire-tourisme.com
- **Bahn:** Gare SNCF, avenue de la Gare; Halt an den Strecken Paris–Clermont-Ferrand und Lyon–Nantes.
- **Bus:** Fernbus ab Bahnhof nach Paris, Tours und Orléans mit BlaBlaCar, www.blablacar.de

---

Sancerre ♀ S4

Logenplatz auf dem Kalkrücken

Mit ihrem Wollfaden half Ariadne dem Geliebten Theseus durchs Labyrinth von Knossos. Sancerre hat so einen *Fil d'Ariane* als weinrote Bodenmarkierung durch den Ort gelegt, um Besucher zu 28 Stationen entlang der verwinkelten Gassen zu führen. Das beginnt auf felsiger Höhe bei der **Esplanade de la Porte César,** wo die Touristeninformation ein Faltblatt zum Rundgang verteilt, wo aber auch der Fernblick lockt. Man sieht die Weinfelder zu Füßen, die majestätische Loire und in der Ferne dann auch die dampfenden Atommeiler von Belleville, deren Abschaltung immerhin vorgesehen ist. Sehr, sehr fern könnte man sich die White Cliffs of Dover an der südenglischen Küste vorstellen. Mit diesem Kreidegestein, Zeuge eines urzeitlichen Tropenmeeres, ist das Hügelstädtchen Sancerre verbunden und nutzt den Boden für Weinbau und Ziegenzucht. Dass dieser Wein einmal Modegetränk werden und kräftigen Umsatz bringen sollte, konnte niemand ahnen – außer vielleicht das Haus Mellot. Seit 1513 ist die Winzerfamilie im Ort aktiv, der Familienname drängt sich als Begleiter durch die Geschäftsstraßen fast stärker auf als der Ariadnefaden.

Diese Ariadne schummelt sich nun an malerischen Plätzen und betagten Mauern vorbei und erreicht als ersten herausragenden Punkt den **Beffroi,** den Glockenturm von 1509. Mit der **Église Notre-Dame** und der verfallenen **Maison Jacques Cœur** nebenan ergibt sich an dieser Place du Beffroi ein stimmiges Gesamtbild des ausgehenden Mittelalters. Von der Burg blieb nur der Turm **Tour des Fiefs** aus dem 14. Jh., den man besteigen kann (Juli/Aug. tgl. 10.30–12.30, 14–18, sonst Mo–Fr 12.15–18.30 Uhr, 3 €).

Museum

Lokal gemalt

Maison des Sancerre: Haben alle Platz genommen? Die Frage ist von Bedeutung, denn wenn der Film erst startet, kommen Boden und Sitze im 4D-Kino des Museums heftig in Bewegung. Das definierte Anliegen des Hauses ist es, den Weinbau der Region hautnah und spielerisch zu vermitteln. Die ersten Winzer waren im 10. Jh. die Mönche im Nachbarort St-Satur. Aber die wahre Geschichte des Sancerre-Weins begann erst mit dem Reblaus-Befall im späten 19. Jh. Davon mehr bei einer Weinwanderung (s. S. 30).

3, rue du Méridien, T 02 48 54 11 35, https://maison-des-sancerre.com, April–Okt. tgl. 10–18 Uhr, 10 € (mit Weinprobe)

Schlafen

Wie der Name sagt

Le Panoramic: Schönheit kommt von innen, in diesem Hotel hat sie es noch nicht bis vor die Tür geschafft. Dafür entschädigen die Ausblicke aus der Höhe

*Definieren Sie Unkraut! Bei der Lese von Sauvignon-Trauben steht man
auch zwischen Gräsern und Kräutern.*

auf die Weinfelder vollauf. Man muss aber
das richtige Zimmer wählen, am besten
eines mit Terrasse, was dann schon kräftig ins Geld geht. Wer Fernblick nicht
zwingend als Privatvergnügen benötigt,
kann ihn sich mit anderen vom Pool aus
teilen.
113, rempart des Augustins, T 02 48 54 22
44, www.panoramic-hotel.com, 52 Zi., DZ
ab 78 €

Essen

Der Ein-Mann-Herd
La Pomme d'Or: Ohne Reservierung
geht nichts, weil das Restaurant klein und
sehr beliebt ist. Die eng begrenzte Spei-
senauswahl kennzeichnet den Familienbetrieb, in dem nun mal nicht Beiköche am
Topf stehen und Convenience-Produkte
unters Futter mischen. Was in Sancerre schon kaum wundert: Die Weinkarte
überzeugt.
Place de la Mairie, T 02 48 54 13 30, http://
lapommedor-sancerre.fr, So abends bis Di
abends geschl., Menü ab 33 €

Nur auf der Terrasse Gold wert
Bord de la Loire: Zander, Hirschme-
daillons und Aal nach Seemannsart gibt
es, hervorragenden Wein und freundli-
chen Service – und es gibt die traumhafte Lage an der Loire. Was nicht recht
begeistert, sind der Innenbereich und die
knapp bemessenen Öffnungszeiten, die
aber in dieser Region nicht aus dem Rahmen fallen.
2, quai de Loire Georges Simenon, St-Satur,
T 02 48 54 12 15, www.leborddeloire.com,
Do–Di 12–13.30, 19–20.30/21 Uhr, Menü
ab 40 €

TOUR
Vom Weißen zum Käse

Ein Spaziergang durchs Sancerrois

Schon seit dem Mittelalter stand ein roter Pinot Noir aus Sancerre hoch im Kurs, aber dann fiel die Reblaus über die Schätze her. Den Wiedereinstieg schafften die Winzer mit Sauvignon blanc, einem Weißen, der 1936 als Qualitätswein (AOC) eingestuft wurde. Rote kamen später erneut hinzu – und dann nahte auch schon das Sauvignon-Fieber, das den Sancerre zum Modewein machte und seine Qualität in die Knie zwang.

Beim Bummel durch die Weinläden verraten Flaschenpreise um 50 €, dass ein frischer und doch wieder alter Wind weht. Entfacht hat ihn der ›Papst von Sancerre‹, Alphonse Mellot. Seine Rückkehr zu den Traditionen einschließlich Handlese hat mittlerweile in 14 Gemeinden der Region Fuß gefasst, auch in **Verdigny**. Drei Weinkellereien, ein Friedhof und ein Parkplatz gruppieren sich um die **Kirche St-Pierre** – ein guter Start für den Marsch Richtung Süden über den Chemin du Pré. An der Kreuzung mit der D 134 folgt man der Hinweistafel nach Menetou-Râtel, verlässt aber die Asphaltstraße hinter dem Ortsausgang und hält sich geradeaus auf dem Schotterweg. Wein breitet sich über die Hügel bis Sancerre, das links am Horizont aufragt. Mergel und Kies prägen die Aromen dieser Lagen, während es weiter östlich Flintstein und südwestlich Kalk ist. In die weiche Kreide konnten sich tiefe Furchen schneiden, in denen man jeweils unterschiedliche Böden antrifft. Resultat sind immerhin sieben Appellationen in einem kleinen Anbaugebiet.

Kulinarik boomt: Maronengeschmack sagt man den Lentilles vertes de Berry nach. Die grünen Linsen mit Gütesiegel garen ohne Einweichen in nur 20 Minuten.

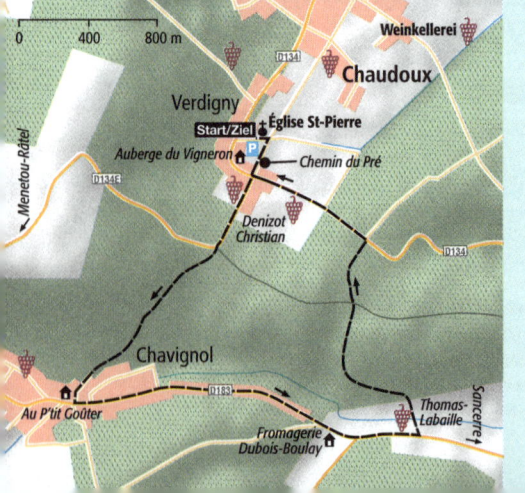

Infos

♥ S 4

Start/Dauer: Église
St-Pierre in Verdigny,
5 km, mit Einkehr
und Besichtigung
2–3 Std.

**Organisierte Wein-
tour:** Wer mehr ver-
kosten möchte, kann
sich einer Rundfahrt
anschließen: www.
vinitour-centreloire.
com

Käse: http://dubois-
boulay.fr

Einkehren:
Au P'tit Goûter,
T 02 48 54 01 66,
auf Facebook,
Di–So 12–14,
19–21 Uhr

Am Ende des Weges liegt, 20 Minuten hinter Verdigny, das Dorf **Chavignol** und dort an der Hauptstraße das äußerlich unscheinbare Imperium der Familie Boulay. Gérard blickt auf eine Tradition bis 1380 zurück. Seinen Weinhängen rings ums Dorf sehen auch Laien die Philosophie an: Die Rebstöcke sind eng gesetzt, das lässt sie im Kampf um Wasser tief wurzeln und dort unten geschmackgebende Mineralien aufnehmen. Auf Pestizide und Herbizide wird verzichtet, zwischen den Weinstöcken wachsen Gräser und Kräuter, in denen Schädlinge auf Nützlinge treffen. Die Natur reguliert sich selbst im Wildwuchs. *Dégustation* bedeutet in Chavignol aber nicht nur Wein, sondern auch Ziegenkäse. Dieser *Crottin,* vom Familienzweig Dubois-Boulay seit 1896 produziert, kommt als bröckeliger, säuerlicher Weichkäse bzw. als *demi-sec* oder *sec* mit zunehmend harter Kruste, aber weichem Kern in den Handel. Der Name rührt von *crottin de cheval,* Pferdeapfel, was schon ziemlich genau das Äußere des reifen Laibs beschreibt. Wie es scheint, bröckeln die Fassaden des Dorfes mit dem Käse um die Wette, doch die **Fromagerie Dubois-Boulay** am Ortsausgang hat Romantik und Liebreiz alter Tage gänzlich abgelegt und die Ziegen in Ställe gesperrt. Dabei sagt man von ihnen, sie hätten durch Verbiss überhaupt erst den Blick darauf gelenkt, dass häufiger Schnitt der Triebe zu mehr Traubenertrag führt. Mehr als 300 Winzerfamilien profitieren heute davon. **Au P'tit Goûter** heißt ein uriges Restaurant in Chavignol, das Wein und lokale Speisen sowie Käsegerichte auf den Tisch bringt, gelegentlich aber auch Livemusik serviert.

Östlich von Dubois-Boulay zweigt man bei der **Weinkellerei Thomas-Labaille** links von der D 183 ab, hält sich an der Kreuzung halblinks und folgt dem Weg durch die Weinfelder bis zur D 134. Sie führt links zurück nach Verdigny.

Pouilly Fumé ist ein naher Verwandter des Sancerre, der als geräuchert *(fumé)* bezeichnet wird, weil seine Böden Anteile von Feuerstein aufweisen. Er blieb vom schlechten Ruf, den der Sancerre zeitweise hatte, verschont und erzielt auch bei Discountern beachtliche Preise.

Traditionell gehörte die Aufzucht der Ziegen, einer genügsamen Rasse aus den Alpen, zu den Aufgaben der Winzerfrauen.

Lieblingsort

Zum Träumen und Bleiben

»Die Erde gehört nicht den Menschen, der Mensch gehört zur Erde.« Auf ihren 2 ha Land versucht Marie, dem Leitsatz von Sitting Bull gerecht zu werden. Im Ergebnis ist **Le Jardin de Marie** (📍 S 4) mit üppigem Bestand an alten Rosen, Schneeball, Iris, Hortensien, Obstspalieren und Gemüsebeeten ein traumhafter Garten Eden, der jeden Träumer und Fotografen geradezu zum Bleiben zwingt. Da Marie in ihrem alten Haus auch Zimmer vermietet, steht dem nichts im Wege (336, chemin de l'Avoinerie, **Neuilly-en-Sancerre,** www.lejardinde marie.com, Mai–Sept. tgl. 14–18 Uhr, 7 €).

Grenzenlos zwanglos

Le Ligérien: Omelette, Entrecôte und Croque-Monsieur – die Schnörkellosigkeit und Volksnähe bis hin zu Mayo im Portionsbeutel macht hier die Würze aus. Die Brasserie genießt den Vorzug einer Lage unter freiem Himmel direkt an der Loire.

5, chemin des Conduits, St-Satur, T 02 48 54 38 56, www.restaurant-le-ligerien.fr, tgl. 10–24 Uhr, Menü 18,50-23,50 €

Einkaufen

Drittellösung

Café-Librairie de Sancerre: Das Haus ist zugleich Buchhandlung, Café und Konzertstätte. Meterlange Regalflächen lassen dann aber doch vermuten, dass der Buchverkauf die Herzensangelegenheit in dieser ehemaligen Metzgerei ist.

4, rue des Trois Piliers, www.cafelibrairiedesan cerre.com, Mi 15–19, Do–Sa 10–12, 15–19, So 11–12.30, 15.30–18.30 Uhr

---

Bewegen

Aufstiegschancen

Aéroplum Sancerrois: Loire, Weinfelder und der knorrige Ort Sancerre sind ideal für einen Blick aus der Luft. Bei diesem Unternehmen hat man die Wahl zwischen Ballon und dem präziser zu steuernden Ultraleichtflieger.

Route de Subligny, Sury-en-Vaux, T 06 08 62 43 58, www.aeroplumsancerrois.wixsite.com/ ulm-sancerre, Ultraleichtflieger 20 Min. 50 €, Ballonfahrt 200 €

Wie ehedem

Le Raboliot: Bis zu zwölf Personen passen auf das alte Frachtschiff, mit dem einst Sand transportiert wurde. Seine Bauweise lässt es zu, entlegene Stellen der Loire bequem zu erreichen. Es gibt Ausfahrten mit Weinprobe, mit Musik, mit Aufenthalt auf einer Insel oder speziell für Angler.

St-Thibault, T 06 70 75 67 97, www.le-raboliot. com, 1 Std. ab 17 €/Pers.

Gemeinsam in die Einsamkeit

Loire Nature Découverte: Zu Pferd, zu Fuß, zu Wasser – der Allrounder mit profunden Naturkenntnissen vermietet Kanus und hat auch geführte Touren durch die Landschaften der Loire im Programm.

St-Thibault, St-Satur, T 02 48 78 00 34, www.loirenaturedecouverte.com, halber Tag Kanumiete 22 €, einwöchiger Reitkurs 350 €

Ausgehen

Wo im Dorf die Luzi abgeht

Cabaret Sancerrois: Bei Licht betrachtet ist es zwar eine Dinner-Show. Da aber nur Dämmerlicht brennt, kann einem das Spektakel – zumal in der Provinz – sehr wohl als heitere Offenbarung erscheinen.

1, chemin de l'Enclos, Menetou-Râtel, T 02 48 54 16 37, www.cabaret-sancerrois.com, an ausgewählten Terminen Do–So, ab 40 €

PARK MAL IM SANCERROIS

Apremont-sur-Allier zählt zu den »schönsten Dörfern Frankreichs«. Seit 1976 existiert hier der Parc Floral mit einem Blütenmeer rings um Wasserlauf und Teiche (♥ T 6, www.apremont-sur-allier.com/fr/ parc-floral, Ende März–Ende Sept. tgl. 10.30–12.30, 14–18.30 Uhr, 10 €). Ein Park im englischen Stil mit altem Baumbestand und Resten eines französischen Gartens umgibt **Château de Pesselières** (♥ S 4, www.pesselieres.com, Mitte April Ende Okt. Mi–So 10–12.30, 14–18 Uhr, 8 €).

Feiern

● **Foire aux Vins:** Am Pfingstwochen-
ende präsentiert Sancerre in den Caves
de la Mignonne die Weinergebnisse des
Vorjahres. www.berryprovince.com/semi-
naire/caves-de-la-mignonne-sancerre

Infos

● **Office de Tourisme:** Esplanade Porte
César, 18300 Sancerre, T 02 48 54 08
21, www.tourisme-sancerre.com; Fahr-
radvermietung
● **Bahn:** Von der Gare SNCF in Tracy-
sur-Loire am Ostufer Verbindungen nach
Nevers und Cosne-Cours-sur-Loire.
Bus: mit Rémi nach Cosne-Cours-sur-
Loire und Bourges. www.remi-centre
valdeloire.fr

Aubigny-sur-Nère ◉R3

Scotch Broth à la Loire

»Der Feind meines Feindes ist mein
Freund«, sagte man in Arabien. So
kam es, dass Sir John Stewart of Darn-
ley als schottischer Patriot dem Franzosen Charles VII im Hundertjährigen
Krieg gegen England zur Seite stand.
Verdammt lang her. Mit Aubigny-sur-
Nère hat sich allerdings ein Fachwerkort
erhalten, in dem man noch heute mit
Haggis, Whisky und Oden an Loch Lo-
mond den Geburtstag des schottischen
Nationaldichters Robert Burns feiert.
Da die besungenen »bonnie banks and
bonnie braes« 1300 km entfernt liegen,
könnte Sir John Heimweh verspürt ha-

Wo sich die Balken biegen: In Aubigny trifft Fachwerk auf Haggis.

ben. Charles tröstete ihn und seine Mannen mit Schenkungen über den Verlust hinweg. Die Pferde gehen allerdings ein wenig mit denen durch, die behaupten, auch die schöne **Maison François I** neben der Kirche St-Martin habe zu den Geschenken gehört. Die beschnitzten Fenster, typisch für Aubigny im frühen 16. Jh., bestätigen vielmehr das Baujahr 1519, dem ein Großbrand vorausgegangen war. Immerhin lebten damals noch etliche Nachfahren der schottischen Recken, die vom Kriegshandwerk zur Schafzucht und Wollproduktion gewechselt hatten.

Schillernd wurde es im Städtchen mit *Squintabella,* der ›schielenden Schönheit‹ Louise de Kéroualle. Als gerissene Hofdame, die mit Weinkrämpfen und Suiziddrohungen ihren Willen durchsetzte, hatte sie Einfluss auf mehrere Regenten genommen. Der Sonnenkönig schenkte ihr das einst den Stewarts gehörende Château von Aubigny, das heute als **Rathaus** dient und nicht besichtigt werden kann. Aber der Park von Louise, die ein damals biblisches Alter von 85 Jahren erreichte, ist öffentlich, er soll von dem legendären Gartenbaumeister André Le Nôtre gestaltet worden sein.

Schlossmärchen

Das 11 km südöstlich malerisch an einem See gelegene **Château de la Verrerie** teilt die Geschichte des Schlosses von Aubigny: von Charles VII den Stewarts überlassen, in der Frührenaissance ausgebaut, dann Louise de Kéroualle geschenkt. Durch die Räume, teils mit Fresken, führt eine Theatergruppe, die das Leben im Schloss als historisches Märchen darbietet.

T 02 48 73 67 06, https://chateaudela verrerie.com, Mitte April–Mitte Nov. Fr–So 14.30, 15.30, 16.30 Uhr, 9 €; Übernachtung im Schloss DZ ab 160 €, Verpflegung im Schlosspark in der Maison d'Hélène Fr/Sa

mittags und abends, So mittags, T 02 48 73 38 73, Menü ab 19 €

Schlafen, Essen

Postwendend verwandelt

La Chaumière: Das Postgebäude von 1870 wurde längst in ein Hotel-Restaurant umgebaut. Offenes Balken- und Mauerwerk, aber auch der imposante Innenhof bestimmen den Charakter. Die Zimmer sind in vier Kategorien bis hin zur komfortablen Junior Suite unterteilt. Essen à la carte im angeschlossenen Restaurant strapaziert die Kasse beträchtlich, hält sich aber im Menü noch im Rahmen und ist vorzüglich.

2, rue Paul Lasnier, T 02 48 58 04 01, http:// hotel restaurant-la-chaumiere.com, 19 Zi., DZ ab 74 €, Restaurant Di–Sa 12–14, 19.30–21.30, So 12–14 Uhr, Menü ab 36 €

Schlossisch

La Verrerie/Maison d'Hélène: s. o.

TOUR
Denkmal der Emanzipation

Rund ums Haus von Colette in St-Sauveur-en-Puisaye

»La Chatte« heißt Colettes (1873–1954) Buch über die Liebe eines Mannes zur Katze und die Eifersucht seiner Frau auf das Mistvieh. Ein Schuh wird daraus, wenn man weiß, dass *la chatte* schlichtweg auch ›die Muschi‹ sein kann. Ohne solch Frivoles hätten Colettes Bücher nicht die Belle Époque gerockt. Was nur nicht ins Schema passt, ist das biedere **St-Sauveur-en-Puisaye.**

Das Örtchen mit kaum 1000 Einwohnern liegt im Burgund, 35 km Luftlinie von der Loire entfernt. **Kirche** und **Wehrturm** stehen als Eckpfeiler seit dem Mittelalter. Doch beginnt das Kapitel Colette am dritten Eckpfeiler, der alten **Schule** (Place Paultre-des-Ormes). Mit »Claudine à l'école« eröffnete Sidonie-Gabrielle, später unter ihrem Familiennamen Colette bekannt, einen Romanzyklus von Tragweite. Schülerin Claudine ist eine 15-jährige Schönheit auf dem Weg zu ersten Liebesabenteuern – mit ihrer Lehrerin. Als Colette in der Ich-Form über die homophilen Amouren schrieb, hatte sie selbst schon Kurioses hinter sich. Mit 16 war sie in Paris dem fast doppelt so alten Henry Gauthier-Villars in die Arme gelaufen, den sie 1893 heiratete. Willy, wie man ihn nannte, war stadtbekannter Salonlöwe, der eine Art Schreibfabrik unterhielt. Seine Untergebenen lieferten Manuskripte, die er als vorgeblicher Autor unters Volk brachte. Auch Colette wurde ab 1895 Rädchen im Getriebe, freilich ein hochbegabtes. 1905 kam es zur Scheidung, nachdem der chronisch untreue Willy das Copyright verkauft hatte.

Von der Schule stolpert man in einen Ort, der authentische Colette-Kulisse sein könnte. Aber schon die Schule steht nicht mehr; ein

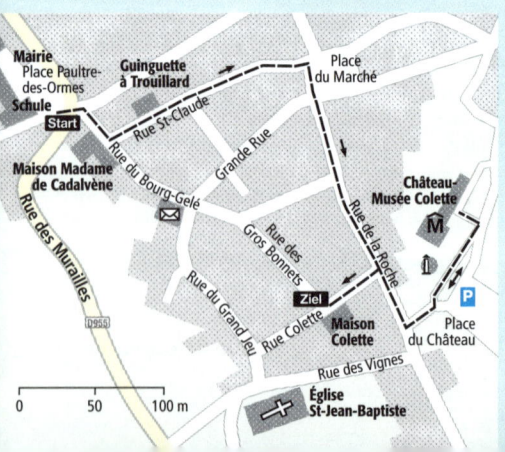

Im Château-Musée hat man mit Möbeln aus dem Besitz der Schriftstellerin Colette das nachgebildet, was einst ihren Alltag ausmachte.

Raum in der **Mairie** ist dem Original-Klassenzimmer nachempfunden. Ums Eck, vor der **Maison Madame de Cadalvène** (2, rue du Bourg-Gelé), nutzten die Schülerinnen die Steinbank, um vor dem Unterricht ihren pubertären Fantasien nachzuhängen. Das Haus trägt wie alle bei Claudine zitierten Bauten ein hellblaues Schildchen mit Colettes Signatur. Besinnlich stimmt der verblassende Schriftzug »Au Canari« an der einstigen **Guinguette à Trouillard** (5, rue St-Claude). Die Schülerinnen kehrten dort zum Tanz ein.

Verschwunden ist der Brunnen an der **Place du Marché** und mit ihm das einstige Marktgeschehen. Man sieht noch den alten Uhrturm mit Durchgang und ahnt, dass sich die Häuser ringsum in früherer Gestalt, aber neuer Funktion erhalten haben. Nr. 11 war das Hotel »La Perle«, in dem Colette und Willy gelegentlich nächtigten. Die **Rue de la Roche**, die Colette als Geschäftsstraße kannte, ist ihrer Funktion treu geblieben. Besonders viele Häuser dort tragen das hellblaue Colette-Schild, weil Romanheldin Claudine hier einkehrte. Im Haus Nr. 12 wohnte Colettes Halbschwester Juliette, die sich später das Leben nahm.

Was seit 1995 das **Château-Musée Colette** (Place du Château) ist, war zu Colettes Zeit ein Seniorenheim. Sie hat nie dort gewohnt, ein Besuch lohnt aber, weil dort die Nachbildung ihres Pariser Alterssitzes mit Originalstücken zu sehen ist. Das Schlösschen diente den Colette-Pilgern als Trostpflaster, denn das eigentliche Geburtshaus befand sich in Privatbesitz. Seit 2016 kann man die 13 Zimmer der **Maison Colette** (8, rue Colette) in alter Gestalt wieder besichtigen. Es gibt den ausladenden Garten hinter dem herrschaftlichen Haus samt der berühmten Glyzinie. 1891 hatten die Colettes ihr Heim wegen finanziellen Ruins aufgeben müssen. Der Schock trieb Sidonie-Gabrielle in die Arme von Willy. Ihr Leben mit und nach ihm war eine rein Pariser Angelegenheit. Colette, mittlerweile Grand Officier der Ehrenlegion, starb 1954 und erhielt als erste Frau Frankreichs ein Staatsbegräbnis.

Ungewöhnlich nah an der Wahrheit und fern von Theatralik inszenierte Regisseur Wash Westmoreland 2018 das Filmdrama »Colette« mit Keira Knightley in der Titelrolle.

Feiern

• **Fêtes franco-écossaises:** Drei Tage um den 14. Juli wird die französisch-schottische Freundschaft gefeiert. Dudelsackgruppen, Feuerwerk und ein keltisches Rockfestival gehören zum bunten Tamtam. www.aubigny.net

Infos

• **Office de Tourisme:** 1, rue de l'Église, 18700 Aubigny-sur-Nère, T 02 48 58 40 20, www.aubigny.net/OTSI

Briare ♀ S2

Bridge over troubled water

In Deutschland nennt man es Seitenkanal, in Frankreich *canal latéral*. Eine solche Wasserstraße ist aufmerksamen Besuchern vielleicht schon bei La Charité aufgefallen. Der 196 km lange **Canal latéral à la Loire** (1827–36) sollte Transporte unabhängig von den Launen der Loire machen. In Kombination mit Canal du Loing, Canal de Briare und Canal du Centre ergab sich ein Netz zwischen Seine und Mittelmeer – allerdings mit einem Haken: Hier und da wälzen sich Loire und Allier als Hindernisse in den Weg. Gelöst wurde das Problem mit Brückenkanälen, die Wasser über Wasser mit Wasser verbinden. Kurzum: Der **Pont-Canal** in Briare führt vom Canal latéral über die knapp 10 m tiefer liegende Loire zum **Canal de Briare.** Die schmale Wasserschiene aus dem Jahr 1897 ist mit 662 m Europas längster Brückenkanal. Sein Stahlkörper mit den Obeliskenpaaren an beiden Enden wiegt etwa so viel, wie die Brücke an Wassermasse

trägt: um 13 600 t. Begleitende Wege, die ursprünglich als Treidelpfad dienten und mit gusseisernen Laternen besetzt wurden, gestatten es, den Booten zu Fuß bei der Querung zu folgen. Allerdings sind heute vor allem Vergnügungsboote unterwegs, die dank Elektromotor aufs Treideln verzichten können.

Während der Ort Briare einzig mit seinen Emaille- und Mosaikarbeiten locken kann, ist es der **Port de Plaisance** mit seinen Gastrobetrieben, den Haus- und Ausflugsbooten, der zum Verweilen einlädt. Die Ablegestelle für Bootsfahrten über den Pont-Canal befindet sich ein kleines Stück südlich dieses Haupthafens.

Essen

Fürs Grundbedürfnis
Auberge du Pont-Canal: Der Ort am Kanalufer ist goldrichtig gewählt, das Essen hier grundsolide und preiswert. Empfehlenswert, auch wenn man nicht unbedingt in Begeisterungsstürme verfallen wird.

19, rue du Pont-Canal, T 02 38 31 24 24, http://www.imedserv.com/pontcanal, tgl. 12–13.30, 19.30–21 Uhr, Menü 16–25 €

Bewegen

Die Pflichtstrecke
Bateaux Touristiques: Einmal über die Schiene schippern – von außen sieht die Fahrt über den Pont-Canal spektakulärer aus als für Passagiere an Bord des Ausflugsboots. Aber eine Tour von Kanal zu Kanal als Kurztrip oder in einer längeren Variante mit Essen bleibt eine vergnügliche Angelegenheit.

Quai Mazoyer, T 02 38 37 12 75, www.les-bateaux-touristiques-briare.com, April–Okt., Rundfahrt 1,5 Std. 9 €, dreistündige Tour mit Verpflegung 45 €

Zugabe
L'état c'est EDF

Die Lobby des Atomstroms

Unter den Kühltürmen der Atommeiler wächst Gemüse noch mal so gut.

Alles Schwärmen verläuft im Sand – wer gegen die Loire gestimmt ist, hat mit den Kernkraftwerken Belleville, Dampierre, St-Laurent und Chinon sein Totschlagargument. 70 Reaktorblöcke hat Frankreich seit 1956 gebaut, über die verbliebenen 56 wacht bissig der Konzern EDF. Frankreichs Feldzug für die Atomkraft begann um 1970 mit dem Schwenk ins Industriezeitalter. Die zentralistisch gesteuerte Politik wusste die Bürger zu fangen, während die regional angreifbaren Apparate Deutschlands schon unter Protestbewegungen ächzten.

Blockiert RWE heute Deutschlands Ausstieg aus der Kohle, so versieht in Frankreich EDF diesen Dienst für die Atomkraft. Beide argumentieren mit dem Erhalt von Arbeitsplätzen, sorgen sich aber vor allem um investierte Milliarden. Im Unterschied zu RWE darf EDF als staatlicher Konzern auf massive politische Rückendeckung bauen. Selbst Katastrophen wie Tschernobyl beeindruckten da kaum. Als nach Fukushima ein EU-weiter Stresstest anberaumt wurde, war es Frankreich, das milde Regularien durchboxte. Und doch offenbaren sich an den Reaktoren des Landes extreme Mängel. Ein Energiewendegesetz sah daraufhin die Stilllegung von 14 Blöcken bis 2025 vor. Inzwischen peilt man 2035 an. Schließlich ist Frankreich mit 72 % Kernenergie am national produzierten Strom weltweit Spitze und zugleich hoher Stromverbraucher. Denn bei schlechter Auslastung der Anlagen sanken die Verbraucherpreise, was u. a. zur Beliebtheit von Elektroheizungen führte. Der nachvollziehbar geringe CO_2-Ausstoß lässt die Nation sogar als Musterknaben erscheinen.

Wenn Macron in Miniatomkraftwerke investiert, zugleich aber für Photovoltaik und Windkraft wirbt, so hofft er, dass EDF diese bislang von kleinen Anbietern umsorgten Sparten unter seine Fittiche nehmen wird. Manipulation wäre damit programmiert. Tatsächlich arbeitet EDF längst an Druckwasserreaktoren einer neuen Generation. Derweil ist für die vier Standorte an der Loire die Abschaltung vorgesehen. Der trockene Sommer 2019 ließ keinen Zweifel, dass der hohe Kühlwasserbedarf seine Tücken besitzt. Käme es bei den veralteten Blöcken zum Super-GAU, wären auch Tourismus und Weinbau verloren. ∎

Zwischen Gien und Blois

Kein Schloss wie das andere — rings um Blois stehen Frankreichs Perlen der Renaissancearchitektur. Und jede zeigt ein unverwechselbares Gesicht. Vielleicht aber nur für den, der sich die Zeit nimmt, mit ganzer Seele zu schauen.

Loire à Vélo für Einsteiger

Der furchteinflößend lange Radweg entlang der Loire kostet Willenskraft und einen langen Urlaub. Ab Châteauneuf-sur-Loire kann man sich aber an einem Teilstück versuchen.

Ja, Jazz. Im Juni feiert Orléans die Musik seines kolonialen Ablegers New Orleans.

Orléans

Auch wenn es manch einer nicht glaubt: Johanna kam nicht aus Orléans, sie vertrieb dort nur die Belagerer. Der Zweite Weltkrieg hat viel von der alten Stadt geraubt. Was ihr die Bomben aber nicht nehmen konnten, sind die Johanna-Festspiele.

Eintauchen

Von Étang zu Étang

Wald und Heide prägen das alte Jagdgebiet, in dessen Ortschaften die Zeit noch gar nicht richtig zu ticken begonnen hat. Eine Radtour ab St-Viâtre führt zu den Fischteichen, die das Überleben sicherten.

Cheverny

Der Geist des Schlosses konkurriert mit dem Geist der Gärten, beide locken zu stundenlangen Aufenthalten. Dann hat man aber noch nicht die Fütterung der 100 Jagdhunde und das Reich von »Tim und Struppi« gesehen.

Chambord

Welche Pracht, welches Edelmaß! Über ein Labyrinth von 440 Räumen türmt sich eine dorfgleiche Dachlandschaft. Im Herzen des Schlosses: Leonardos berühmte doppelläufige Wendeltreppe.

Blois

Dass Könige dort residierten, sieht man dem Schloss wohl an, weniger aber der eher biederen Kleinstadt ringsum. Ihre Gassen und Treppen führen auf Anhöhen wie die rosenbestandenen Erzbischöflichen Gärten mit grandiosen Blicken über die Loire.

Pomp und Pompadour

Radtour von Blois nach Chambord mit Fernblick auf das Schloss der Madame Pompadour.

Cheverny und der Zeichner

Als Familiensitz Moulinsart machte Château Cheverny Karriere in Hergés weltberühmtem Comic »Tim und Struppi«. Bei aller Liebe zu den lustigen Seiten des Lebens: Die Episoden zeichnen sich keineswegs durch politische Korrektheit aus.

Dessertteller Wildschwein – Gien am Rande alter Jagdgründe ist bekannt für seine Keramikmanufaktur.

Unter Eichen an Teichen fühlen sich Wildschweine pudelwohl. Sie vermehren sich, man spricht von einer Plage. Daran sind die Grundbesitzer nicht unbeteiligt, denn sie legen Futter aus, weil sie an der Jagd verdienen.

erleben

Am Tummelplatz der Könige

Hacken zusammen, Backen zusammen, Lully spielt. Der Oberkapellmeister des Sonnenkönigs schrieb Barockmusik, die kalte Schauer über den Rücken jagt. Einst waren seine Kompositionen die genehmste Unterfütterung schönster Lustbarkeiten in den Loire-Schlössern, aber inzwischen nimmt man auch Vivaldi, Händel, Purcell und andere Fremdartisten. Außerdem gibt es ja immer noch diese Geschichte, dass Lully Opfer seines eigenen Taktstocks wurde. Das war in den Zeiten von Glanz und Gloria kein Stäbchen, sondern ein schwerer Tambour, den sich der Meister so unglücklich in den Fuß rammte, dass er sein »Te Deum« nicht überlebte.

Die Schlösser der Loire sind randvoll mit Anekdoten und Intrigen, mit Wandbehängen und Porzellanputten. Man mag befürchten, von solcher Fülle erschlagen zu werden. Aber gemach, schließlich entscheidet man selbst, wann die Hutschnur erreicht ist. Aber bitte nicht am falschen Ende. Gerade die nobelsten Châteaux rings um Blois gehören unbedingt in den Reisekoffer: Chambord, Cheverny, Chaumont. Warum so viele Schlossnamen auf ›Ch‹ beginnen? Jedenfalls trägt dieser kleine Umstand zur Fehlorientierung bei. Ein guter Plan tut not.

ORIENTIERUNG   O

Große Städte: Orléans mit 115 000 und Blois mit 46 000 Einwohnern führen die Liste an, danach dünnt es schon beträchtlich aus. In der Sologne leben nur 25 Ew./km2.
Verkehr: Orléans und Blois sind von Paris aus per TER-Zug erschlossen, aber noch nicht mit dem TGV. Für Busverkehr zwischen den Städten sorgt Rémi (www.remi-centrevaldeloire.fr).
Internet: www.valdeloire-france.com, www.orleans-metropole.fr, www.sologne-tourisme.com

Nicht minder wichtig ist der Blick dafür, dass auch auf diesem Abschnitt der Loire noch allerlei außer Hochkultur lockt, etwa ein Besuch der Keramikmanufaktur in Gien oder eine Pilgerfahrt zum Geburtsort der Tarte Tatin, des verunglückten Apfelkuchens. Auch die Lebens- und Leidensstationen der Jungfrau von Orléans gelten als kultig, wobei man einräumen muss, dass in Orléans nach den Bombardements des Krieges nicht mehr viel von den originalen Zeugen steht. Ungebrochen ist derweil das Dickicht der Sologne, des Wald- und heute auch Wandergebiets, in dem der Adel bei der Jagd die Sau rausließ.

Gien 📍 S2

Jagd und Fieber

Niemandsland ist nichts dagegen. Zwar fährt man bis Gien (und darüber hinaus bis Orléans) dicht an der Loire entlang, doch das Verträumte der vielen Kilometer zuvor hat sich erst einmal in reizarmen Alltag verwandelt. Im 14 000 Einwohner zählenden Städtchen Gien führt eine Brücke aus dem 16. Jh. auf das **Château** zu, das mit seinem Ziegelmauerwerk fast schon bescheiden anmutet. Der Ausblick von den Schlossterrassen hat seinen Reiz, aber denkwürdiger ist das kuriose Jagdmuseum, das 1952 hinter den Mauern eingerichtet wurde. Der Standort wurde mit Bedacht gewählt, denn die Sologne auf der anderen Seite der Loire ist traditionelles Jagdgebiet, in dem der Adel massenhaft Wild zur Strecke brachte. Louis XIV kam wohl als Erster mit der Posse heraus, sich eigens für die Jagd etwas schneidern zu lassen. Was der Sonnenkönig tat, konnte nicht falsch sein, also zogen andere nach, bis es Gamsbart und Gamaschen sogar noch in die Schonzeit schafften. Zu den herausragenden Modestücken im Museum gehört eine üppige Sammlung von Jagdknöpfen.

1, place du Château, www.chateaumuseegien. fr, Mai–Sept. tgl. 10–18, Okt.–April Mo–Fr 13.30–17.30, Sa/So 10–12, 13.30–17.30 Uhr, 8 €

Kein zerbrochener Krug

Der zweiten Attraktion der Stadt stiehlt mittlerweile ein ausladender Supermarkt gleich nebenan die Show. Dabei hat die 1821 von dem Engländer Thomas Hulm in einem ehemaligen Kloster gegründete **Faïencerie de Gien** deutlich ältere Rechte. Fliesen für die

In der Faïencerie von Gien wird Keramik noch nach traditioneller Methode von Hand bepinselt.

Pariser Metro waren der Großauftrag im frühen 20. Jh., der dem Aufstieg zur bedeutendsten Steingutmanufaktur Frankreichs kräftig nachhalf. Und doch ist das heutige Unternehmen eine Wiederbelebung, denn Konkurrenz aus Fernost hatte 1983 zum Konkurs geführt. Den Höhen und Tiefen in der Firmengeschichte wie auch dem Wandel der Formen und Designs widmet sich ein Museum, während der Fabrikladen mit Sonderangeboten lockt.

78, place de la Victoire, www.gien.com, Mo–Sa 10–18 Uhr, 5 €

Essen

Schmeck-Snack

Le Krishnou: Jubelruf für alle, die es kennen: Das indische Restaurant serviert Masala Dosa in einer unschlagbaren Reinkultur. Weitere Argumente sind die günstigen Preise, die große Auswahl an Snacks weit abseits der gängigen Fast-Food-Kultur und die Toplage am Ufer der Loire.

12, quai Lenoir, T 02 38 31 27 68, https://krishnou.business.site, Mi–Mo 11.30–15, 18.30–22.30 Uhr, Menü ab 16,50 €

Sully-sur-Loire

9 R2

Trauerspiel im Turmtheater

Eine Kulturlandschaft nach den Idealen der Renaissance – unter diesem Kriterium nahm die UNESCO am 30. November 2000 das Loire-Tal in die Liste des Welterbes auf. Allerdings nicht den gesamten Flussverlauf, sondern nur einen 280 km langen Abschnitt zwischen Sully-sur-Loire östlich von Orléans und Chalonnes-sur-Loire westlich von An-

gers. In diesem Sully beginnt also die Pracht – nicht eben standesgemäß mit einem Wohnwagenquartier vor dem **Château.** Dessen runde Türme aus hellem Kalkstein, ein Park und die umlaufenden Wassergräben machen allerdings durchaus was her. Während man heute vielleicht annimmt, die Loire-Brücke sei die maßgeschneiderte Zufahrt zum Château, verhielt es sich einst ganz anders: Der mittelalterliche Donjon, Keim des späteren Schlosses, war zum Schutz der Brücke gebaut worden. Im ersten Stock des Wehrturms befindet sich ein feudal ausgestatteter Saal, der Theatergeschichte schrieb. 1716 hatte Schandmaul Voltaire in Paris ein paar Verse über die Liaison von Herzog Philippe II mit seiner eigenen Tochter vorgetragen. Dem Dichter drohte Strafe, er fand Zuflucht in Sully und inszenierte in jenem Prunksaal die Uraufführung seines Trauerspiels »Artémise« – nur um vom Provinzpublikum niedergemacht zu werden.

Chemin de la Salle verte, www.chateausully.fr, Juli/Aug. tgl. 10–18, Mai/Juni, Sept. Di–So, 10–18, Okt.–Dez., Febr.–April Di–Fr 13.30–17.30, Sa/So 10–12, 13.30–17.30 Uhr, 11 €

Essen

Bäckersmahlzeit

La Pétrie: Vielleicht mal nur kurz was auf die Hand? Gutes Brot und leckeres Gebäck gibt es im Laden, ansonsten Kleinigkeiten im angeschlossenen Café mit Terrasse.

15, rue du Grand-Sully, T 02 38 31 82 30, auf Facebook, Di–So 7–20 Uhr, kleine Gerichte um 5 €

Feiern

• **Festival International de Musique de Sully:** Juni. Internationale Musiker geben im Schlosshof und an historischen Orten

in der Umgebung Konzerte der E-Musik.
www.festival-sully.fr

St-Benoît-sur-Loire ♀R1/2

Benedikt im Keller

Das ist mal wieder eine Geschichte, wie
nur der Klerus sie schreibt – und der
hat deutlich die Oberhand im Ort, der
unter seinen nur 2000 Einwohnern etwa
30 Mönche zählt. Kurzum: Wer Kirch-
liches scheut, darf schon mal Richtung
Orléans vorauseilen. Allen anderen sei
gesagt, dass der Orden noch den alten
Namen Fleury verwendet. Die **Abbaye
de Fleury** (www.abbaye-fleury.com, Mo,
Mi–Sa 9.30–12 und 14–17.30; So 11–13
und 14–17.30, Di 14–17.30 Uhr, gratis)
wurde um 640 gegründet, einige Jahrzehnte später machten sich Mönche auf
den Weg ins italienische Montecassino,
um in der dortigen Klosterruine nach
den Knochen des Benedikt von Nursia
zu graben. Dank damaliger Gutgläubig-
keit wurde das Gebein gefunden und an
die Loire gebracht, was den Pilgerver-
kehr in Schwung brachte. 1020 begann
mit einem Turmbau die Errichtung der
romanischen Kirche, die sich weitgehend im Original erhalten hat und zu
den großen Architekturschätzen an der
Loire zählt. Während Gläubige im Bann
der Benedikt-Knochen in der Krypta
stehen, widmen sich Kunstfreunde eher
den Kapitellfiguren in der Vorhalle des
Glockenturms und dem byzantinischen
Marmormosaik vom Vorgängerbau im
Chor. Zwei weitere Tote verdienen Er-
wähnung. Der Kapetinger Philippe I ließ
sich 1108 in St-Benoît bestatten, sein
Grab blieb von der Revolution verschont
und ist das einzige im Ursprung erhaltene Königsgrab Frankreichs.

*Benedikt von Nursia erhält noch
posthum Damenbesuch – Pilger und
Kunstfreunde kommen auf ihre Kosten.*

Auf dem Dorffriedhof von St-Benoît
ruht unterdessen der Lyriker Max Jacob,
den die Nazis 1944 aus diesem Ort ins
Lager Drancy verschleppten und dort
umbrachten.

7 km weiter Richtung Orléans, in
Germigny-des-Prés (♀R 1), hatte einer
der frühen Äbte von St-Benoît eine Villa
besessen und dort 806 den Bau eines
Oratoriums gefördert. Ein Mosaik auf
Goldgrund in der Apsis gilt als besterhal-
tenes Werk karolingischer Kunst in
Frankreich. Man nimmt an, dass seine 130 000 farbigen Glasteilchen, die
sich zur Bundeslade mit zwei Engeln
fügen, schon im 6. Jh. gesammelt wurden (Route de St-Martin, April–Sept.
tgl. 10–18 Uhr, gratis).

TOUR
Loire à Vélo für Einsteiger

Von Châteauneuf-sur-Loire zur Loiret-Mündung

Infos

📍 P/Q 1

Start/Ziel: ab/bis
Châteauneuf 85 km

Infos: www.valde
loire-foretdorleans.
com, www.loire-
radweg.org

Fahrradverleih: Rue
du Clos Martin, Châ-
teauneuf-sur-Loire,
T 06 37 41 35 03

**Musée de la Marine
de Loire:** 1, place
Aristide Briand, www.
musee-marinedeloire.
fr, Mi–Fr 10–18, Sa/
So 10–13, 14–18
Uhr, 5 €

Vom Schloss in **Châteauneuf-sur-Loire,** das mal als ›Kleines Versailles‹ bezeichnet wurde, blieben nach der Revolution nur Nebengebäude und Parkanlagen. In den einstigen Pferdeställen lenkt das **Musée de la Marine de Loire** den Blick zurück in die Zeit, als auf dem Fluss die Schifffahrt blühte. Von der **Auberge du Port** geht es über die Brücke und dann gleich rechts in die Nebenstraße mit dem verheißungsvollen grün-weißen Schild: »Loire à Vélo«. Zunächst Baumbestand, dann weite Felder geleiten ufernah in die Dörfer **Jargeau** und **Sandillon** (10 bzw. 18 km). Schatten gibt es wenig, dafür Berührung mit dem Fluss, den Jeanne d'Arc einst bei Chécy querte, um nach **Orléans** (35 km) zu gelangen.

In **St-Hilaire-St-Mesmin** deutet eine Réserve Naturelle darauf hin, dass dort an der Mündung des Loiret in die Loire schützenswerte Flora und Fauna lebt. Beim **Port Arthur,** dem Bootsanleger am linken Ufer des Loiret, steht die **Kirche St-Hilaire,** die gar noch aus dem 11. Jh. stammt. Keine üble Idee ist es allerdings, den Loiret gar nicht erst zu queren, sondern vor der Brücke rechts in die Rue Lucien Péan abzubiegen und bis zur **Pointe de Courpain** zu fahren. Die wilde Landspitze am Zusammenfluss von Loiret und Loire verspricht entspannte Rast vor der Rückfahrt nach Châteauneuf.

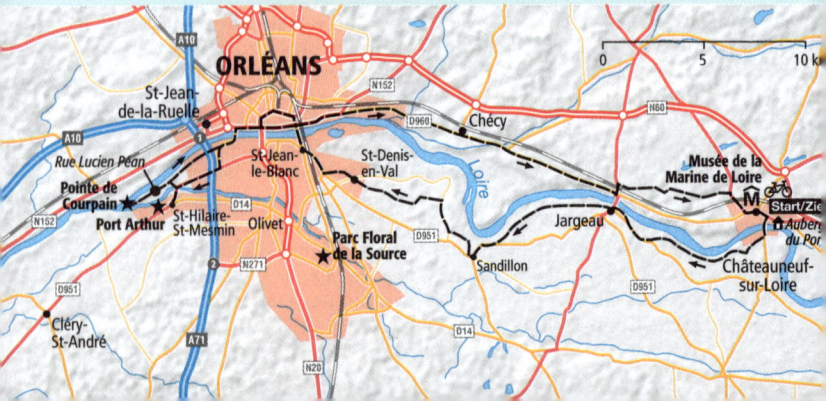

Orléans ♥ P/Q1

Ob Orléans ohne Johanna einen Namen hätte? Dass es als New Orleans den Weg nach Amerika schaffte, verdankt es dem Bourbonen Philippe II, der Herzog an der Loire war und sich im Kolonialhandel engagierte. Das originale Orléans, mit knapp 115 000 Einwohnern nicht gerade ausladend, kann ausnahmsweise mal nicht mit den Kulturschätzen seines amerikanischen Satelliten Schritt halten, denn die Bombardements des Zweiten Weltkriegs haben dort allzu große Lücken gerissen. Noch heute scheint es, als sei darüber manches in Schockstarre verfallen. Die großen Bezugspunkte fehlen, bei den wenigen touristischen Stolpersteinen handelt es sich zumeist um Wiederaufbauten.

Einfall von Osten
Als GPS und Co. nicht einmal Hirngespinst waren, konnte so etwas passieren: Jeanne d'Arc vermutete Orléans am linken Ufer der Loire. Wie die Arglose im Ausland galoppierte sie mit dem Proviantzug, der die Eingeschlossenen retten sollte, erst einmal an Orléans vorbei, schwenkte bei Chécy nach Norden und über den Fluss, um dann wieder zurückzureiten. Der Tross marschierte also von Osten durch die Porte de Bourgogne ein und überrumpelte damit die Belagerer. Ein Stadttor für eine Gedenkminute bleibt heutigen Touristen nach den Kriegsschäden allerdings nicht. Es existiert lediglich noch eine verkehrsberuhigte Rue de Bourgogne mit Kopfsteinpflaster und ein wenig Fachwerk, die parallel zum Fluss als lange Achse Richtung Westen verläuft. Etwas abseits erheben sich die Mauern der **Collégiale St-Aignan** ❶ über einer Krypta von 1029, deren Kapitelle zu den ältesten Kunstschätzen der Romanik im

Loire-Tal zählen (Führung über das Office de Tourisme, s. S. 54).

An der Kreuzung Rue de Bourgogne und Rue des Gobelets bemerkt man rechts gotisch anmutende Kirchenfenster. Sie gehören zur **Cathédrale Ste-Croix** ❷, 1278 begonnen, nie fertig geworden, dafür mehrfach fast komplett zerstört. Das heutige Gebäude stammt aus dem 17.–19. Jh. Es besitzt Bleiglasfenster zur Geschichte der Jeanne d'Arc, eine Krypta mit Kirchenschätzen und eine Dachterrasse zwischen den beiden Türmen, von der man auf die Stadt schauen kann.

Der von Arkaden gesäumte **Campo Santo** ❸ im Norden war ehemals ein Friedhof und bildet heute die Freifläche für die Jeanne-Festspiele (s. S. 53). Musée des Beaux-Arts ⓬ und Hôtel de Ville bilden den westlich anschließenden Gebäudekomplex. Ihm gegenüber, auf der anderen Seite der Tramschienen, steht das Backsteinjuwel **Hôtel Groslot** ❹ aus der Renaissance (1549–55) mit Park, das einst als Rathaus diente. Ramponiert durch Kriegseinschüsse ist die Bronzestatue der Jeanne d'Arc an der Freitreppe. Das marmorne Original von 1837, nach dem noch weitere Abgüsse gefertigt und landesweit aufgestellt wurden, befindet sich in Versailles und stammt von einer Prinzessin: Marie Christine d'Orléans war eine Dichterin, Musikerin und Bildhauerin, die mit kaum 26 Jahren an Tuberkulose starb, bevor sie ihr herausragendes Talent weiter entwickeln konnte.

Die Jungfrau als Spießrutenlauf
Dieses Johanna-Thema lässt nicht locker. Von der Kathedrale führt eine belebte Rue Jeanne d'Arc westwärts und verleitet an der Rue Ste-Catherine zum Abstecher auf die **Place du Martroi** ❺, wo sich über Cafés, den abendlichen Freitagsmarkt und gelegentlich auch Kirmesstände – was er-

hebt? Ganz richtig, eine Jeanne, hier als Reiterstatue des Jahres 1855 von Denis Foyatier. Das Fachwerkhaus ums Eck ist allerdings Etikettenschwindel: Diese **Maison de Jeanne d'Arc** wurde nach dem Zweiten Weltkrieg neu aufgebaut, selbst ihre Vorgängerin war nur die Bleibe von Schatzmeister Jacques Boucher, bei dem Jeanne in den zehn Tagen ihres Orléans-Aufenthalts nächtigte. Diese Zeit vom 29. April bis zur Nacht auf den 9. Mai 1429 steckt den Rahmen für das große Johanna-Fest, das Orléans seit Jahrhunderten feiert (s. S. 53). Kleidung, Kriegsbanner und noch andere Andenken, aber auch viel Multimediales können seit 1974 in dem Haus besichtigt werden (3, place du Gén. de Gaulle, T 02 38 68 32 63, www. jeannedarc.com.fr/maison, April–Sept. Di–So 10–13, 14–18, Okt.–März Di–So 14–18 Uhr, 6 €).

Zu Fuß zum Fluss

Mit dem **Hôtel des Créneaux** ➐ an der Rue Ste-Catherine und dem **Hôtel Toutin** ➑ an der Rue Notre-Dame de Recouvrance besitzt Orléans noch zwei schöne Renaissancebauten, die den Krieg überstanden. Auch die namengebende **Église Notre-Dame de Recouvrance** ➒ von 1513 konnte sich samt ihren Chorfenstern erhalten. Aber die rekonstruierte Einkaufsstraße **Rue Royale** ➓ bezeugt mit ihren beinahe künstlich wirkenden Arkaden, wie sehr die Bomben gewütet haben.

Südlicher Fluchtpunkt der Straße ist der **Pont George V** ⓫. Etwas abseits existierte bereits eine mittelalterliche Querung, die schon Jeanne d'Arc hätte nutzen können, wäre sie nicht auf dem Holzweg gewesen: der Pont des Tourelles, der Mitte des 18. Jh. durch diese 325 m lange Bogenbrücke ersetzt wurde. Pont George V und Rue Royale waren als majestätische Zufahrt in die Stadt vorgesehen, sie nahmen auf bestehende Bebauung keine Rücksicht. Als die Brücke 1760 fertig wurde, war Madame de Pompadour, Mätresse von Louis XV, die erste Person, die das Bauwerk nutzte. Was man sich als beschauliche Ergänzung vorstellen könnte, nämlich die Quais entlang der Loire, offenbart derweil die autoverliebte Gesinnung der Nachkriegszeit: Die Uferstraße verläuft als überlasteter Schnellweg von West nach Ost. Am Quai du Châtelet nahe der Brücke bilden der Raddampfer **L'Inexplosible No. 22** ➋ und das **Bateau Lavoir** ➌ gemeinsam mit der Freilichtbühne Scène du Ponton ein kleines Freizeitrevier am Fluss – die willkommene Endstation des Rundgangs.

AUS DER VERSENKUNG V

Die Loire hat einen kleinen Bruder mit fast gleichem Namen, den **Loiret,** ein seltsames Flüsschen. Wasser aus der Loire versickert im Gebiet um Jargeau im Kalkboden. La Source, die Quelle, heißt ein Quartier am Südrand von Orléans, wo nahe der Universität das Flüssige im blütenreichen **Parc Floral** wieder aus dem Boden sprudelt. Der Quelltopf mit einem Durchmesser von 21 m ist wegen seiner Türkisfärbung ein hübscher Anblick. Durch den hohen Wasserausstoß ist der Loiret schon nach kurzer Strecke schiffbar. Bereits im 4 km westlich gelegenen **Olivet,** das für seine Kirschbäume, die Mühlen und die teils bizarren ›Bootsbahnhöfe‹ (*gares à bateaux*) bekannt ist, sind Kanus ein geläufiger Anblick (Parc Floral: www.parcfloraldelasource. com, März–Sept. tgl. 10–19, Okt. 10–18, sonst 14–17 Uhr, 6,50 €; Kanus: www.camping-olivet.org, Anfahrt Tram A Parc Floral).

Rüttel-Reise: Über Kopfsteinpflaster geht es durch die Altstadt von Orléans, wie hier auf der Place du Châtelet mit ihrem feinen Fachwerk.

Museen

Viel altes Pinselwerk

⓬ Musée des Beaux-Arts: Europäische Malerei und Skulptur seit dem 15. Jh., vor allem französische Meister des 17./18. Jh. Mit so einer Beschreibung lehnt man sich nicht zu weit aus dem Fenster, denn sie passt auf fast alle Kunstmuseen Frankreichs. Dieses hier ist mit seinem Gründungsjahr 1797 freilich eines der ältesten des Landes, außerdem mit allein 700 ständig gezeigten Werken gut bestückt. Als besonderer Magnet gilt der »Apostel Thomas«, den Diego Velázquez um 1620 malte. Aber auch »La Fête Gloanec« von Paul Gauguin (1888) oder das amüsante Gemälde »La Sculpture« von Antoine Watteau (um 1710) können mithalten.

1, rue Fernand Rabier, T 02 38 79 21 83, www.orleans-metropole.fr/330/le-musee-des-beaux-arts, Di–Do, Sa 10–18, Fr 10–20, So 13–18 Uhr, 6 € (1. So im Monat gratis)

Ein Haus für den Keltenschatz

⓭ Musée Historique et Archéologique: Wer sich über Jeanne d'Arc und den Hundertjährigen Krieg immer noch schlecht informiert fühlt, erhält hier Nachhilfe und kann sich dann auch gleich ins Studium mittelalterlicher Baukunst vertiefen. Einblick in noch frühere Zeit ermöglichen die keltischen Bronzen, die 1861 südwestlich von Orléans in Neuvy-en-Suillas entdeckt wurden.

1, square Abbé Desnoyers, T 02 38 79 25 60, www.orleans-metropole.fr/332/hotel-cabu-musee-dhistoire-et-darcheologie, April–Sept. Di–So 10–13, 14–18, Okt.–März Di–So 13–18 Uhr, 6 € (1. So im Monat gratis)

Orléans

Ansehen
- ❶ Collégiale St-Aignan
- ❷ Cathédrale Ste-Croix
- ❸ Campo Santo
- ❹ Hôtel Groslot
- ❺ Place du Martroi
- ❻ Maison de Jeanne d'Arc
- ❼ Hôtel des Créneaux
- ❽ Hôtel Toutin
- ❾ Église Notre-Dame de Recouvrance
- ❿ Rue Royale
- ⓫ Pont George V
- ⓬ Musée des Beaux-Arts
- ⓭ Musée Historique et Archéologique
- ⓮ Les Turbulences – Frac Centre

Schlafen
- ① Empreinte
- ② De l'Abeille

Essen
- 1 Le Lièvre Gourmand
- 2 De Sel et d'Ardoise
- 3 Le Bateau Lavoir
- 4 La Marine

Einkaufen
- ① Marché Quai du Roi
- ② Chocolatier Papion
- ③ Maison Martin Pouret

Ausgehen
- ✦ La Paillote
- ✦ L'Inexplosible No. 22

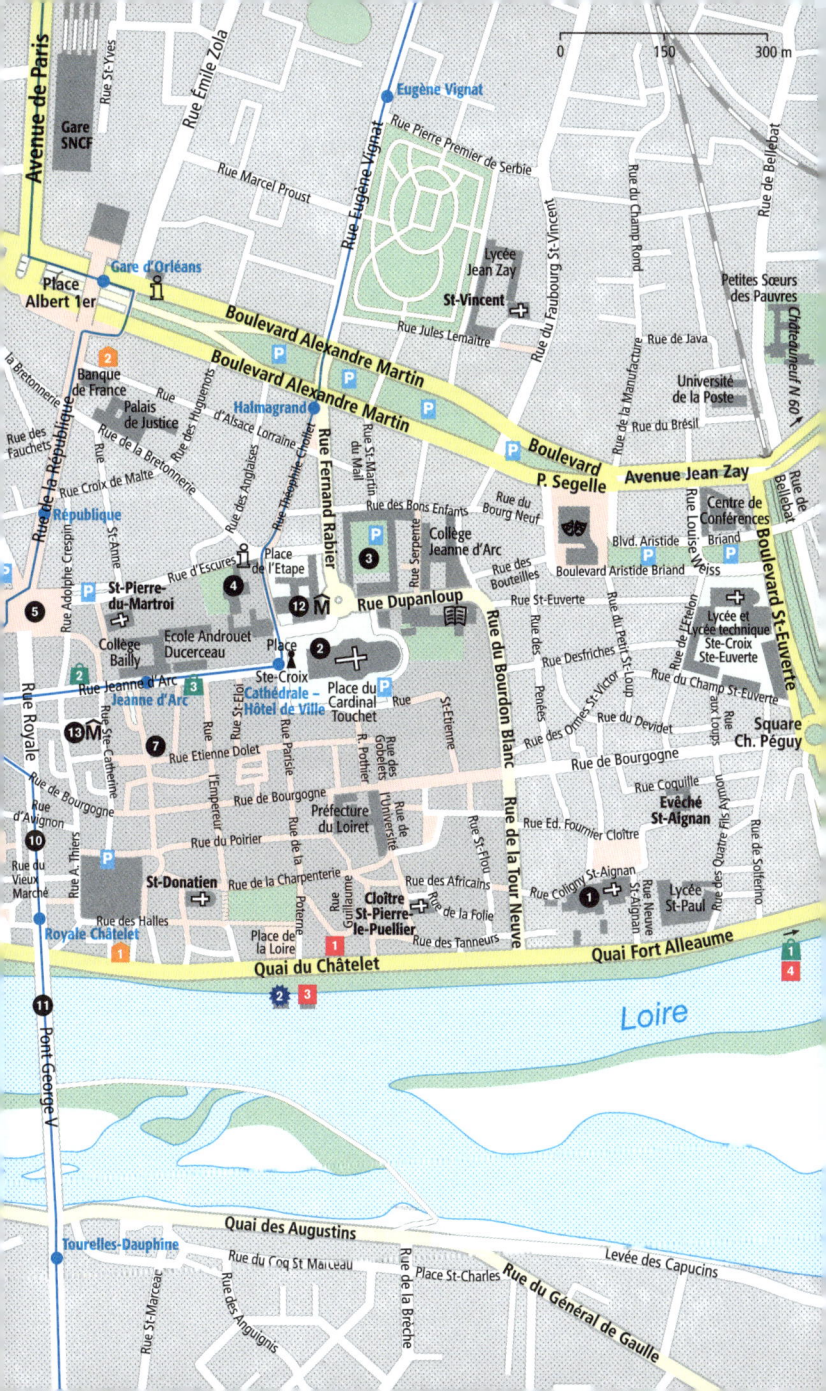

Gare SNCF

Avenue de Paris

Rue St-Yves

Rue Émile Zola

Rue Eugène Vignat

● Eugène Vignat

Rue Pierre Premier de Serbie

Rue Marcel Proust

0   150   300 m

Rue du Champ Rond

Rue de Bellebat

Châteauneuf N 60 ?

Place Albert 1er

Gare d'Orléans

Lycée Jean Zay

St-Vincent

Rue du Faubourg St-Vincent

Rue Jules Lemaître

Petites Sœurs des Pauvres

Boulevard Alexandre Martin

[P]

[P]

Boulevard Alexandre Martin

Rue de Java

Université de la Poste

[2] Banque de France

Palais de Justice

la Bretonnerie

Rue de la Bretonnerie

Rue des Huguenots

d'Alsace Lorraine

● Halmagrand

Rue Théophile Chollet

Rue Fernand Rabier

Rue St-Martin du Mail

[P]

Boulevard P. Segelle

Rue de la Manufacture

Rue du Brésil

Boulevard

Avenue Jean Zay

Rue de Bellebat

Rue des Fauchets

Rue Croix de Malte

République

Rue Adolphe Crespin

Rue Croix de Malte

St-Anne

Rue des Anglaises

Rue d'Escures

Place de l'Étape

[3]

Rue des Bons Enfants

Collège Jeanne d'Arc

Rue du Bourg Neuf

Blvd. Aristide Briand

Centre de Conférences

Rue Louise Weiss

Boulevard Ste-Euverte

[5]

St-Pierre-du-Martroi

[4]

[12] Ⓜ

Rue Dupanloup

Rue des Bouteilles

Boulevard Aristide Briand

Rue St-Euverte

Rue de l'Ételon

Lycée et Lycée technique Ste-Croix Ste-Euverte

Collège Bailly

Ecole Androuet Ducerceau

Place Ste-Croix

[2]

Cathédrale – Hôtel de Ville

Place du Cardinal Touchet

[P]

Rue des Pentes

Rue St-Victor

Rue Desfriches

Rue du Petit St-Loup

Rue des Ormes

Rue du Devidet

Rue du Champ St-Euverte

Baux Loups

Square Ch. Péguy

[2]

Rue Jeanne d'Arc

[3]

Jeanne d'Arc

[13] Ⓜ

Rue Ste-Catherine

[7]

Rue Étienne Dolet

Rue St-Croix

Rue Parisie

R. Pothier

Rue des Gobelets

Rue St-Étienne

Rue de Bourgogne

Rue Coquille

Evêché St-Aignan

Rue Royale

Rue de Bourgogne

Rue de Bourgogne

l'Empereur

Rue de la

Rue du Poirier

Préfecture du Loiret

Rue de l'Université

Rue de la Tour Neuve

Rue St-Flou

Rue Ed. Fournier Cloître

St-Aignan

Rue Neuve St-Aignan

Rue des Quatre Fils Aymon

Rue de Solferino

Rue d'Avignon

[10]

Rue du Vieux Marché

Rue A. Thiers

[P]

St-Donatien

Rue de la Charpenterie

Rue de la Poterne

Rue Guillaume

Cloître St-Pierre-le-Puellier

Rue des Africains

Rue de la Folie

Rue Colégny St-Aignan

[1]

Lycée St-Paul

Rue des Halles

Royale Châtelet

[1]

Place de la Loire

[1]

Rue des Tanneurs

Quai Fort Alleaume

[1]

[4]

Quai du Châtelet

[2] [3]

Loire

[11]

Pont George V

Tourelles-Dauphine

Quai des Augustins

Levée des Capucins

Rue du Coq St Marceau

Place St-Charles

Rue du Général de Gaulle

Rue St-Marceau

Rue des Anguignis

Rue de la Brèche

Abenteuer Moderne

⑭ Les Turbulences – Frac Centre:
Schon allein das Gebäude von Jacob+
MacFarlane aus dem Jahr 2013 ist einen
Besuch wert. Im Haus gibt es Ausstel-
lungen zur zeitgenössischen Kunst und
Kulturveranstaltungen zu gemischten
Themen.
88, rue du Colombier, T 02 38 62 52 00,
www.frac-centre.fr, Tram B Croix Morin,
Mi–So 14–19, jeden 1. Do im Monat bis 20
Uhr, gratis

Schlafen

Luft, Luxus, Loire

① Empreinte: *Vue toits* lautet die eu-
phemistische Beschreibung für Hinter-
hofblick. Aber gut, wer vom Zimmer aus
auf die Loire schauen möchte, hat dann
gleich eine viel höhere Rechnung zu begleichen. Vier Sterne, Hammam, Sauna
und Bar versüßen das Leben in einem
der schönsten Hotels der Stadt. Service
kaum zu toppen.
80, quai du Châtelet, T 02 38 75 10 52,
www.empreinte-hotel.com, 34 Zi., DZ/ÜF ab
140 €

Ein Negresco zum Spartarif

② De l'Abeille: Der Klassiker im Ho-
telgewerbe, 1903 gegründet und später
mit so großzügigen Bädern ausgestattet, dass aus 32 nun 25 Zimmer wurden.
Jugendstil-Interieur, Pflanzen und eine
hauseigene Kunstsammlung sind ebenso
Teil des Vergnügens wie der himmlische
Dachgarten.
64, rue d'Alsace-Lorraine, T 02 38 53 54 87,
www.hoteldelabeille.com, 25 Zi., DZ ab 98 €

Essen

Geld muss unter die Leute

① Le Lièvre Gourmand: Es ist ein richtig teurer Laden, denn selbst das Menü zu
43 € gibt es nur mittags, während man
beim Diner zu 65 € sogar noch kräftig
zuzahlen muss, wenn es nicht Käse *oder*
Dessert, sondern Käse *und* Dessert sein
soll. Aber Service, Zubereitung und Prä-
sentation bewegen sich auf höchstem
Niveau.
28, quai du Châtelet, T 02 38 53 66 14,
https://lelievregourmand.fr, Do–So 12–13,
20–21, Mi, Mo 20–21 Uhr, Menü ab 47 €

Wechselbad der Gemüse

② De Sel et d'Ardoise: Auf nichts ist
Verlass. Auf die Speisekarte des Hauses schon gar nicht, aber das hat was
für sich, denn die Gerichte wechseln wie
im Flug. Empfehlen lässt sich deshalb
nichts – abgesehen davon, seinen Tisch
in dem beliebten Restaurant unbedingt
zu reservieren.
44, rue du Faubourg Bannier, T 02 34 50 23
40, www.deseletdardoise.fr, Do/Fr 10–19 Uhr,
Sa 10–15 Uhr und takeaway, 20 €

Leckeres auf Planken

③ Le Bateau Lavoir: Es hat was von
Montmartre und Schwerstarbeit. Auf den
Waschschiffen fuhren einst Frauen über
die Flüsse und boten ihre Dienste als
Wäscherinnen an. Ein Haus am Montmartre, das den Schiffen ähnlich sah, wurde
zum Atelierhaus und zur Geburtsstätte
des Kubismus. Das Restaurant-Boot
auf der Loire verbindet Flusserlebnis
mit Feinsinn, wobei allerdings die Spei-
senauswahl nicht sehr umfangreich ist.
Wer nicht fündig wird, zieht einfach ein
paar Meter weiter zur Guinguette Au
Bord de la Loire.
1, quai du Châtelet, T 02 38 88 93 23, www.
bateaulavoir-orleans.fr, Di–Sa 11–24, So
11–15 Uhr, Menü 31,80 €

Stadtnah weltverloren

④ La Marine: Das charaktervolle Stein-
haus bietet Traumlage am Loire-Ufer unter
Bäumen – ein richtig altes Stück Frankreich, das innen mit geschmackvoller

Einrichtung und Tradition aufwartet. Zu üppigen Salaten und einer guten Auswahl an Vorspeisen gesellen sich überwiegend Fleischgerichte.

12, l'Embouchure, Combleux (8 km östl.), T 02 38 55 12 69, auf Facebook, Tram B bis Clos du Hameau, weiter mit Buslinie 8 Combleux Mairie, Mo–Sa 12–14, 19–21, So 12–14 Uhr, Menü ab 23 €

Einkaufen

Frische und Fluss
1 **Marché Quai du Roi:** Die besonders lebendige und stimmungsreiche Alternative zum Markt in den Hallen. Das Geschehen breitet sich am Ufer der Loire aus. Da schmecken die frischen Lebensmittel aus der Region später noch mal so gut.

11, quai du Roi, Sa 8–13 Uhr

Süße Schätze
2 **Chocolatier Papion:** Wie Schokoladenmeister Sébastien Papion von Loire und Heimat auf Süßes kommt, offenbart sich über seine Spezialitäten. Er spielt mit einem O, dem Initial der Stadt, füllt Pralinen mit Obst und Honig der Region und baut mit Vollmilch-Noisette die Kathedrale von Orléans nach.

38, rue du Faubourg Bannier (Zweigstelle 32, rue Jeanne d'Arc), www.sebastien-papion.fr, Di–Sa 9.30–13, 14.30–19 Uhr

Gebt ihnen Saures
3 **Maison Martin Pouret:** Letztlich ein Produkt begrenzter Haltbarkeit: Weine von der Loire, die den Transport nach Paris nicht überstanden, wurden als Essig in alle Welt verschifft. Bis zu 300 Fabrikanten gab es in Orléans. Geblieben ist davon nur das Haus Martin Pouret, das seit 1797 Essig und Senf in der Rue du Faubourg Bannier erzeugt. Der Verkauf läuft über eine eigene Boutique.

Boutique: 11, rue Jeanne d'Arc, www.martin-pouret.com, Di–Fr 10–18, Sa 10–18.30 Uhr

Ausgehen

Von allem vieles
1 **La Paillote:** Kulturraum an frischer Luft, so definiert sich das Unternehmen am Ufer der Loire. Das breit gefächerte Programm umfasst Konzerte, Zirkusdarbietungen, Ausstellungen, Tanz und noch allerlei, was nicht niet- und nagelfest ist.

Quai de Prague, T 07 82 46 75 58, Tram A Tourelles-Dauphine, https://nanomusic.fr/lapaillote, Mitte April–Ende Aug. zu den Veranstaltungsterminen

Flüssigversorgung schwimmend
2 **Inexplosible No. 22:** Das Boot ist die Replik eines jener Raddampfer, wie sie im 19. Jh. auf der Loire verkehrten. Dieser 2007 zu Wasser gelassene Nachbau dient aber nur dem Vergnügen, vor allem als Barbetrieb.

3, quai du Châtelet, T 06 82 61 17 01, auf Facebook, Do–Sa 18–2 Uhr

Feiern

• **Fête de Jeanne d'Arc:** 29. April–8 Mai. Als Auftakt der Festwoche reitet eine jährlich neu gewählte Jeanne-Darstellerin quer durch die Stadt zur Maison Jeanne d'Arc, wo die historische Johanna ihre Tage in Orléans zubrachte. Es folgen Konzerte, Märkte, Kampfspiele und manch andere Darbietungen. www.orleans-metropole.fr

• **Orléans'Jazz:** Juni. An New Orleans reicht das Festival zwar nicht heran, aber es sind doch jeweils rund 40 Jazz-Konzerte zu erwarten.

• **Festival de Loire:** alle zwei Jahre Mitte Sept. Die Zusammenkunft traditioneller Loire-Boote an den Kais von Orléans ist für sich schon ein spektakulärer Anblick. Ein üppiges Rahmenprogramm samt Konzerten und Feuerwerk macht das Fest zum Erlebnis. www.tourismeloiret.com

• **Festival de Travers:** Anf. Okt. Musik aller Stilrichtungen, Straßentheater und Installationen beleben das Stadtzentrum. Auf Facebook.

Infos

• **Office de Tourisme:** 2, place de l'Étape, T 02 38 24 05 05, www.tourisme-orleans-metropole.com. Mit dem hier erhältlichen **CityPass Orléans Métropole** kann man Tram und Bus nutzen, erhält freien Eintritt oder Rabatte in Museen, Restaurants, Geschäften und anderen Attraktionen der Stadt. Es gibt ihn für ein (18 €), zwei (28 €) oder drei Tage (35 €).
• **Flugplatz:** Der Aéroport Orléans Loire-Valley (25 km östlich in St-Dénis-de-l'Hôtel, https://orleans.aeroport.fr) wird derzeit nur von kleinen Maschinen bzw. Hubschraubern der Gesellschaften Phénix (www.phenix-aviation.com), Héli Sphère (www.heli-sphere.com) und Fly7 (www.fly7.ch) angeflogen. Eine Aufnahme in den internationalen Linienverkehr ist in Planung.
• **Bahn:** Züge fahren ab Gare d'Orléans (Rue St-Yves) und Gare des Aubrais (45400 Fleury-les-Aubrais), manche nur ab einem der beiden Bahnhöfe. Es ist also darauf zu achten, welcher Bahnhof auf dem Ticket aufgeführt ist. Orléans wird noch nicht vom TGV bedient, sondern nur von den TER. Fahrten nach Tours oder Paris-Austerlitz dauern etwa 1 Std. (ab 21 €).
• **Bus:** Ab der Gare Routière (Rue Marcel Proust) mit den Bussen von SNCF (www.oui.sncf/proposition/outward/bus) und Rémi (www.remi-centrevaldeloire.fr) in benachbarte Orte sowie auch fernere Städte.
• **Stadtbus/Tram:** Seit 2000 besitzt die Stadt wieder Straßenbahnen, aktuell mit zwei Linien: Tram A vom Fernbahnhof Fleury-les-Aubrais im Norden durchs Zentrum nach La Source südlich der Loire, Tram B von La Chapelle-St-Mesmin im Westen nach St-Jean-de-Braye im Osten. Der Betreiber TAO versieht auch den innerstädtischen Busverkehr (www.reseau-tao.fr). Die einfache Fahrt kostet 1,60 €, ein Tagesticket 4 €.
• **Taxi:** T 06 61 54 43 99, www.taxi-pmr-45.fr
• **Autovermietung:** Avis (T 02 38 62 27 04) am Bahnhof Fleury, andere große Firmen (z. B. Sixt, T 02 38 73 01 00) an der Gare SNCF im Zentrum.

Cléry-St-André ♀ P1

Maria und der König

Incontournable sagt man in Frankreich nahezu unumgänglich, wenn eine Sache als genau das gilt, nämlich unumgänglich. Die **Basilique Notre-Dame de Cléry** sei so etwas, heißt es in der Gegend, aber so richtig begeistern will das Bauwerk im Flamboyant-Stil nicht. Seine Geschichte als Wallfahrtskirche begann 1280, als an dieser Stelle eine Marienstatue ausgegraben wurde, die dann auch – oh Wunder – wundertätig wurde. Das war im Hundertjährigen Krieg und dann nochmals während der Religionskriege kein Grund, die Kirche in Frieden zu lassen. Das Wüten traf auch das Kenotaph des 1483 verstorbenen Louis XI. Es besitzt nicht mehr die ursprüngliche bronzene Königsstatue, sondern seit 1622 einen marmornen Ersatz des Bildhauers Michel Bourdin. Ludwigs Gebeine samt denen seiner Frau Charlotte wurden in einer Gruft beigesetzt, der Schädel ist in der Krypta zu sehen – und vielleicht der wesentliche Grund, warum man die Basilika als *incontournable* bezeichnet. Tgl. 9–18 Uhr

Zurück in die Zukunft, vorwärts in die Vergangenheit – Nostalgie und Träumerei sind die Würze beim Festival de Loire in Orléans.

Feiern

● **Liberté:** Termine letzte Juli-Woche–1. Aug.-Woche. 200 Laienschauspieler in historischen Kostümen stellen Besatzung und Widerstand im Zweiten Weltkrieg nach. www.cleryraconte.com, Tickets 9–19 €.

Meung-sur-Loire 📍P1

Komm wieder aus finstrer Gruft

Meung ist eine Ausfahrt an der A 10, die einem wegen des seltsamen Namens auffallen mag. Unwahrscheinlich, dass dort sonst noch etwas auffallen würde – etwa das Zifferblatt am Stadttor **Porte d'Amont**, das 61 Minuten anzeigt. Doch immerhin existieren nahe der Loire die romanische **Kirche St-Liphard** (12. Jh.) und das etwa zeitgleich als Bischofspalast begonnene **Château.** 1461 gab es zwischen dem damaligen Bischof und François Villon einen Disput, der den Skandaldichter ins Schlossverlies brachte. Nur die Begnadigung durch Louis XI rettete den wohl kriminellsten unter den französischen Schriftstellern vor der Hinrichtung. Das Schloss erlebte literarische Nachspiele in der Auftaktszene der »Drei Musketiere« von Alexandre Dumas und als Feriensitz von Georges Simenons »Kommissar Maigret«. Aber weder der Park noch die 21 möblierten Säle können dem finsteren Keller mit den Folterkammern die Show stehlen. Villon stahl man übrigens allerlei Sätze, darunter »Vom Winde verweht« und »Schnee von gestern«.

Château, 16, place du Martroi, www.chateau-de-meung.com, aktuelle Öffnungszeiten bitte der Internetseite entnehmen, 9 €

Im Namen der Rose

Außer dem Nachspiel gab es ein literarisches Vorspiel, entfacht von jenem Mann, dem der Ort seinen seltsamen Namen verdankt: Jean de Meung. Der hatte von Geburt einen noch seltsameren Namen, nämlich Clopinel, was Hinkefuß bedeutet. Meungs Verdienst war die Vollendung des Rosenromans (»Roman de la Rose«), den Guillaume de Lorris mit 4000 Versen begonnen hatte und den Meung um 18 000 Verse erweiterte. Zäher Stoff, sollte man meinen, aber sein Thema, die Liebe am Hofe, machte aus dem Schinken einen mittelalterlichen Bucherfolg. Die Schriftstellerin Christine de Pizan hatte ihren Anteil daran, indem sie mit einer Streitschrift gegen die frauenfeindlichen Tendenzen des Werkes einen ersten großen Literarkrach in Frankreich anschob. Man sieht, alles schon mal dagewesen.

Nur angemessen, dass Meung nach solch blumiger Vergangenheit auch so etwas wie einen Rosenkavalier hervorbrachte. Ab 1998 verwandelte Stéphane Chassine am anderen Ufer der Loire einen verfallenen Bauernhof in die **Jardins de Roquelin.** Pergolen und Hecken trennen darin Gartenräume ab, in denen 450 Rosenarten gedeihen, Pfauen stolzieren und Frösche aus Teichen quaken.

Lieu-dit Roquelin, www.lesjardinsderoquelin.com, Ende April–Anf. Okt. Mi–Mo 10–18 Uhr, 5 €

Schlafen, Essen, Bewegen

Für alles gesorgt

Cœur de Loire: Solche Unternehmen gibt es nicht oft, schon gar nicht in der Non-Profit-Variante. Was als zünftige Guinguette La Capitainerie begann, endete mit Ausflugsfahrten und Übernachtung an Bord eines traditionellen Loire-Bootes. Beitritt in die Assoziation oder eine Spende sind willkommen.

8, quai Jeanne d'Arc, T 06 67 88 01 52, http://coeur2loire.com, Guinguette: Mitte Juni–Ende Aug. Mi–Mo 11–23 Uhr, Mai–Mitte Juni Fr–So 11–23 Uhr, Büro: Di–Fr 10–17, Sa/So 11–18 Uhr, 1 Std. Bootsfahrt 15 €, 3,5-stündige Dinnerfahrt 80 €, Übernachtung an Bord 2 Pers. mit Frühstück 69 €, Snacks ab 8 €

Ausgehen

So geht kultig

La Corne des Pâtures: Die Schnellstraße nimmt den Knick der Loire auf dem Weg nach Beaugency nicht mit. Deshalb fahren Ortsunkundige achtlos an dem kleinen Juwel am Flussufer vorbei. Ein ausrangierter Autobus dient dort als Bar. Holzpaletten als Tische und Stühle vom Sperrmüll stehen zwischen Heuballen inmitten der herrlichen Natur. Es gibt eine Bühne für Konzerte und Theater und eine Leinwand für Freiluftkino. Außer Getränken erhält man Frühstück, Snacks sowie Mittag- und Abendessen.

Baule (am Fernradweg Loire à Vélo), T 06 99 99 09 70, www.lacornedespatures.com, Di–Sa 9–24, So 9–22, Mo 17–22 Uhr, Fahrradservice, Mo ein Markt mit lokalen Produkten

---

Infos

- **Office de Tourisme:** 1, rue Troulet, T 02 38 44 32 28, 45130 Meung-sur-Loire, www.entre-orleans-et-chambord.com. Nebenstellen in Cléry und Beaugency.
- **Bahn:** Station an der Strecke von Paris über Orléans nach Beaugency, Blois und Tours.
- **Bus:** Rémi-Bus Linie 9 von Orléans und weiter nach Beaugency; www.remi-centre valdeloire.fr

Beaugency ♀P2

Romanisch-gotisch gesprenkelt

Die Querung der Loire bildete über Jahrhunderte das große Problem, für die Engländer im Hundertjährigen Krieg sogar ein unlösbares. Beaugency besaß als einziger Ort zwischen Orléans und Blois eine **Brücke** ans Südufer, die Ziel von Feinden und im Zweiten Weltkrieg teilweise zerstört wurde. Ein klotziger Turm an der Place Dunois, **Tour de César,** wachte schon im 11. Jh. über die Zufahrt. Die kaum jüngere **Abbatiale Notre-Dame** gegenüber ist ausnahmsweise mal nicht für eine Hochzeit, sondern für eine Scheidung bekannt. Louis VII trennte sich dort 1152 von Aliénor d'Aquitaine – oder sie von ihm, denn Eleonore war eine willensstarke Persönlichkeit. Nur der Scheidungsgrund klingt angesichts der gängigen Adelsverbindungen ziemlich schrullig: Blutsverwandtschaft.

Die Place Dunois ist auch Adresse für das **Château,** ihr Namensgeber Jean Dunois war Gefährte von Jeanne d'Arc. Sogar in Schiller Drama »Die Jungfrau von Orleans« kommt er vor. An Jeanne, die auch Beaugency von den Engländern befreite, erinnert eine Statue beim Turm der verfallenen Kirche **St-Firmin.** Von der Stadtmauer aus dem 11./12. Jh. entdeckt man beim Rundgang noch stattliche Reste, darunter die **Tour d'Horloge,** die **Tour du Diable** und die **Porte Travers.**

Essen

Unbootmäßig, aber lecker

Le P'tit Bateau: Den Namen darf man nicht zu ernst nehmen, ein ›kleines Boot‹ befindet sich nur als Emblem über dem Eingang. Dafür entschädigen ein Innenhof ebenso wie das vorzügliche, ungewöhnlich fantasievoll angerichtete Essen.

54/56, rue du Pont, T 02 38 44 56 38, www.
restaurant-lepetitbateau.fr, Mi–So 9–14,
19–22 Uhr, Menü ab 36 €

Talcy ♀O2

Schloss mit Minderjährigen

Selbstverständlich bewegt alle Welt die eine Frage: Wie finanziert man eigentlich so ein Schloss? In Talcy ist die Sache schnell erklärt, denn das **Château** gehört als eines von nur vier Schlössern an der Loire dem Staat. Und der hat's ja. Außerdem ist dies mehr ein Schlösschen, kaum der Rede wert. Bernardo Salviati, Florentiner Bankier und Cousin der Caterina de' Medici, hatte das Anwesen 1517 in Gestalt eines Bergfrieds gekauft und dann gründlich umbauen lassen. Gärten, der überkuppelte Brunnen im Innenhof, die Arkaden oder das vorzüglich erhaltene Taubenhaus für immerhin 3000 Vögel sprechen Bände und liefern beschauliche Fotomotive.

Man kann sich im Schloss mit dem originalen Innendekor aus dem 17./18. Jh. ganz gut in verträumte Amouren jener Zeit einfühlen. Und tatsächlich, da gibt es was zu berichten. Der Dichter Pierre de Ronsard (1524–85) hinterließ nicht von ungefähr einen Gedichtband unter dem Titel »Les amours de Cassandre«. Diese Cassandra war Salviatis Tochter, gerade einmal 13 Jahre alt, als Ronsard sie bei einem Hoffest erlebte. Hernach schwärmte er, sie sei für ihn das, was Beatrice für Dante und Laura für Petrarca gewesen sei.

18, rue du Château, Talcy, T 02 54 81 03
01, www.chateau-talcy.fr, Anf. Mai–Anf.
Sept. tgl. 9.30–12.30, 14–18, April, Sept.
tgl. 10–12.30, 14–17, Okt.–März Mi–Mo
10–12.30, 14–17 Uhr, 6 €

TOUR
Von Étang zu Étang

Mit dem Rad durch die Sologne der Teiche

Infos

📍 P/Q 3

Start/Dauer:
St-Viâtre; etwa
23 km, 2 Std.

Infos: Maison des
Étangs, 2, rue de
la Poste, St-Viâtre,
www.maison-des-
etangs.fr, April–Okt.
tgl. 10–12, 14–18,
Nov.–März Mi, Sa
14–18 Uhr, 6 €

›Tremblevy‹ hieß das Kaff, schwer zu übersetzen, aber dem Sinn nach ein Ort, an dem man zittert wie Espenlaub. Da die Einwohner um ihren Ruf fürchteten, setzten sie 1854 eine hochoffizielle Umbenennung durch. Namengeber ist nun der – Rom kaum bekannte – heilige Viâtre, der als Eremit in den umliegenden Wäldern lebte und seine letzte Ruhe in der Kirche von **St-Viâtre** fand. Sumpf und schneidender Wind, Nebelschwaden und finsterer Wald regieren in dieser Gegend, die mit Tremblevy gar nicht so falsch betitelt war. Ein Gesprenkel von Teichen ringsum zeigt an, dass der Untergrund kaum Wasser durchlässt. Ackerbau kann man sich dort schenken, dafür den natürlichen Bewuchs belassen und eben Teiche stauen. Wild und Vögel danken es, nur dass ihr Habitat seit Jahrhunderten auch von den Schützen des Landes

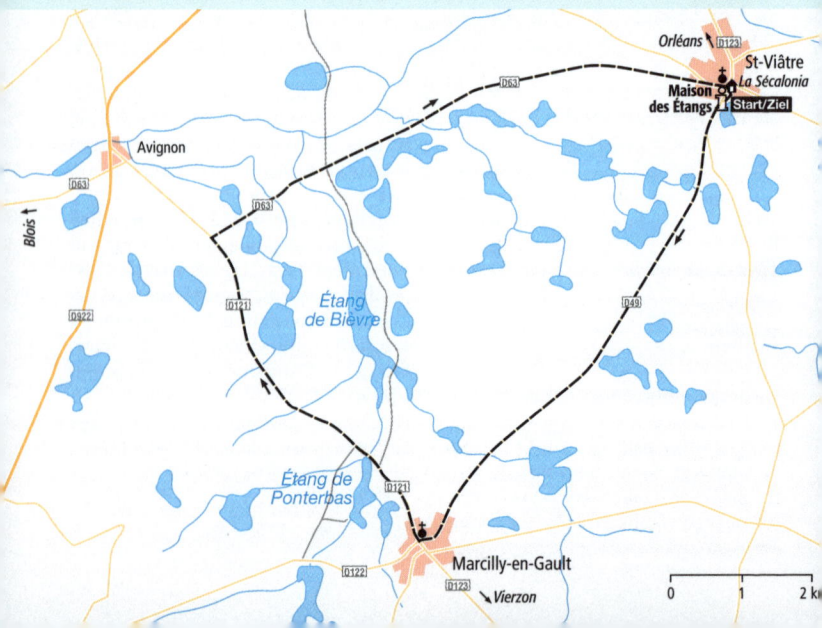

Windungen von Menschenhand: Der Canal de la Sauldre erschloss Mitte des 19. Jh. die Sologne für die Schifffahrt.

Fahrradmiete? Ein Problem, aber kein unlösbares. Bei einer Mietzeit ab zwei Tagen oder Miete von mindestens zwei Rädern bringt Ouibike den gewünschten Typ an den gewünschten Ort (www.oui bike.net).

durchstreift wird. Eine Einkehrmöglichkeit bietet das Restaurant Le Sécalonia (3, rue de la Paix, T 02 54 95 98 08, www.secalonia.com, Di/Mi 12–14, Do–Sa 12–14, 19–21 Uhr, Hauptgericht ca. 25 €).

Teiche? Nun ja, die Étangs eben. Etwa 3000 gibt es in dieser Gegend, einen Großteil davon im Gebiet um St-Viâtre, wo eine **Maison des Étangs** dann auch gleich über die Teich- und Fischwirtschaft unterrichtet. Ein Teich hinterm Haus, schlicht Étang de la Ville genannt, besitzt einen Lehrpfad und wie auf Bestellung die typischen Bäume: Eiche, Kastanie, Weide, Akazie und die schon zitierte Espe. Schilf und Wasserlilien am Ufer schützen Vögel während der Brut. Nach einem Rundgang kann man mit dem Rad der Rue de la Paix (D 49) südwärts folgen und taucht am Ortsausgang in dichtes Grün – so dicht, dass man die Teiche rechts und links der Straße oft gar nicht bemerkt.

Nach 8 km schwenkt man bei der Kirche von **Marcilly-en-Gault** rechts in die D 121 ein und kommt hinter dem Ort dann wirklich mal erfreulich dicht an einen Teich heran, den **Étang de Pontbertas**. 7 km hinter Marcilly schwenkt man noch vor **Avignon**, das so gar nichts von seinem Namensvetter in der Provence hat, rechts in die D 63, die nach weiteren 8 km und abermals lauschigen Teichen zurück zum Ausgangspunkt führt.

Zwei Seiten des Glücks: Konditor Claude Fouquiau zeigt die Kehrseite der Tarte Tatin, die kopfüber gebacken wird.

Die Sologne ♀ P/Q 2–4

Zum Schießen

Rund 1,2 Mio. französische Jäger und ungezählte Tote – wobei nicht immer nur Tiere der Ballerei erliegen. War die Jagd einst Privileg des Adels gewesen, so erkämpfte sich das Volk in der Revolution sein Recht aufs Schießen. Der Sicherheit im Wald ist die Popularisierung nicht zuträglich. Vielmehr folgen die Mannen – Frauen zeigen weniger Begeisterung – munter der ganzen Zweideutigkeit des Wahlspruchs: »Lerne schießen, treffe Freunde!« Wer also zu Fuß durch die wildreiche Sologne streift, sollte ich der Risiken und Nebenwirkungen der Treibjagd bewusst

sein. Ansonsten ist die Region harmlos und verlockend. Regisseur Jean Renoir, Sohn des Malers Auguste, verband Jagd und Nebelschwaden 1939 zu seinem Meisterwerk »La Règle du Jeu« (Die Spielregel). Schauplatz sind Schloss und Umgebung des Ortes **La Ferté-St-Aubin** (♀ Q 2), für die Spiele Tradition wurden: *Jeux anciens,* Vergnügungen aus der Ära vor PC und Smartphone sind Ausstellungsthema im Château. Übernachten kann man in einem Pavillon aus dem 17. Jh.

2–4, rue du Gén. Leclerc, La Ferté-St-Aubin, T 02 38 76 52 72, www.chateau-ferte.com, Juli/Aug. tgl. 10–19, Sept. Sa/So 11–18, 10–22 €

Äpfel, Pflaumen und ein Auto

Die Tarte Tatin ist umgekehrt gebackener, warm servierter Apfelkuchen. Aber Tatin ist was? Die Lösung führt nach **Lamotte-Beuvron** (♀ Q 2), wo gegenüber der kleinen, uncharmant geratenen Bahnstation zwei sehr wohl charmante Häuser ebendiesen Namen tragen: Hotel Tatin und Villa Tatin. Dort soll Stéphanie Tatin einer Jagdgesellschaft den Apfelkuchen ihrer Schwester Caroline versehentlich kopfüber und noch nicht abgekühlt vorgesetzt haben. Die Gäste waren begeistert, das Rezept überlebte Stéphanie, die 1917 ausgerechnet am Nationalfeiertag im Alter von 80 Jahren starb.

Vom Apfel zur Pflaume: Renekloden nennt man in Deutschland etwas hemdsärmelig eine Frucht, die nach *Reine Claude* benannt ist. Diese Claude de France war Thronerbin der Bretagne, in die Ehe mit François I gezwungen und damit Königin (*reine*) Frankreichs geworden. Als man dem König die erste Frucht kredenzte, soll er gesagt haben, sie sei so süß wie seine Frau, also die *Reine Claude.* Das hat mit **Romorantin-Lanthenay** (♀ P 4), dem 18 000 Einwohner zählenden Hauptort der Sologne, insofern zu tun, als Claude 1499 im dortigen Château geboren wurde und ihr Gatte den Ort zu einem Königssitz ausbauen wollte. Ja, wollte. Vom Schloss stehen nur noch zwei Türme, heute Sitz der Präfektur. Die auffallend moderne bis spießige Wohnarchitektur, die sich um den kleinen Altstadtkern gelegt hat, entsprang den Jahren 1984–2002, als Renault und der lokale Hersteller Matra in Romorantin die Großraumlimousine *Espace* produzierten. Bedenkt man die damals noch hohe staatliche Beteiligung an Renault, lässt sich die Förderung von Romorantin fast als Nachbeben der alten absolutistischen Pläne betrachten. Inzwischen sind jedenfalls nur noch Zulieferbetriebe in dem verschlafenen Ort tätig.

Schlafen, Essen

Goldener Löwe, arme Schlucker

Grand Hotel du Lion d'Or: Wenn ein Restaurant hervorhebt, dass alle Gerichte auch für zwei Personen reichen, dann ahnt man was. Mit 65 € für eine Vorspeise wird die Ahnung bestätigt. Anders gesagt: Die Speisen sind mehr was zum Anschauen als für den Konsum, auch wenn das Essen grandios sein soll. Der Hotelbetrieb steht der Essensqualität nicht nach und tischt ebenfalls kräftige Preise auf. Es handelt sich hier um einen ehemaligen Bischofspalast aus dem 16. Jh., der seit dem 19. Jh. als Grand Hotel geführt wird. Das schöne Ambiente kann man als willkommene Zuflucht vor dem belanglos wirkenden Ort betrachten – sich aber auch ie Fragen stellen, ob man unbedingt in Romorantin ubernachten muss.

69, rue Georges Clemenceau, Romorantin-Lanthenay, T 02 54 94 15 15, www.hotelliondor-romorantin.fr, 16 Zi., DZ ab 153 €; Restaurant: im Winter Di und Mi abends geschl., Menü ab 105 €

Apfel im Schlafrock

Hotel Tatin und Villa Tatin: Man möchte zurückschalten ins 19. Jh. und prüfen, ob die Geschichte vom Apfelkuchen so stimmt, wie sie erzählt wird. Sollte sie zutreffen, dann war das Hotel Geburtsort der frankreichweit geschätzten Tarte Tatin. Das Alter sieht man dem Haus in jedem Fall an, im guten wie im schlechten Sinn. Da sind das verträumte Ambiente und der Garten, da ist aber auch etwas vom Mief alter Zeit. Ausweichadresse mit ähnlichem Für und Wider ist die Villa, die 1904 nebenan für die Schwestern Tatin gebaut wurde und jetzt als B&B dient.

Hotel: 5, av. de Vierzon, Lamotte-Beuvron, T 02 54 88 00 03, www.hotel-tatin.fr, 14 Zi., DZ 66–139 €; Restaurant: Di–Sa 19.30–20.45 Uhr, Menü 22–35 €; Villa: 9, av. de Vierzon, Lamotte-Beuvron, T 02 54 95 98 51, auf Facebook, 3 Zi., DZ/ÜF 75–85 €

Infos

• **Office de Tourisme:** Côté Sud, 41 200 Romorantin-Lanthenay, T 02 54 76 43 89, www.sologne-tourisme.fr

DAS RÄTSEL DER REBE

Klassisches Weinbaugebiet sieht anders aus, da wären die Teiche und undurchlässigen Böden nicht willkommen. Romorantin hat sich trotzdem einen Sonderposten erkämpft, denn von dort stammt eine Rebsorte, die es andernorts nicht gibt. Laut Legende war es François I, der 1519 zu Versuchszwecken 80 000 Weinstöcke aus dem Burgund auf sein Gut Romorantin bringen ließ. Ob das nun stimmt oder nicht – 1993 wurde dem Weißwein aus der Romorantin-Rebe die eigene Appellation Cour-Cheverny zugesprochen.

Cheverny ♀ 03

Barock spiegelt mit Pomp und Größe, Schnörkeln und Goldbesatz alle Herrlichkeit auf Erden, wobei der eine Fürst immer mehr zu spiegeln suchte als der andere. Dieses geläufige Bild der Baukunst ignoriert eine barocke Spielart, die noch aus der Renaissance und damit letztlich aus der Antike schöpft. Voilà, das klassizistische Barock, Frankreichs Variante zur italienisch inspirierten Mode und im Land so eifrig praktiziert, dass dem Sonnenkönig schließlich europaweit der Klassizismus folgte. Schloss Cheverny zeigt allen, die das nun nicht verstanden haben, wie das klassizistische Barock aussieht. Oder auch der Barock, da ist man sich nicht einig. Aber man kann das Schloss und seine Gärten auch genussvoll besuchen, ohne sich einen Deut um Kopflast zu scheren.

Immer am Seil entlang

Ganz typisch für die Großmannssucht war, dass für Château Cheverny ein Bollwerk aus dem Mittelalter erst einmal gänzlich verschwinden musste. Der Neubau entstand in den Jahren 1626–34. Familie Hurault hatte ein strenges Auge auf den Hergang der Arbeiten und drückte mit Macht und Geld, wenn die Auftragnehmer nicht spurten. Nach zwei Intermezzi ist die Familie heute wieder Besitzerin der Pracht und schaut immer noch unnachsichtig auf Regeln. Der **Rundgang** hat den Seilen zu folgen, die straff durchs Haus gespannt sind. Eigentlich ist innen vieles schlicht, nur hängt und steht allerlei an Mobiliar, Bildwerk, Gobelins und Figürchen herum, was Eindruck schindet. Da ist beispielsweise Tizians Porträt des Cosimo de' Medici – nicht des alten, sondern des jungen und noch dazu als Junge. Jean Mosnier aus Blois, der die Innenausstattung des Schlosses überwachte, hinterließ im Speisesaal berühmt gewordene Deckenpaneele, auf die er um 1635 die »Reisen des Don Quijote« malte – ungewöhnlich früh, denn die beiden Romanbände von Miguel de Cervantes waren erst 1605 und 1615 erschienen. Doch um ehrlich zu sein, man muss sich sehr in die Adelsgeschichte vertiefen, um die Relevanz all dieser Werke zu verstehen.

Pflanzenduft und Hundebellen

Wenn's einem die Luft nimmt, ist ja immer noch Gelegenheit, in den Garten auszuweichen. Eigentlich sind es mehrere **Gärten,** die noch dazu mit den Jahreszeiten immer andere Bilder zaubern. Zwischen dem Schloss und dem Café in der Orangerie erstreckt sich ein Ziergarten mit strengem Heckenschnitt, der nach französischer Manier eine Art Grundordnung schafft. Dann ist da der wild anmutende und doch klar strukturierte Gemüsegarten mit Blumenpracht inmitten einer großen Vielfalt an Nutzpflanzen. Den Tulpengarten muss man nicht lange erklären, außer dass die Zahl seiner Zwiebeln bei rund 100 000 liegt, woraus sich ein echtes Feuerwerk der Farben im Frühjahr erklärt. Ob man den Irrgarten betritt oder nicht, hängt von den Zeitreserven ab, denn man kann sich in den Gängen verlaufen.

Elektroauto und -boot stehen zur Verfügung, um den englischen **Landschaftspark** mit Uraltbäumen und die Kanäle zu erkunden. Auch dem Garten der Liebe sollte ein Viertelstündchen gehören, denn es stehen dort am Wasser und mit spannenden optischen Bezügen zueinander sechs Bronzen zum Thema Liebe, geschaffen von dem schwedischen Künstler Gunnar Olovson (1936–2017), der ein Freund der Familie war. Indessen hat man den Eindruck, dass Hausherr Marquis Charles-Antoine de Vibraye doch eher ein Hundefreund ist. Mehr als 100 Jagdhunde – speziell gezüchtet aus Foxhound und Poitevin – bevölkern den **Zwinger** neben dem Gemüsegarten. Von April bis Mitte September kann man täglich um 11.30 Uhr die Fütterung erleben; in den übrigen Monaten darf man nur montags sowie mittwochs bis freitags dem Schauspiel beiwohnen. Und ganz ehrlich: Es sind liebe Tiere, solange sie nicht mit dem Marquis auf Treibjagd ziehen.

So wahr wie Käpt'n Iglo

Seit 1922 kann Cheverny besichtigt werden. Einer der frühen Gäste war der Belgier Georges Remi, besser bekannt als Comiczeichner Hergé und Erfinder von »Tintin« (in Deutschland »Tim und Struppi«). Das von der Comicfigur Kapitän Haddock bewohnte Château Moulinsart (oder eben Schloss Mühlenhof) folgt dem Vorbild Cheverny. Nahelie-

gend also, dass die Fondation Hergé dort quasi als Schloss im Schloss ein 700 m^2 großes Museum zu Tintins Abenteuern einrichtete (s. S. 81).

Avenue du Château, Cheverny, T 02 54 79 96 29, https://chateau-cheverny.com, April–Sept. tgl. 9.15–18.30, Okt.–März tgl. 10–17 Uhr, 13,50 €, mit Mühlenhof 18 €, mit Fahrt im Elektroauto und Elektroboot 18,50 €, mit allen Attraktionen 23 €; Übernachtung beim Schloss ab 220 €, http://suitesdecheverny.fr

Chambord

Ewige Jagdgründe

5433 ha. Ach! Und wie viel ist das? Man macht sich ja kein Bild, aber vielleicht hilft der Hinweis, dass dieser **Park** so groß ist wie Paris. Schnurgerade verlaufen Straßen aus den Kardinalrichtun-

Im Herbst stapeln sich die Farben und Formen der Kürbisse im Park von Schloss Cheverny.

gen durch den Mischwald und auf ein Zentrum zu. Auch wenn man es nicht weiß, spürt man auf seltsame Art, dass dort etwas Großartiges wartet. Aber einstweilen geht es nur durch Jagdgründe, eingefasst mit einer 32 km langen Mauer, die schon seit Jahrhunderten das Wild in einer Bannmeile hält. König François I wollte nun mal Sicherheit dafür schaffen, dass er und seine Begleiter zu ihren Trophäen kamen – heutige Besucher dürfen es danken, weil sie im Herbst mit ziemlicher Sicherheit das Röhren der Hirsche erleben werden. Was die Jagd angeht, so war sie schon im Mittelalter zum Training für Soldaten geworden, in der Renaissance dann der pure Blutrausch – für das Landvolk, dem die Teilhabe verboten war, die reinste Pest, für den Adel ein Spiel mit den Elementen und der Macht. Der Tempel im Zentrum des Spielfelds ist Schloss Chambord, vielleicht der beeindruckendste Palast Europas.

Die Lage im Sumpf

Ende Mai 2016. Es regnet, nicht nur ein bisschen, vielmehr erlangen Frankreichs Flüsse Rekordpegel. Auch der sonst mickrige **Cosson** tritt über die Ufer. Château Chambord steht knietief im Wasser und muss für die Öffentlichkeit geschlossen werden. Das Problem mit periodischen Überschwemmungen ist bekannt, deshalb ließ man den Fluss kanalisieren. Als François den Standort für sein Schloss auswählte, entschied er sich ausgerechnet für diese Sümpfe. Kam später einmal die Vermutung auf, der König habe dort eine Sommerfrische errichten wollen, so kann man diesen Gedanken angesichts der damaligen Mückenschwärme zu den Akten legen. Apropos Akten. Die Zusammenlegung der *chambres de comptes* (Rechnungshöfe) von Blois und Paris, ein absolutistischer Schritt zur Zentralisierung, warf im 17. Jh. das Problem auf, dass nicht alle Unterlagen in die zugedach-

Geweihter Ort: kapitale Jagdbeute in den Hallen von Schloss Chambord

ten Pariser Depots passten. So wurde Überhang, der verzichtbar schien, einfach vernichtet. Alle Dokumente zum Bau von Chambord nahmen den Weg ins Feuer. Ergebnis ist, dass heute auf geradezu irrwitzige Weise um dieses Schloss gerätselt und wissenschaftlich geforscht wird. Als zweifelsfrei gilt inzwischen, dass es einen mittelalterlichen **Vorgängerbau** mit zwei Türmen gab, den François erst einmal abreißen ließ. Der Vorteil: Im Unterschied zu gewachsenen Residenzen, wie frühere Könige sie genutzt hatten, bestand bei einer Neuschöpfung die freie Wahl von Grund- und Aufriss. Nur muss man mit einem solchen Vakuum auch erst einmal jonglieren lernen und benötigt einen guten Architekten. Es war, auch wenn urkundlich nicht belegt, wahrscheinlich Leonardo da Vinci.

Ist nichts mit Kaiser

2019 feierte Frankreich 500 Jahre Renaissance. Anlass waren der Tod Leonardos am 2. Mai 1519 in Amboise und der Baubeginn von Chambord. In jener Todesstunde des Künstlers hegte sein Förderer François noch die Hoffnung, zum Kaiser des Heiligen Römischen Reiches gewählt zu werden. Mit seinen nicht mal 25 Jahren muss er gewaltige **Pläne** und vielleicht so etwas wie Allmachtsfantasien gehabt haben. Sieger der Kaiserwahl wurde zwei Monate später dann aber der noch jüngere König Carlos von Spanien. Er hatte sich die Stimmen schlichtweg mit dem Gold aus seinen amerikanischen Raubzügen erkauft. Der Konflikt, den Spanien und Frankreich seit 25 Jahren überwiegend auf italienischem Boden austrugen, war nun mit neuem Zündstoff versorgt. Wahrscheinlich festigte die Niederlage in François den Wunsch, dann wenigstens mit einem Architekturwunder aufzutrumpfen. Das klingt für den Augenblick, da es nur eine

Idee war, eher armselig. Doch heute, nach 500 Jahren, ist Carlos vergessen, während Chambord in seiner Wirkung, Pracht und Würde neben Bauten wie dem Taj Mahal bestehen kann.

Lully und Licht

1669. Man nehme für einen Moment an, die Fertigstellung des Schlosses sei ein Klacks gewesen. Inzwischen stand es jedenfalls als Aushängeschild, über die letzten Arbeiten wachte der Sonnenkönig, dessen Gemächer die größten im Schloss sind. Wenn er sich von Versailles herüberbegab, war ein kurioses Schauspiel zu erleben, das seit François Tradition hatte: Die **440 Räume,** die für den Großteil des Jahres leer standen, wurden eilig mit Mobiliar und Kunstwerken aus umliegenden Schlössern gefüllt. Im Oktober jenes Jahres 1669 ist »Monsieur de Pourceaugnac« Anlass für den logistischen Kraftakt – eine Ballettkomödie von Molière mit Musik des berühmtesten französischen Barockmeisters Jean-Baptiste Lully. Ein Jahr später erlebt auch Molières viel berühmtere Komödie »Der Bürger als Edelmann« ihre Uraufführung im Theatersaal von Chambord. Wenn man beeindrucken will, kann es kaum einen geeigneteren Ort geben. 1952 wurde das Schloss dann auch Schauplatz für die erste **Ton-Licht-Show** der Welt, wofür sich die hellen Tuffsteinfassaden hervorragend eigneten. Inzwischen gibt es die Neuauflage »Rêve de Lumières«, einen 50-minütigen LED-Lichtzauber auf der Nordfassade.

Von Fassaden und Idealen

Zurück ins Jahr 1519. François stand da mit einem Plan und wahrscheinlich auch mit einem gezeichneten Bauplan, den Leonardo hinterlassen hatte. Dieser geniale Mann hatte die seltsame Eigenart, vieles zu erfinden, zu zeichnen, zu modellieren, ohne es jemals Realität

*Hoch oben auf Schloss
Chambord ist man dem
Paradies schon nah …*

fest, dass vieles nicht praktikabel war.
Man gestatte sich allein eine Runde auf
dem **Schlosshof** und betrachte die vier
Fassaden. Auf den ersten Blick erscheinen
sie symmetrisch, auf den zweiten
bemerkt man, dass zur Linken Loggien
italienischer Manier, zur Rechten
Sprossenfenster erscheinen. Vielleicht
sollte tatsächlich eine optische Rotation
nach Leonardos Idealen angedeutet
werden. Die Nordfassade aber ist gänzlich
geschlossen, besitzt keine Loggien.
Der Grund war wohl, dass sich nur
auf diese Weise die später angefügten
Nebengebäude erreichen ließen. Auch
eine oktogonale Außentreppe, die aus
der Symmetrie rückt, diente dem leichteren
Zugang zu Erweiterungsbauten.

Der Triumph

1539. Seit Baubeginn sind 20 Jahre
vergangen, vor allem die ersten waren
hart und ließen auf kein Ende hoffen.
Im ewigen Tauziehen um Mailand
hatte François Niederlagen einstecken
müssen und war 1525 Gefangener des
Kaisers geworden. Das Schloss, sein
Traum, stand als unscheinbarer Rohbau
am Cosson. Umso mehr drängte
der König nach seiner Freilassung auf
Fortschritte. Kein Architekt, sondern
erfahrene Handwerker, die in Amboise
und Blois gelernt hatten, setzten die
Arbeiten fort, bauten meterdicke Mauern,
wie sie es von den Burgen kannten,
wollten italienisches **Dekor** kopieren,
verwendeten dabei aber französische
Techniken, Proportionen und – mit
Tuff und Schiefer – auch lokale Materialien.
Ein Stil prägte sich aus, der
landestypisch werden sollte.

1538 wurde mit dem vielleicht größten
Opus von Chambord begonnen, der
berühmten **Wendeltreppe** im Zentrum.
8 m breit, besteht sie aus zwei ineinander
verschränkten Spiralen, die gänzlich getrennt
voneinander nutzbar sind – Auf-
und Absteigende begegnen einander

werden zu lassen. Sein Panzer, sein
Helikopter und sein Fallschirm sind
berühmte Beispiele. Vielleicht hat Leonardo
auch nie daran gedacht, dass
sein Chambord Wirklichkeit werden
würde. Das wurde es auf eine Art auch
nicht, denn Leonardos Pläne, die nun
mal nicht erhalten sind, dürften nur das
Ideal eines Schlosses gewesen sein, in
Teilen ungeeignet für eine tatsächliche
Ausführung.

Das Quadrat als Grundeinheit, ein
Zentralbau mit vier Ecktürmen, eine
pompöse Treppe als Nabe eines Rads,
verbunden mit der Illusion, dass die
Fassaden wie bei einer Windmühle um
dieses Zentrum rotieren – mit solchen
Mustern beschäftigte sich Leonardo, wie
man es vielen seiner Zeichnungen entnehmen
kann. François muss eine Umsetzung
versucht haben, stellte dann aber

TOUR
Von Pomp zur Pompadour

Mit dem Rad von Blois nach Chambord und zurück

Infos

📍 ○ 2/3

Start/Ziel: Blois, Pont Jacques Gabriel

Länge/Dauer: 38 km, 2,5 Std.

Teure Einkehr: Nur 2 km Umweg kostet hinter St-Dyé ein Abstecher nach Montlivault, wo im Restaurant Maison d'à Côté zwei Sterne des Michelin und drei Kochmützen des Gault&Millau locken (Menü ab 88 €, im Bistro 38 €; www. lamaisondacote.fr).

Den Einstieg findet man am **Pont Jacques Gabriel,** der 283 m langen Steinbrücke über die Loire. Ihr Architekt ist im Namen verewigt, er baute diese Brücke zwischen 1716 und 1724 als letzte noch mit einem erhöhten Scheitelpunkt, um Durchfahrt für Segler zu schaffen. Statt sie zu queren, fährt man Richtung Osten zum Pont Charles de Gaulle und wählt am anderen Ufer den markierten Radweg parallel zur D 956 nach **Vineuil** (4 km). Im Ort führt die Rue des 4 Vents zur Brücke über den **Cosson.** Das Flüsschen bleibt auf den nächsten 14 km Begleiter bis zum **Schloss Chambord** (s. S. 63), streckenweise aber außer Sichtweite. François I wollte die Loire umleiten, auf dass der majestätische Fluss und nicht dieser dünne Arm am Schloss vorbeifließe.

Der Hafen **St-Dyé-sur-Loire,** 5 km von Chambord, diente als Umschlagplatz für das am Schloss verwendete Baumaterial und hat einen alten Kern rings um seine Kirche bewahrt. Westwärts begleiten Straße und Radweg die Loire, die dort gelegentlich über die Ufer tritt und Wege unpassierbar macht. Vom Rastplatz **Aire de Vision de Ménars,** 7 km weiter, blickt man auf ein Schloss am Nordufer: Jacques Gabriels Sohn Ange-Jacques baute es für die Marquise de Pompadour um. Die Bürgerliche mit Geburtsnamen Poisson (Fisch) eroberte sich einen Platz als Mätresse von Louis XV und erhielt vom König diesen Landsitz (nicht zugänglich). Der Pont George V in Orléans habe keine Statikproben mehr benötigt, erzählt man sich. Schließlich sei die Pompadour ja schon samt ihren schweren Besitztümern über die Brücke gegangen (s. S. 48).

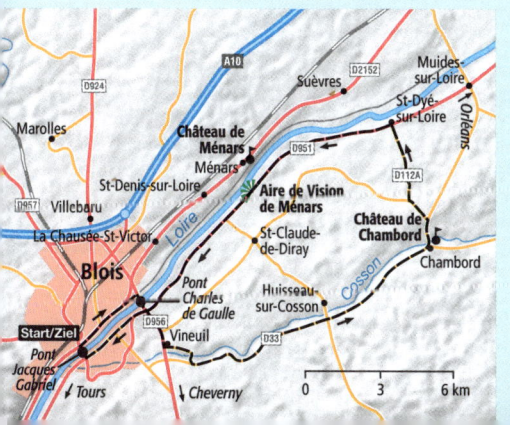

nicht, auch wenn sie sich über die Balustraden hinweg sehen. Man vermutet und kann aus Zeichnungen schließen, dass diese Treppe auf Leonardo zurückgeht.

In jenem Jahr 1539 lud François einen ebenso erlauchten wie unbequemen Gast ins Haus: Kaiser Karl, seinen großen Widersacher. Die Absicht war wohl, ihn maßlos zu beeindrucken – und die Rechnung ging auf. 14 große und 70 kleine **Treppenaufgänge,** je vier geschlossene, separat zugängliche **Wohnungen** pro Etage und ein Labyrinth von Zimmern, ein kolossaler **Donjon** mit Rundtürmen in den Ecken als Teil einer Dachlandschaft, die geradezu wie eine eigene Stadt erscheint. Und auf dem Weg durch die Fluchten immer wieder der Salamander, das Wappentier des Königs, in 700 Variationen. Sogar mit Kaiserkrone erscheint er, als wolle er Karl verspotten.

Nachhall in der Höhe

2017 fällt aus dem Rahmen all der Zahlen, die auf eine Neun enden. Das gilt ebenso für das Ereignis. Auf dem Dach von Chambord steht eine Italienerin, wühlt durchs Haar, fummelt an Reglern, setzt den Kopfhörer ans Ohr und wieder um den Hals, wühlt erneut durchs Haar. Die Dame ist DJ Deborah de Luca, ihre musikalische Endlosschleife heißt »Then they asked«. Um sie scharen sich Raver und tanzen bei untergehender Sonne zum Beat, der in Renaissance und Barock bestenfalls den kollektiven Wahnsinn ausgelöst hätte. Aber auch das ist Chambord, ein Ort für alle und alles. Als das Schloss jung war, tummelten sich Hofdamen auf dem Dach zwischen den 365 Schornsteinen, um von diesem Hochsitz aus der Treibjagd zuzusehen, die die Männer unten auf den Lichtungen veranstalteten. Moritz Graf von Sachsen, ein späterer Schlossherr, der sich mit rüden Methoden ein weibliches Offizierskorps hielt, besaß zudem zwei Kavallerieregimenter und beobachtete vom Dach aus, wie diese Reiter am Boden Scheingefechte führten.

Und François? Er verbrachte letztlich nur 19 Nächte in dem Schlafzimmer, das inzwischen mit Möbeln seiner Zeit wiederhergerichtet ist. Sein Herzenswunsch lebt derweil in der Dachspitze fort. Denn dort erscheint in Stein gemeißelt eine Kaiserkrone mit der Lilie des Hauses Valois. Eine letzte Treppe befindet sich darunter, aber sie endet im Nichts – Sinnbild dafür, dass der Traum vom Herrscher über das Heilige Römische Reich unerfüllt blieb?

T 02 54 50 40 00, www.chambord.org, April–Okt. tgl. 9–18, Nov.–März tgl. 9–17 Uhr, 14,50 €, gegen zusätzliche Gebühr kann ein Histopad ausgeliehen werden (ein Tablet mit umfassenden Informationen zum Rundgang durch das Schloss)

SCHÜTZENDE HÄNDE

Ein Schloss wie Chambord könnte kein noch so reicher Mäzen erhalten, auch wenn der Tourismus Geld einspielt. Schon 1930 hatte der Staat das Wunderwerk gekauft, um dessen Fortbestehen über Steuereinnahmen zu sichern. 1981 wurde Chambord zudem in die Liste des UNESCO-Weltkulturerbes aufgenommen.

Schlafen, Essen

Schloss auch nach Feierabend

Relais de Chambord: Nur 100 Einwohner hat der Weiler Chambord, besaß aber mal eine Poststation. Aus ihr wurde das Hotel St-Michel und nach Umbau durch Stararchitekt Jean-Michel Wilmotte 2018 das Relais de Chambord. Es lockt sein unverbaubarer Blick auf das Schloss ebenso wie die behagliche Ausstattung samt Garten, Hammam, Jacuzzi, Sauna und Billard. Unternehmungen per Boot, Kutsche oder Pferd und ein Fahrradverleih gehören zum Angebot. Bei der Verpflegung hat man die Wahl zwischen gehobener Küche im angeschlossenen Restaurant Le Grand St-Michel, einfachen Gerichten in der Brasserie Les Armes du Château und Snacks in der Bar.

Place St-Louis, Chambord, T 02 54 81 01 01, https://relaisdechambord.com, 55 Zi., DZ ab 233 €; Restaurant mittags und abends geöffnet, Menü ab 87 €; Brasserie Les Armes du Château tgl. 12–15 Uhr, Sandwiches, Snacks …

Einkaufen

Wurst, Käse und Lokalkolorit
Marché du Terroir: Im Sommerhalbjahr ist das Schloss Kulisse für einen Markt, auf dem beste Produkte aus der Region angeboten werden.

Place St-Louis, Juli–Okt. Fr–Mo, Mai/Juni Fr–So 9–19 Uhr

Bewegen

Ritter, Raubvögel, Rundfahrten
François Ier, le Roi-Chevalier: König François war noch vom Geist mittelalterlicher Ritter geprägt, allein die wehrhaft erscheinende Dachlandschaft seines Schlosses verrät den Hang zu dieser Tradition. Eine Show mit Reitkünsten, Turnieren und Raubvogelflug passt zu Chambord, auch wenn die Architektur schon der Renaissance angehört. Abseits davon zählen zum Erleben von Schloss und Park auch die Fahrten mit Kutschen, Booten, Elektroautos oder Fahrrädern.

Château Chambord, www.chambord.org/ fr/decouvrir/activites-de-loisirs, Ritterspiele: Mai Sept. Di So 11.45 und 16 Uhr, 15,50 € (mit Schlossbesichtigung 26 €), Details zu Mietfahrzeugen auf der Website, Beispiele: Boot 30 Min. 16 €, Fahrrad 1 Std. 7 €

In den Wäldern von Ligny-le-Ribault arbeitet ein Falkner mit seinem Steinadler.

Blois  O2/3

Man kann sich auch verrückt machen. Und das passiert regelmäßig, wenn Fremdenführer und Kunsthistoriker das Schloss von Blois beschreiben. Was man sich vorab zur Orientierung einprägen sollte: Das mächtige Gebäude ist ein Schachtelwerk aus mehreren Jahrhunderten. Das beginnt mit mittelalterlicher Festungsarchitektur, leitet über zur Hochgotik unter Louis XII ab 1498, weiter zur Renaissance unter François I ab 1515 und mündet schließlich in ein klassizistisches Finale unter Gaston d'Orléans im 17. Jh. Fährt man von Tours aus auf das Schloss und die Stadt zu, meldet das Bauchgefühl, nun im Norden Frankreichs angelangt

Die Loire schafft Ordnung. Bei allem Schachtelwerk sortiert sich auch Blois längs des Flusses.

zu sein. Die Atmosphäre in dieser Stadt mit ihren 46 000 Einwohnern ist eine deutlich andere, kühler, sachlicher, dem Regen näher. Messingnägel im Straßenpflaster markieren touristische Rundgänge, das Leben hat seine Ordnung. Über die Hügel ziehen sich Treppen, dunkler Schiefer deckt schützend weiße Tuffsteinmauern, darüber ragen rote Ziegelkamine auf.

Ein Schloss und vier Epochen

Es ließen sich für die architektonischen und städtebaulichen Kontraste auch klimatische Gründe bemühen, nur liegt ja eigentlich kein Nord-Süd-, sondern ein Ost-West-Konflikt vor. Den gab es auf politischer Ebene schon früh im Mittelalter, als Blois im Clinch mit dem Anjou lag. Man tat, was man tun konnte: Man probte Angriff und Verteidigung. Darum erhielt die schon lädierte Festung

Blois im 13. Jh. eine Runderneuerung, von der noch Reste stehen. Doch dann ward der Stadt ein Kindlein geboren, einziger Sohn des Charles de Valois, Duc d'Orléans, und seiner Frau Maria von Kleve. 1498 kam dieser Spross als Louis XII auf den Thron Frankreichs und begann sogleich damit, seine Geburtsstätte Blois von der Festung in ein Schloss zu verwandeln, das **Château Royal ❶**. Am kontrastreichen Mauerwerk aus Ziegeln und Werkstein mit spätgotischem Schmuck ist dieser ältere Trakt zu erkennen, aber auch an seinem Innenleben. Denn Ludwigs Residenz beherbergt seit Mitte des 19. Jh. das Musée des Beaux-Arts (❶ s. S. 75). Die Galerie im Hof wird einem hingegen nicht sogleich auffallen, aber sie stellte zu ihrer Zeit eine kleine Revolution dar, ermöglichte sie es doch, Räume direkt und nicht über Nachbarzimmer zu betreten.

Während Louis XII als stolzer Reiter über dem Schlossportal erscheint, hat sich François I auf ganz andere Weise ins Volksbewusstsein geschlichen. Ein Teil der Stadtbevölkerung würde schwören, Valoisblut in den Adern zu haben, denn vor Franz war keine junge Frau sicher. Das Leben bestrafte ihn mit der Syphilis, wofür er Europa mit Feldzügen bestrafte. Die Kriege gegen den Habsburger Karl V. auf italienischem Boden haben schwer gewütet, in kultureller Hinsicht aber auch französische Augen geöffnet. Denn François holte aus Italien die Renaissance nach Frankreich, namentlich das Genie Leonardo da Vinci. Zwischen 1515 und 1518 ließ Franz das Schloss von Blois nach Regeln der Renaissance ausbauen. Pilaster und Gesimse gliedern klar und regelmäßig die Fassaden, festliche, maßvoll eingesetzte Ornamentik spiegelt den Geist Italiens. Mit dem achteckigen Treppenturm entstand ein Meisterwerk, von dem auch Balzac schwärmte.

Lange danach war Blois Schauplatz in den Hugenottenkriegen, in deren Verlauf auch der eiserne Katholik Henri de Guise 1588 im hiesigen Schloss von der königlichen Leibwache ermordet wurde. Das Château trug schwere Blessuren aus dieser chaotischen Zeit davon. Erst Gaston de Bourbon, Duc d'Orléans, mühte sich im 17. Jh. um ein Wiederaufleben. Er ließ Teile früherer Gebäude abreißen und den Westflügel in klassizistischer Manier neu errichten, unterstützte die Benediktiner beim Wiederaufbau ihrer Abtei und die Jesuiten bei der Gründung einer neuen Kirche, holte Künstler nach Blois, darunter den berühmten Molière. Aber Gaston, der ewige Thronanwärter, musste wegen Überschuldung alle weiteren Pläne für den Schlossumbau aufgeben.

Als langjähriger Sitz französischer Könige, Herzöge und Grafen birgt das Château noch unzählige Details und Anekdoten, mit denen sich die Fremdenführer gegenseitig zu überbieten suchen: Seien es die Geheimfächer im Arbeitszimmer der Caterina de' Medici, sei es der Dichterwettbewerb 1457 zwischen Charles d'Orléans und François Villon – einer weiß mehr darüber als der andere. Die großen historischen Ereignisse nehmen derweil Gestalt an in einer vertonten Bilderschau, die von April bis September auf die Schlossfassade projiziert wird. Auch Jeanne d'Arc ist dort wieder zu Gast, sie hatte Blois im April 1429 als Basisstation für ihren Feldzug nach Orléans gewählt. Zum Abschluss des Rundgangs kann man noch die Terrassengärten **Jardins du Roi ❷** aufsuchen, die Louis XII im Nordosten des Schlosses anlegen ließ.

6, place du Château, T 02 54 90 33 33, www.chateaudeblois.fr, Juli/Aug. tgl. 9–19, April–Juni, Sept./Okt. 9–18.30, übrige Monate 10–17 Uhr, 12 €

Kirchen, Fachwerk, Gartengrün

Ein Diener dreier Herren, aber nacheinander, war Florimond Roberet. Als er 1498 mit Krönung von Louis XII königlicher Schatzmeister wurde, schien genügend Geld beisammen, um einen kleinen Palast in Auftrag zu geben. Zehn Jahre Bauzeit verschlang dieses **Hôtel d'Alluye ❸** (8, rue St-Honoré) aus Stein und Ziegeln. Seine Renaissancefassaden sind dem Château – und damit ganz Frankreich – stilistisch um einige Jahre voraus. Ein Rest mittelalterlichen Fachwerks steht weiter östlich an der Place St-Louis, die **Maison de l'Acrobate ❹** mit geschnitzten Gauklern. Die **Cathédrale St-Louis ❺** ist nach Sturmschäden an der Vorgängerkirche ein Neubau unter Louis XIV, ihre Glasfenster schuf im Jahr 2000 der niederländische Künstler Jan Dibbets. In den Erzbischöflichen Palast (18. Jh.) neben dem Chor der Kathedrale ist das Hôtel de Ville eingezogen. Von den dortigen **Jardins de l'Évêché ❻** – mit

Blois

Ansehen

1. Château Royal
2. Jardins du Roi
3. Hôtel d'Alluye
4. Maison de l'Acrobate
5. Cathédrale St-Louis
6. Jardins de l'Évêché
7. Basilique Notre-Dame de la Trinité
8. Hôtel Sardini
9. Escalier Denis Papin
10. Place Louis XII
11. Église St-Nicolas
12. Château de Beauregard
13. Ancienne Chocolaterie Poulain (s. S. 76)
14. Musée des Beaux-Arts
15. Maison de la Magie
16. Fondation du Doute
17. Maison de la BD
18. Musée d'Histoire naturelle et d'Art religieux

Schlafen

1. Château des Grotteaux
2. La Tour Beauvoir

Essen

1. Orangerie du Château
2. Le Denis Papin
3. Douce Heure

Bewegen

1. Les Attelages du Château
2. Observatoire Loire

Ausgehen

1. Halle aux Grains
2. Chato'do

Rosengarten, Garten der Sinne und Aromagarten – hat man den besten Blick über Blois, vielleicht zum Klang des berühmten Glockenspiels der nahen Basilique **Notre-Dame de la Trinité** (1932–39) **7**.

Über die Rue du Puits Châtel mit dem **Hôtel Sardini** (16. Jh.) **8** geht es zurück in die Unterstadt. Beim Queren der Rue Denis Papin sieht man links die Loire-Brücke aus dem 18. Jh., rechts der **Escalier Denis Papin** (s. Lieblingsort S. 74) **9**, um schließlich zur **Place Louis XII** **10** mit ihrem unauffälligen Brunnen aus dem 12. Jh. zu gelangen. Die drei Türme im Westen gehören zur **Église St-Nicolas** **11**, einer ursprünglich romanischen Abteikirche der Benediktiner, deren Restaurierung Herzog Gaston im 17. Jh. förderte.

Noch was am Rande

François I, der mit Chambord bereits auf das prächtigste Jagdschloss überhaupt abzielte, nahm 8 km südlich von Blois schnell noch **Château de Beauregard** ⑫ als Sitz für die Jagd mit. Ein Schnäppchen fast, das er aber 1524 schon wieder verschenkte. Von den anschließenden Verkäufen und Umbauten kann einem schwindelig werden, nur wenig blieb aus Renaissance und Barock. Kurios war der Fall Claude Antoine Hippolyte de Preval, der im frühen 19. Jh. die Gärten mit Rübenbeeten spickte, weil er Beauregard zum Zuckerimperium ausbauen wollte. Der Landschaftsarchitekt Louis Tillier bügelte 100 Jahre später die Folgen dieses gescheiterten Versuchs aus, sodass Schlosspark und Gärten sehr wohl wieder ansehnlich sind. Überragende

Lieblingsort

Papin lockt seine Pappenheimer

Man nannte ihn den Haussmann von Blois – Eugène Riffault (1803–88) prägte die Gestaltung seiner Heimatstadt und war auch treibende Kraft beim Bau des **Escalier Denis Papin** ❾. Ehre, wem Ehre gebührt: Der Physiker Papin hatte der Welt die epochale Erfindung des Dampfkochtopfs beschert. So steht seine Bronze oben auf der Freitreppe mit Prachtblick auf die Loire. In umgekehrter Richtung, vom Pont Jacques Gabriel, schaut man gleichfalls staunend auf die lange Treppenflucht. Ihre 120 Stufen werden mit jährlich wechselnden Bildmotiven beklebt – häufig als Kitsch verspottet, aber noch viel häufiger voller Begeisterung fotografiert.

Attraktion von Beauregard aber ist die Galerie des Illustres mit 327 Gemälden europäischer Prominenz zwischen 1328 und 1643. Sie ist zugleich Europas größter Saal mit einem Boden aus Delfter Fayencen.

12, chemin de la Fontaine, Cellettes, www.beauregard-loire.fr, Juli/Aug. tgl. 10–19, April–Juni, Sept./Okt. 10.30–18.30, März Mo–Fr 13.30–18.30, Sa/So 10.30–18.30 Uhr, 9–12,50 €

Museen

Hülle in Fülle

⓮ Musée des Beaux-Arts: 300 aus 35 000 – so sieht das Verhältnis der permanent gezeigten Werke zum Bestand in der Asservatenkammer aus. Boucher, Rubens und Ingres erscheinen in so einer Sammlung fast selbstverständlich. Kurios ist das Porträt der Antonietta Gonsalvus. Wegen der genetisch bedingten Behaarung ihres Gesichts war sie als ›Affenmädchen‹ bekannt und wurde an Europas Höfen herumgereicht. Ein Gemälde ihres ähnlich behaarten Vaters soll dem Regisseur Jean Cocteau als Vorbild für die Maske im Film »Die Schöne und das Biest« gedient haben.

Château de Blois, www.chateaudeblois.fr, www.chateaudeblois.fr, Juli/Aug. tgl. 9–19, April–Juni, Sept./Okt. 9–18.30, übrige Monate 10–17 Uhr

Wie der Mensch so tickt

⓯ Maison de la Magie: Ein Uhrmacher, Jean-Eugène Robert-Houdin (1805–71), sicherte seiner Heimatstadt Blois einen Platz in der Welt der Magie. Die von ihm erfundenen Illusionon, die teils zu Klassikern wurden, beruhten oft auf der Verwendung von Elektrizität. Show und Ausstellung im Haus könnten mittlerweile ein wenig frische Luft vertragen, aber für Kinder ist der Besuch spannender als der Gang durch Schlossräume.

1, place du Château, T 02 54 90 33 33, www.maisondelamagie.fr, April–Aug. tgl., Sa/So im Sept. und ab Mitte Dez. 10–12.30, 14–18.30 Uhr, 11 € (diverse Kombitickets mit anderen Attraktionen der Stadt)

Manche checken es nicht

⓰ Fondation du Doute: Ben Vautier war Teil der Fluxus-Bewegung. Sprüche auf Schildern sind sein Markenzeichen, aber das überfordert Besucher der Fondation, die eine Kunst jenseits der Sätze vermuten. Zur Dauerausstellung gehören weitere Werke von 50 renommierten Zeitgenossen.

14, rue de la Paix, T 02 54 55 37 40, www.fondationdudoute.fr, Wiedereröffnung April 2022 nach Neugestaltung der Ausstellung sowie des Museumshops und des Cafés Le Fluxus.

Im Zeichen der Zeichnung

⓱ Maison de la BD: Mit dem Festival BOUM (s. S. 78) sitzt Blois schon lange fest im Comic-Sattel. Die Maison de la BD gibt der ›neunten Kunst‹ BD *(bande dessinée* = Comic) ein permanentes Dach über dem Kopf. Ausstellungen und Workshops gehören zum Angebot.

3, rue des Jacobins, T 02 54 42 49 22, www.maisondelabd.com, Di–Sa 9.30–12, 14–17.30 Uhr, gratis

Präparat, Plastinat, Priorat

⓲ Musée d'Histoire naturelle et d'Art religieux: Der Konvent der Jakobiner in Blois wurde während der Revolution weitgehend zerstört, in den verbliebenen Gebäuden gibt es eine Ausstellung zur Natur der Region – mit allem Charme, den ausgestopfte Füchse so haben. Der Kunst aus diversen Sakralbauten widmet sich eine andere Abteilung im Haus.

6, rue des Jacobins, T 02 54 90 21 00, www.blois.fr/attractive/remarquable/museum, Mi–Sa 10–12, 14–18, So 14–18, in den Schulferien Di–Da 10–12, 14–18, So 14–18 Uhr, 2,50–5 €

WOHER DER WIND WEHT

In das alte Haus des Magiers Robert-Houdin (4, rue Porte-Chartraine, s. S. 75) zog echte Magie, als Auguste Poulain dort 1848 seine Schokoladenproduktion aufnahm. Das Unternehmen wuchs sich zum Imperium aus. Poulain ließ 1862–72 Château de la Villette als großzügigen Familiensitz errichten, zu dem sich die weiteren Fabrikbauten der **Ancienne Chocolaterie Poulain** ⓭ gesellten. Jeder in Blois witterte Westwind, wenn der süße Duft durch die Stadt zog. Das hat sich erledigt, seit Poulain 1991 in die nördliche Nachbargemeinde Villebarou zog.

Schlafen

Für Lord und Lady

1 **Château des Grotteaux:** Landsitz für Stadtmüde oder möglicher Halt bei der Fahrradtour von Blois nach Chambord (s. S. 67) – das Schlösschen aus dem 17. Jh. liegt günstig und besitzt mit seiner individuellen Ausstattung bei geringer Größe die Kriterien eines Boutique-Hotels. Die erlesene Inneneinrichtung bis hin zu Gemälden von Jean Mosnier schafft fürstliche Atmosphäre, aufgerundet durch einen 33 ha großen Park, einen herrlichen Pool und einen Tennisplatz. Alles prächtig – aber zu einem stolzen Preis.

4, rue des Grotteaux, Huisseau-sur-Cosson (11 km östl.), T 02 54 52 01 43, www.chateau-grotteaux.com, Navette nach Blois und Chambord (jeweils 9 km westl. bzw. östl.), 5 Zi., 1 Cottage, DZ/ÜF ab 250 €

Mittelalterlich jung

2 **La Tour Beauvoir:** Wer niemals im Verlies gepennt, gehört schon zum Establishment: Die Kerkerräume des Turms aus dem 12. Jh. sind in ein B&B verwandelt, wie man es selten auf der Welt findet. Das Frühstück auf der Turmterrasse mit Ausblick über die Stadt und die Loire ist unschlagbar. Das starke Mauerwerk garantiert selbst in heißen Sommern kühle Nächte.

11, rue des Cordeliers, T 06 88 15 62 64, http://la-tour-beauvoir.loire-valley-hotels.com, 1 Apartment, DZ/ÜF ab 155 €

Essen

Das Leben ist (oft) schön

1 **Orangerie du Château:** Wer glaubt, Froschschenkel auf dem Tisch seien längst Vergangenheit, erlebt hier noch die bittere Realität. Ansonsten ist das Restaurant beim Schloss mit schöner Terrasse durchaus ein Fest der Sinne. Spargel (*asperges*) und Pfifferlinge (*girolles*) aus der Sologne munden zu ihrer Jahreszeit köstlich.

1, av. du Docteur Jean-Laigret, T 02 54 78 05 36, www.orangerie-du-chateau.fr, Di–Sa 12–13.45, 19–21.15 Uhr, Menü ab 39 €

Für die Lage zu preiswert

2 **Le Denis Papin:** Eigentlich nur ein einfaches Bistro mit ebenso einfachen Speisen, deren Qualität aber doch weit über das typische Bar-Niveau hinausgeht. Besonderheit des Hauses ist die Lage auf dem oberen Treppenabsatz der Escalier Denis Papin. Von der kleinen Terrasse überblickt man die Stadt und die Loire.

25, rue St-Honoré, T 02 54 46 27 12, auf Facebook, Mo–Fr 8–20.30 Uhr, Menü um 25 €

Professionelle Versüßer

3 **Douce Heure:** Der Name sagt es: Das Augenmerk liegt auf süßem Kram – der aber extrem lecker ist. Ansonsten erhält man gutes Frühstück, noch bessere Mittagsgerichte und sonntags Brunch zum Reinsetzen. Zum Ausgleich gibt es kein Telefon, also auch keine Reservierung.

4, rue Anne de Bretagne, www.douce-heure-blois.fr, Mo–Fr 12–19, Sa 8.30–19, So 11–19 Uhr, Frühstück 8 €, Mittagsgericht um 10 €

Levée de la Loire – Parc des Mées, La Chaussée St-Victor (2,5 km flussaufwärts), Start: Port de la Creusille (Südufer der Loire beim Pont Gabriel), T 02 54 56 09 24, www.observatoireloire.fr, Juli/Aug. Di–So 15 und 16.15, Mai/Juni, Sept. Di–Sa 15 und 16.15 Uhr, 9,50–21 €

Einkaufen

Sammelsurium mit Konzept

b-Blois: Unter einen Hut passt das Angebot eigentlich nicht, aber es existiert ein verbindendes Element: Alle Artikel sind von lokalen Unternehmen gefertigt und nur vor Ort erhältlich. Da gibt es Bier, Schokolade, Wein und Parfüm, aber auch Regenschirme oder Glaskaraffen.

Verkauf in den Shops von Château Royal ❶, Maison de la Magie ⓯ und Fondation du Doute ⓰ (Adressen s. o.)

Bewegen

Fiaker-Reisen

❶ **Les Attelages du Château:** 25–75 Min. dauert die Rundfahrt in der Pferdekutsche – was mit den Kaltblütern der Percheron-Rasse schon richtig imposant, fast königlich aussieht. Wer es besonders romantisch mag, bucht die Fahrt in der Hochzeitskutsche. Hat ja niemand gesagt, dass man dazu wirklich heiraten muss.

Place du Château, T 09 74 56 73 05, www.attelagesdeblois.fr, 25-minütige Fahrt ohne Reservierung 7,50 € pro Person, weitere Varianten mit Reservierung über das Office de Tourisme (s. S. 78)

Fûtreaux sind was?

❷ **Observatoire Loire:** Die Organisation hat sich der Aufgabe verschrieben, Bürgern und Touristen die Natur der Loire zu entschlüsseln. Ein Baustein ist die Flussfahrt mit den *fûtreaux*, traditionellen Booten, unter dem besonderen Augenmerk, Flora und Fauna auf die Spur zu kommen.

Ausgehen

Neue Saat

⚙ **Halle aux Grains:** »La HaG« ist das Kürzel für Kultur in der Stadt: Theater, Tanz, Musik und noch allerlei finden ihre Heimat in dem umgebauten Kornspeicher nördlich der Kathedrale.

2, place Jean-Jaurès, T 02 54 90 44 00, www.halleauxgrains.com, Mo–Fr 13–18 Uhr und zu den jeweiligen Veranstaltungen

Wasserschloss geht anders

⚙ **Chato'do:** Ja, es müsste Château d'eau heißen, aber auch Franzosen wissen, dass man im Land nicht schreibt, wie man spricht. Das Wasserschloss erhielt seinen Namen nach einem großen Tank vor Ort. Der Rest hat mehr den Charakter von Bruchbude. Trotzdem (oder deshalb?) kommen auch internationale Musiker der Electro-, Hip-Hop-, Reggae-, Metal- und Was-sonst-noch-Szene. Außer dem großen Konzertsaal mit 630 Plätzen gibt es den Club Pôle Nord (2, rue J.-B. Charcot) für kleinere Veranstaltungen.

113, av. de Vendôme, T 02 54 45 50 00, https://chatodo.com, Mo–Fr 14–18 Uhr und zu den jeweiligen Veranstaltungen

Feiern

• **Carnaval blésois:** Ant. März. An dem großen Kostümumzug, der einem jährlich wechselnden Thema folgt, nehmen nationale und internationale Gruppen teil. www.blois.fr
• **Festival des Lyres:** Ende Juni–Ende Sept. und Dez. Das Fest der Leiern exis-

tiert in einer Sommer- und einer Wintervariante. In der warmen Jahreszeit sind die Konzerte und anderen Kulturveranstaltungen weitgehend im Freien zu genießen, im Winter geht es derweil in Orte wie die Eissporthalle und das Schloss. www.blois.fr

● **Festival bd BOUM:** Ende Nov. Das älteste kostenlose Comic-Festival Frankreichs lockt mehr als 200 Künstler dieses Genres in die Maison de la BD. www.maisondelabd.com

Infos

● **Office de Tourisme:** 5, rue de la Voûte du Château, 4100 Blois, T 02 54 90 41 41, www.bloischambord.de; unter demselben Dach (Expo 41) erinnert das Centre de la Résistance an den Widerstand im Zweiten Weltkrieg.

● **Bahn:** Gare SNCF Blois-Chambord, 70, bd. Daniel Dupuis, T 08 92 35 35 35. TER-Verbindungen nach Tours und Orléans, in Tours Anschluss an den TGV.

● **Bus:** Navettes verbinden Blois u.a. mit Chambord, Cheverny und Beauregard (www.remi-centrevaldeloire.fr/loir-et-cher/navettes-chateaux), Chaumont-sur-Loire (www.bloischambord.com/planifier/transport/navette-bus-mini-bus/navette-azalys-blois-onzain-chaumont-sur-loire-413049) und dem Zoo Beauval (www.bloischambord.com/planifier/transport/navette-bus-mini-bus/navette-blois-zooparc-de-beauval-2019-297330).

● **Taxi:** Taxi Radio Blois, T 02 54 78 07 65, https://taxisradioblois.monsite-orange.fr

● **Autovermietung:** In Blois sind Rentacar (20, bd. Boncour, www.rentacar.fr) und Hertz (96–100, av. de Vendôme, www.location-voiture-grand-ouest.fr) vertreten.

Dach für Dichter und Denker: Auf Schloss Chaumont verkehrten auch deutsche Poeten. August Wilhelm Schlegel und Adelbert von Chamisso besuchten dort Madame de Staël.

Chaumont-sur-Loire $\mathbf{9}$ N3

Nur 5 km östlich hat sich der Beuvron zur Loire gesellt und den majestätischen Strom noch einmal wachsen lassen. Eine reichlich lapidare Brücke der 1960er quert den Fluss, an dem sich die Dorfstraße ergeben unter das Schloss kauert. Im Morgen- und Abendlicht ein himmlischer Anblick, gewiss doppelt so schön aus dem Korb der Montgolfieren, die gelegentlich über Chaumont-sur-Loire schweben. Man kann es aushalten, sollte man denken, aber das sah nicht jeder so.

Mätressen mobben

À venir sind die Dinge, Ereignisse, Menschen, die kommen. Zur 500-Jahr-Feier der Renaissance hatte Chaumont darauf gehofft, dass Agnès Varda zur Kunstsaison kommen würde. Aber die gefeierte Regisseurin starb am 29. März 2019, dem Tag ihrer Ausstellungseröffnung. Seltsame Begebenheiten haben eine gewisse Tradition in Chaumont und in seinem **Château.** Louis XI hatte eine mittelalterliche Festung im Ort abtragen lassen, womit Platz geschaffen war für ein Renaissanceschloss, das 1498–1510 unter Marschall und Admiral Charles II d'Amboise entstand. Die berühmtere Besitzerin war 1560 Caterina de' Medici, die das Château für einen Kuhhandel nutzte.

Der Deal bedarf einer längeren Erklärung. Caterina war als Verwandte des Papstes mit Thronanwärter Henri verheiratet worden, um Frankreichs Kontrolle über Gebiete in Italien zurückzuerlangen. Da aber der vertraglich eingebundene Papst allzu früh starb, ging die Rechnung nicht auf. Der royale Haussegen hing schief und schiefer, Henri tröstete sich mit seiner Mätresse Diane de Poitiers und schenkte ihr alles, was sie begehrte –

auch das berühmte und herrliche Schloss Chenonceau (s. S. 95). Dann aber verunglückte Henri tödlich bei einem Turnier. Nostradamus soll das Unheil geweissagt haben, Caterina hatte vom Kampf abgeraten, Diane aber dem König Mut zugesprochen. Nach solchem Fehltritt war die Mätresse erledigt. Caterina forderte Chenonceau zurück und überließ Diane im Tausch Schloss Chaumont. Liebe zum neuen Besitz erwuchs nie.

Die Ära der Nabobs

Je mehr man in die Geschichte der Loire-Schlösser eintaucht, desto deutlicher wird die erstaunliche Rolle von Frauen im politischen Geschehen der Nation. Auch die Schriftstellerin Germaine de Staël war eine solche Persönlichkeit, ihre Opposition gegen Napoleon Bonaparte ein Abenteuer, verbunden mit der Konsequenz, dass sie Paris verlassen musste. Sie war es, die in ihrem Buch »De l'Allemagne« von Deutschland als »Land der Dichter und Denker« sprach. Und dieses Werk schrieb sie 1810 im Exil auf Schloss Chaumont. August Wilhelm Schlegel und Adelbert von Chamisso besuchten sie dort. »Die Staël gefällt mir mehr als dieser Deutsche«, schrieb Chamisso und meinte Schlegel, aber ihm gefiel auch die grandiose Aussicht vom Château auf die Loire. Dafür hatten Umbauten im 18. Jh. gesorgt, als der alte Nordflügel abgerissen und der Schlosshof wie eine riesige Terrasse zum Fluss hin geöffnet worden war.

Doch zurück zu den Frauen. 1875 erwarb Marie Say, die maßlos reiche Erbin einer Zuckerdynastie, Schloss Chaumont, heiratete Prinz Amédée de Broglie und unternahm mit ihm ein Finanzabenteuer, das kaum noch in die Zeit passte. Das Ehepaar restaurierte die Gebäude, kaufte wertvollstes Mobiliar aus ganz Europa zusammen und gab bei Achille Duchêne die Neugestaltung des Schlossparks in Auftrag. Häuser, Kirche und Friedhof des Ortes mussten dazu transloziert werden, was die Bewohner über sich ergehen ließen, auch wenn das dem Dorf jede behagliche Patina raubte.

Das Auftreten des Prinzenpaars hätte gut ins Reich der späten indischen Fürsten gepasst. Und so kam es dann auch zur Freundschaft mit dem Maharaja von Kapurthala, die abermals seltsame Früchte trug. In Masuri am Südrand des Himalaya entstand Architektur nach altfranzösischem Vorbild, während in den berühmten Stallungen von Chaumont 1898 die indische Elefantendame Pungi einzog. Die dekadente Welt der Prinzessin drehte sich weiter bis zum Finanzenbruch ihres Zuckerreiches. Den Elefanten musste sie 1905 nach Paris abgeben, der Ehemann starb 1917. Doch 1930 heiratete sie abermals – mit 73 den 31 Jahre jüngeren Louis-Ferdinand d'Orléans. Acht Jahre später bestand die letzte Rettung darin, Chaumont an den Staat zu verkaufen.

Die Eskapaden hinterließen ein Schloss, das sicher weniger seiner Architektur, aber gewiss seiner außergewöhnlichen Geschichte wegen alles Zeug hat, ein Zentrum für Kunst und Natur zu sein. Mit dem Aufstieg der Kulturlandschaft Loire zum UNESCO-Welterbe waren entsprechende Weichen gestellt. Es sind nun jährlich Werke von bis zu 15 renommierten Künstlern der Gegenwart im Schloss ausgestellt.

T 02 54 20 99 22, www.domaine-chaumont. fr, Mai–Aug. tgl. 10–20, Sept. 10–19.30, April, Okt. 10–19, sonst 10–17.30/18 Uhr, 14–19 €

Schlafen, Essen

Im Wald verschwunden

Auberge de la Caillère: Traumhaft abgeschiedenes Hotel am Beuvron, das einen kleinen Park mit altem Baumbestand besitzt. Sehr zuvorkommender Service, glänzendes Restaurant. Fahrräder können gemietet werden.

36, rte. des Montils, Candé-sur-Beuvron (7 km östl.), T 02 54 44 03 08, www.auberge-de-la-caillere.com, 16 Zi., DZ ab 63 €; Restaurant: So 12.30–14, Do–Di 19–21 Uhr, Menü ab 28 €

Bewegen

Andere Zeit, andere Welt

Millière Raboton: Ein flaches Ruderboot mit Segel ist die *toue,* speziell entwickelt, um die Sandbänke der Loire umschiffen zu können. Mit so einem Boot geht es ganzjährig auf nostalgische Fahrt zu den Naturwundern des Flusses.

11, rue de Bellevue, T 06 88 76 57 14, www.milliere-raboton.net, tgl. 1,5–2,5 Std. 20–39 €, teils mit Picknick auf einer Insel

Von allem etwas

Loisirs Loire Valley: 6 km flussaufwärts befindet sich das Unternehmen, das Freizeitaktivitäten ebenso wie Unterkünfte anbietet. Bogenschießen, Ultraleichtflieger, Quad, Schatzsuche und Laser Game finden sich im Programm, aber auch Bootstouren mit Picknick und Ausflüge mit dem Kajak. Bubble Foot ist Fußball nach Rugby-Manier, bei dem die Spieler in einem schützenden Gummiballon stecken.

Les Sables, Chouzy-sur-Cisse, T 09 75 60 67 64, www.loisirs-loirevalley.com, z. B. 30 Min. Quad ab 25 €

Feiern

• **Festival International des Jardins:** Ende April–Anf. Nov. Seit 1992 reisen Designer und Landschaftsgärtner aus aller Welt nach Chaumont, um in den dortigen Gärten unter einem vorgegebenen Thema neue Züchtungen, Materialien und Ideen vorzustellen. www. domaine-chaumont.fr/fr/festival-international-des-jardins

Zugabe
Cheverny und der Zeichner

Zwischen den Linien

D er Belgier Georges Remi alias Hergé war knapp 22 Jahre alt, als er 1929 mit dem ersten *»Aventure de Tintin«* auf den Markt kam. Titelheld des Comics war der Reporter Tintin (in deutschen Ausgaben Tim), der auf seinen Weltreisen in atemberaubende Abenteuer verwickelt wurde. 24 große Tintin-Geschichten wurden es im Laufe der Jahre, den 25. Band »Tim und die Alpha-Kunst« brachte Hergé vor seinem Tod 1983 nicht mehr zu Ende. Doch wie bei Bachs »Kunst der Fuge« haben Zeichner versucht, in nicht autorisierten Versionen einen logischen Abschluss zu finden.

Was man in Deutschland wegen des Erfolgs von Tim nie recht wahrnahm: »Tintin« war nicht der Ursprung, sondern ein erst später entwickeltes Magazin, in dem auch andere Serien und Zeichner ihren Auftritt hatten. Stilprägend war die *ligne claire*, der typische Zeichenstil Hergés, der sich durch präzise Konturen und eine flächige, monochrome Kolorierung auszeichnete und Unterscheidungsmerkmal zum Konkurrenzmagazin »Spirou« war. Reale Schauplätze suchte Tim selten auf, er erlebte Abenteuer in einem osteuropäischen Königreich namens Syldavien oder einem Emirat Khemed. Nah an der Wirklichkeit aber war Château Moulinsart, dem das Loire-Schloss Cheverny als Vorbild diente.

Bedrückend ist die Episode »Tim im Kongo«, die Belgiens Kolonialherrschaft in grotesker Weise verklärt und aus einer rassistischen Sichtweise die

In seinem elften Abenteuer schloss Tintin Bekanntschaft mit Château Moulinsart. Vorbild des Hauses war Cheverny.

reinste Volksbelustigung entwickelt. Mit ähnlich verzerrten Stereotypen bewegt sich »Tim im Land der Sowjets«. Trotz aller Anfeindungen wegen solcher Entgleisungen war und ist der Comic Kult. Als die Alliierten 1944 Brüssel befreiten, geriet Hergé besonders heftig ins Kreuzfeuer, nun als angeblicher Sympathisant der Nazis. Obwohl sich in seinen Geschichten Kritik am Faschismus findet, konnte der Zeichner nach dem Krieg zunächst nicht wieder Fuß fassen. Ausgerechnet ein ehemaliger Résistance-Kämpfer, Verlagschef Raymond Leblanc, gab ihm 1946 mit dem Start des Magazins »Tintin« eine neue Chance. ∎

Tours und Touraine

Chapeau Château — in der Touraine erwachte der Freigeist der Renaissance aus den Klauen des Mittelalters. Die Schlösser erinnern zugleich daran, dass vorerst nur der Adel vom Zugewinn profitierte.

Amboise

In engen Gassen drängen sich sommerliche Freizeitfreuden um eine mächtige Festung, die einst Königssitz war. Ihre Kutschenauffahrt ist wie ein Prototyp moderner Parkhäuser, nur pompöser.

Des alten Mannes Lisa

Seine wohl besten Jahre verlebte Leonardo da Vinci auf dem Gut Clos Lucé in Amboise. François I ließ ihm dort alle Schaffensfreiheit und bezahlte den Künstler mehr als fürstlich für seine Arbeit, darunter auch für die Mona Lisa.

Schloss, Wein und Loire – die Trinität der Touraine

Eintauchen

Chenonceau

Zufall? In einem der schönsten Schlösser im Loire-Tal führten ausschließlich Frauen das Regiment, lebten dort aber auch ihre Intrigen aus. Prägendes Element der Architektur ist die Brücke über den Cher, die ein Ballsaal war.

Tours

Hier regiert mal kein Schloss, weder einst noch heute. Dreh- und Angelpunkte sind vielmehr zwei bedeutungsschwere Kirchen, verbunden durch eine lange Straßenflucht, an der das städtische Leben pulsiert.

Seite 108

Zwischen Militär und Mitra

St. Martin war Weltenbummler sondergleichen. Ein prägendes Stück seines Lebensweges kann man rings um Tours abschreiten und dabei auch erfahren, wie Gänse ihn verrieten.

Seite 115

Villandry ★

Wie man Gemüse so ordnet, dass einem die Spucke wegbleibt, demonstrieren die Gärtner von Schloss Villandry.

Seite 121

Chinon ★

Schwerer Wein, schwerer Stein: Chinon geht immer – als gehaltvoller Wein auf festlicher Tafel ohnehin. Aber der Name steht auch für eine Irrsinnsfestung hoch über dem Städtchen. Die sanierte Burg galt jahrzehntelang als größte Baustelle des Mittelalters.

Seite 128

Die Minischlösser der Freizeitriesen

Am südlichen Stadtrand von Amboise sind 41 Schlösser der Loire in Miniatur nachgebaut, um Touristen Gelegenheit zu geben, aus dem großen Erlebnis der Realität in die kleine Welt des Scheins zu fliehen.

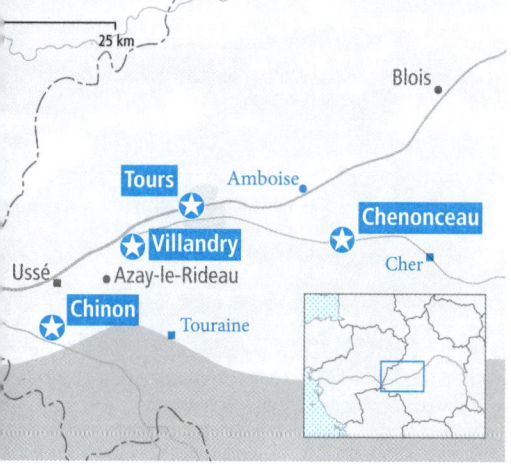

25 km

Blois

Tours   Amboise

Chenonceau

Ussé   Villandry   Cher

Azay-le-Rideau

Chinon   Touraine

Die Lilie, Symbolbild der Valois, empfing Frankenkönig Chlodwig I. einst von einem Engel.

Schleuse Schloss: Exakt bis Château Chenonceau reichte im Zweiten Weltkrieg die von Deutschen besetzte Zone. Wer die Freiheit suchte, konnte durch den Hintereingang nach Vichy-Frankreich entweichen.

erleben

Das Regiment der Schlösser

S Schloss Clochegourde in der Touraine? Eine Fiktion des Schriftstellers Honoré de Balzac. Der allerdings stammte aus der Region und las dort seine Vorbilder auf. Nicht anders der Dichter Rabelais. René Descartes aus der Touraine veröffentlichte sein berühmtes Dictum »Cogito ergo sum« für die weniger Gebildeten zugleich auf Französisch: »*Je pense, donc je suis*« – Ich denke, also bin ich.

Und so geht das mit dem unermesslichen Anteil der Touraine an Europas Kulturgeschichte. Dies ist nicht das Land, in dem mehr oder weniger zufällig ein großer Haufen Schlösser steht. Vielmehr hat Frankreich genau dort die letzten Schatten des finsteren Mittelalters abgelegt, um in eine neue Ära aufzubrechen. Dort verbrachte Leonardo da Vinci einige seiner kreativsten Jahre, sorglos gehalten durch François I. Dessen Château Amboise steht an der Schwelle zur Neuzeit. Auch andere Schlösser begleiten architektonisch das zivilisatorische Abenteuer der Renaissance. Sollten Frauen einst Festungen nicht einmal betreten, so hatten sie auf Chenonceau in jeder Hinsicht die Hosen an. Mehr noch: Dort entzog sich auch die Lustbarkeit dem Zugriff der Kirche. Und Villandry schließlich zelebrierte mit sei-

---

ORIENTIERUNG

Große Städte: Während Tours 136 500 Einwohner auf sich vereint, bleiben Amboise (12 700), Chinon (8200) und Loches (6200) weit dahinter. Viele Orte leben überhaupt nur noch als eingeschlafener Fuß ihrer Schlösser, um mit dem sommerlichen Tourismus aufzuwachen.
Verkehr: Tours mit kleinem Flugplatz, TGV-Bahnhof und Autobahnknoten ist die Drehscheibe der gesamten Region. Die langsamen TER-Züge sowie Busse von Rémi (www.remi-centrevaldeloire.fr) sorgen für Anbindung der kleineren Orte, können aber touristische Belange nicht bedienen. Auto oder Fahrrad bleiben deshalb Favorit der Reisenden.
Internet: www.touraineloirevalley.de

---

nen Gärten ein Feuerwerk für die Sinne im Einklang mit der Natur.

Das alles legt die Touraine den Reisenden zu Füßen, besitzt aber mit Tours zugleich eine Großstadt, die eine Brücke in Gegenwart und Zukunft schlägt. Der einstige Sitz des Heiligen Martin ist heute nahezu Zentrum des Fahrradtourismus, in dem sich die Gesundheit von Mensch und Natur vereint.

Amboise 📍N3

Amboise ist das klassische Beispiel für ein wiederkehrendes Phänomen: Man kann die traumhafte Lage an der Loire lieben, Spaziergänge durch die Gassen mit ihren alten Cafés und Geschäften unternehmen, die Nacht in einer der gemütlichen Pensionen verbringen – und nicht einen Gedanken daran verschwenden, die Festung zu besichtigen. Andererseits kann man sich ausgiebig im ummauerten Schloss umsehen und danach weiterziehen, ohne ein paar Schritte durch den Ort gegangen zu sein. Von beiden Varianten ist abzuraten, denn nur die Gesamtheit beschert Verständnis und authentische Einblicke.

Pension der Reisekönige

Feldzug nach Italien, Heimkehr mit Künstlern von dort: Das Muster ist bekannt und wird zumeist mit François I in Verbindung gebracht. Aber Charles VIII hatte es vorgelebt. Als er loszog in den Süden, gab er Befehl, Amboise in seiner Abwesenheit zu einem **Château Royal** ❶ auszubauen. Bei der Heimkehr 1496 waren die Arbeiten schon zu weit gediehen, um noch viel Rücksicht auf die Ideen der neuen Künstler aus Italien nehmen zu können. Amboise blieb deshalb so etwas wie ein Schloss ›auf halb acht‹, noch gotisch und damit spätmittelalterlich, aber schon bereit zum Aufbruch in die Renaissance. Allzu viel steht ohnehin nicht mehr. Im Schlosshof fühlt man sich wie auf einem teilrasierten Plateau, denn vieles wurde ab dem 17. Jh. abgerissen. Es steht noch die **Chapelle St-Hubert** von

Gut fürs Arbeitsklima: In historischem Kostüm wacht eine Museumswärterin über Hab und Gut von Schloss Amboise.

1493, wo über dem Portal der Hirsch mit Kreuz im Geweih sehr an einen bekannten deutschen Magenbitter erinnert. Klar, denn ein Jägermeister ist auch Hubertus, der Patron dieser Kapelle. Neben sehr schönen Steinmetzarbeiten besitzt sie eine Grabplatte, deren Schlichtheit sich nicht mit ihrer Beliebtheit verträgt. Die Inschrift »Leonardo da Vinci« erklärt den Widerspruch, nur ist umstritten, ob die Knochen im Grab wirklich von ihm stammen. Sie waren 1863 im **Schlosspark** an der Stelle entdeckt worden, wo eine weiße Büste Leonardos den einstigen Standort der romanischen Kirche St-Florentin anzeigt. Was an Gartenanlagen blieb, stammt nicht mehr vom Original, aber das hatte es in sich: Die von Italienern dort gestalteten Gärten waren Frankreichs ältestes Renaissance-Grün und wurden u. a. Vorbild für Villandry (s. S. 115).

Ein Rätsel bleibt auch, woran König Charles zwei Jahre nach seiner Rückkehr aus Italien starb. Die einen sagen, er sei im **Logis du Roi** des Schlosses denkbar unglücklich gegen einen Türsturz geprallt, die anderen gehen von Mord aus. Schließlich gab es einen säuerlichen Rivalen, nämlich den Habsburger Maximilian, dem Charles die Frau ausgespannt hatte. Machen wir uns nichts vor: Um die menschlichen Qualitäten dieser Anne ging es nicht, vielmehr um ihr Herzogtum Bretagne. Nachfolger Louis XII aus einer Seitenlinie der Valois übernahm die Frau und mit ihr die Bretagne, zugleich erbte er den Italienkonflikt und reichte ihn an Thronfolger François I weiter, der wiederum Annes Tochter Claude heiratete.

Dass Frauen im Schloss weilten, war noch kaum eine Selbstverständlichkeit, hatte aber zur Folge, dass sich ausgelassene Feste zur Selbstverständlichkeit entwickelten. Der ausladende Ratssaal war ein Ort der Vergnügungen und wurde im Juni 1518 Schauplatz der *Festa del Paradiso.* So ein theatralisches Spektakel mit beweglichem Bühnenbild und *special effects* hatte Leonardo da Vinci schon einmal in Mailand inszeniert. Als Gast des Königs auf Lebenszeit servierte er François I eine Nachauflage zur Geburt von dessen erstem Sohn.

Nur wiederholte sich dergleichen nicht allzu oft in Amboise, denn François führte ein Reisekönigtum. Etwa zwei Drittel seiner knapp 12 000-tägigen Herrschaft verbrachte er unterwegs, wobei Gefolgsleute, Pferde, Mobiliar und was noch alles mit ihm reisten. Schloss Amboise stand also oft genug als leerer Klotz in der Landschaft. Freilich nicht im März 1560, als Hugenotten versuchten, Franz II., den Enkel von Franz I., aus diesem Château zu entführen. Ihre Hoffnung auf einen Toleranzerlass gegenüber den Protestanten scheiterte mit enormen Verlusten. Auf dem Marktplatz von Amboise und an den Zinnen der Festungsmauer baumelten die Leichen, während der Hofstaat das tat, woran er gewöhnt war: Er wanderte weiter, erst einmal nach Chenonceau. Den Auszug kann man nun nacherleben, indem man ihn selbst vollzieht: Vorbei an den **neapolitanischen Gärten** aus der Renaissance geht es zur Reiterrampe im **Heurtault-Turm.** Es existieren zwei solcher Rampen im Schloss, die andere zur Loire hin im **Minimenturm.** Die breit ausgelegten Spiralen mit mäßiger Steigung ermöglichten es Reitern und sogar Kutschen, bequem und trocken vom Fuß der Festung in den hoch gelegenen Schlosshof zu gelangen. Diese verblüffende Erfindung wird heute als Ausgang für die Öffentlichkeit genutzt.

www.chateau-amboise.com, Kartenverkauf Juli/Aug. tgl. 9–19, April–Juni 9–18.30, Sept.–Nov. 9–18, März 9–17.30, Dez.–Febr. 9–12.30, 13.30/14–16.45/17 Uhr, 12,80 €

Max und die Pagode

Die Unterstadt mit ihren knapp 13 000 Einwohnern besitzt viel Flair, aber wenig

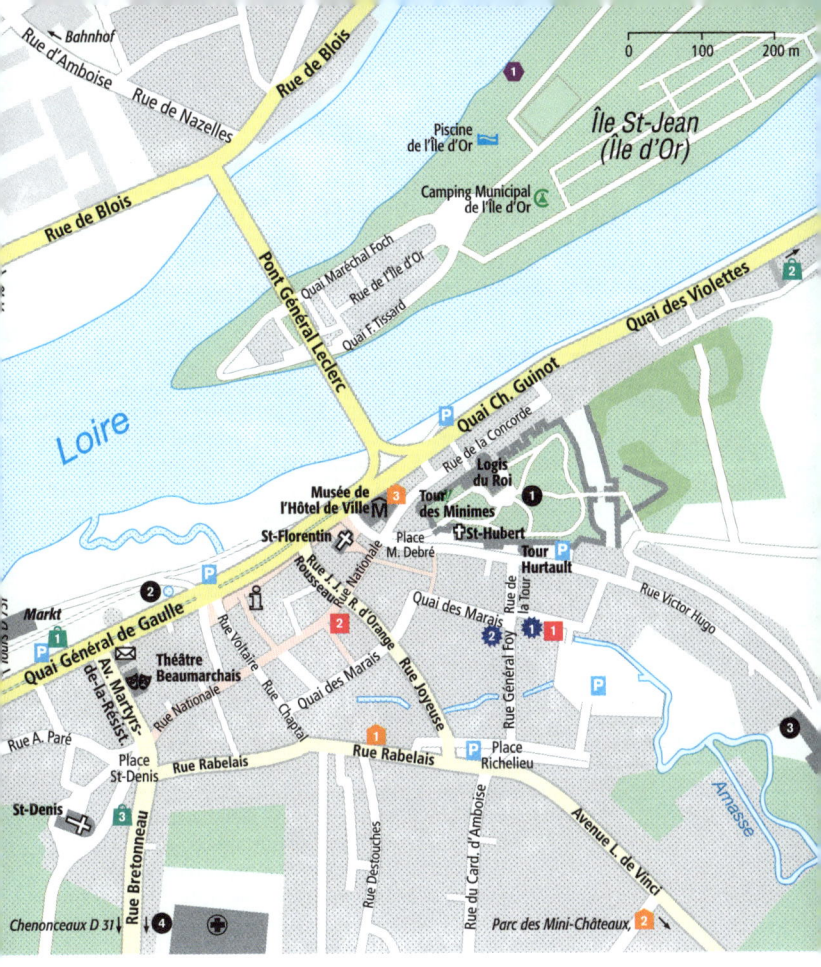

Amboise

Ansehen
1 Château Royal
2 Fontaine Max Ernst
3 Clos Lucé
4 Pagode de Chanteloup

Schlafen
1 Le Clos d'Amboise
2 Domaine de L'Arbrelle

3 Bellevue

Essen
1 L'Écluse
2 L'Ancrée des Artistes

Einkaufen
1 Marché Dominical

2 Verrerie Patrick Lepage
3 Les Années folles

Bewegen
1 Loire Aventure

Ausgehen
1 Le Garage
2 Art Is An Ale Brewing

TOUR
Des alten Mannes Lisa

Auf dem Weg mit Leonardo nach Château Clos Lucé

Infos

Cityplan: s. S. 87

Start: Quai François Tissard, Amboise
Ziel: Château Clos Lucé ❸

Länge/Dauer: hin und zurück ca. 3 km; mit Besichtigung mindestens 3 Std.

Infos: www.vinci-closluce.com, Juli/Aug. tgl. 9–20, Febr.–Juni, Sept./Okt. 9–19, Nov./Dez. 9–18, Jan. 10–18 Uhr, 14–17 €

Wer ihn damals überfallen hätte, wäre heute steinreich. Aber das konnte man nicht ahnen, der Anblick muss armselig gewesen sein: ein Greis in Begleitung seiner Schüler Francesco Melzi und Salai auf Mauleseln, im Gepäck drei Pinseleien auf Leinwand. Sie hängen heute im Louvre und sind bekannt wie der bunte Hund: Johannes der Täufer, Hl. Anna Selbdritt und Mona Lisa. Sonderlich viel gemalt hat dieser Leonardo da Vinci (1452–1519) nicht, eher war er ein Mensch mit zu vielen Talenten, der seine überbordenden Ideen unsortiert in Notizbüchern festhielt.

»Komm erst mal bei mir vorbei, dann reiten wir gemeinsam zu deinem neuen Zuhause.« Etwa so muss es François I mit Leonardo vereinbart haben. Der Franzosenkönig war aus kriegerischem Anlass in Italien. »Bei mir«, das hieß ins **Château Amboise ❶**, denn an anderen Schlössern ließ François noch bauen. Dabei sollte ihm das florentinische Multitalent helfen. In seiner Heimat war Leonardo nicht mehr gut gelitten, ein Homosexueller mit geringen Ambitionen, dem Papst Diener zu sein. François indessen war fasziniert und bot dem Künstler einen Alterssitz bei seinem Schloss an.

1000 km auf dem Maulesel hatte Leonardo hinter sich, als er im März 1516 erstmals Amboise sah und den Anblick mit Schloss und Brücke zeichnete. Die Intention dahinter entsprach der von heutigen Instagrammern. Also Smartphone raus und knipsen. Quai François Tissard heißt der einschlägige Punkt auf der **Île d'Or** gegenüber dem Schloss. Versteckt am Loire-Ufer aalt sich dort ein bronzener Leonardo und betrachtet das Panorama.

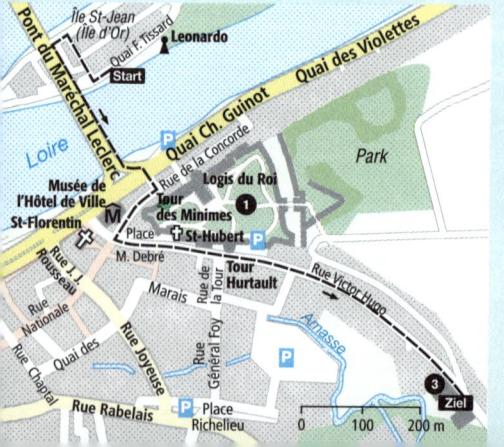

In Leonardos Arbeitszimmer schaffen Repliken seiner Gemälde authentisches Ambiente.

Die Leonardo-Statue auf der Île d'Or ist ihrem Künstler Amleto Cataldi etwas seltsam geraten, als muskelbepackter Perseus mit Medusa. 1935 erhielt Paris das Werk als Geschenk, 40 Jahre später wanderte es weiter nach Amboise und dann in die dortige Asservatenkammer. Erst 2011 bekam es hier seinen Ehrenplatz mit Gedenktafel.

Über den **Pont du Maréchal Leclerc** und die Rue François I am Schloss vorbei geht es stadtauswärts zum **Clos Lucé** ③. Das sind 20 Minuten, für Leonardo stets ein bequemer Weg, da ihm der König Sänftenträger gewährt hatte. Das Leben wurde ihm leicht gemacht, damit er alle Energie in seine Arbeit stecken konnte. Und Pläne gab es reichlich. So sollte Leonardo den Bau von Schloss Chambord als Architekt begleiten (s. S. 63) und Romorantin in eine königliche Stadt verwandeln (s. S. 60). Im großzügig überlassenen Landsitz Clos Lucé, ursprünglich für den Haushofmeister von Louis XI gebaut, tüftelte der Künstler an den Plänen. Was für ein traumhaftes Anwesen, auch heute noch! Eine Mauer umgibt schützend den riesigen **Park,** durch den Pfauen an beweglichen Modellen der von Leonardo erfundenen Maschinen vorbeistolzieren. Der Panzer, das U-Boot, das Flugzeug – die Ideen schienen utopisch und wurden dann doch Realität. IBM hat nach den Zeichnungen zumindest diese Modelle erstellen lassen.

Die **Villa** selbst kann man sich bei der heutigen Besucherflut nur noch bedingt als so ruhig wie einst vorstellen. Möbel der Renaissance stehen darin, Atelier und Arbeitszimmer sind nachgebildet, ebenso das Schlafzimmer. Dort starb Leonardo am 2. Mai 1519, angeblich in den Armen des Königs. Der hatte ihm noch für gutes Geld jene drei Gemälde abgekauft. Die Mona Lisa hing hernach im Schloss Amboise, siedelte mit François an dessen neuen Hof Fontainebleau und mit Louis XIV nach Versailles um, bevor Napoleon sie in sein Schlafzimmer hängte. Letzte Station wurde der Louvre. Das Bild zeigt eine Frau, die möglicherweise ein Mann war: Leonardos Geliebter Salai.

Sommer in Beige: Die Gassen von Amboise sind Hort unaufdringlicher Lebensfreude.

von dem, was üblicherweise als Sehenswürdigkeit durchgeht. Der Quai de Gaulle entlang der Loire ist kein Vergnügen, da zu verkehrsreich. Es steht dort auf Höhe der Rue Voltaire die **Fontaine Max Ernst** ❷, die durch Diebstahl bereits einige bronzene Federn gelassen hat. Auf der Spitze blickt eine der verbliebenen Tierfiguren in Richtung **Clos Lucé** ❸, wo einst Leonardo da Vinci lebte (s. S. 88). Auch dem gebürtigen deutschen Künstler Max Ernst kam Frankreich als Domizil gelegen, die Jahre 1955 bis 1963 verbrachte er rund 65 km flussabwärts von Amboise in Huismes.

Alles Weitere ist bereits Stadtrand, darunter eben Clos Lucé, die Mini-Châteaux (s. S. 128) und die **Pagode de Chanteloup** ❹ von 1775. Sie steht knapp 3 km südlich in Seelenruhe an der D 431 und ist mit ihren 44 m Höhe kaum zu verfehlen. Wie bei einem ko-

nisch zulaufenden Baumkuchen schichten sich die sieben Etagen, von denen man auf sieben sternförmig ausstrahlende Spazierwege blickt. Architekt William Chambers hatte in den Kew Gardens bei London die Vorlage geliefert, der Duc de Choiseul kopierte die Idee, aber in anderer, nicht gar so deutlich chinesischer Gestalt. Zur Pagode gehörte einst ein Schloss, ›Klein-Versailles‹ nannte man es, denn der Duc war ein wohlhabender Staatsmann. Als seine Cousine Briefe vom König erhielt, verschaffte er der Marquise de Pompadour (s. S. 67) Einblick in diese Schriftstücke und blieb deshalb ihr Schützling, bis sie 1764 starb. Mit Madame du Barry, der nachfolgenden Mätresse Louis' XV, kippte die Gunst und Choiseul nahm Zuflucht auf seinem Schloss. Auf seinen Tod folgte der Abriss, nur die Pagode blieb als Naherholungsziel mit der

Chance zu einer Ruderpartie auf dem See zu Füßen.

Ende März–Mitte Nov. tgl. 10–18 Uhr, 10 €

Schlafen

Pool am Schloss
1 **Le Clos d'Amboise:** Amboise ist besonders reich gesegnet mit luxuriösen Herrenhäusern, die heute als Pension genutzt werden. Manche davon kann man sich kaum leisten, aber für das Clos d'Amboise bleibt der Zimmerpreis günstiger Buchung erschwinglich. Zur Verfügung stehen dann auch Park mit Pool und ein gutes Restaurant.

27, rue Rabelais, T 02 47 30 10 20, www. leclosdamboise.com, 20 Zi., DZ ab 94 €; Restaurant Do–Mo 18.30–21.30 Uhr, Menü ab 30 €

Im Grünen, aber abseits
2 **Domaine de L'Arbrelle:** 8 ha Park reichen gewiss fürs Erste. Aus dem Zimmer geht es gleich in die Natur – oder auch zum beheizten Pool. Nachteil ist die Lage am Stadtrand, zumal das (früher oft kritisierte) hauseigene Restaurant inzwischen aufgegeben wurde.

523, rue de la Berthellerie (4 km südöstl. vom Château), T 02 47 57 57 17, www.arbrelle.fr, 21 Zi., DZ ab 72 €

Verschachteltes Vergnügen
3 **Bellevue:** Per Umbau wurden einstmals vier separate Häuser unter einem Hoteldach vereint. Die Dachwohnung mit 90 m² und Terrasse über die Stadt ließe sich ganz gut ertragen, nur würde man sich am Ende sehr über die Rechnung wundern. Fürs Fußvolk bleiben genügend charaktervolle Zimmer im bezahlbaren Bereich. Das Hotel, das den Logis de France angeschlossen ist, bietet ein Restaurant, in dem man außer Gourmet-Gerichten auch Tapas und Burger zum Mitnehmen erhält.

12, quai Charles Guinot, T 02 47 57 02 26, www.hotel-bellevue-amboise.com, 31 Zi., DZ ab 89 €, Restaurant mittags und abends, Menü ab 20 €

Essen

Liebe geht durch die Augen
1 **L'Écluse:** Klatsch auf den Teller– so ist das leider üblich in vielen Restaurants. In diesem aber bleibt dem Gast so kunstvoll, wie die Speisen angerichtet sind, nur Schwärmerei. Zumal das Essen bezahlbar ist.

Rue Racine, T 02 47 79 94 91, www.ecluse-amboise.fr, Di–Sa 12–13.30, 19–21 Uhr, Menü ab 34 €

Gut und simpel
2 **L'Ancrée des Artistes:** Die kulinarische Offenbarung steht nicht bevor, es gibt Einfaches wie Galettes, Grill und Salate, aber schmackhaft und zu gemäßigten Preisen.

35, rue Nationale, T 02 47 23 18 11, http:// lancreedesartistes.com, Di–Fr 12.30–21.30/22, So 12–14 Uhr, Menü 21 €

Einkaufen

Sonntags vor dem Braten
1 **Marché Dominical:** Bevor da am falschen Ende gerätselt wird: *Dominical* bezieht sich auf den Sonntag. In Feiertagslaune schaffen die Händler alles auf den Wühltisch, was sich unters Volk bringen lässt. Das sind frische Lebensmittel ebenso wie Trödel oder Kleidung.

Place du Marché, www.ville-amboise.fr, So 8–13.00 Uhr

Zerbrechlich schön
2 **Verrerie Patrick Lepage:** Der Meister hat Kunst restauriert, bevor er sie selbst produzierte. Seit 1984 betreibt Lepage die Glasbläserei und bringt er-

staunliche Stücke hervor, Flacons etwa, die sich schon der geringen Maße wegen gut als Mitbringsel eignen.

Levée de la Loire, Lieu-dit Les Caves, Chargé (7 km flussaufwärts), www.verreriedartdamboise.com, Di–Sa 10–12, 14–18 Uhr

Von alt bis antik

8 Les Années folles: Die verrückten Jahre, die der Laden im Namen zitiert, nämlich die 20er, sind längst vorbei – und mit ihnen die Jugend der angebotenen Waren. Im Sortiment kann man sich verlieren und am Ende mutmaßen: Was es dort nicht gibt, gibt es nirgends.

7, rue St-Denis, www.brocante-lesanneesfolles.com, Di–Sa 10–12, 15–19, So 10–12 Uhr

Bewegen

Gut Paddeln will Weile haben

1 Loire Aventure: Ein dickes Paket diverser Touren mit Kanu und Kajak auf der Loire bietet das Unternehmen an. Zum Einstieg vielleicht der Parcours von Mosnes nach Amboise? Das sind nur zehn gut zu schaffende Kilometer.

Allée de la Loire, T 02 47 23 26 52, www.loire-aventure.fr, Di–Fr 9.30–12.30, 14–17.30 Uhr, Sa/So nach Vereinbarung, ab 18 €

Ausgehen

Auf Bewährung

Le Garage: Was ist es? Auf jeden Fall neu. Seit 2019 stehen in der alten Fabrikhalle 340 m^2 Ausstellungsfläche zur Verfügung. Als Kunstzentrum wird die Sache angepriesen, aber als solches muss sich die Garage erst noch bewähren. Vorerst: ein netter Ort, an dem man mal vorbeischauen und auch den Garten im Hinterhof genießen kann.

Rue du Gén. Foy, T 02 47 79 06 81, www.ville-amboise.fr/329/le-garage, Mi–Fr 14.30–18.30, Sa/So 11–13, 15–19 Uhr

Britannia rules the waves

Art Is An Ale Brewing: Die einen stehen auf Katie, die anderen auf Emma. Liegt wohl daran, wer gerade serviert: Sie schmeißen den Laden, sind nett und hilfsbereit, selbst wenn johlende Horden nach ihrem Pint Bier schreien. Das wiederum ist Domäne des sympathischen Barkeepers und seiner Hintermänner.

2bis, rue du Gén. Foy, T 09 54 63 45 92, www.artisanale-brewing.fr, Fr/Sa 16–24, So–Do 16–22 Uhr, kleine Gerichte ab 5 €

Feiern

- **Foire aux Vins:** Wochenenden um Ostern und den 15. Aug. Zum großen Weinfest wird u. a. die riesige Kellerei auf Schloss Amboise geöffnet. http://vigneronsamboise.com
- **Open Amboise:** Ende Mai/Anf. Juni. Drei Tage lang geben Blechbläser im Wettstreit Konzerte an öffentlichen Orten. www.openamboise.com
- **Les Courants:** Ende Juni–Mitte Juli. Musikfest zum Sommerbeginn mit jüngeren Stilrichtungen. www.lescourants.com
- **La Prophétie d'Amboise:** Juli/Aug. Mi und Sa jeweils 22 bzw. 22.30 Uhr. Laienschauspieler in historischen Kostümen stellen Dramatisches aus der Zeit von François I nach; Karten 20 €. www.renaissance-amboise.com
- **Festival Européen de Musique Renaissance:** Ende Sept. Am Wohnsitz von Leonardo spielen internationale Musiker Kompositionen der Renaissance. www.vinci-closluce.com

Infos

- **Office de Tourisme:** Quai du Gén. de Gaulle, 37400 Amboise, T 02 47 57 09 28, www.amboise-valdeloire.com
- **Bahn:** Bahnhof 2 km außerhalb, ab Amboise TER nach Tours und Paris.

• **Bus:** Gare Routière, Rue 8 Mai 1945. Rémi steuert Amboise mit Regionalbussen an (www.remi-centrevaldeloire.fr). In der City und am Stadtrand ist Le Bus Mo–Sa mit vier Linien unterwegs (pro Fahrt 0,70 €).

Zwischen Cher und Indre   ♀ N/O 4

Männer müssen schön sein?

Es bleibt nicht aus, dass in so einer Gegend die Vergangenheit geradezu im Mauerwerk rumpelt, so im Donjon von **Montrichard** (♀ N 4), der 20 km südöstlich von Amboise trutzig über den Fluss Cher wacht. Eine Zugbrücke gibt es noch, dahinter im alten Gemäuer ein Heimatmuseum und zu Füßen die Schlosskapelle, heute Église Ste-Croix. Man muss es an dieser Stelle mal aussprechen: Schönheit war nicht das, womit die Valois glänzten. Mit Rübennase und Hängebäckchen ist Louis XI ein anschauliches Beispiel. Ausgerechnet ihm fiel eine sarkastische Posse ums Äußere ein. Er hatte eine Tochter, die ihm aus dem hässlichen Gesicht geschnitten war und zudem als gebärunfähig galt. Sie bestimmte Louis XI zur Frau für den Herzog von Valois-Orléans, auch ein Louis, aber aus einer konkurrierenden Nebenlinie. Zweck der Eheschließung am 8. September 1476 in ebendieser Schlosskapelle: Dem frischgebackenen Ehemann sollte jegliche Lust vergehen, und falls ihn doch die Triebe packten, sollte zumindest Nachkommenschaft ausbleiben. Dann aber starb der Stammhalter von Louis XI so früh, dass die Thronfolge doch an die Nebenlinie ging. Als Louis XII trennte sich der Orléans-Valois von der zugescharcherten Gattin, um Anne de Bretagne zu heira-

Fulko und Odo waren sich nicht grün. Das fiel nicht weiter auf, denn es war die Ära der Ritter, die sich ihre Daseinsberechtigung selbst schufen, indem sie Fehden austrugen, die es ohne sie nicht gegeben hätte. Fulko (Foulques) war der dritte Graf seines Namens im Anjou, an Rivalen hatte er Odo I. und Odo II. von Blois. **Fulko III.** erblickte 972 das Licht der Welt, wurde mit 15 Jahren Graf und stürzte sich dann auch bald in blutige Abenteuer. Als zweiter roter Faden ziehen sich durch sein Leben wiederholte Pilgerfahrten ins Heilige Land und die anschließende Notwendigkeit, das Machtvakuum in der Heimat neu zu füllen. Fulko bewegte sich dabei in einer Art Hamsterrad, das er durch Jähzorn, Mangel an Diplomatie und Dummheit in Gang hielt. Schon die erste Pilgerreise 1002 hatte er sich eingehandelt, weil es ihm eingefallen war, seine Ehefrau öffentlich in Angers zu verbrennen. Sein Pech: Wenige Tage danach raffte ein Feuer die Stadt dahin, was Volk und Klerus als Fingerzeig Gottes nahmen. Passiert einem dergleichen mehrfach im Leben, schürt das den Glauben, dass einer solchen Dynastie der Teufel innewohnt. »Wir kommen vom Teufel und wir müssen wieder zurück zum Teufel«, wurde das Credo von Richard Löwenherz, der sich als Spross des Hauses Anjou-Plantagenêt im Zeichen eines Familienfluchs fühlte. Sein Vorfahr Fulko starb am 21. Juni 1040, erhielt posthum den Beinamen Nerra (der Schwarze) und ruht angeblich in der von ihm gegründeten Abtei Beaulieu-lès-Loches (♀ N 5).

ten. Jeanne überließ er das Herzogtum Berry, wo sie einen Orden gründete, der sich in den zehn Tugenden der Jungfrau Maria übte. Ein Schnäpschen in Ehren scheint sich mit den Tugenden zu vertragen, jedenfalls war es Jahrhunderte später eine Nonne desselben Ordens, die geschäftstüchtig den Klosterfrau Melissengeist zur Alltagsdroge pushte.

Château-Musées: www.team-montrichard.fr/musee_montrichard, Juli/Aug. Di–So 10–18, Juni, Anf.–Mitte Sept. Di–So 10–12, 14–18, Mitte–Ende Sept. Di–So 14–18, April/Mai Sa/So, Feier- und Brückentage 10–12, 14–18 Uhr, 5 €

Ein wenig Antikes

Einigen ist es vielleicht noch nicht aufgefallen: Amboise liegt mitten im Weinland, **Thésée** (♥ O 4) noch viel mittiger. Feine Noten von Johannis- und Stachelbeeren bescheinigt man seinem Sauvignon blanc, der in Bio-Qualität produziert wird. Dass durch den Ort die Römerstraße von Tours nach Bourges führte, verraten Ruinen der gallorömischen Siedlung Tasciaca am Ortsrand. Vom 1. Jh. n. Chr. an befand sich dort in **Les Mazelles** ein Rastplatz samt Töpferzentrum, nur weiß man nicht, welchem Zweck die Bauten dienten, von denen Reste stehen. Die archäologischen Funde von dort sind heute im Rathaus von Thésée ausgestellt.

Site Mazelles und Musée: www.tasciaca. com, Juli/Aug. Mi–So 10–11, 14.30–15.45, Museum (in der Mairie) 11.15–12.30, 16–18 Uhr, Kombiticket Site und Musée 5 €

Künstliche Wildnis

Yuan Meng war eine chinesische Tennisspielerin, die 2014 den Profisport an den Nagel hängte. Drei Jahre später wurde im **ZooParc de Beauval** (♥ N 4) ein Panda-Baby geboren, das den Namen erhielt, aber ein Männchen war. Das mag angehen, denn Yuan Meng bedeutet »Verwirklichung eines Traums«. Bleibt das Rätsel, ob der zwei Jahre jüngere Panda Meng Yuan aus dem Berliner Zoo dann eben »Traum einer Verwirklichung« heißt. Nun, so geht das mit Exoten, und man muss zugeben, dass Beauval es besonders deutlich auf Exoten abgesehen hat – aus Artenschutzgründen, wie man versichert, aber ein Zoo ist nun mal auch ein Unternehmen, das Gewinne einfahren muss. Also gibt es unter den 600 vertretenen Arten auch Raritäten wie Nashörner, Koalas und tasmanische Beutelteufel, dazu einen Sessellift über die Freigehege und angeschlossene Hotelbetriebe. Besucher dankten es, indem sie Beauval unter die fünf schönsten Zoos weltweit wählten.

Avenue du Blanc, St-Aignan, T 02 54 75 50 00, www.zoobeauval.com, ganzjährig tgl. 9–18 Uhr, für einzelne Häuser und Anlagen kürzere oder längere Öffnungszeiten (Website beachten), 32 € (diverse Kombitickets und Ermäßigungen), Pendelbusse von Rémi ab Blois (hin und zurück 6 €)

Schlafen

Freizeit in der Siedlung

L'Escale des Châteaux: Ein Hüttendorf wie eine Eigenheimsiedlung – einschließlich der Klassenunterschiede. Bei dem einen sieht es aus wie im Schrebergarten, beim anderen wie in der Safari Lodge. Die Betreiber bewerben es als mongolisches Glamping im Tal des Cher. Wer Camping nicht mit Luftmatratze und Zeltwand verbinden möchte, findet hier die Alternativen: Jurte, Tipi, Blockhütte oder Baumhaus.

D 158, route d'Angé, Angé, T 02 54 32 58 21, www.escale-chateaux-loire.fr, Nov.–März geschl., 32 Behausungen, 2 Pers. ab 65 €

Infos

● **Maison du Tourisme:** 67, rue Nationale, 41400 Montrichard, T 02 54 32 05 10, www.sudvaldeloire.fr

Auf dem Cher, Chérie! – Chenonceau steht als Wasserschloss am Fluss Cher, ein Brückengebäude von einem Ufer ans andere.

Chenonceau

Alte Mühle wird zum Schloss

Bei Licht betrachtet ist es verboten, ihn bei Licht zu fotografieren, den Eiffelturm, und zwar bei künstlicher Beleuchtung. Denn Lichtingenieur Pierre Bideau hat das Copyright auf die Illumination – nicht nur dort. Auch die Show für **Château Chenonceau** stammt von ihm, den man gerne fragen würde, warum sein nächtlicher Gang durch den Schlosspark von der Musik Arcangelo Corellis begleitet wird, der nicht verwandt und nicht verschwägert war mit irgendeinem Schlossbesitzer. Schlossbesitzerin, muss man sagen, denn Chenonceau – der Ort dazu schreibt sich Chenonceaux – machte Geschichte als Schloss der Frauen. Das fing schon mit Catherine Briçonnet an, die über die frühen Arbeiten wachte, weil ihr Mann Thomas Bohier als Finanzsekretär des Königs in Italien unterwegs war. Damals wurde erst einmal auf die Fundamente eines Herrensitzes und einer Mühle im Fluss Cher ein quadratisches Schlösschen mit Ecktürmen gesetzt. Die Enge spürt man noch, wenn man heute durch die frühen Gemächer schreitet.

Nun sind es inzwischen rund 800 000 Besucher, die jedes Jahr nach Chenonceau kommen, gewiss nicht wegen einer Klackssache. Bohier war posthum Amtsmissbrauch vorgeworfen worden, sein Besitz gelangte an die Krone und wurde mit entsprechender finanzieller Rückendeckung ausgebaut. Ideen dazu hatte schon Catherine Briçonnet, nur heimsten andere den Ruhm ein.

König Ödipussy

Diese »anderen«, das war zunächst Diane de Poitiers, die als Mätresse des 20 Jahre jüngeren Königs Henri II Karriere machte. Pünktlich zu seiner Thronbesteigung 1547 schenkte Henri ihr das Schloss, das Diane zu einem Juwel entwickelte. Sie siedelte Bauernhöfe in der Gegend an, ließ Wein pflanzen, stattete den alten **Schlossgarten** mit Maulbeerbäumen aus und nutzte zwei Sphinxen von Château de Chanteloup als Portallöwen. Vor allem war sie es, die von Philbert de l'Orme jene **Brücke** zum anderen Ufer des Cher bauen ließ, die so sehr den Charakter des Schlosses bestimmt. Derweil spotteten Zeitgenossen, Diane setze alles daran, den Altersunterschied zwischen ihr und dem König zu verwischen. Betont jugendlich gebe sie sich und lasse sich

Allonge mir deine Perücke …
Der Sonnenkönig hatte sein
Zimmer in Chenonceau.

peinlich oft unbekleidet malen. Von Francesco Primaticcio stammt ein Gemälde im Gemach von François I, das Diane als Göttin der Jagd zeigt. Damals war die Porträtierte 57 Jahre alt und nach gängiger Meinung keine göttliche Schönheit mehr. Als der König zwei Jahre später tödlich verunglückte, sorgte seine Witwe Caterina de' Medici dafür, dass die Mätresse dieses Schloss verlassen musste (s. S. 79).

Garten der Lüste

Die Brücke – eigentlich nur dazu gedacht, die am rechten Flussufer entstehenden Gärten mit Voliere, Menagerie und anderen Kuriositäten zu erreichen – wurde Angelpunkt für das Leben auf Chenonceau. Caterina ließ den Übergang mit einer lichtdurchfluteten Galerie überbauen und darüber eine zweite Etage für Höflinge errichten. Die Räumlichkeiten waren damit beträchtlich erweitert, vor allem gab es nun einen riesigen Ballsaal für frivole Feste, von denen Kirchenleute strikt ausgesperrt blieben. Caterina unterhielt eine *escadron volant* aus handverlesenen Spioninnen, deren Aufgabe es war, das Gerede der Gäste zu belauschen. Die Damen, überwiegend adelige und oftmals minderjährige Schönheiten, agierten dabei mit Maske und unter Decknamen. Mal genüsslich geifernd, dann wieder angeekelt klingt Pierre de Bourdeille aus Brantôme, der als Zeitzeuge über »Das Leben der galanten Damen« und insbesondere ihr Treiben auf Chenonceau schrieb. Es wurde gefressen und gevögelt, es gab Mythenspiele mit Striptease zum Lautenspiel, man ging der Jagd nach, brannte Feuerwerke ab und stellte auf dem Cher Seeschlachten nach, bevor Caterinas Sohn Henri III die edelsten Hofdamen zwang, nackt zum Bankett zu erscheinen.

Zugleich hatte dieses ausgelassene Volk seine feinsinnigen Seiten. Caterina besaß eine umfangreiche Bibliothek und Kunstsammlung. Erlesene flämische Gobelins bedeckten die Wände, auch wegen der wärmenden Wirkung. Das mit grünem Samt ausgekleidete *cabinet vert* diente der Medici als Arbeitszimmer, ihre Apotheke mit Holzmobiliar und Hunderten von Gefäßen ist inzwischen am originalen Standort restauriert und kündet vom wissenschaftlichen Interesse. Die dort verwendeten Heilkräuter stammten teils aus dem schlosseigenen Garten, dessen Gemüse die Küche versorgte. All dieses Mühen um Ästhetik und Zartgefühl wirkt bis heute nach, wie allein die Blumenarrangements beweisen, die jeden Morgen frisch im Schloss aufgestellt werden.

Am Ende die Tugend

Jener Henri III, der sich so köstlich im Schloss amüsiert hatte, überlebte die Hugenottenkriege nicht, er wurde 1589 ermordet. Schwarz gestrichene Wände mit weißen Monogrammen, Tränen und Schleifen kleiden das Zimmer aus, in dem die Witwe Louise de Lorraine um den Verlorenen trauerte, immerhin den letzten legitimen Spross der Valois-Dynastie. Ausgerechnet der 14. Juli war es, allerdings 1650 und damit lange vor der Revolution, als Louis XIV das Schloss besuchte. Sein Porträt schmückt das Zimmer, in dem er damals schlief – mehr als ein Fremdenführer verweist auf den kostbaren Rahmen aus vier schweren Holzblöcken und legt damit nahe, dass das Gemälde nicht mithalten kann. Mehr Beachtung finden die »Drei Grazien« des Malers Jean-Baptiste van Loo, der an liebgewonnene Traditionen anknüpfte, als er die Schwestern Mailly-Nesle, Mätressen von Louis XV, nackt für dieses Bild posieren ließ.

Nach einer Verschnaufpause als leeres Schloss wurde Chenonceau ab 1733 Sitz der Louise Dupin und damit doch noch auf ganzer Linie sittsam. Voltaire, Montesquieu und Jean-Jacques Rousseau schauten im literarischen Salon vorbei, was nun Mode des Bürgertums war. George Sand, eine geborene Dupin, setzte den Geist fort, allerdings 100 km von Chenonceau entfernt in Nohant. 1863, einige Jahre nach dem Besuch von Gustave Flaubert, ließ Marguerite Pelouze Schloss Chenonceau restaurieren und dabei zu einem großen Teil in den alten Zustand zurückversetzen. Gärten nach Plänen von Russel Page kamen hinzu, vom Originalmobiliar hat sich kaum etwas erhalten. Besitzer ist seit 1913 die Schokoladendynastie Menier, einst bekannt für einen Schokostick, der bequem in ein Baguette passte.

T 08 20 20 90 90, www.chenonceau.com, Juli–Mitte Aug. tgl. 9–19.30, Juni, Mitte Aug.–Ende Sept. 9–19, April/Mai, Okt.–Mitte Nov. 9–18, sonst 9.30–16.30/17/17.30 Uhr, 15 €, mit Audioguide 19 €

Schlafen

Luxusbett mit Weinprobe

Château de Fontenay: Näher am Schloss Chenonceau kann man kaum wohnen, dabei fast so komfortabel wie dort – aber das hat seinen Preis. Das Winzeranwesen, in dem dann auch gleich die guten Weine zu verkosten sind, liegt sehr ruhig in einem 17 ha großen Park und besitzt einen Pool. Die Zimmer befinden sich in der ersten Etage und bieten Blick auf den Cher. Auf Vorbestellung erhält man auch Abendessen.

5, Fontenay, T 02 47 57 12 74, http://lechateau defontenay.fr, 4 Zi., 3 Gîtes, DZ/ÜF ab 105 €, Gîte ab 823 €/Woche

---

Bewegen

Das Schloss vom Wasser aus

Canoë Company: Man kann sich ab Chisseaux mit einem Bötchen zum

Schloss fahren lassen, aber erlebnisreicher ist die Tour mit dem Kanu. Möglich sind ein- bis vierstündige Paddelpartien ab 4 km Länge. Das Unternehmen vermietet auch Fahrräder und unterhält ein kultiges Bistro am Wasser.

3, rue de l'Écluse, 37150 Civray-de-Touraine, T 06 37 01 89 92, www.canoe-company.fr, April–Okt., ab 10 €, Fahrrad 10 €/halber Tag

Infos

- **Office de Tourisme:** 1, rue Bretonneau, 37150 Chenonceaux, T 02 47 23 94 45, www.autourdechenonceaux.fr
- **Bahn:** Gare de Chenonceaux, Chisseaux. Station an der Strecke Tours–Montrichard–Bourges–Nevers.
- **Bus:** Mit Rémi Linie C ab Amboise, www.remi-centrevaldeloire.fr

Nach Montlouis

📍 M4

Viel Fisch …

Mit 12 000 Fischen in 63 Becken erringt das **Grand Aquarium de Touraine** einen Ehrenplatz: Es gilt als das größte Süßwasseraquarium Europas. Nur muss man ergänzen, dass seit seiner Gründung 1984 längst auch Meeresbewohner eingezogen sind, vor allem Haie.

Lieu-dit Les Hauts Bœufs, Lussault-sur-Loire, T 02 47 23 44 57, www.grandaquariumde touraine.com, Juli/Aug. tgl. 10–19, April–Juni 10–18.30, Febr./März, Sept.–Nov. 10.30–18 Uhr, 14 €

… dazu Tomaten und Wein

Warum man sich ausgerechnet in Tomaten verliebt, wäre eine Frage an Prinz Louis-Albert de Broglie, der 1991 mit seinem Bruder Château de la Bourdai-

sière in **Montlouis-sur-Loire** erwarb, um dort schließlich mehr als 630 Tomaten-Varietäten zu züchten. Mittlerweile hat der Gartenprinz auch sein Herz für Dahlien entdeckt. Das erweiterte den Kreis der Pflanzenfreunde, die das Renaissanceschloss besuchen.

Mit Montlouis ist zugleich ein großes Weinbaugebiet erreicht, das sich am linken Loire-Ufer erstreckt, während im Norden **Vouvray** mit eigener Appellation anschließt. Beide haben Gemeinsames: Sie keltern Weißweine aus der Rebsorte Chenin blanc, sowohl gut lagerfähige trockene als auch halbtrockene und Dessertweine. Um den jahrgangsbedingten Qualitätsschwankungen zu begegnen, sind vor allem die größeren Produzenten zu einem Sekt übergegangen, bei dem die Unterschiede eine geringere Rolle spielen.

Schlafen

Als König Kunde beim Prinzen

Château de la Bourdaisière: Wenn man schon tiefer in die Tasche greift, sollte es sich lohnen. Das ist hier der Fall, denn das Schloss mit 55 ha großem Park und einem berühmten Gemüsegarten setzt rundum auf Wohlbefinden. Tennis, beheizter Pool und Fahrradverleih gehören ebenso dazu wie geräumige, geschmackvoll ausgestattete Zimmer und eine Küche mit frischen Zutaten aus dem eigenen Garten. An trockenen Tagen in der warmen Jahreszeit kommen die Gerichte in einer *bar à tomates* bei den Dahlienbeeten auf den Tisch. Diverse Feste sorgen für weiteren Anreiz: *Fête des Plantes et des Poules* Mitte April, *Festival de la Tomate* Anfang September und *Festival de la Fôret et du Bois* Mitte Oktober.

25, rue de la Bourdaisière, Montlouis-sur-Loire, T 02 47 45 16 31, www.labourdaisiere.com, 29 Zi., DZ ab 110 €

Tours  ★ ♀ M 3/4

Alle Welt hat ein Schloss, jedenfalls die Welt an der Loire. Ausgerechnet Tours, die Stadt mit gallorömischer Vergangenheit und 136 500 Einwohnern, hat gerade mal den Rest eines Schlösschens. Tours ist dann auch mehr der Knotenpunkt mit Industrie und einem gewöhnungsbedürftigen Hochhauscharme am Stadtrand. Das hat für viele Franzosen nicht mal einen negativen Beigeschmack. Vielmehr schätzen sie jene verlässliche und schon sprichwörtliche Beständigkeit, die Krisen trotzt, die Fortschritt weder ablehnt noch anbetet und die einen Altstadtkern pflegt, ohne ihn an den Tourismus zu verhökern. Jugend ist es vor allem, die in den Gassen flaniert, denn die Universität, erst 1969 gegründet, steht dicht am Zentrum. Der Weg vom Hörsaal zum Heurigen ist ein Katzensprung. Reisende können sich einreihen, die Oberhand überlässt man ihnen nicht.

Im östlichen Zentrum

Es gilt nun, eine Kröte zu schlucken: Die Altstadt von Tours ist in ihrer heutigen Gestalt nicht älter als ihre Pendants in Köln oder Bonn, denn hier wie dort schlug der der Zweite Weltkrieg große Wunden. Zwölf Hektar des Stadtgebiets wurden zwischen 1940 und 1944 verwüstet. Im Unterschied zum Rheinland aber wählte man beim Wiederaufbau die alte Stadt als Richtschnur und rekonstruierte sogar Fachwerk nach historischem Vorbild. Das wirkt heute so, als habe es den schmerzlichen Bruch nie gegeben.

Im Festsaal des Rathauses von Tours erlebt bei einem Kostümball die Renaissance eine Renaissance.

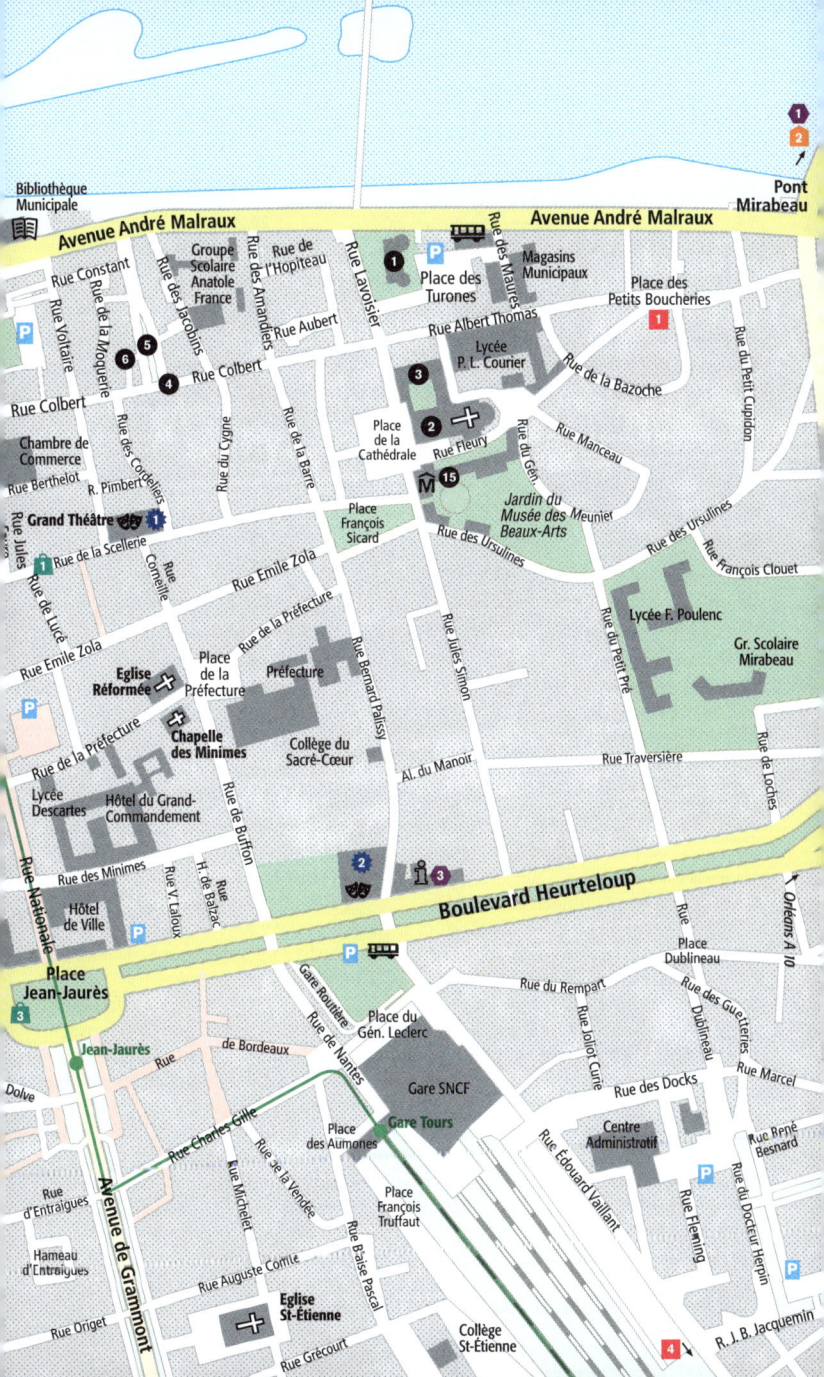

Tours

Ansehen

❶ Château
❷ Cathédrale St-Gatien
❸ La Psalette
❹ Rue Colbert
❺ Place Foire-le-Roi
❻ Passage du Cœur Navré
❼ Église St-Julien
❽ Hôtel de Beaune-Semblançay
❾ Pont Wilson
❿ Hôtel Goüin
⓫ Place Plumereau
⓬ Basilique St-Martin
⓭ Jardin Botanique
⓮ Prieuré de St-Cosme
⓯ Musée des Beaux-Arts
⓰ Musée des Vins
⓱ Musée du Compagnonnage
⓲ Centre de Création Contemporaine Olivier Debré

Schlafen

❶ En Compagnie des Écureuils
❷ La Héraudière
❸ Castel Fleuri

Essen

❶ Le St-Honoré
❷ L'Accalmie
❸ El Latino Kreyol
❹ Le Bistro du Lac
❺ L'Hédoniste

Einkaufen

❶ Rue de la Scellerie
❷ Grand Marché
❸ Marché aux Fleurs
❹ Nature et Découvertes

Bewegen

❶ Lulu Parc
❷ Gadawi Park Aventure
❸ 7 Vins 7 Jardins

Ausgehen

❶ Grand Théâtre de Tours
❷ Vinci Palais des Congrès
❸ La Guinguette de Tours sur Loire
❹ Le Petit Faucheux
❺ Cabaret Chez Nello

Gläserne Wunder

Eher in Randlage als zentral steht im Osten das, was vom **Château** ❶ blieb: der Logis des Gouverneurs, heute insbesondere für Fotoausstellungen genutzt. Den Königen war das alte Schloss schon im späten 15. Jh. zu jämmerlich. Sie ließen es unbewohnt zurück, auf dass es später als Materiallieferant für die durchaus nette Uferpromenade und den Bau einer Kaserne diente. Dabei ging ein gutes Stück Geschichte verloren, denn das Schloss hatte dort Stellung bezogen, wo sich einst die römische Cité erstreckte. Von den antiken Mauern sind Reste verblieben, sie beschreiben einen Halbkreis vom Château über die Rue des Ursulines zum Pont Mirabeau. Et voilà, dies war das sehr kleine Tours im 3. Jh., als ein gewisser Gatianus den Dienst als erster Bischof versah. Ein Bischof allerdings, der angesichts der Christenverfolgung in Katakomben predigte (25, av. André Malraux, https://chateau.tours.fr, Di–So 14–18 Uhr, 4,20 €).

Eine Kirche entstand erst im 4. Jh., sie nahm die Gebeine des Gatianus auf und wuchs zur **Cathédrale St-Gatien** ❷ (T 06 62 36 42 89, www.paroisse-cathedrale-tours.fr, tgl. 8.30–20 Uhr) heran. Die sehr schmale gotische Fassade mit ihrem meisterhaften Flamboyantschmuck erscheint optisch noch viel enger gedrückt durch die 70 m hoch gestreckten Türme aus der Renaissance. Étienne de Mortagne, Baumeister der Ste-Chapelle in Paris, hatte um 1230 damit begonnen, auf den maroden romanischen Vorgänger eine neue Kirche zu setzen. Nach wenigen Jahrzehnten war der Chor komplett, aber die Fertigstellung der weiteren Gebäudeteile zog sich bis ins 16. Jh. hin. Das große Opus, das gleich beim Eintritt ins Innere überwältigt, ist der Zyklus von Bleiglasfenstern in der Apsis. Sie wurden 1265–70 eingesetzt und illustrieren das Leben von Heiligen und Bischöfen, die Erschaffung der Welt und das Leiden Christi. Ausgezeichnete Erläuterungstexte unterstützen Besucher bei der Interpretation und ermuntern dazu, den Meisterwerken einschließlich der Fensterrosen aus dem 14./15. Jh. eine Extrastunde zu gönnen. Zu den alten gesellen sich moderne Glasmalereien, deren Künstler Gérard Colin-Thiébaut Farben der mittelalterlichen Rosetten aufnahm.

Vor lauter Glas sollte man nicht am Marmor vorbeigehen. Ab 1496 schuf Michel Colombe das Grabmal für die früh verstorbenen Söhne von Anne de Bretagne und Charles VIII. Eine ganze Kapelle im südlichen Querschiff ist den insgesamt sechs jung verblichenen Kindern gewidmet – das Königspaar hätte sich die freilich unzeitgemäße Frage stellen müssen, ob die royalen Blutsverwandtschaften der Gesundheit zuträglich waren. Colombe selbst starb 1515 in Tours, eine Statue in den Grünanlagen an der Place François Sicard erinnert an ihn. Beim Grabmal hat er mit den vier Engeln, die die kleinen Körper der Königskinder umschließen, eine erste, ergreifende Skulptur im Stil der italienischen Renaissance auf französischem Boden geschaffen.

Vom angrenzenden Kloster aus dem 15./16. Jh. blieben Reste des Kreuzgangs **La Psalette** ❸. Aus der zweiten Etage hat man eine ungewöhnliche Sicht auf die gotischen Streben des Chors. 1832 schrieb Honoré de Balzac die Novelle »Le Curé de Tours« über einen raffgierigen, aber leicht vertrottelten Vikar, der Opfer seiner intriganten Vermieterin wird. Ort des Geschehens ist der säkularisierte Teil des Klosters, der dem geistlichen Mieter als Wohnung dient.

Zwischen Alt- und Neubau

Das Musée des Beaux-Arts ⓯ (s. S. 106) bleibt für einen späteren Besuch links der Kathedrale liegen. Wir wenden uns rechts und gelangen zur **Rue Colbert** ❹, in der sich Restaurant an Restaurant reiht, ohne auch nur eine der berühmten Küchen dieser Welt auszulassen. Haus Nr. 39, wie viele hier in Fachwerkbauweise errichtet, soll die Adresse des Schmieds gewesen sein, der Jeanne d'Arc mit der für Frau-

NACH TOURS DER SPRACHE WEGEN

Klar und frei von Mundart, so sei das Französische in Tours, heißt es. Die Uni, die den Namen des Dichters Rabelais trägt, wirbt sogar damit, dass in dieser Stadt die französische Sprache begründet wurde. Da ist was dran, es reicht zurück ins frühe Mittelalter. Karl der Große schaute besorgt auf das Bildungsniveau in seinem Reich. Latein war korrumpiert, selbst Kleriker wussten einfache Gebete nicht mehr in klassischer Reinheit aufzusagen, während das Volk nicht mehr verstand, was da gepredigt wurde. Das Konzil von Tours legte im Jahr 813 eine verbindliche Kirchensprache fest. Lokale Varianten des klassischen Latein wurden fortan als romanisch bezeichnet, so auch die *langues d'oïl* nördlich und die *langues d'oc* südlich der Loire. Nachvollziehbar also, dass sich die Sprechweise der *Tourangeaux* als Kern und reinste Form der *langues d'oïl* etablierte und Bezugspunkt für Reinheit wurde. Wer diese Erkenntnis für eine Sprachreise nutzen möchte, wird hier fündig: https://institutdetouraine.com/de

en unschicklichen Rüstung versorgte. Die **Place Foire-le-Roi** ❺ auf der Hälfte der heutigen Gastromeile war seit dem Mittelalter ein Marktplatz. 1554 hatte François I freie Märkte *(foire)* gestattet, was ihm die Ehre bescherte, dass dieser Markt nach dem König *(roi)* benannt wurde. Neben dem Haus Rue Colbert Nr. 64 gelangt man durch die schmale **Passage du Cœur Navré** ❻ zum Platz. Angeblich wurden einst Delinquenten durch diesen Gang zum Galgen geführt.

Gregor von Tours, dem berühmten Chronisten des 6. Jh., schreibt man die Gründung eines Benediktinerklosters über den Reliquien des Märtyrers Julianus zu. Es war Keim für die **Église St-Julien** ❼, deren Glockenturm aus dem 10. Jh. stammt, der Rest aus dem 13. Jh. Nach Schäden im Zweiten Weltkrieg schufen die Künstler Max Ingrand und Le Chevalier neue Kirchenfenster. Im Keller des oberirdisch weitgehend abgetragenen Klosters informiert ein Museum über die Weine der Touraine (s. S. 106).

Schwer durch Bomben lädiert ist das **Hôtel de Beaune-Semblançay** ❽. Jacques de Beaune, ein hoher Finanzbeamter, hatte den Renaissancepalast im 16. Jh. bauen lassen. Teile der ursprünglichen Architektur sind noch im Garten zu sehen.

Sehr nah liegt nun die schnurgerade Rue Nationale, die das Zentrum von Tours in zwei Teile schneidet und das Ufer des Cher im Süden mit dem Ufer der Loire im Norden verbindet. Den **Pont Wilson** ❾ über die Loire queren Straßenbahnen in beiden Richtungen, Autos aber nur von Nord nach Süd. Man kann sich das leicht als Vorsichtsmaßnahme ausmalen, denn der Vorgänger dieser Brücke (18. Jh.) hat eine Katastrophe hinter sich. 1978 stürzte das Bauwerk ein. Auf Bürgerwunsch wurde es nach historischem Vorbild und nicht etwa in moderner Gestalt neu errichtet.

Die zweite Altstadt

Das erstaunt dann doch: Gatianus kennt man nicht, während der berühmte Sankt Martin für die Kathedrale kaum eine Rolle spielt. Seine Spuren findet man im anderen Teil der Innenstadt, dem Gebiet westlich der Rue Nationale. Außer der Basilique St-Martin sind dort aber auch feinstes Fachwerk und pralles Leben vertreten. Derweil lässt sich über das Stadtgebiet am Norduferer der Loire kaum mehr sagen als: ja, es existiert und wächst, nicht unbedingt erbaulich.

Beim Gastgeber Martin

Klerikales drückt schwer auf die Stadt. Geschichtsschreiber Gregor von Tours (538–594) hat gut was an Folianten vorgelegt und dabei auch mit intensiver Lobpreisung seines Vorgängers Martin für dessen posthume PR gesorgt. Es bleibt eine dumpfe Ahnung, dass Karl Martell 732 nicht zufällig gerade dort (und bei Poitiers) die von Süden heranpreschenden muslimischen Mauren schlug. Das hob den Ruf der Stadt für alle Karolinger-Zeiten und noch ein paar Jahrhunderte darüber hinaus. Nur siegte dann doch der weltliche Glanz im Zeichen des Handels. Seidenhändler war der Mann, der im 15. Jh. den Renaissancepalast **Hôtel Goüin** ❿ errichten ließ. Nach Kriegsschäden ist er inzwischen restauriert, die letzten Arbeiten wurden 2015 abgeschlossen. Besichtigen kann man das Haus während der dort stattfindenden Wechselausstellungen (25, rue du Commerce, www.hotelgouin.fr, Mi–So 14–19 Uhr, gratis).

Richtung Westen wird die Rue du Commerce schmal, verkehrsarm und zunehmend gastronomisch geprägt, um sich mit der **Place Plumereau** ⓫ die Krone aufzusetzen. Der Platz ist ein Feuerwerk von gebeugtem Fachwerk, in

Gar nicht plümerant: Die Place Plumereau macht jedes Dinner zum Meilenstein.

dem Cafés und Restaurants den Dienst am Kunden versehen. An einer besonders reich beschnitzten Fassade vorbei geht man in die Rue du Change, um elegante Boutiquen abzuklappern und Kurs auf die **Basilique St-Martin** ⑫ (s. S. 109) zu nehmen.

Ein bisschen Grün muss sein

Es sind Sprenkel von Grünflächen, die der Stadtplan im Zentrum ausweist. Einer davon erstreckt sich vom Cher zur Loire, die ein gutes Stück parallel fließen. 1843/44 entstand dort der **Jardin Botanique** ⑬ (33, bd. Tonnellé, www.tours.fr, tgl. 7.45–19 Uhr, gratis) wie üblich zu jener Zeit als Anschauungsareal für Pharmakologen. Aber der Garten entwickelte sich ins Hübsche. 1857 kam eine heute bezaubernde Magnolienallee hinzu, 1869 ein Wildgehege mit exotischen Tieren wie Emu, Wallaby,

Papagei und Flamingo. Im Arboretum steht ein Ginkgo von 1845 mit einem stolzen Stammumfang von 7 m. Platz zum Überwintern empfindlicher Pflanzen bietet seit 2008 die neue Orangerie. Junge Zutaten sind der Garten der zwei Welten und der Evolutionsgarten, der rings um einen zentralen Teich die Entwicklung der Pflanzenwelt aufzeigt.

Am westlichen Stadtrand, längst nicht mehr in idyllischer Lage, hat sich von der **Prieuré de St-Cosme** ⑭ (Rue Ronsard, T 02 47 37 32 70, La Riche, www.prieure-ronsard.fr, Bus Linie 3, Résabus R4 bis Bourgeois, Juni–Aug. 10–19, April/Mai, Sept./Okt. 10–18, Nov.–März Mi–Mo 10–12.30, 14–17 Uhr, 6 €) aus dem 11. Jh. eine Ruine erhalten. Der romanische Chor der Kirche und Reste des Kreuzgangs stehen noch, aber auch das Haus des Priors. »*Mignonne, allons voir si la rose*«, möchte derjenige sogleich intonieren, der mit dem Werk Pierre de Ronsards vertraut ist. Der Dichter war ab 1565 Laienabt von St-Cosme und wurde 1585 dort begraben. Im Haus mit seinem Arbeitszimmer sind Künstlerbücher ausgestellt, die eine Brücke zwischen Schreibern und Malern schlagen. Der Rest ist purer Duft. Über 200 Rosenarten umfasst der üppige Garten. *Allez voir si la rose …*

Museen

Provinzbestand und Baumriese

⓯ Musée des Beaux-Arts: Von der frühen Behausung der ersten Bischöfe bis zum Palast des Erzbischofs aus dem 17./18. Jh. hat alles hier neben der Kathedrale gestanden. Nach der Revolution diente der Bau wechselnden Zwecken, bis darin das Museum eingerichtet wurde. Grundlage für den Bestand an Gemälden und Skulpturen war der bischöfliche Besitz. Zu sehen sind etwa das berühmte Balzac-Porträt von Louis-Candide Boulanger, mehrere Gemälde von François Boucher wie auch Bildhauerei der Antike. Im Hof ist die 1804 gepflanzte Libanonzeder ebenso eine Attraktion wie der ausgestopfte Elefant Fritz, den der Zirkus Barnum Bailey 1902 als Kadaver zurückließ, nachdem der Jumbo durch die Stadt gerast und erlegt worden war.

18, place François Sicard, www.mba.tours.fr, Bus 2, 4, 57, Mi–Mo 9–12.45, 14–18 Uhr, 6 €, am 1. So im Monat gratis

Wasser in Touraine verwandeln

⓰ Musée des Vins de Touraine: St. Martin soll einst im Kloster Marmoutier (s. S. 109) den Weinbau begründet haben. Rebstöcke fanden sich 200 Jahre später auch an der Stelle, wo nun das Kloster St-Julien entstand. In den Kellern, so heißt es, habe es sogar eine wundersame Weinvermehrung gege-

ben. Das schreit danach, sich in den Gewölben über die Weine der Touraine zu informieren.

16, rue Nationale, www.officiel-galeries-musees.com/musee/musee-des-vins-de-touraine, Tram A Porte de Loire, Mi–Mo 9–12, 14–18 Uhr, gratis

Goldener Boden des Handwerks

⓱ Musée du Compagnonnage: Neben dem Weinmuseum befindet sich der ehemalige Kapitelsaal des Klosters St-Julien und darüber die Schlafstätte der Mönche. Dort ist ein Museum zu bestaunen, das sich Handwerkszünften und Gesellenwesen widmet. Zu sehen sind preisgekrönte Meisterstücke fahrender Handwerker, darunter George Sands Sekretär, den ein angehender Konditor aus Marzipan nachbildete.

1, square Prosper Mérimée, www.museecompagnonnage.fr, Tram A Porte de Loire, Mitte Juni–Mitte Sept. tgl. 9–12.30, 14–18, sonst Mi–Mo 9–12.30, 14–18 Uhr, 5,80 €

Kreativer Neuzugang

⓲ Centre de Création Contemporaine Olivier Debré: Vom Architektenteam Aires Mateus aus Portugal stammt dieses 2017 eröffnete Zentrum für zeitgenössische Kunst mit 4500 m² Ausstellungsfläche. Eine Abteilung ist dem Werk des Pariser Malers Olivier Debré gewidmet.

Jardin François 1er, www.cccod.fr, Tram A Daniel Buren, Di, Mi, Fr–So 11–19, Do 11–21 Uhr, 7 €

Schlafen

Herrenhaus und Hühner

❶ En Compagnie des Écureuils: Außen ländlich, innen wohnlich. Einen Katzensprung vom Haus des Dichters Ronsard entfernt befindet sich dieses stattliche B&B mit Garten und einer kleinen Menagerie, an der die jüngsten Gäste ihre besondere Freude haben werden.

Die Ausstattung umfasst alles Nötige für Selbstverpfleger.

14, rue Jean Inglessi, Fondettes (4 km westl.), T 07 81 94 96 36, über www.chambres-hotes.fr, Bus Linie 50, 57 Guignière, 4 Zi., DZ/F ab 120 €

Reichlich Auslauf

2 La Héraudière: 5500 m² Park reichen? Dann trifft es sich prächtig, dass das Haus darin aus dem 18./19. Jh. stammt und den Gast leben lässt, wie sich das für einen Gott in Frankreich gehört. Teile der Einrichtung sind altbacken, die Zimmer derweil modern ausgestattet.

60, rue Ronsard, T 02 47 72 94 47, http://la-heraudiere.fr, Tram A Monconseil, 5 Zi., DZ/F ab 64 €

Freundlich bis ins Mark

3 Castel Fleuri: Warum *castel*, warum *fleuri*? Da fehlt ein wenig die schlüssige Erklärung. Aber gemütlich ist es, wenn auch in kleinen Zimmern. Die Inhaber bemühen sich intensiv um jeden Gast und geben Tipps für nette Unternehmungen. Deutliche Vorteile: Nähe zum Stadtzentrum und ein sicherer Parkplatz im Innenhof.

10, rue Groison, T 02 47 54 50 99, https://castel-fleuri-tours.com, Tram A Place Choiseul, 15 Zi., DZ 60–95 €

Essen

Gemütliches Heimspiel

1 Le St-Honoré: Die Gemüseernte kommt aus eigenens Garten, die Küche ist deftig und fleischbetont. Von der einstigen Bäckerei geblieben ist der historische Backofen. Da es etwas abseits der gastronomischen Trampelpfade liegt, stammt die Kundschaft zum großen Teil aus Tours.

7, place des Petites Boucheries, T 02 47 61 93 82, www.lesainthonoretours.fr, Bus 4, 12, 53, 54, 57, Mo–Fr mittags und abends, Menü 30 €

Enttäuschung unwahrscheinlich

2 L'Accalmie: Für weniger Geld so gut essen? Da müsste man erst mal suchen und würde in Tours sonstwo wahrscheinlich auch nicht fündig. Angerichtet wird mit riesiger Freude an der Optik, selbst eine bescheidene Käseplatte gerät zum Kunstwerk. Und sicher – zur höchsten Weihe gelangt das Werk jedes Mal beim süßen Dessert-Schluss.

10, rue de la Grosse-Tour, T 02 47 39 24 83, www.restaurant-laccalmie.fr, Bus Linie 11, 14, 15 Victoire, Di–Fr 12–14, 19–22, Sa 19–21.45 Uhr, Menü ab 29 €

Latino und Zuckerrohr

3 El Latino Kreyol: Ein wenig Wagemut sollten Gäste mitbringen, denn diese brasilianisch-kreolische Mischung hat Deutschland noch nicht erobert und ist entsprechend fremd. Durchweg frische Produkte und ein reiches Rum-Sortiment helfen aber über Berührungsängste hinweg.

69, bd. Jean-Royer, T 06 48 25 85 71, https://el-latino-kreyol.wixsite.com, Bus Linie 4 Royer, Mo–Fr 11.30–15, Mo–Sa 18.30–23 Uhr, Menü 27 €

Hausmannskost am Ufer

4 Le Bistro du Lac: Pommes, Schinken, Makrele und Steak – das Haus am See serviert die Dinge, die immer gefragt sind, weiß sie aber auch schmackhaft zuzubereiten. Bei moderaten Preisen bereitet ein Abend am Wasser allemal Vergnügen.

44, rue de Roche-Pinard, St-Avertin, T 02 47 27 01 04, auf Facebook, Bus Linie 19 Richemont, So–Fr 12–15, tgl. 18–23 Uhr, Menü ab 17 €

Bike and like

5 L'Hédoniste: Harley-Fahrer haben ihre eigenen Präferenzen, der Wirt belegt es. Um es auf den Punkt zu bringen: Hier ist alles gut durch. Und sättigend. Zum handfesten Essen gesellen sich gute Weine.

TOUR
Vom Mantelteiler, Gänsen und Leichenfledderern

St. Martin zwischen Militär und Mitra

Martin, Mitleid, Mantel. Der Mann zu Pferd, der jeweils am 11. November im Fackelzug sein rühriges Nachbeben feiert, war Mitglied der römischen Kaisergarde, als er im winterlichen Amiens einen nackten Bettler mit einer Mantelhälfte beglückte. Die Geste ist nicht gar so groß, als dass sie das Gewese um diesen Martin erklären könnte. So waren es dann auch andere Wunderdinge, die seinen Ruf begründeten, nur gegenüber der anschaulicheren Legende verblassten. Rabimmel, rabammel, rabumm.

Um 316/17 im Westen Ungarns geboren, in Oberitalien aufgewachsen, zum Militär verpflichtet und beinahe zum Kriegsverweigerer mutiert, wurde Martin dann doch nach 25 Dienstjahren regulär entlassen. Er hatte viel von Europa gesehen, bevor er im Jahr 361 in Ligugé bei Poitiers das erste Kloster des Abendlandes gründete. Das beeindruckte die Christen von Tours so sehr, dass sie ihn 371 zum Bischof ernennen wollten und dazu eigens in ihr Städtchen entführten.

Martins Fluchtversuch in einen Gänsestall entbehrt nicht der Komik, denn das aufgescheuchte Federvieh schnatterte ihn direkt den Verfolgern in die Arme. Die Gänse der Gegenwart müssen es ausbaden, sie landen am Martinstag als Braten auf dem Tisch. Nach dieser Episode nahm der frisch verpflichtete Bischof immer wieder Reißaus und suchte seine Ruhe im Grünen. In damaliger Abgeschiedenheit gründete er 375 das **Kloster Marmoutier** (17, quai de Marmoutier, https://marmoutier.com), dessen gute Zeiten mit der Revolution starben. Es wurde Lazarett, dann verkauft und 1819 weitgehend abgetragen.

Vier Kilometer sind es den Quai Paul Bert entlang, über den autofreien Pont Suspendu de St-Symphorien und die Quais am linken Loire-Ufer zur **Basilique St-Martin** (7, rue Baleschoux, www.basiliquesaintmartin.com). Der Anblick ist kurios. Eingeklemmt zwischen den mittelalterlichen Tour Charlemagne und Tour de l'Horloge steht eine Martinskirche des 19. Jh. Von der alten Basilika blieben nach Religionskriegen und Revolution nur jene beiden Türme. Mit dem Neubau begann das »Rabimmel, rabammel, rabumm«: Einem Priester soll es gelungen sein, Knochen von Martin zu retten. Die wurden 1860 bei Grabungen ›wiederentdeckt‹ und gaben Anlass zum Bau der zweiten Basilika. Ein **Musée St-Martin** in der ehemaligen Chapelle St-Jean (3, rue Rapin, www.mba.tours.fr) enthält den Großteil dessen, was noch vom Heiligen und seiner frühen Grabstätte stammen könnte.

Das ist wenig genug, denn das Mittelalter ging nicht zimperlich mit solchem Gebein um. Seine wunderheilsame Kraft machte es begehrt bei Leidenden und denen, die am Leid anderer verdienen wollten. Am 8. November 397 starb der gute Mann in **Candes-St-Martin,** 55 km westlich von Tours. Der Hochbetagte wollte dort einen Streit zwischen Klerikern schlichten, löste aber mit seinem Tod selbst einen aus. Die einen wollten den Leichnam nach Poitiers verfrachten, die anderen nach Tours – und setzten sich brachial durch. In einer erzwungenen Lichterprozession ging es auf dem Fluss nach Tours. Am 11. November kam Martin unter die Erde, aber statt ewiger Ruhe ewige Ruhestörung: Wieder und wieder teilte der Klerus das Skelett, um immer mehr bedürftige Kirchen mit Martinsresten auszustatten.

»Amarante« und »Belle Adèle« heißen die Boote, die zwischen März und Oktober täglich von Candes-St-Martin aus zu Fahrten auf der Loire aufbrechen. Das Ticket kostet ab 14 €, ein Menü an Bord ab 27 € (1 bis, rue des Perrières, Candes-St-Martin, T 02 47 95 80 85, www.bateauamarante.com).

In den Markthallen von Tours zaubern Händler mit Gewürzen ein Paradies der Sinne.

16, rue Lavoisier, T 02 47 05 20 40, www.lhedoniste-caviste.com, Bus 4, 12, 53, 54, 57, Di–Sa mittags sowie Mo–Sa abends, Menü ab 16 €

Einkaufen

Ein Strauß Gemischtes
❶ Rue de la Scellerie: Zwischen Grand Théâtre und Place François Sicard breitet die Rue de la Scellerie alles aus, was sich zu shoppen lohnt. Mit am Start sind die Pâtisserie Aux Délices des Beaux-Arts, die Traditionsbuchhandlung Denis, die Galerie Sanaga, die Antiquitätenhändlerin Sylvie Brou und das Hutgeschäft Virginie Poisson. Eine Besonderheit: Die Läden präsentieren sich kundenfreundlich auf einer gemeinsamen Website.

Rue de la Scellerie, http://arts-scellerie-tours.com, Bus 4, 12, 53, 54, 57

Für die Verzehrlaune
❷ Grand Marché: Auch für Lebensmittel besitzt Tours eine Zentraladresse mit gebündelter Kompetenz und üppiger Vielfalt, den Großen Markt. Anzutreffen sind dort etwa der Feinkostspezialist La Balade Gourmande, die Pâtisserie Léger und diverse Gastronomiebetriebe. Aber auch Stöbergeschäfte wie der Sport-, Geschenk- und Spielwarenhändler Le Cirque en Bois sind am Markt zu finden.

Place du Grand Marché und Place des Halles, http://leshallesdetours.fr, Bus 11, 14, 15 Halles, diverse Öffnungszeiten, Markthallen tgl. 7.30–19.30 Uhr

Farbvergnügen
❸ Marché aux Fleurs: Das Angebot an Blüten und Düften hat sich bereits 1874 in der Stadt etabliert. Der Blumenmarkt gilt als zweitgrößter Frankreichs, verliert aber an Kunden und Händlern. Traditionell gehört zum Angebot auch ein Vogelmarkt.

2, B. Béranger, Tram A Jean-Jaurès, Mi, Sa 8–19 Uhr

Dezent und nachhaltig
❹ Nature et Découvertes: Die Rue Nationale ist vor allem Sitz moderner Modehäuser, Kaufzentren und Filialisten. Geschmackvolle Möbel und Dekoartikel mit dem Anspruch nachhaltiger Produktions- und Vertriebswege findet man in diesem Laden, der freilich auch zu einer Kette zählt.

25, rue Nationale, natureetdecouvertes.com, Tram A Nationale, Mo–Sa 10–19/19.30 Uhr

Bewegen

Familien-Taumel
❶ Lulu Parc: Bald nach Feierabend spürt man am rechten Loire-Ufer einen Sog Richtung Osten. Ziel der Scharen ist Rochecorbon, wo sich am Wasser ein

Freizeitpark mit diversen Attraktionen aus-
gebreitet hat, überwiegend für Kinder und
Jugendliche: Kart, Minigolf, Wasserlaby-
rinth. Erwachsene zieht es derweil in die
benachbarte Guinguette, die aber durch
ihr Power-Programm dem Trubel näher ist
als der gemütlichen Unterhaltungskultur.
Nebenbei: Laut Jean Cocteau begannen
die Dreharbeiten zu seinem Klassiker »Die
Schöne und das Biest« in Rochecorbon.
Quai de la Loire, Rochecorbon, T 02 47 52
58 40, www.luluparc.eu, Guinguette: www.
guinguettederochecorbon.eu, Juli/Aug. tgl.
10–19, April–Juni, Sept. Mi, Sa/So, Fei 11–19
Uhr, 11 €/Kind, 5 €/Begleitperson

Mehr als affig
2 Gadawi Park Aventure: Zipline
sausen, durch Baumwipfel klettern oder
den »Big Jump« aus großer Höhe wagen
– Gadawi hat zahlreiche Parcours im Angebot, verteilt auf die beiden Abenteuerparks
Nord und Süd. Die größte Herausforderung
besteht allerdings darin, Tarifstruktur und
Öffnungszeiten korrekt zu interpretieren.
Park Nord: Les Grandes Brosses, Tours, T 07
83 28 26 10; Park Sud: Lac des Bretonnières,
avenue du Lac, Joué-lès-Tours, T 07 81 48 82
39; gemeinsame Website: www.gadawi-park.
fr, Juli/Aug. tgl. 10–19 Uhr, April–Juni, Sept.,
Okt. nur an ausgewählten Tagen (Website
konsultieren), ab 16 €

Per Alkohol durch die Rabatten
3 7 Vins 7 Jardins: Unter fachkundiger
Leitung eines Winzers spaziert man durch
die Gärten der Stadt. Oder doch mit einem Gärtner über die Weinberge? Irgendwie so jedenfalls. Sinn der Übung? Es
geht um erlebnisorientierte Degustation.
Veranstalter Office de Tourisme (s. S. 112),
Juni–Sept., 19 €

Ausgehen

Noten unterm Kronleuchter
Grand Théâtre de Tours: Theater
nennt sich die Sache, aber im Programm

des Hauses erscheinen Oper und Konzerte des städtischen Sinfonieorchesters. Die
vielen Zerstörungen und Wiederaufbauten
mag man kaum glauben, gerade im Innern
prunkt es nur so.
34, rue de la Scellerie, T 02 47 60 20 00,
www.operadetours.fr, Tram A Nationale,
Ticketverkauf Di–Sa 10.30–13, 14–17.45 Uhr

Saal fürs Grobe
Vinci Palais des Congrès: Gleich
gegenüber dem Bahnhof bietet das Kon-
gressgebäude des Stararchitekten Jean
Nouvel Vermischtes in allein drei Audito-
rien. Zur Palette zählen auch Popkonzerte
und Musicals.
26, bd. Heurteloup, T 02 47 70 70 70, www.
tours-evenements.com, Tram A Gare und
zahlreiche Buslinien

Unter der Brücke
La Guinguette de Tours sur Loire:
Der Biergarten zu Füßen des Pont Wilson
vereint Livemusik mit Freiluftkino und Tanz.
Man mag rügen, dass Guinguette alter
Schule verträumter war. Aber die alte Schule war auch nicht ohne Schwachstellen.
1, quai de la Loire, T 06 20 62 67 17, auf Facebook, Tram A Anatole Francce, Mai–Sept.
tgl. 11–24 Uhr

Au Happy Jazz
4 Le Petit Faucheux: 200 Sitzplätze
bietet der Konzertsaal den Freunden von

Jazz und improvisierter Musik. Der Ort versteht sich als Wegbereiter und -begleiter der Gattung und lädt Jazzer von höchster Güte ins Haus.

12, rue Léonard de Vinci, T 02 47 38 67 62, https://petitfaucheux.fr, Bus 11, 14, 15 Halles, Mi–Fr 13–19, bei Konzerten ab 13 Uhr bis Veranstaltungsende

Wo die Verrückten sind

☀ **Cabaret Chez Nello:** Jonglage und Akrobatik gehören für Nello wie selbstverständlich zum Cabaret, worunter man in Frankreich ohnehin etwas anderes versteht als Kabarett. Hier sind es Unterhaltung, Travestie und Schlemmerei.

8, rue Auguste Chevallier, T 02 47 39 12 11, www.cabaretnello.com, Bus 5 Rabelais, Veranstaltungstage gemäß Programm, ab 71 € mit Menü

Feiern

• **Vitiloire:** Ende Mai. Die größte Weinmesse der Region bietet außerdem ein kulturelles und gastronomisches Rahmenprogramm. http://vitiloire.tours.fr
• **Fêtes Musicales en Touraine:** eine Woche Mitte Juni, weitere Konzerte am Jahresbeginn. Schlösser wollte der Pianist Svjatoslav Richter besichtigen, um an der Loire ein Musikfestival zu etablieren. Aber kein Château genügte seinen Ansprüchen an die Akustik, sondern die mittelalterliche Scheune (grange) von Meslay. Seither ist sie Austragungsort von Konzerten. www.festival-la-grange-de-meslay.fr
• **Aucard de Tours:** Anfang Juni. Mehrtägiges Festival diverser musikalischer Stilrichtungen auf der Insel Aucard. www.radiobeton.com/aucard
• **Foire à l'Ail et au Basilic:** am 26. Juli, dem Jahrestag der hl. Anna. Angeblich konsumiert jeder Bürger der Stadt an diesem Tag seine Jahresration Knoblauch,

während Basilikum eher die Deko sei. Gefeiert wird rings um die Place du Grand Marché. www.tours-tourisme.fr/agenda
• **Illuminations:** Juli–Sept. nach Einbruch der Dunkelheit. Spektakuläre Lichtspiele erwecken Fassaden der Altstadt zu einem gänzlich anderen Leben.
• **Paris–Tours:** Oktober. Das Straßenradrennen der Herren findet seit 1896 statt. www.paris-tours.fr

Infos

• **Office de Tourisme:** 78–82, rue Bernard Palissy, 37000 Tours, T 02 47 70 37 37, www.tours-tourisme.fr
• **Flugplatz:** am nordöstlichen Stadtrand, 7 km vom Bahnhof entfernt, 40, rue de l'Aéroport, T 02 47 49 37 00, www.tours.aeroport.fr, Tram A, Taxi ab 15 €. Linienflüge u. a. nach Marseille und London.
• **Bahn:** Tours besitzt den Kopfbahnhof Gare SNCF (Place du Général Leclerc) sowie für Schnellzüge den Vorbahnhof St-Pierre-des-Corps (67, rue Landy). Der TGV verbindet St-Pierre-des-Corps u. a. mit Paris-Montparnasse (eine knappe Stunde), Bordeaux, Straßburg und Lille. TER-Züge bedienen u. a. Orléans, Loches, Angers, Chinon, Nantes und Le Mans.
• **Regionalbus:** Gare Routière, Place du Gén. Leclerc, T 02 47 05 30 49, Ouibus (https://fr.ouibus.com), Flixbus (www.flixbus.fr) und Eurolines (www.eurolines.fr) bedienen die Städte im Umkreis und zahlreiche weiter entfernte Ziele. Kleinere Orte in der Region fährt Rémi an (www.remi-centrevaldeloire.fr).
• **Stadtbus/Tram:** Für die Nord-Süd-Querung stehen Tram A und Buslinie 2 zwischen 5 und 0.30 Uhr zur Verfügung. Hinzu kommen drei Buslinien in Ost-West-Richtung und weitere Linien in abgelegene Viertel oder Außenbezirke. Die einfache Fahrt kostet 1,60 €, ein Tagesticket 4,10 €. www.filbleu.fr

- **Taxi:** Drehscheibe Gare de Tours, T 02 47 20 30 40.
- **Autovermietung:** Europcar, 40, rue de l'Aéroport, T 02 47 85 85 85; Alamo, 2, place de la Gare, T 02 47 51 74 58.

Von Semblançay nach Langeais

📍 L 3/4

The show must go on

Wer kein Spektakel hat und von der alten Festung nur noch Mauerreste, der schafft sich eines. In **Semblançay** (📍 L 3) nennt man das La Scénoféerie, eine zweistündige Show zur Geschichte von den Römern bis zur Revolution. Das erfordert 450 Akteure, 20 Pferde und 2000 Kostüme. Alles ist drin, auch Restaurant und Imbiss, die schon um 19.30 Uhr öffnen, damit es drei Stunden später losgehen kann. Mittlerweile kommen jährlich etwa 250 000 Zuschauer, Reservierung ist also dringend anzuraten.

Kontakt: Assoc. Jacques de Beaune, Place Jacques de Beaune, Semblançay, T 02 47 56 66 77, www.scenofeerie.fr, Anf. Juli–Mitte Aug. jeweils Fr und Sa ab 22.30 Uhr, ab 9 €, Abendessen ab 11 €

Roms Erbe kompakt

Ein Château, das man nicht besichtigen kann, hat trotz imposanter Erscheinung wenig touristischen Marktwert. So ist das beim Schloss von **Luynes** (📍 L 3), was auch den Ort Besucher kostet. Denn die Altstadt mit hölzerner Markthalle aus dem 15. Jh. genügt nicht recht als Lockvogel. Sehr wohl imposant sind die 44 Pfeiler, teils gar mit Bögen, eines römischen Aquädukts, die 2 km nordöstlich vom Ortskern direkt an einem namenlosen Sträßchen stehen. **Aquéduc**

Romain steht auf einer Tafel unweit jener Markthalle, aber auf dem weiteren Weg versiegen die Hinweise. Darum in knappen Worten: über die Rue de l'Aquéduc den Ort verlassen, an einem Abzweig rechts, am Mini-Kreisverkehr geradeaus, an einer Gabelung links und hinter einer Kurve am Stoppschild wieder geradeaus.

Cinq-Mars-la-Pile (📍 L 4) ist leichter zu finden, sein Château (heute Pension) aber kümmerlich, nachdem Hausherr Henri Ruzé d'Effiat wegen Verschwörung enthauptet und sein Besitz großteils niedergerissen wurde. Der zweite Teil des Ortsnamens, La Pile, verweist auf einen 30 m hohen Ziegelturm am Ostrand der Stadt. Dem Aussehen nach könnte es ein nordenglischer Fabrikschlot sein, aber er stammt aus der Zeit um 200 n. Chr. und diente wohl als Grabmal, möglicherweise eines hohen Offiziers, denn hinter dem Turm fand man die Statuette eines Gefangenen.

Vor dem Eingang von Schloss Langeais sitzt man gemütlich.

Langeais ♀ L4

Ehepaar in Wachs

Wenn man noch ein wenig korrigieren dürfte, dann wäre das **Château de Langeais** dichter an die Loire zu rücken. Ansonsten stimmt alles: die Zugbrücke, die immer noch täglich zu Beginn und Ende der Öffnungszeiten betätigt wird, das Dorf mit Buckelpflaster zu Füßen der Wehrmauern, die trutzigen Türme. 1465 erging der Auftrag für diese königliche Festung. Der Hundertjährige Krieg war noch nicht gar so lange vorbei, ein dauerhafter Frieden schien vorerst fraglich, man blieb konservativ bei den alten Kriegsstrategien statt einer Renaissance. Von daher die Wehrarchitektur in Bilderbuchqualität, auch hier wieder bei einem mittelalterlichen Donjon – Frankreichs ältestem übrigens, erbaut 994 unter Fulko Nerra. Mit dem Donjon verbunden ist ein ungewöhnliches Detail, nämlich das Gerüst, das 2008 nach historischem Vorbild errichtet wurde und einst dazu diente, die Maurerarbeiten erledigen zu können.

Von der Zugbrücke aus erstrecken sich Garten und Schlosspark weit nach Westen, bis man meint, in der Wildnis angelangt zu sein. Unterwegs zieht man an einem Falkner vorbei, der im Sommer die Flugkünste seiner Raubvögel präsentiert, und entdeckt in einer jahrhundertealten Atlaszeder ein Baumhaus. Spaziergelände mischt sich mit Spielplatz, perfekte Erholung für alle Generationen. Bleibt noch das eigentliche Schloss von Louis XI, das fast zur Nebensache wird. Wie üblich für die Spätgotik, sind die Räume relativ eng bemessen. Viel gedämpfte Holztöne, eine beachtliche Sammlung von Möbeln, Skulpturen, Gemälden und Tapisserien (15./16. Jh.). Am 6. Dezember 1491 heiratete Louis' Sohn Charles VIII in der Salle de Mariage die gerade 14 Jahre alte Anne de Bretagne, eine Ehe aus Staatsräson, die die Bretagne an Frankreich anschließen sollte. Nicht nur realistisch, sondern einfühlsam wurde die Szene mit 15 Wachsfiguren nachgebildet. Das Königspaar, klein von Statur, wirkt keineswegs glücklich, alle Macht liegt in der Hand der Älteren, die die Hochzeit eingefädelt haben.

T 02 47 96 72 60, www.chateau-de-langeais. com, Juli/Aug. tgl. 9–19, April–Juni, Sept.– Allerheiligen 9.30–18.30, Allerheiligen–Ende Jan. 10–17, Febr./März 9.30–17.30 Uhr, 9,80–11 €; Falknershow 14. Juli–28. Aug. So–Mi 11.30, 14.30, 16.30 Uhr

---

Schlafen

Viel Holz für viel Kohle

La Batelière sur Loire: Man ahnt ja nicht, wie teuer Natur sein kann. Am Südufer der Loire, gleich gegenüber dem Château de Langeais, bietet das Unternehmen feinste Unterkünfte in Hausbooten, Baumhütten und einem Landhaus, dazu noch einen Wellnessbereich. Der Erholungswert in diesen sehr geschmackvoll hergerichteten Behausungen ist unbezahlbar, nur muss man überschlagen, ob die Barschaft reicht.

24, levée de la Loire, La Chapelle aux Naux, T 06 34 48 10 46, www.labatelieresurloire. fr, 1 Gîte, 2 Boote, 2 Baumhütten, Hütte oder Hausboot 2 Pers./Ü ab 160 €, Gîte 2 Pers./ Woche ab 590 €

Wohnen im Shop

L'Ange est rêveur: Aus gemütlichen Zimmern fällt man in den Laden, der ein buntes Sortiment an Dekoartikeln anbietet – einschließlich jener verträumten Putten, die im Namen der Pension erwähnt sind. Nach ausgiebigem Stöbern hat man den Eindruck, dass der Aufenthalt eine Art Testwohnen mit den Verkaufsstücken ist. Das stört nicht weiter, zumal die Lage dicht bei der Festung überzeugt.

5, place Pierre de Brosse, T 02 47 96 55 97, www.langeaisreveur.fr, 6 Zi., DZ/ÜF ab 75 €

Pflanzen in Stein und Grün: Größter Schatz von Villandry sind seine fantasievollen Gärten.

Villandry **♀ L4**

Garten, nichts als Garten

Zwar existiert ein Dorf Villandry, aber das sind nur ein paar Häuser mit romanischer Kirche, denen erst das **Château de Villandry** Charakter verleiht, wobei wiederum die Gärten dem Schloss die Würze geben. Spanische Gemälde im Gemäuer aus dem 16. Jh. und eine Architektur, die nun gänzlich auf die Beigaben mittelalterlicher Wehrbauten verzichtet, aber noch den Donjon (Aussicht!) vom Vorgänger bewahrt hat. Eigner war Jean Le Breton, Finanzminister von François I und dessen Bauleiter auf Schloss Chambord, der sich hier was Gutes tat. Und dazu gehörten die **Gärten,** die der spätere Besitzer Joachim Carvallo nach histo-rischen Plänen rekonstruieren ließ, denn die Vorbesitzer hatten die Anlage nach dem Zeitgeschmack des 19. Jh. in einen englischen Landschaftspark verwandelt. Heute führt Urenkel Henri Carvallo das Regiment und konserviert vorbildlich den Geist der Renaissance.

In ansteigender Folge durchschreitet man zunächst den geometrisch angelegten Gemüsegarten, hernach den Zier- und schließlich den Wassergarten. Der Teich dort oben besitzt die Form eines Louis-XV-Spiegels und ist von einem wahren Kreuzgang aus immergrünen Pflanzen und einer herrlichen Linden-allee umkränzt. Gerade dort und an hei-ßen Sommertagen wird der Besuch zur himmlischen Freude. Man blickt zurück auf den langen Kanal, der den Garten flankiert und am Schloss zu einem Gra-ben gestaut ist, auf dass sich im Wasser die Fassade spiegele.

2008 feierte Villandry Geburtstag, denn genau 100 Jahre zuvor hatte die Familie Carvallo das Schloss gekauft. Zur Feier wurde auf dem höchsten Punkt ein Sonnengarten angelegt, der in Kammern unterteilt ist, so das Kinderzimmer mit Spielgeräten und Apfelbäumen. Auf dem Rückweg zum Eingang wäre die beste Gelegenheit, an den Genuss des Gartens auch ein wenig Verständnis von den Prinzipien anzuhängen. Die Ziergärten auf der Terrasse unterhalb des Teichs besitzen die geometrische Ordnung, wie sie typisch ist für den *jardin à la française*. Ein separater Liebesgarten hinter dem Schloss ist in Salons gegliedert, die vier Arten der Liebe spiegeln: tragisch, treulos, zart, leidenschaftlich. Dass auch der Gemüsegarten *(potager)* dicht ans Schloss gerückt ist und nicht mehr in verstohlener Ecke schlummert, offenbart eine Wertsteigerung, ausgelöst in der Kolonialzeit durch Einfuhren aus exotischen Ländern. Mit 80 000 Gemüsepflanzen, sortiert in farblicher Harmonie, ist Villandry der größte ornamentale Küchengarten der Welt.

T 02 47 50 02 09, www.chateauvillandry.com, April–Sept. 9–19, Okt. 9–18.30, März 9–18, sonst 9–17/17.30 Uhr, verkürzte Zeiten für das Schloss, Château und Gärten 12 €, nur Gärten 7,50 €; mit Gartenrestaurant, am ersten Sa im Juli und Aug. Nacht der 1000 Lichter mit Kerzen entlang der Spazierwege

Schlafen

Zaungast am Gartentor

Petit Villandry: Näher geht es nicht: Der Garten zu Füßen ist der des Schlosses, was den Aufenthalt in diesem ruhigen kleinen Haus erheblich aufwertet. Für Selbstversorger ist eine Küche vorhanden.

21, rue de la Mairie, T 02 47 50 04 47, http://petitvillandry.com, April–Okt., 2 Zi., 2 Gîtes, DZ/ÜF 105 € (mindestens zwei Nächte)

Rund um Azay-le-Rideau ♀ L4

Azay-le-Rideau

Eine Burg wird Schloss

Manche meinen, kein Loire-Schloss könne es mit Azay-le-Rideau aufnehmen. Grund dafür sind wohl die Lage und die meisterhaft darauf abgestimmten Proportionen. Malerisch spiegelt sich das Renaissanceschloss im Indre, von dem ein Graben abgezweigt wurde, um die Wirkung auf die Spitze zu treiben. Der Name des Architekten verlor sich im Dunkel der Geschichte, nur der Bauherr ist bekannt: Gilles Berthelot, Schatzmeister Frankreichs und Bürgermeister von Tours, kaufte eine mittelalterliche Burgruine und ließ sie ab 1518 umbauen. So ist Azay zugleich ein anschauliches Beispiel, wie sich die Wehrarchitektur der vorausgegangenen Epoche zur Wohnarchitektur wandelte. Zinnen, Pechnasen, Schießscharten – was immer einst der Verteidigung diente, war fortan nur noch Deko, um schließlich ganz zu verschwinden. Typisch dafür ist die Abkehr von der gotischen Wendeltreppe. Enge Aufgänge hatten auch den Sinn, dass Angreifer nicht in breiten Wellen eindringen konnte. Hier nun war die Welt offen, hieß man Besucher willkommen. Dies signalisiert die Haupttreppe, die in sechs geraden Fluchten nach oben führt – ein innovatives Element, das Azay auch äußerlich stark prägt. Kaum weniger imposant ist die Küche mit Kreuzrippengewölbe und riesigem Kamin.

Der Hausherr hatte nicht lange Freude an seinem Besitz, den François I wegen Unregelmäßigkeiten in der Buchführung seines Schatzmeisters konfiszierte. Erst im 19. Jh. erlebte das Schloss unter dem

Marquis de Biencourt eine neue Blüte. Tapisserien, Gemälde und Möbel der Renaissance stockte er mit erlesenem Mobiliar seiner Zeit auf. Im ersten Stock hat dazu das Künstler-Duo Piet.sO und Peter Keene alte Gemälde zum Anlass für neue Interpretationen genommen.

Ein Spaziergang durch den Schlosspark lohnt wegen der Baumriesen aus dem 19. Jh. und der Sammlung von Hortensien, aber auch, um das meisterhaft durchgestaltete Schloss aus unterschiedlichen Perspektiven zu betrachten. Die Ton-Licht-Show, die etwas in die Jahre gekommen war, ist inzwischen neu erstanden als ein interaktives Spektakel namens »Les Nuits Fantastiques«.

T 02 47 45 68 61, www.azay-le-rideau.fr, Juli/Aug. tgl. 9.30–19, April–Juni, Sept. tgl. 9.30–18, Okt.–März 10–17.15 Uhr, 10,50 €, Salon de thé April–Sept. geöffnet; Les Nuits Fantastiques: www.lesnuitsfantastiques.com, Juli/Aug. tgl. ab 21.45 Uhr, ab 14 €

Saché

Vorbildlicher Ruhesitz

Auf den ersten Blick wirkt Saché reizarm. Das ändert sich auch nicht mit dem zweiten. Man fragt sich, was einen von Paris verwöhnten Künstler wie **Alexander Calder** dazu trieb, immer wieder hierherzukommen sowie dem Ort eines seiner berühmten Mobiles (Rue Principale) und sein Atelier zu hinterlassen (12, rte. du Carroi, www.atelier-calder.com). Wahrscheinlich war der Beweggrund ein ganz ähnlicher wie bei Honoré de Balzac (1799–1850): die herrliche Ruhe in der Natur am Fluss Indre. Der Schriftsteller aus Tours war ab 1825 regelmäßig zu Gast bei Jean de Margonne, der dort ein *débris de château* bewohnte. Dieser »Trümmerhaufen von einem Schloss«, wie Balzac es scherzhaft formulierte, stammte aus

Nicht ohne Kaffeekanne: Balzac trank und schrieb, schrieb und trank von starker Bohne, um wach zu bleiben.

dem 16. Jh., war aber hernach reichlich wirr umgebaut und erweitert worden, was dann auch dem Romancier zugutekam. Seine Kaffeekanne gehört nicht von ungefähr zu den etwa 2300 Exponaten, die an ihn erinnern, denn Balzac hielt sich mit starkem Gebräu wach, um bis zu 16 Stunden täglich schreiben zu können.

Große Teile seines Werks sind dort entstanden, es umfasst etwa 100 Romane, die unter dem Oberbegriff »Die menschliche Komödie« Frankreichs Gesellschaft sezieren. Schloss Clochegourde, wie das Haus im Roman »Die Lilie im Tal« heißt, bewahrt auf glänzende Weise das Gedenken an den großen Schriftsteller und bringt mit Illustrationen, Büsten, Skizzen und Schriftstücken sein Wirken nahe. Es besitzt auch eine Kopie der berühmten Skulptur, die Rodin von dem Meister schuf (s. u.).

T 02 47 26 86 50, www.musee-balzac.fr, Juli/Aug. tgl. 10–19, April–Juni, Sept. 10–18, Okt.–März Mi–Mo 10–12.30, 14–17 Uhr, 6 €

ACHT AUF EINEN STREICH

Ein Mal zahlen, acht Mal sparen: Mit dem **Pass' à l'Ouest Touraine** gibt es Rabatt ab dem zweiten Besuch. Beteiligt sind die Schlösser und Gärten Langeais, Azay-le-Rideau, Chinon, Villandry, Rivau, die Museen Saché (Balzac) und La Devinière (Rabelais), die Abtei Fontevraud sowie die Weingüter L'Aulée in Azay-le-Rideau und Couly in Chinon. Beim Besuch der ersten Adresse zahlt man den vollen Eintrittspreis, danach erhält man Nachlass unterschiedlicher Höhe beim Besuch weiterer Attraktionen bzw. in den Caves beim Weinkauf.

Château de l'Islette

Gelebte Hassliebe

Seit 1883 ging es schon hin und her: Die Bildhauer Camille Claudel und Auguste Rodin versuchten, über einen großen Alterssprung hinweg Liebe und Arbeit unter einen Hut zu bekommen. Sogar einen Vertrag dazu hat es gegeben, aber dessen Gelingen scheiterte an Seitensprüngen, Eifersucht und Missgunst. Im Sommer 1887 reiste Claudel ins Château de l'Islette, wo Rodin mit einer Auftragsarbeit beschäftigt war: Er wollte nahe beim Wirkungsort Balzacs eine Skulptur des Schriftstellers erschaffen. Claudel arbeitete in dieser Zeit an der Marmorbüste »La Petite Châtelaine«, für die die Enkelin der damaligen Schlossbesitzer Modell stand. Aus heutiger Sicht bleibt zu urteilen, dass beide Werke auf ihre Weise einen Ehrenplatz verdient haben, nur konnte man sich damals nicht darauf verständigen. Rodin neidete Claudel jeden Erfolg, während er darunter litt, dass sein »Balzac« Kritik erntete. Längst ist der Frieden aufs Schloss zurückgekehrt. Seine heutigen Besitzer ziehen sich für die Sommermonate auf einen benachbarten Bauernhof zurück, um das Anwesen samt 14 ha großem Park den Touristen zu überlassen. Die haben auch Gelegenheit zu einer vergnüglichen Kahnfahrt auf dem Indre.

9, rte. de Langeais, T 02 47 45 40 10, www.chateaudelislette.fr, Mai–Sept. tgl. 10–19 Uhr, 9,80 €

Schlafen

Herberge seit Generationen

Biencourt: Man möchte vielleicht nicht unbedingt in jedem der Zimmer nächtigen, denn in einigen weht doch der Mief der Jahrhunderte. Darum Achtung bei der

Buchung. Es reizt aber die Lage dicht beim Schloss von Azay ebenso wie der gemütliche Garten des Hauses aus dem 17.–19. Jh.

7, rue Balzac, Azay-le-Rideau, T 02 47 45 20 75, https://hoteldebiencourt.fr, 17 Zi., DZ ab 84 €

Höhle hat was
Troglododo: In den Tuff gehauen wurde die Behausung schon im 16. Jh., doch war sie Heimat von Bauern und Winzern. Inzwischen kann man dort Zimmer mieten, die letztlich nicht viel brauchen, um Wohlbefinden zu schaffen: Bett rein, gut ist. Das wurde hier auf angenehme Weise gelöst.

Route des Granges, Azay-le-Rideau, T 02 47 45 31 25, www.troglododo.fr, 10 Zi., DZ ab 75 €

Essen

Wie Balzac in Frankreich
Auberge du XIIème Siècle: An diesen Tischen saß bereits Balzac – und viele vor ihm, denn der Name sagt ja schon, dass es die Herberge seit dem 12. Jh. gibt. Inzwischen ist man auf gehobene Küche umgestiegen, was auf dem Geldbeutel lastet. Vom Menü Balzac zu 70 € mag schwärmen, wer will und Platz im Magen hat.

1, rue du Château, Saché, T 02 47 26 88 77, https://auberge12emesiecle.eatbu.com, Di 19.30–21, Mi–Sa 12.15–13.30, 19.30–21, So 12.15–13.30 Uhr, Menü ab 28 €

Kostspieliger köstlicher Happen
La Vallée troglodytique des Goupillières: Als Sehenswürdigkeit ist es nicht das große Ding – eine Farm mit kuscheligen Haustieren, die sich über mehrere Tuffsteinhöhlen erstreckt. So etwas wird es im Anjou noch reichlich und in eindrucksvollerer Form geben. Eintrittsgeld muss man dennoch zah-

len, um in der Küche eine Köstlichkeit genießen zu können: die *fouées* oder *fouaces,* Brottaschen, die wegen des großen Aufwands traditionell nur einmal pro Woche gebacken werden.

Les Goupillières, Azay-le-Rideau, T 02 47 96 60 84, www.troglodytedesgoupillieres.fr, April–Aug. So 12–14 Uhr, Reservierung erforderlich, Teilnahme an der Führung obligatorisch, 27 €

Feiern

● **L'Islette à la belle étoile:** Mitte Juli–Mitte Aug. An fünf Abenden im Sommer gibt es zum Schein Hunderter Kerzen im Park von Château de l'Islette Musik verschiedener Stilrichtungen. www.chateau delislette.fr

Infos

● **Office de Tourisme:** 4, rue du Château, 37190 Azay-le-Rideau, T 02 47 45 44 40, www.azay-chinon-valdeloire.com

Rigny-Ussé ◑ K4

Mit Birne beginnt Rigny-Ussé für alle, die von Osten über das Dorf **Rivarennes** anreisen. *Poires tapées* heißt dort eine uralte Spezialität, wörtlich ›geklopfte Birnen‹. Die Früchte werden geschält und mit dem Stiel nach unten auf einen Gitterrost gelegt, um dann mehrere Tage in einem Ofen über Holzfeuer zu schwitzen. Im Anschluss werden sie flach geklopft, bis die letzte Flüssigkeit entwichen ist. Doch bevor man die Birnen verzehrt, köcheln sie in Loire-Wein oder Obstbrand, für weniger robuste Naturen auch in Zuckersirup. Das ist die Grundlage für einen Besuch bei Dornröschen.

Lieblingsort

Wunder gibt es immer wieder

Viel ist nicht dran an dieser Kirche in **Ste-Catherine-de-Fierbois** (📍 L 4), aber man wundert sich. Nämlich darüber, dass fauler Zauber des Mittelalters in Stein gemeißelt bleibt. Auf ihrem Weg zum König in Chinon machte Jeanne d'Arc an diesem Kirchlein Station. Kaum war die Jungfrau mit ihrer Mission betraut, brauchte sie ein Schwert. Aber bitte, es sollte schon eines vom Himmel sein, das sie dann auch seherisch zu orten wusste: Schaut nach beim Altar von Ste-Catherine. Dort ist es vergraben und trägt fünf Kreuze. So war es! O Wunder? Wunderschön ist die baumbestandene Terrasse der Auberge Jeanne d'Arc, im Rücken die Kirche, vor der Nase eine Bronze-Johanna, die triumphierend das Schwert am Gurt trägt. Sie muss bei ihrem ersten Besuch davon gehört und dann ihren Taschenspielertrick erdacht haben. Aber hatte das Schwert wirklich einmal Karl Martell gehört? Fragen wir doch einfach das Mittelalter …

Maison de la Poire tapée: 1, chemin des Écoliers, T 02 47 95 47 78, Juli–Mitte Sept. tgl. 10.30–12, 14–18.30, April–Juni tgl. 14.30–18.30 Uhr, 4 € (mit Probe)

Verschlafen im Wald

Letztlich ist die Geschichte schnell erzählt: Auf Fundamenten einer mittelalterlichen Burg entstand im 15. Jh. ein **Château** für eine Familie, die es sich lassen konnte, unermüdlich weiterzubauen. Zinnen, Türmchen, hier noch ein Ausguck, da eine Pechnase. Die wohl schönste Zutat aber ist André Le Nôtre zu verdanken, der die Terrasse von Festungsbaumeister Vauban mit einem Garten im französischen Stil bepflanzte. Trotz aller Verspieltheit oder gerade deswegen flackerte in Charles Perrault beim Anblick des Schlosses ein Geistesblitz auf. Den Herrn kennt man bei uns nicht, wohl aber seine »Belle au bois dormant« von 1696, die er in dieses Château verfrachtete. Mehr als 100 Jahre später erwachte sie bei den Brüdern Grimm als Dornröschen. Im Donjon des Schlosses, das beim Fernblick sogleich Märchenbilder weckt, lassen Wachsfiguren in historischen Kostümen das Schicksal der schlafenden Schönheit aufleben. Nicht nur Kinder, sondern gerade auch ältere Menschen mit lieben Erinnerungen an eigene Kindertage sind fasziniert. Für alle Träumer aber noch ein Schocker: Perrault war nicht Dornröschens Urvater, sondern Giovanni Battista Basile, und bei ihm fällt der Prinz lüstern über das schlafende Mädchen her. Selbst von der Geburt ihrer nun gezeugten Zwillinge wird sie nicht wach, wohl aber, als die Tochter ihr den Dorn aus dem Finger saugt. Dann macht sich die Schöne zu ihrem Prinzen auf, aber der ist inzwischen verheiratet mit einer Frau, die voller Eifersucht darauf sinnt, die Zwillinge fürs Abendessen zu kochen. Im Wandel dieser Geschichte spiegeln sich die Vorlieben der Jahrhunderte, die dann auch wieder an der Architektur ablesbar sind: von der Burg zum Märchenschloss, von der Grausamkeit zum Romantischen. T 02 47 95 54 05, www.chateaudusse.fr, April–Sept. tgl. 10–19, Okt.–Mitte Nov., Mitte Febr.–Ende März 10–18 Uhr, 14 €

Chinon

Dieser Anblick, besser: diese Anblicke sind wirklich nicht übel: vom linken Ufer der Vienne über das Wasser auf eine Festung, die wie ein Adler die mächtigen Schwingen über die gesamte Zeile der Fachwerkhäuser breitet; die Gassen rings um den Grand Carroi, über den sich die malerischsten Fassaden zu beugen scheinen; die Aussicht von den Wehrgängen der Festung auf das Tal wo das blaue Band des Flusses durch das Grün einer lieblichen Landschaft schneidet. Und ja, sicher auch die Reihen von Rebstöcken mit den dunklen Cabernet-Franc-Trauben, die für den sehr geschätzten Chinon-Wein gelesen werden (s. S. 123). Auch ohne das Gute aus dem Boden wären die rund 8200 Einwohner dank Tourismus nicht arm dran. Dass »Monsieur Claude und seine Töchter« ihre Leinwandheimat in Chinon haben, erwies sich als zuträglich. Arbeitgeber und Energielieferant, ansonsten aber Störenfried ist derweil das 12 km entfernte Kernkraftwerk in Avoine. Freilich liegt es an der Loire und behelligt die Silhouette des mustermittelalterlichen Chinon nicht weiter.

Festung auf Vordermann

Gebaut wurde lange, restauriert aber auch. Zwischen 2003 und 2010 werkelten die Denkmalschützer an der **Forteresse Royale ❶**, der Felsenfestung der Plantagenêts und später der französischen Könige. Beim Blick aus der Stadt nach oben wirkt sie mickrig, vom anderen Flussufer dagegen gigantisch. Tatsächlich schließen die 18 m hohen Mauern drei separate Festungen ein: den eigentlichen Königssitz in der Mitte, flankiert von den schützenden Forts St-Georges und Coudray. Der Fernblick lässt zugleich staunen, dass die Restauratoren so schnell fertig wurden. Mehr noch, dass sie nur 14,5 Mio. € in die Hand nahmen, denn dafür kriegt man gerade mal 1/60 Elbphilharmonie. Was Feinde und später Touristen sich einst mit Schweiß erkämpfen mussten, ist heute auch per gläsernem Aufzug vom Städtchen aus zu erreichen.

Angesichts der unverbaubaren Verteidigungslage gab es Vorläufer, aber erst 1044 begannen die Grafen von Anjou mit einer soliden Festung. Sie diente bis kurz nach Ende des Hundertjährigen Krieges als Königssitz, dann wanderten die Majestäten Richtung Paris, während Chinon Gefängnis wurde und schließlich verfiel. Mit dem frappierenden Wiederaufbau erhielt die Forteresse auch ein innovatives Besucherkonzept, das eine fußfreundliche Erschließung ebenso umfasst wie eine Führung mit dem sog. Histopad. Dieses Tablet, das man gratis zur Eintrittskarte erhält, bespaßt mit virtuellen Einblicken in die Vergangenheit, Zugang zu unzugänglichen Bereichen oder einem Selfie in Mittelalterkluft. Die Freude daran ist so groß, dass sich unzählige Besucher komplett in der Scheinwelt verlieren.

Doch zurück zur Realität der Vergangenheit. Thronfolger Charles hatte sich von den Engländern aus Paris nach Chinon vertreiben lassen und war nun ebenso der Ablenkung verfallen wie heutige Touristen dem Histopad. Seine Drogen hießen allerdings Wein, Jagd und Schürzenjagd – bis am 5. März 1429 Jeanne d'Arc aufkreuzte. Den einen genügen Wachsfiguren, um sich in die erste Begegnung Johannas mit Charles einzufühlen, die anderen ziehen das Escape Game mit dem fiktiven Treffen in einer vergessenen Kapelle vor. So oder so, die Jungfrau vertrat ehedem glaubhaft ihre Mission und machte sich schon bald auf den Weg ins belagerte Orléans (s. S. 48). In der **Tour de l'Horloge** von 1399, dem historischen Zugang und einzig noch komplett erhaltenen Teil der Festung, ist Jeanne d'Arc ein Museum gewidmet.

T 02 47 93 13 45, www.forteressechinon.fr, Mai–Aug. tgl. 9.30–19, März/April, Sept./Okt. 9.30–18, Nov.–Febr. 9.30–17 Uhr, 10,50 €

Eine Stunde Fachwerk

Sollte jemandem die Jungfrau noch nicht zu den Ohren rauskommen, dann hätte er in der Unterstadt nochmals Gelegenheit im Übermaß auf der **Place Jeanne d'Arc** ❷. Das ergreifende Reiterbild schuf Jules Roulleau 1893 in damals geläufigem Pathos. Zwar ist diese Lage am Ostrand des Zentrums schon nahezu Abstellgleis, aber auch ein günstiger Parkplatz. Rund 15 Minuten zu Fuß, verbunden mit einem Anstieg, ist zur **Chapelle Ste-Radegonde** ❸ (Juli/Aug. Mi–Mo 15–18, Ende April–Ende Juni, Sept. Sa/So und Fei 14.30–17.30 Uhr, 3 €) weiter nördlich, die im 12. Jh. teils ins Kalkgestein geschlagen wurde und damals auch ihre sehenswerten Wandmalereien erhielt. Auf dem Weg Richtung Zentrum über die Rue du Coteau de Ste-Radegonde wirkt die Statue des **Christ protecteur** ❹ oberhalb des Weges wie ein kleiner Wink aus Rio de Janeiro, die Bildhauerin Paule Richon tatsächlich zum Vorbild genommen hatte.

Zwischen **Collégiale St-Mexme** ❺ und **Église St-Étienne** ❻ beginnt eine lange Achse, die wie eine Prachtstraße an Fachwerkhäusern und Renaissancepalästen vorbeiführt. Da Chinon die großen Brände erspart blieben, die andere Städte im Mittelalter erfassten, hat sich dort recht

Boote wie aus Urzeiten schaukeln leise zu Füßen der Riesenfestung von Chinon.

viel an imposantem Fachwerk erhalten, etwa mit **Maison Bleue** ❼ und **Maison Rouge** ❽ an der Rue Voltaire. Die Straße sollte man auch im weiteren Verlauf, nun als Rue Haute St-Maurice, in aller Ruhe nach ihren Architekturschätzen absuchen. Noch vor der Maison Bleue wäre aber auf eine Sackgasse zu achten, die zu den **Caves Painctes** ❾ (Besuch n. V.: www.entonneurs-rabelaisiens.com) führt. Schon der in Chinon geborene Schriftsteller Rabelais (s. u.) kannte den ehemaligen Steinbruch als Weinkeller und nannte ihn treffend den »Tempel der göttlichen Flasche«. Als Treff der Weinbruderschaft *Bons Entonneurs Rabelaisiens* hatten einst nur Mitglieder Zutritt, dazu zählten auch Regisseur Claude Chabrol und Schauspieler Gérard Depardieu. Inzwischen sind die Statuten gelockert, und die Confrérie lässt auch schnödes Fußvolk zur Weinprobe ein.

Allerlei Märchengärten

Jeanne d'Arc und Rabelais trieb es auch ins **Château du Rivau** ❿ 12 km südöstlich von Chinon. Nachdem Rabelais' fiktiver Held Gargantua es schon seinem Kumpan Tolmère geschenkt hatte, kam das Schloss dann doch in die fremden Hände von Éric und Patricia Laigneau. Ihr Restaurierungsbemühen ab 1993 erhielt gleich mehrere Preise. Zugpferd ist weniger das Schloss selbst, vielmehr sind es seine 14 Gärten, u. a. mit Kürbissen, Dahlien, modernen Skulpturen und etwa 500 Rosenvarietäten. Die vielen verschiedenen Führungen und Sonderveranstaltungen sind insbesondere auf Bedürfnisse von Kindern ausgelegt, die etwa in mittelalterlichen Kostümen durch die Gärten streifen, eine Schatzjagd unternehmen, Halloween feiern oder zu Ostern auf Eiersuche gehen können.

9, rue du Château, Lémeré, T 02 47 95 77 47, www.chateaurivau.com, Mai–Sept. tgl. 10–19, April, Okt. 10–18 Uhr, 11 €; Restaurant tgl. 12–15 Uhr, Gerichte vom Gemüse aus dem Garten ab 9,50 €, Café 12–16 Uhr

Museen

Kunst hebt Historie

⓫ Musée le Carroi: Lange schon diente das Haus aus dem 15. Jh. als Museum zur Geschichte des Ortes und der Region, 2015 aber kamen Kunstausstellungen hinzu, teils temporäre, teils permanente. Zur Sammlung gehört der erste arabische Wandbehang, der nach Frankreich gelangte, vor allem aber ein Porträt des sitzenden Dichters François Rabelais, das Eugène Delacroix 1833 malte.

44, rue Haute St-Maurice, www.chinon-vienne-loire.fr/culture/musee-le-carroi, Mitte Juni–Ende Sept. Mi–Mo 14.30–18.30 Uhr, 3 €

Chinon

Ansehen

❶ Forteresse Royale
❷ Place Jeanne d'Arc
❸ Chapelle Ste-Radegonde
❹ Christ protecteur
❺ Collégiale St-Mexme
❻ Église St-Étienne
❼ Maison Bleue
❽ Maison Rouge
❾ Caves Painctes
❿ Château du Rivau
⓫ Musée le Carroi
⓬ Musée Rabelais

Schlafen

🟧1 Le Clos St-Étienne

Essen

🟥1 La Part des Anges
🟥2 Dédé la Boulange

Einkaufen

1 Marchés

Bewegen

❶ Cercle du Bon-accord

Beim Urvater des Verfressenen

⓬ **Musée Rabelais:** Ob François Rabelais 1483 geboren wurde oder 1494, ob tatsächlich auf diesem Gehöft oder doch in einem benachbarten Haus – die Faktenlage ist unklar, unbestritten aber, dass es außer dieser Maison de la Devinière, die er in seinem Romanzyklus »Gargantua und Pantagruel« als Château La Grandgousier bezeichnet, kein weiteres Rabelais-Museum in Frankreich gibt. Es hat auch wahrlich etwas Verlockendes,

den verfressenen Riesen Gargantua, der später in der Figur des Obelix fortlebte, an so einem verwunschenen Ort zu wähnen. Fünf Bände schrieb Rabelais über die Heldentaten der Protagonisten, darin erscheint auch eine Abtei mit nur einer Ordensregel: Tu, was du willst. Theologen war der Dichter ein Graus.

4, rue de la Devinière, Seuilly (8 km südwestl.), www.musee-rabelais.fr, Juli/Aug. tgl. 10–19, April–Juni, Sept. 10–12.30, 14–18, Okt.–März Mi–Mo 10–12.30, 14–17 Uhr, 6 €

Schlafen

Um auch mal nichts zu tun

1 Le Clos St-Étienne: Ein luftiges Winzerhaus in zentraler Lage des Ortes mit verwunschenem Garten und zwei Gästezimmern. Hier atmet noch das verschlafene alte Frankreich, hat aber sein Interieur der Moderne angepasst. Nette Gastgeber und ein ausgezeichnetes Frühstück.

2, place de l'Église, T 06 74 07 43 42, www.clos-saint-etienne.fr, 2 Zi., DZ/ÜF ab 74 €

Essen

Die Kür

1 La Part des Anges: Die Auswahl ist nicht groß, der Geschmack aber großartig und die Küche kreativ. Das geringe Platzangebot macht Reservierung unumgänglich, aber wer einmal sitzt, wird zuvorkommend betreut.

5, rue Rabelais, T 02 47 93 99 33, www.lapartdesanges-chinon.com, Mi–So 12–13.15, 19.30–22 Uhr, Menü ab 33 €

Das Rustikale

2 Dédé la Boulange: Die Unterzeile des Etablissements lautet Musée Animé du Vin et de la Tonnellerie, aber dieses Museum zum Weinbau muss man als Beigabe betrachten. Hauptgeschäft von Dédé, einem geborenen Komiker, sind *fouées à volonté* – traditionelle Brottaschen – bis zum Umfallen.

12, rue Voltaire, T 02 47 93 25 63, auf Facebook, tgl. 10–22 Uhr, Menü 20 €

Einkaufen

Trödel und käufliche Frische

1 Marchés: Sa 8–13 und So 8–12 Uhr Wochenmarkt auf der Place du Gén. de Gaulle. Do 9–13 (Lebensmittel bis 18 Uhr) Markt auf der Place Jeanne d'Arc.

Flohmarkt jeden 3. So im Monat 8–16 Uhr entlang der Promenade des Docteurs Mattraits.

Bewegen

Es rollt so schön

1 Cercle du Bon-accord: Bei einem Spaziergang über die Promenade des Docteurs Mattraits bemerkt man die Boule- bzw. Pétanque-Spieler, wie man hier sagt. Wirklich heimisch aber ist die Variante *boule de fort.* Den Unterschied könnte man ein wenig vergleichen mit dem Verhältnis von Pool Billard zu Snooker. Das eine setzt weniger Hürden als das andere (s. S. 179). Laien dürfen nur zusehen.

19, av. François Mitterrand, auf Facebook, für eine obligatorische Anmeldung dortige Kontaktdaten nutzen

Feiern

● **Chinon en Jazz:** 1. Juni-Wochenende. Drei Tage lang kostenlose Jazz-Konzerte in der Stadt und auf der Burg. https://petitfaucheux.fr/evenements/festival-chinon-en-jazz
● **Marché Médiéval:** 1. Sa im Aug. Kostümumzug in den Straßen und auf den Plätzen der Stadt. Handwerker, Gaukler und Händler bestimmen den weiteren Verlauf des Festes, das mit einem Feuerwerk am Ufer der Vienne endet. Auf Facebook.

Infos

● **Office de Tourisme:** 1, rue Rabelais, 37500 Chinon, T 02 47 93 17 85, www.azay-chinon-valdeloire.com
● **Bus:** Die Gesellschaft Rémi verbindet Chinon mit Langeais. Dort hat man Anschluss an die Bahnstrecke Tours–Saumur. www.remi-centrevaldeloire.fr

TOUR
Vom Wein zum Weihwasser

Auf dem GR 3 von Chinon nach Fontevraud

Infos

📍 J/K 4

Start: Chinon, Brü-cke über die Vienne
Länge/Dauer:
17 km, 4 Std.

Karte: www.mongr.fr/
trouver-prochaine-
randonnee/itineraire/
gr-3-la-loire-sauvage-
a-pied

Abtei Fontevraud:
s. S. 151
Rückfahrt: Da
Fontevraud schon im
benachbarten Anjou
liegt und Busgesell-
schaften selten die
Grenzen queren,
sollte man für den
Rückweg ein Taxi
wählen. Variante mit
hohem Risiko, die
Anschlüsse zu ver-
passen: Agglo-Bus
nach Saumur, weiter
mit dem Zug nach
Langeais, dann mit
Rémi-Bus nach
Chinon.

52 Tagesetappen wären nötig, um den GR 3 zu bewälti-gen, Frankreichs ältesten Fernwanderweg. 1947 wurde der erste Abschnitt des Weges eröffnet, der auf 1243 km der Loire folgt. Brechen wir auf bei der **Vienne-Brücke** in **Chinon.** Am anderen Ufer ist zu spüren, was die Stunde geschlagen hat: Der Radfernweg am **Quai Danton** ist deutlich besser markiert als der GR 3. Darum Achtung: Bei der Rue de la Porte du Bourg geht es für Wanderer links vom Quai ab, dann hinter einem Wohnhaus rechts in den rot-weiß markierten Feldweg. Er trifft nach 1 km auf die asphaltierte Rue des Près de la Planche, diese nach wiederum 1 km auf die holprige Querstraße Route de Sauvegrain. Dort rechts und am Ende, im Weiler **Sauvegrain,** wieder links ab, gelangt man ans Ufer der Vienne, die aber zur Rechten zunächst nur zu ahnen ist.

Bei der Brücke, nun 4 km hinter Chinon, wird die Sache klar – und so verhält sich das auch mit dem Weg, der vor vielen Jahrhunderten mal die Römerstraße war, deshalb auch **Voie Romaine** genannt wird. 6 km folgt man ihr bis zum Dorf **La Chaussée** und am besten auch gleich in die Bar **La Paisse d'Oisons.** 200 m weiter geht es links von der Hauptstraße ab, gleich wieder links bergan (Rue du Jard) bis zur Einmündung und dort rechts. Die Straße wird zum Feldweg jenseits der Querstraße Foresterie. Man folgt ihr rechts zur Rue de la Turquaisière, dann links über die Straße La Vallée des Veaux bis zu einem Teich und kurz davor rechts ab. An der Einmündung geht es links, dann gleich wieder rechts und nun immer geradeaus bis zur Kapelle **Notre-Dame de Pitié,** von der bereits das Ziel zu sehen ist, die **Abtei Fontevraud.**

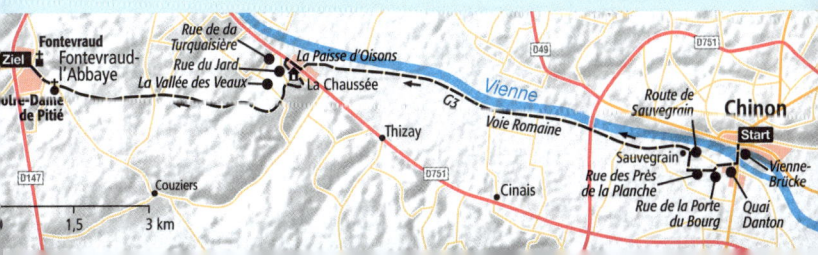

Zugabe
Die Minischlösser der Freizeitriesen

Große Unterhaltung in kleinem Maßstab

Mitunter liest man die Zahl: 21 Schlösser gebe es an der Loire. Das ist schamlos untertrieben oder von einem Milchmädchen errechnet. 400 trifft schon eher zu. Wobei man fragen müsste: Was ist überhaupt ein Schloss, zählen Festungen auch, wie weit fasst man das Einzugsgebiet? Chambord zum Beispiel, das gewaltigste Schloss überhaupt, steht ja gar nicht an der Loire, sondern an einem Nebenfluss.

Kurzum: Der Drang, das architektonische Erbe zu sortieren, schlägt immer mal durch und trägt am südlichen Stadtrand von Amboise ein merkwürdiges Früchtchen. Mini Châteaux heißt es, liegt am Boulevard St-Denis Hors und vereint auf zwei Hektar 44 Schlösser im Maßstab 1:25. Doch halt, da stimmt schon wieder was nicht, denn unter die 44 haben sich auch Bauwerke gemogelt, die so gar nicht schlossig sind: die Pagode von Chanteloup, die Abtei Fontevraud, die Brücken von Briare und Digoin. Enthusiasten mögen selbst nachzählen, aber andere Aspekte haben mehr Belang, insbesondere die Identität des Betreibers. Dass es ein Gigant ist, würde man vor Ort nicht vermuten, eher denkt man an eine kleine Klitsche mit wenig Gespür für echte Bespaßung. Wer es noch gekannt hat, wird beipflichten: Minidomm in Ratingen war vom Konzept her kaum anders, dabei mit einer Idee aus den 50ern, 1967 eröffnet und längst wieder geschlossen, als 1996 die Mini Châteaux an den Start gingen. Hat da jemand was verschlafen?

Ganz so sollte man es aber nicht sehen, vielmehr zelebrierte man in Deutschland die Idee, in Frankreich das Geschäftsmodell. Anstoß war der 1987 eröffnete Parc Astérix bei Paris, der durch Zukäufe sein Reich erweiterte. Es begann mit dem Aquarium von St-Malo und führte weiter über das Musée Grévin, jenes renommierte Wachsfigurenkabinett in Paris, dessen Name so zugkräftig war, dass sich die Aktiengesellschaft des Parc Astérix in Grévin & Cie umbenannte. Deren Hunger wuchs, das 1991 gegründete France Miniature in Élancourt wurde geschluckt, es war bereits die Blaupause für Amboise, schon mit den Schlössern Chenonceau und Chambord, aber noch im Maßstab 1:30. Grévin & Cie schaffte es, diesen Amüsierbetrieb durch erweiterte Attraktionen zu Europas erfolgreichstem Miniaturenpark zu entwickeln. Das gab Mut für den Sprung ins Ausland, wo u.a. das marode Fort Fun im Sauerland unter französische Fittiche kam. Das war im Schicksalsjahr 2002, als auch die Mini Châteaux ins Portfolio wanderten, zugleich aber Grévin & Cie selbst unter die Haube einer Muttergesellschaft namens Compagnie des Alpes (CdA) kam, die wiederum ein Unternehmen der Caisse de Dépôts ist.

Disney als größten Parkbetreiber Frankreichs hat Grévin noch nicht überrundet, arbeitet aber mit jährlich 1,8 Mio. Besuchern allein im Parc Astérix sehr profitabel, während Disneyland Verluste macht.

Passen die Mini Châteaux mit ihrem eher provinziellen Erscheinen in ein solches Imperium? CdA hegte Skepsis und verkaufte den Park 2011 mit sechs weiteren an die Looping Group, die für steigende Besucherzahlen sorgte und später weitere Parks der CdA übernahm. Alle Muster wiederholten sich, auch die Veräußerung der Looping Group, in diesem Fall an Ergon Capital Partners in Brüssel. Unter dem neuen Regiment kaufte die Gruppe Ende 2017 auch den Zoo de La Flèche (s. S. 143), der sichtlich prosperiert.

Und erneut darf man sich fragen, wie der kleine Park von Amboise gegen solche Angebote bestehen soll. Schaut man dort in die offenen Werkstätten, dann wird deutlich, wie viel Liebe die etwa 50 Modellierer in die kunstvollen Nachbauten stecken. Allein mehr als 2500 Arbeitsstunden haben sie in ihr Schloss Chambord investiert. Die Detailtreue wird deutlich, wenn man weiß, dass allein neun Farbschattierungen zum Einsatz kommen, um die verschiedenen Schiefersorten der Schlossdächer anzudeuten. Sollte die Mini Châteaux eines Tages das Schicksal von Minidomm ereilen – mangelnde Fürsorge wird dann nicht der Grund sein (Boulevard St-Denis Hors, Amboise, T 02 47 23 44 57, www.parcminichateaux.com, April–Nov. tgl. 10/10.30–18/19 Uhr, 14 €). ∎

… und Erwachsene ebenso: Mit Detailliebe und Bonsais wurden bei Amboise die berühmtesten Schlösser der Loire nachgebaut.

Val du Loir

Ein Nebenfluss nur — und sicher nicht der bedeutendste. Aber der Loir nördlich von Tours und Angers fließt durch ein idyllisches Tal, das auf kleinem Raum allen erdenklichen Liebreiz vereint.

Seite 133
Montoire-sur-le-Loir

Mit Romanik samt Fresken des Mittelalters lockt der alte Treff der Jakobspilger. Aber es ist mehr dort geschehen als Wallfahrt.

Seite 136
Wein und ein Poet

Wer nicht aufpasst, der übersieht sie leicht: die Weinstöcke am Loir. Sie sind Teil eines Flickenteppichs in einer Region großer Vielfalt. Auch Couture-sur-Loir als Geburtsort des Dichters Ronsard fügt ein Puzzlestück hinzu.

Possierlich ist *le loir* – der Siebenschläfer.

Eintauchen

Seite 138
La Chartre-sur-le-Loir

Die Nähe zum Kurs des 24-Stunden-Rennens von Le Mans schuf eine Asphaltlegende. Heute verschnaufen im Ort die Fahrradfahrer und Antiquitätenjäger.

Seite 140
Dampf ablassen

Nach Paris einerseits, nach Bordeaux andererseits bauten Eisenbahnpioniere den Schienenstrang. Und die Dampfloks brauchten Versorgung. Mit dem Diesel wurde das Depot in Montabon aber überflüssig. Heute kümmert sich ein Verein um den Schutz des Denkmals.

Le Lude

Die Revolution fraß alles – denkt man. Château le Lude aber blieb über die wilden Jahre hinaus im Besitz einer Familie – seit 1751.

La Flèche

Die Militärakademie schafft es trotz schöner Architektur nicht zum Publikumsliebling. Ganz anders der Zoo, ein ebenso atemberaubendes wie strittiges Stück Freizeit.

Baugé

Hunderte von Staubfängern stehen in der Apotheke. Man kann es auch anders betrachten: In den Regalen schlummert pittoreske Medizingeschichte.

Lust auf lieblich

Dass sich Simenons »Blaues Zimmer« verfilmen ließ, hätte niemand erwartet. Schließlich gelang es Regisseur Mathieu Amalric doch – in La Flèche und Baugé im Tal des Loir. Flussaufwärts, in der Gegend um Montoire, hatte mit der »Eisenbahnschlacht« das Drehfieber in der Region begonnen.

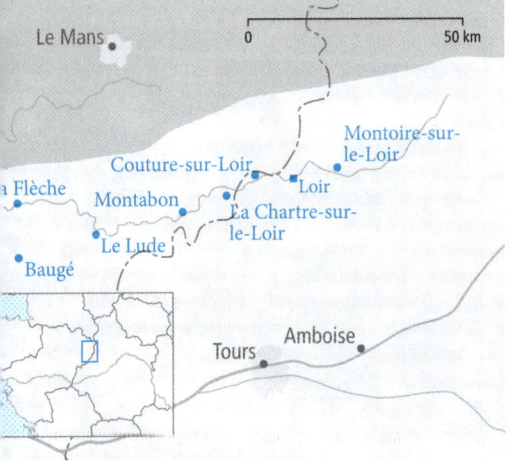

Flaschenkinder: Am Fluss Loir werden Biere gebraut, die man sonst nirgends kaufen kann.

Chenin blanc heißt eine Rebsorte, die man in Europa wenig schätzt – außer in der Region zwischen Saumur und Loir. Vom Sekt bis zum Edelsüßen reichen dort die weißen Weinerzeugnisse aus dieser Traube.

Das leise Tal gleich nebenan

E

Es dauert nicht lange, dann hat man es sich selbst angewöhnt und betont den Unterschied: *le* Loir, nicht *la* Loire. Hilft nur nichts, denn bestenfalls erntet man Zweifel und eine Nachfrage, schlimmstenfalls eine Rüge. Tatsache aber ist: Es gibt die beiden Flüsse, der eine mächtig, der andere schmal, aber nicht kurz. 317 km sind es von seiner Quelle in Champrond-en-Gâtine bis zur Mündung in die Sarthe nördlich von Angers. Man darf rätseln, womit sich *le* Loir in diesem Buch ein Sonderkapitel verdient hat, denn *la Loire* ist nicht gerade arm an Zuflüssen, die wohl gleiches Anrecht hätten. Tatsächlich geht es auch darum, einem der vielen Flüsse, die direkt oder indirekt in die Loire münden, exemplarisch zu folgen und zu erleben, wie anders ihr Dasein ist. Die Majestät weicht einer bescheidenen Stille, Schlösser gibt es höchstens noch in reduzierter Größe, ihre Besitzer räumen bedauernd ein, dass vor ihrer Tür *der* Loir und nicht *die* Loire fließt. Denn natürlich rollt der Tourismus-Rubel mit gebremster Kraft, wenn das Zugpferd unter kleinlautem Namen antritt.

Für Besucher hat das eine erfreuliche Kehrseite. Wenn Unterkünfte an der Loire zu teuer oder belegt sind, bekommt man beim kleinen Nachbarn noch günstig und sogar spontan ein Bett. Das Essen ist weder vom Fast-Food-Virus befallen noch unter die Räder der Massenproduktion geraten. Man weiß zu leben, oft billiger als am Hauptstrom. Vielleicht fallen die Unternehmungen nicht gar so spektakulär aus, besitzen aber den Vorteil, noch näher an der Natur zu sein. Tatsächlich bestimmen Fahrrad, Pferd, Kanu und Wanderschuhe das Dasein der meisten Urlauber, die in diesem Geflecht kleiner Wasserwege ihre freien Tage verbringen.

»Man kommt hier nicht zufällig vorbei«, so textet die lokale Tourismusbranche. Das könnte man als Resignation interpretieren, aber auch als Jubel, dass Gäste am Loir ihren festen Willen haben und genau jene Schönheit erleben wollen, die dort am idyllischen Flusslauf wartet.

ORIENTIERUNG   O

Internet: www.vallee-du-loir.com
Anreise: Zug ab Paris 2 Std. bis Bahnhof Vendôme-Villiers-sur-Loire, weiter mit Bussen der Gesellschaft Rémi nach Montoire-sur-le-Loir (s. u.)

Rund um Montoire-sur-le-Loir ⚲ M 2

Montoire-sur-le-Loir

Jakob und der Bahnhof

Angelpunkt des Ortes, nur leider nicht einladend ist die weite Place Clemenceau. Parkende Autos, mittwochs und samstags abgelöst durch Marktstände, belagern den dortigen Musikpavillon aus ruhigeren Tagen. 4 km nordwestlich wartet das **Arboretum de la Fosse** (www.arboretumdelafosse.com) mit 200 Jahre alten Bäumen. Für Liebhaber alter Architektur spielt die Musik jedoch im Süden am anderen Ufer des Loir. Im Schutz der Burg, von der eine Ruine blieb, strömten Jakobspilger zur romanischen **Chapelle St-Gilles**. Berühmtester Prior war 1566 der Renaissance-Poet Pierre de Ronsard (s. S. 137). Wer die Fresken (12. Jh.) in Chor und Querschiff anschauen möchte, bekommt den Schlüssel gegen geringe Gebühr im Touristenbüro oder im Café de la Paix.

In den Tagen Ronsards gehörte zum Mann von Welt das Kuriositätenkabinett. So eine Sammlung abgefahrener Dinge nebst einer seltenen Kollektion bemalter oder beschrifteter Dachziegel ist gegenüber der Kapelle in der umgebauten Scheune **La Grange/La Tuile** (7, rue St-Gilles, Mitte Juni–Mitte Sept. Di–So 14–17 Uhr, 6,50 €) zu sehen. Musikinstrumente, Trachten und bewegliche Objekte zeigt **Musikenfête** (Espace de l'Europe, www.musikenfete.fr, März–Sept. Di–So 10–12, 14–18, Okt.–Dez. Di–So 14–18 Uhr, 7 €) in

Ein besonders kleines Kleinod ist die Chapelle St-Gilles. In ihrem Innern birgt sie Fresken aus der Romanik.

einem Gebäude aus dem 15. Jh. Sogar ein Kapitel Weltgeschichte wurde in Montoire geschrieben: Am 24. Oktober 1940 vereinbarten im dortigen Bahnhof Hitler und Pétain die Kollaboration zwischen Vichy-Frankreich und Nazi-Deutschland. In der **Gare Historique** wird seit 2003 die unselige Allianz dokumentiert.

Gare Historique: https://gare-historique-de-montoire.business.site/, Juli/Aug. Mi–So 10–12.30, 14–18, April–Juni, Sept. Mi–Sa 10–12.30, 14–17 Uhr, 5 €).

Lavardin

Noch mehr Jakob

Zwei Dutzend romanische Kirchen im Umkreis bezeugen die Bedeutung Montoires für die mittelalterliche Wallfahrt. Da wäre zunächst **St-Genest** im 3 km östlich gelegenen Lavardin, auch dies eine Kirche aus dem 11. Jh. Sie ist ausgestattet mit Fresken, die ab dem 12. Jh. entstanden sind. Wo die Farben am kräftigsten leuchten, handelt es sich um echte *al fresco*-Technik, bei der die Pigmente in den frischen Kalkputz gearbeitet wurden. Lavardin mit seinen mittelalterlichen Bauten, darunter die Burgruine, die Loir-Brücke, das Rathaus und sogar Wohnhäuser jener Zeit, trägt das Label eines der schönsten Dörfer Frankreichs.

St-Jacques-des-Guérets und Trôo

Stimmen in der Tiefe

7 km westlich von Montoire besitzt St-Jacques-des-Guérets am Südufer des Loir eine weitere Kirche mit romanischen Wandmalereien, aber die bestechendere Attraktion ist Trôo am Steilufer gegenüber. Beim Anblick ver-

Gebellter Rosenduft: Ein Bullterrier wacht über den idyllischen Garten einer Höhlenbehausung in Trôo.

mutet man ganz richtig, dass der Fels von Höhlen durchzogen ist – Kalk, wie die Tropfsteine in der **Grotte Pétrifiante** (April–Okt. Di 10–12, 14–16, Mi–So 10–12, 14–17.30/18.30, Nov.–März Di, Fr 10–12.15, 14–16.15, Mi/Do, Sa 10–12.15 Uhr, 2 €) am Fuß des Hügels belegen. Das Dorf klettert in Etagen empor, auf dem höchsten Punkt befindet sich neben dem verfallenen Stadttor **Le Puits qui parle,** der ›Sprechende Brunnen‹, der aus 45 m Tiefe sein Echo widerhallen lässt.

Schlafen, Essen

Getunte Poststation

Le Cassini: Auch wenn die Maison du Bailli (44, place Clemenceau) mit ihrer Architektur aus der Renaissance ein verlockendes Angebot zum gleichen Preis darstellt, ist sie doch leider nur Mitte Juni–Ende Sept. geöffnet. Nahezu ganzjährig empfängt das Cassini seine Gäste in einem Bau aus dem 18. Jh. mit Innenhof, Bar und einem soliden, preiswerten Restaurant.

1, place Foch, Montoire-sur-le-Loir, T 02 43 44 40 16, www.lecassini.com, 10 Zi., DZ ab 73 €, Restaurant Di–Fr 12–13.30, Mo–Do 19.30–20.30 Uhr, Menü ab 15 €

Essen

Gute Lage hebt die Laune

La Guinguette des Îles: Man könnte auch im Winterhalbjahr aufkreuzen, nur macht es dann keinen Spaß. Guinguette ist nun mal nur Guinguette, wenn man im Freien und bei guter Laune am Fluss sitzt. Tanz zu Livemusik am Sonntag pusht die Stimmung.

L'Abord de Dieu, Trôo, Montoire-sur-le-Loir, T 06 65 61 91 81, http://guinguette-troo.fr, Guinguette April–Sept. Mo–Sa 11–22, So 11–19, Restaurant Mo–Sa 12–14.30, 19–22, So 12–14.30 Uhr, Menü ab 15 €

DIE UFER-VERFOLGER

V 47 heißt schlicht der 320 km lange Radweg, der dem Lauf des Loir von der Quelle in St-Eman bis zur Mündung bei Angers folgt und dort nahtlos in die Fernstrecke Loire à Vélo übergeht. Bei den Offices de Tourisme erhält man gratis das handliche Heft **Carnet de Route,** in dem Karten von ausreichender Detailschärfe die Tagesetappen und die Ortsdurchfahrten darstellen. Symbole weisen auf Sehenswertes, Unterkünfte und Restaurants hin, zu Fahrradverleih und Werkstätten existiert eine Adressliste. Boîte à Vélos heißt ein Anbieter, der Mieträder zum Wunschort bringt: T 02 43 44 18 39, www.leloiravelos.com. Acceuil Vélo ist ein Gütesiegel, das fahrradfreundliche Unterkünfte auszeichnet.

Feiern

• **Festival de Montoire:** Mitte Aug. Seit 1973 organisiert Montoire ein Folklorefest mit Musik und Tanz aus aller Welt. Ursprung der Veranstaltung ist ein Blumenkorso, der bereits vor dem Krieg existierte. http://festival-montoire.com

Infos

• **Bureau d'Information:** 13, place Clemenceau, 41800 Montoire-sur-le-Loir, T 02 54 85 23 30, www.vendome-tourisme.fr
• **Bahn:** nächster Bahnhof in Vendôme (19 km nordöstl.).
• **Bus:** Transdev Linie 112 (https://tlcinfo.net) und Rémi Linie 12 (https://www.remi-centrevaldeloire.fr/) nach Vendôme.

TOUR
Per Bike zu Wein und Poet

Radrundfahrt an den Ufern des Loir

Infos

📍 L/M 2

Start/Ziel: La Char-
tre-sur-le-Loir

Länge/Dauer:
35 km, 2,5 Std.

**Infos, Fahrrad-
verleih:** Office de
Tourisme La Chartre
(s. S. 142)

Vom Office de Tourisme radelt man gemütlich durch die Ladenstraßen von **La Chartre-sur-le-Loir** und über drei Arme des Loir, um per D 305, dann D 304 in **Lhomme** auf einen Vorboten des Weinbaus zu treffen: das **Musée de la Vigne** (3 km; www.lhomme-72.fr, April–Okt. nach Voranmeldung, 2,50 €). In einem bescheidenen Haus gibt es dort Einblick in alte und neue Arbeitsmethoden der Winzer. Die ausgeschilderte Route des Vignobles (D 64bis) führt anschließend über erträgliche Steigungen an ersten Rebstöcken vorbei nach **Ruillé-sur-Loir.** Weinbau, der oft so pompöse Dörfer hervorbringt, findet hier sehr bescheiden statt. Gekeltert werden die Qualitätsweine Coteaux du Loir (rot, rosé, weiß) und auf sehr kleinem Gebiet um Lhomme der Jasnières (weiß).

Poncé-sur-le-Loir empfängt nach insgesamt 12 km mit den **Moulins de Paillard,** einer Papiermühle aus dem 18. Jh., um die sich 200 Jahre lang ein ganzes Handwerkerdorf scharte. Im dortigen **Centre d'Art**

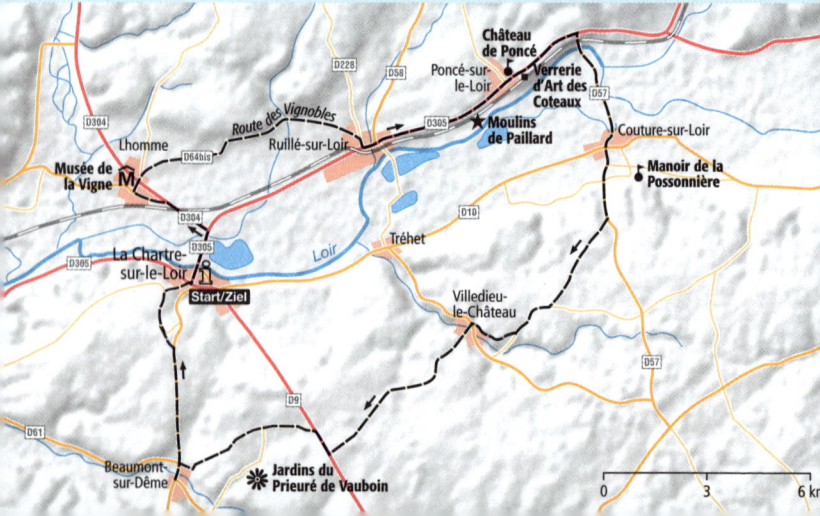

Die Weinberge am Loir sind Bühnenbild für einen Auftritt als Radprofi.

Contemporain (Moulins de Paillard, www.moulins depaillard.wordpress.com, Mitte März–Mitte Nov. Fr–So 15–19 Uhr, gratis) sucht man bei einem jährlichen Event Textilien und Technologie zu verbinden. Ergebnis war etwa ein Theaterkostüm, das mit den Gefühlslagen seines Trägers die Farben wechselt. Das **Renaissanceschloss** (www.chateaudeponce.com, Mitte Juli–Ende Aug. Do–So 10.30–12.30, 14.30–18.30, Ende April–Mitte Juli, Sept. Sa/So 10.30–12.30, 14.30–18.30 Uhr, 6,50 €) am anderen Ortsausgang zeigt von Mai bis September Ausstellungen zeitgenössischer Kunst. Terrasse Caroline heißt ein neogotisches Backsteingebäude am Ende des Gartens, das ein Vorbesitzer 1830 seiner Frau widmete. Und wenn Sie über ein Souvenir nachdenken sollten: In der **Verrerie d'Art des Coteaux** bieten Nicolas und Lucille Pinquier Glasobjekte an (27, rue des Coteaux, Poncé-sur-Loir, www.verreriedescoteaux.com, Di–Sa 9–12.30, 14–18, So/Fei 14–18 Uhr).

Man folgt dem Fluss bis zur nächsten Brücke und biegt dort nach **Couture-sur-Loir** ab. Im Herrenhaus **La Possonnière** (www.territoiresvendomois.fr/maison-natale-de-ronsard, Mitte Juni–Mitte Sept. tgl. 10–18, April–Mitte Juni, Mitte Sept.–Anf. Nov. Do–So und Fei, im April auch Mi 14–18 Uhr, 5,50 €) wurde 1524 der Dichter Pierre de Ronsard geboren. Der Garten des Anwesens ist seit 2020 wieder im Stil der Renaissance hergerichtet. Ab Couture ist der Radweg nach **Villedieu-le-Château** ausgeschildert, dann geht es weiter nach **Beaumont-sur-Dême** und zu den **Jardins du Prieuré de Vauboin.** Die dortigen Buchsbäume schmückt modernster Heckenschnitt von Künstlerhand.

La Chartre-sur-le-Loir ♀ L 2

Schauplatz einer Legende

45 km über die D 304. Mehr sind es nicht von der Rennstrecke in Le Mans bis zur Place de la République in La Chartre. Legendäre Piloten von Jacky Ickx bis Derek Bell haben die Fahrt vor und nach den 24-Stunden-Rennen immer wieder zurückgelegt, um sich im **HÔtel de France** zu entspannen. Schließlich war es damals angesichts mancher Todesfälle nicht so sicher, ob man je wieder Gott in Frankreich sein würde (s. u.). Der Nachhall dieser Zeiten besteht darin, dass immer mal die Cracks von einst als nun betagte Herren vorbeischauen oder PS-starke Schleudern namenloser Matadoren auf dem Platz parken, um von der Dorfjugend begafft zu werden.

Viel mehr ist eigentlich nicht dran an dem 1500-Seelen-Ort – außer Beschaulichkeit. Die mittelalterliche Festung steht seit dem 17. Jh. nicht mehr, aber der relativ junge Gedenkturm **Tour Jeanne d'Arc** bietet Gelegenheit, sinnierend neben dem Bildnis der Jungfrau von Orléans zu stehen, auf den Fluss, die Wälder und die Weinberge von Jasnières zu schauen und an die Tage zu denken, als noch Lastkähne auf dem Loir verkehrten. Für Wanderer und Radfahrer ist das die perfekte Basis, um sich nicht vom Hauptanliegen ablenken zu lassen. Der Markt am Donnerstag und Sonntag und gelegentliche Antiquitätenevents bringen Abwechslung in den Trott.

Schlafen, Essen

Für die 25. Stunde

Hôtel de France: In der Bar hängen Fotos und Andenken der Helden von Le Mans. Denn dieses Hotel war Treff der 24-Stunden-Rennfahrer (s. S. 265). Inzwischen ist das Haus komfortabel umgebaut und erweitert, besitzt einen Pool, einen Fahrradverleih und mit dem Relais de Ronsard das vermutlich beste Restaurant im Umkreis.

20, place de la République, T 02 43 44 40 16, https://lhoteldefrance.fr, 25 Zi., DZ ab 85 €, Menü ab 27 €

Schlafen

Solide Weinbleibe

Domaine Gigou: Jasnières ist ein Weinbaugebiet nördlich von La Chartre mit einer Rebfläche von nur 75 ha, eine winzige Cru-Lage innerhalb der Coteaux du Loir, die langlebigen Chenin in Kastanienholzfässern ausbaut. Familie Gigou zeigt das gerne vor Ort und lässt bettschwere Besucher dann einfach in die Betten ihrer Gästezimmer plumpsen. Die Zimmer haben Terrasse oder Balkon, eine Gemeinschaftsküche ist vorhanden.

4, rue des Caves la Fontaine, T 02 43 44 48 72, www.gigou-jasnieres.com, 3 Zi., DZ/ÜF ab 62 €

Essen

Frauen-Power alternativ

Les Mères Cocottes: Die Damen des Hauses haben seit Gründung der Lokalität einen Zacken zugelegt und ihren Betrieb professionalisiert. Freundlichkeit ist dabei nicht auf der Strecke geblieben, lokale Zutaten und Rezepte bestimmen weiterhin die Küche. Die Plätze im Innenhof sind schnell vergeben, die Boutique gut gefüllt.

9, rue Toquevilles, Beaumont-sur-Dême (4 km südl.), T 02 43 46 80 52, www.lesmerescocottes.fr, Fr/Sa 9–21, So 9–14, Mi/Do 9–17 Uhr, Menü ab 15 €, Ladenverkauf Do–Di 9–12, Fr/Sa auch 16–19 Uhr, gelegentlich Livemusik

Lieblingsort

Unter Anderstickern und Spätzündern

Wie Urgestein einer immer noch zuckenden Hippie-Ära belagern sie die
Bar **Le St-Jacques** in **Jupilles** (♀ L 1), in der man für einen bescheidenen
Obolus von 5 € Mitglied von Brass'Vie de Jupilles werden muss, um ein
Getränk zu bekommen. Und als Mitglied bekommt man dann den Newsletter
mit wöchentlich ausgefeiltem Programm. Das kann Philo-Café sein, ein Dis-
kussionsabend mit gemeinschaftlich ausgehecktem Thema. Auch Internet-
betreuung für Webversager, Mitfahrgelegenheiten oder Konzertabende sind
im Angebot. All das wirkt wie eine Genossenschaft der Spätzünder, aber
so liebenswert, dass man es prächtig aushält. Wer das nicht mag, schleicht
sich zum nahen **Wald von Bercé** und schaut, wie einst Eichen zwischen
andere Bäume geklemmt wurden: Sie sollten gerade und hoch wachsen,
um prächtige Schiffsmasten zu ergeben. Heute sind sie bis zu 350 Jahre
alt und 40 m hoch. In Jupilles fertigen einige Lebenskünstler aus dem Holz
weiterhin Pantinen alter Schule, während andere im Haus Carnuta den Wald
multimedial erklären (https://vlap.fr/labrassviedejupilles, auch auf Facebook;
www.carnuta.fr).

TOUR
Dampf ablassen

Über Gleise und Wasser mit dem Rad

Infos

📍 L 2
Start/Ziel:
Montabon
Länge/Dauer:
30 km, 2 Std., streckenw. Steigungen
Infos: 2, av. Jean-
Jaurès, Château-
du-Loir, T 02 43 38
16 60, www.loirluce
berce.fr
Fahrradvermietung:
La Boîte à Vélos,
63, av. Jean-Jaurès,
www.leloiravelos.com

Für Bruno Duru ist er der Held: Stéphane Bern. Über die Medien hatte Bern ein *loto du patrimoine* organisiert, bei dem Fördergeld für schützenswerte Denkmäler mobilisiert wurde. 18 Stätten kamen am Ende in den Genuss, darunter die **Rotonde ferroviaire** in **Montabon**. Das lässt Monsieur Duru und seinen Mitstreitern einigen Spielraum, das Bahndepot aus dem Jahre 1890 wieder auf Vordermann zu bringen. Zehn Loks konnten einst in dem Halbrund mit Kohle, Wasser und Reparaturarbeit versorgt werden. Bis zu 75 weitere Züge warteten derweil draußen, bis auch sie einfahren konnten. Eine sehenswerte Wendeanlage half, die engen Kehren zu bewältigen. Mit dem Vormarsch von Dieselloks endete 1954 für 500 Beschäftigte die Arbeit im Depot, das im Anschluss verfiel. Inzwischen floriert der Wiederaufbau und mit ihm der Traum von einem hochgeschätzten Museum. Unter den gesammelten Ausstellungsstücken besitzt der Luxuswaggon des legendären Orient Express tatsächlich Kultstatus (Route de Nogent, Montvalsur-Loir, rfvl.over-blog.com, Mi, Sa 14 und 18 Uhr 90-minütige Führung, man zahlt an Eintritt, was man möchte).

Die Rotonde wurde abseits des Bahnhofs gebaut, der nur 400 m entfernt im Ortsteil **Château-du-Loir** liegt (Züge nach Tours und Le Mans). Als größte Attraktion im Ort zeigt das **Musée Cafetières et Compagnie** in einem Gebäude aus dem frühen 17. Jh. alte Haushaltsobjekte (6, rue de la Pitoulière, auf Facebook, Ende Mai–Mitte Sept.

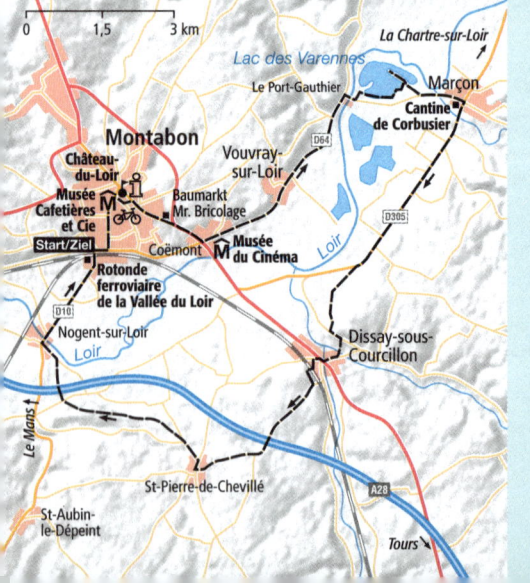

So und Fei 14–18 Uhr, 6 €). Da Hinweisschilder fehlen, muss der Baumarkt Mr. Bricolage als Orientierung dienen, dann geht es ab Kreisel Richtung Südosten.

In **Coëmont**, einem Ortsteil von Vouvray-sur-Loir, beherbergt eine alte Getreidemühle namens Pousset ein **Musée du Cinéma**. Wichtiger Bestandteil dieses Kinomuseums ist eine Sammlung von Projektoren (28, rue Basse, Coëmont, T 02 43 46 90 24, www.moulinpousset.com, Ostern–Ende Sept. Sa/So 14.30–18 Uhr, Mühle und Museum je 5 €, Kombi 8 €). Bei **Le Port-Gauthier** verspricht der mit Sandstrand gesegnete **Lac des Varennes** allerlei Freuden am und im Wasser. Im Winzerort **Marçon** gleich nebenan verblieb die **Cantine de Corbusier** (7, Le Logis de la Demée) als Zeugnis für das Wirken des Architekten Le Corbusier und seines Schülers André Wogenscky. Von 1960 bis 2014 war die Kantine für eine Schule in Betrieb.

Die Straße nach **Dissay-sous-Courcillon** quert mehrere Zuflüsse des Loir und führt nach **St-Pierre-de-Chevillé**, wo man 21 km hinter Château-du-Loir ist. Sowohl die Kirche als auch die winzige Bar heißen **St-Pierre**, das macht die Sache einfach. Nun bleibt noch ein 8 km langes Reststück, zuerst nach **Nogent-sur-Loir,** dann über die D 10 zurück zum Ausgangspunkt.

Einkaufen

Händler mit Sitzfleisch

Antiquités Armel Labbé: Wenn eine Familie seit 1925 am selben Ort mit Antiquitäten handelt, dann versteht sie wohl was vom Geschäft. *Cour de Trouvailles* nennt der aktuelle Labbé-Spross die Abteilung mit Trödel, *Charme d'Autrefois* das Reich mit den selteneren und älteren Gütern. 11–13, place St-Nicolas, https://antiquiteslabbe.com, Do/Fr 15–19, Sa 11–13, 15–19 Uhr

Bewegen

Gezielt und ungezielt

Air Touraine: Von drei Stunden ist man nur eine in der Luft, aber die lohnt sich. Die Fahrt im Fesselballon über die Fluss-landschaft ist ein einmaliges Erlebnis, bei dem man auch die Architektur der Schlösser besser versteht. In der Variante mit dem Helikopter lässt sich das Ziel exakt ansteuern. Héliport de Belleville, 37370 Neuvy-le-Roi (15 km südl.), T 02 47 24 81 44, www.airtouraine.fr, Helikopter (ganzjährig) ab 39 €, Ballon (April–Okt.) ab 150 €

Infos

- **Office de Tourisme:** 13, place de la République, 72340 La Chartre-sur-le-Loir, T 02 43 38 16 60, www.vallee-du-loir.com. Fahrradverleih.
- **Bahn:** Anschluss an den Zug (TER) in Château-du-Loir (15 km südwestl.).
- **Bus:** Linie 216 von Aléop nach Le Mans, von dort sternförmig weitere Ziele. https://aleop.paysdelaloire.fr

Der Rosengarten lockt Züchter aus ganz Frankreich nach Le Lude: Pracht in Pink.

Le Lude   ♥K2

Fluss zeigt Wirkung

Besitz kann belastend sein, das werden wir noch sehen. Im Fall von Château Le Lude gelten die Besitzrechte durch die Familie Nicolaÿ seit 1751, als das Schloss von einem Angehörigen der Ostindien-Kompanie, Joseph-Julien Duvelaer, gekauft wurde. Das brachte Umbauten mit sich, wie überhaupt jeder Besitzerwechsel dem Château neue Weichen stellte. So wurde aus der mittelalterlichen Motte eine Festung der Grafen von Anjou, dann ein Renaissanceschloss – das nördlichste im Einzugsbereich der Loire. Auch die Lage spiegelt Wandel: Der Fluss Loir diente im Mittelalter Verteidigungszwecken, war in der Renaissance aber schmückendes Element als Zeichen menschlicher Befreiung – für den Adel, versteht sich.

Das Volk scharte sich um den Prachtbau und hinterließ Häuser des 15.–17. Jh., um die donnerstags ein Markt wimmelt.

Aus Festungstagen blieben dem Schloss Türme und unterirdische Gewölbe, dann folgten ab 1457 diverse Stationen der Renaissance, was von der verspielten italienischen Manier zur französischen Vorliebe für Symmetrie führte. Die Gärten passten sich den Moden an, das benötigte Gemüse wuchs anfangs am Fluss, musste aber wandern, als im 19. Jh. Romantik einkehrte. Ein Rosengarten bei der Schlossterrasse stammt gar erst von 1997. Und die Gärten sind tragendes Element bei der Finanzierung, wie wir noch sehen werden (s. S. 280).

T 02 43 94 60 09, 7 www.lelude.com, Juni–Aug. tgl., April–Sept. Do–Di, Okt. Sa/So, jeweils 10–12.30, 14–18 (Garten), 11–12.30, 14.30–18 Uhr; Details zu Sonderveranstaltungen s. S. 280

Schlafen, Essen

Nackenrolle und Sauerkraut
L'Auberge Alsacienne: Die Nähe zum Schloss ist das entscheidende Argument für, die altbackene Einrichtung derweil gegen die Herberge. Solide Freundlichkeit und ein Restaurant mit angenehmer Terrasse garantieren einen bequemen Aufenthalt ohne Extras. Die Küche hat sich auf das Elsass spezialisiert, weil Flammkuchen und Eisbein mit Sauerkraut in Frankreich seit Langem boomen.

14, rue de la Boule d'Or, T 02 43 48 20 45, www.auberge-alsacienne-le-lude.com, 1. Hälfte Aug. und Ende Dez. geschl., 7 Zi., DZ ab 70 €, Restaurant So abends, Mo/Di geschl., Menü ab 21 €

Lecker ist es, das ja
La Renaissance: So geht es auch: diverser Fisch zum Einheitspreis, diverser Käse zum Einheitspreis und so weiter. Geschmacklich auf hohem Niveau, fehlt es dem Restaurant leider ein wenig an Atmosphäre. Das gilt noch mehr für die Zimmer, die sehr retro wirken.

2, av. de la Libération, T 02 43 94 63 10, www.renaissancelelude.com, Di–So 10–14, 19.30–21 Uhr, Menü ab 20 €, 8 Zi., DZ ab 71 €

Bewegen

Von Grün zu Grün
Au Bord du Loir: Der Campingplatz, quasi am Fuß des Schlosses gelegen, vermietet Fahrräder. Einladende Tour ist die Fahrt nach Luché-Pringé auf alter Eisenbahntrasse (pro Strecke 10 km), Fortsetzung bis La Flèche möglich (20 km).

Camping und Verleih: Route du Mans, Le Lude, T 02 43 94 67 70, www.camping-le-lude.com; Infos und Karte zur Strecke: www.sarthetourisme.com/itineraires-touristiques/le-lude-la-fleche-voie-verte

Infos

• **Bus:** Aléop Linie 220 nach La Flèche. https://aleop.paysdeloire.fr

La Flèche ♀ J2

Etwas von allem
Es gibt allerlei, was man unternehmen könnte: einen Spaziergang am rechten Flussufer entlang bis zur Höhe der Mühle **Moulin de la Bruère** mit anschließender Kanufahrt auf dem **Lac de la Monnerie** (3 km östlich); eine beschilderte Fahrradtour zum **Château de Bauzouges** (hin und zurück 20 km); für gesetztere Naturen das gemütliche Schlendern durch die Ladenstraße **Grande Rue** mit Besuch in der traditionsreichen Pâtisserie-Chocolaterie Guillemard (Haus-

Tür an Tür mit dem Tier und so gut wie draußen hausen die Gäste der Lodge im Zoo von La Flèche.

Nr. 24, www.guillemardpatisserie.fr); für Kunstfreunde ein Besuch der **Halle au Blé,** in der man unerwartet auf einen Theatersaal im italienischen Stil aus dem 19. Jh. trifft (Place du 8 Mai 1945, Besichtigung www.ville-lafleche.fr/culture/equipements-culturels, 6 €). Nur das wahre Highlight fehlt im Zentrum des Städtchens, das etwa 15 000 Einwohner zählt und an Markttagen fast großstädtisch wirkt. Ungewöhnliche Achse der Ortschaft ist die **Prytanée National Militaire,** Napoleons Militärakademie von 1808. Ihr Keim war das Jesuitenkolleg, das König Henri IV 1604 gegründet hatte und zu dessen Schülern der Philosoph René Descartes zählte (Besuch Anf. Juli–Mitte Aug. tgl. 10–12, 14–18 Uhr, 4 €).

Eine Nacht lang Hemingway

Eisbär in der Badewanne – etwa so muss man es sich vorstellen, nur ein wenig surrealistischer. Durch Panzerglas schauen Gäste der Safari Lodges auf das jeweils angrenzende Tiergehege, in dem Raubkatzen oder eben Bären ihr Dasein fristen und sich hin und wieder fotogen hinter der Scheibe räkeln. Die Tuchfühlung, zumal im erlesen luxuriösen Ambiente der Lodge, begeistert – nur nicht jeden. Oft hagelt es Kritik, dass der Mensch-Tier-Kontakt allzu belastend sei. Tatsächlich reizt der **Zoo** von La Flèche auch die letzten Grenzen des Miteinanders aus. Immer näher heran, immer exotischere Arten – das sind die Spielregeln in vielen hochmodernen Zoos. Sumatra-Tiger in der Peep Show? Schäferstündchen am Kamin, bei dem gefangene Geparden zuschauen? Wer es so sehen möchte, wird sich nicht umstimmen lassen. Andere – nicht nur die kräftig zahlenden Gäste einer Lodge – erleben einen Zoo der Superlative. Auf Inseln zwischen Wassergräben leben 160 Tierarten mit rund 1500 Individuen, denen immerhin 18 ha Auslauf bleibt. Arterhalt ist auch hier ein (vielleicht vorgeschobenes) Argument, spektakulärer Nachwuchs und die Anwesenheit der höchst seltenen Nashörner ein Indiz für Erfolge in dieser Sache.

Le Tertre Rouge (4 km südöstl.), T 02 43 48 19 19, www.zoo-la-fleche.com, Juli/Aug. tgl. 9.30–19.30, April–Juni, Sept./Okt. 9.30–18, Nov.–März 10–17.30 Uhr, 24 €; Lodge ÜF ab 155 €/Pers., www.safari-lodge.fr, lange Vorausbuchung, mindestens 2 zahlende Gäste erforderlich

Schlafen

Für die preiswerte Nacht

Relais le Loir: Es ist nicht der Himmel auf Erden, aber eine Adresse mit sehr freundlichem Personal, zentral und dicht am Ufer des Loir gelegen. Dazu gibt es Parkplätze und einen Supermarkt gleich vor der Tür. Bar und ein kleiner Hof mit Panoramaterrasse laden zum entspannten Drink am Abend.

40, promenade Mar. Foch, T 02 43 94 00 60, www.hotelrelaisduloir.com, 16 Zi., DZ ab 79 €

Manche so, andere anders

La Route d'Or: Zunächst einmal ist es ein Campingplatz in zentraler Lage am Fluss mit Badestrand und Pool, Fahrradverleih und Boule. Aber neben Boule gibt es die *bulle,* ein transparentes Zelt, in dem man die Nacht wie unter dem Sternenhimmel verbringt, ohne Furcht vor einem Wolkenbruch. Leider ist das nicht wirklich billig.

Allée du Camping, T 02 43 94 55 90, www. camping-lafleche.com, Mitte März–Ende Okt., 200 Plätze, Stellplatz 2 Pers. mit Pkw ab 15 €, Bulle ab 119 €

Essen

Reine Freude mit Stil

La Table de Laurène: Ist erst der Tisch gebucht, was schwierig sein kann, beginnt das pure Vergnügen. Man sitzt im begrünten Innenhof und wird von Personal mit allerbester Laune und viel Humor bedient.

Die Küche setzt auf Kreativität und regionale Produkte der Saison. Selten isst man so gut für so wenig Geld.

13, place de la Libération, T 02 43 45 70 49, www.latabledelaurene.com, Mo, Di 12–14, 19–21, Do–Sa 12–14, 19–22 Uhr, Menü ab 19 €

Genuss am Fluss

Auberge du Port des Roches: Am Ufer des Loir speist man nicht gar so oft, wie man es sich wünschen würde. Deshalb ist die Gaststätte mit schattiger Terrasse am kleinen Flusshafen sehr willkommen. Solide, regional geprägte Küche, die den kleinen Zimmern und der allzu betagten Einrichtung des hauseigenen Hotelbetriebs um Längen überlegen ist.

Port des Roches, Luché-Pringé, T 02 43 45 44 48, c/o www.logishotels.com, Mi–Sa 12–14, 19–21, So 12–14, Di 19–21 Uhr, Menü ab 34 €, 10 Zi., DZ ab 80 €

Einkaufen

Frisch, fein, frei

Marché: Place de la Libération und Boulevard Foch verwandeln sich Mi 8–13 Uhr in eine große Marktfläche. Die ist mit etwa 200 Ständen die zweitgrößte im Departement. Außer Lebensmitteln gibt es auch Kleidung und Bücher.

Bewegen

Abenteuer aus der Truhe

USF Canoë Club: Es verblüfft, was man per Kanu so alles machen kann. Mieten sowieso. Aber die Krönung ist eine Kanufahrt als Schatzjagd über einen 2 km langen Parcours, auf dem Hürden zu nehmen und Rätsel zu lösen sind.

Les Pouilliers, T 02 43 45 98 10, www. canoe-kayak-lafleche.fr, Schatzjagd 20 €, halber Tag Kanu für 2 Pers. ab 24 €

Feiern

- **Festival des Affranchis:** 2. Juli-Wochenende, Theater und Akrobatik in den Straßen. www.lecarroi.org

Infos

- **Office de Tourisme:** 20, bd. de Montréal, 72200 La Flèche, T 02 43 38 16 60, www.ville-lafleche.fr/decouvrir/office-de-tourisme
- **Bahn:** u. a. nach Tours und Angers.
- **Bus:** Linie 26 von Aléop nach Saumur und Le Mans, Linie 220 nach Le Lude (https://aleop.paysdelaloire.fr), Anjoubus Linie 2 nach Angers (www.anjoubus.fr).

Baugé ♀ J3

Man muss daran glauben

»Oh, Gott«, denkt man bei dem Anblick. Und das passt ja zu einem **Hôtel-Dieu,** einer Herberge Gottes. Anfangs verstand man darunter eine Pilgerunterkunft, später ein Krankenhaus – so wie hier. Die Patienten waren nach Geschlechtern getrennt in zwei hohen Krankensälen mit

KÖNIG DER HERZEN

Le Bon Roi **René d'Anjou** war König, aber nicht in Frankreich, dafür Sprachtalent, Maler, Musiker und Vorreiter der Renaissance. Das Schicksal verschlug den Lebemann in die Provence, doch nach seinem Tod holte man den Leichnam in einem Fass zurück, um ihn in der Kathedrale seines Geburtsortes Angers zu bestatten.

großen Fenstern untergebracht. Licht und Luft galten den mildtätigen Ordensschwestern als gesundheitsförderlich. Verwegen war unterdessen der Glaube an manche Arzneien. Das zeigt ein Blick in die **Apothicairerie** aus dem 17. Jh., die man wegen der Anfälligkeit ihrer eindrucksvollen Eichenholzausstattung nur mit Führung besichtigen darf. Etwa 650 Gefäße stehen in den Regalen, und bei den Aufschriften entfährt einem dieses »Oh, Gott!«: Asselpulver, Flusskrebsaugen, mumifizierte Menschenfinger …

Das **Château** nebenan war 1421 Schauplatz einer Schlacht im Hundertjährigen Krieg, mit der sich die endgültige Niederlage der Engländer abzeichnete. Als der Frieden hergestellt war, gab René d'Anjou 1454 den Auftrag für dieses Jagdschloss. Es beherbergt heute ein Museum zur Geschichte der Region.

Place de l'Europe, T 02 41 84 00 74, www.chateau-bauge.fr, Mitte Juni–Anf. Sept. tgl. 10.30–12.30, 13.30–18, Anf. April–Mitte Juni, Anf. Sept.–Ende Okt. tgl. 14–18, Mitte–Ende Febr. Mi–So 14–18 Uhr, Château oder Hôtel-Dieu 7,50 €, Kombiticket 12 €

Essen

Sinnesfreude auf dem Teller

Ô Prestige: Küchenchef Yohann Fouineau ging bei Ducasse in die Lehre. Auf den Teller bringt er frische Produkte der Saison, für den exquisiten Service sorgt Madame. Eine wahre Wohlfühladresse, die den Ort aufwertet.

4, rue du Cygne, T 02 41 89 82 12, www.oprestige.com, Di–Sa 12.15–13.30, 19.30–20.45, So 12.15–13.30, Menü ab 33 €

Infos

- **Office de Tourisme:** Place de l'Europe, 49150 Baugé-en-Anjou, T 02 41 89 18 07, www.tourisme-bauge.com

Zugabe
Lust auf liebliche Landschaft

Cineasten im Tal des Loir

Nichts ist unmöglich: Regisseur Mathieu Amalric schaffte es, Georges Simenons komplizierten Krimistoff für die Leinwand herzurichten.

Der Koch, der Dieb, seine Frau und ihr Liebhaber. 1989 drehte Peter Greenaway den Film mit der abstrusen Handlung teils in Frankreich. Koch-Darsteller Richard Bohringer erhielt sechs Jahre später die Hauptrolle in einer Tragikomödie mit so auffallend persiflierendem Titel, dass man nach Verbindungen forschen möchte: »Dieu, l'amant de ma mère et le fils du charcutier« (Gott, der Liebhaber meiner Mutter und der Sohn des Fleischers). Als Drehorte wählte Regisseurin Aline Issermann u. a. Luceau und Le Lude, beide im Einzugsbereich des Loir. Der Plot stand Greenaways verdrehter Story kaum nach: In einem Provinztheater verliebt sich die Mutter dreier Kinder in den Darsteller des Don Juan. Um der Romantik ein Ende zu setzen, planen die Kinder einen Giftmord an dem Störenfried, nur beginnen Realität und Fantasie zu verschwimmen.

Für »Une étoile au soleil« hatte sich André Zwoboda schon 1943 für Drehorte am Loir entschieden. Zum Pariser Chanson-Star aufgestiegen, besucht Martine ihr Heimatdorf und gerät in komplizierte Amouren. Den Schauplatz Château-du-Loir suchte dann auch der spätere Oscar-Preisträger René Clément für das Drama »La bataille du rail« auf (1946). Unerwarteter Nebeneffekt dieser »Eisenbahnschlacht« der Résistance gegen Nazi-Deutschland war seine Wirkung in Indochina, wo sich der Krieg zwischen Franzosen und Viet Minh anbahnte. Die vietnamesischen Widerstandskämpfer studierten nämlich eifrig das Leinwandgeschehen, um die dort gesehenen Strategien im Kampf gegen die Kolonialherren einzusetzen.

Mit »La chambre bleue«, 2014 nach einer bislang als unverfilmbar erachteten Romanvorlage von Georges Simenon, ist jüngerer Stoff erreicht. Mathieu Amalric drehte den Krimi u. a. in La Flèche und Baugé. Als »Das blaue Zimmer« kam er auch in deutsche Kinos. Die umfassende Liebeserklärung an die Gegend schuf schließlich Issermanns Weggefährte Éric Langlois mit »Numéro Sept« und mit zahlreichen Werbefilmen. ∎

Das Anjou

Tuff und traumhaft — das Anjou sprudelt nur so vor Flüssen mit verträumten Ufern. Zauberwort der Region ist Troglo, ein Kürzel für Höhlen in einstigen Steinbrüchen. Man ahnt nicht, was sich damit alles machen lässt …

Seite 151
Fontevraud ⭐

Männer unter weiblichem Regiment – in der riesigen Benediktinerabtei funktionierte der Rollentausch schon im Mittelalter. Resolute Spätnonne war Eleonore von Aquitanien, die in der Klosterkirche beigesetzt wurde. Die Grablege erhält viel Besuch von Briten, weil Eleonores Mann König von England war.

Seite 153
Château de Brézé

Darauf muss man erst mal kommen: ein Schloss huckepack auf einem Schloss, das im Keller steht.

Galipettes: Purzelbäume, Amouren – oder gefüllte Champignons

Eintauchen

Seite 155
Saumur

Die hellen Fassaden unter einem mächtigen Château am Ufer der Loire wirken in ihrer Schönheit fast übertrieben. Die Stadt ist Epizentrum der französischen Reitkunst und zugleich mit gutem Wein und Sekt gesegnet.

Seite 162
We are the Champignons

Stein auf Stein setzte man für die Schlösser und hinterließ im Steinbruch lange Höhlengänge. Rings um Doué-la-Fontaine werden sie für viele Zwecke genutzt, auch für Pilzkulturen.

Seite 164

Ufer hin, Ufer her

Zwei fahrradtaugliche Ufer schreien nach einer Rundfahrt ab Saumur. Abstand vom Autoverkehr hat man nur am rechten Ufer, dafür links Sektkellereien und eine herausragende romanische Kirche.

Seite 180

Zu Wasser und zu Schiefer

Kurz, aber breit ist der Fluss Maine, der die Loire an der Mündung kräftig schlucken lässt. Die Radtour folgt dem Wasserlauf und macht auch Station bei den Schieferhalden, die der Region Dachpfannen lieferten.

Seite 167

Angers ✪

Bekannt ist die elegante Stadt mit der trutzigen Festung an der Maine für eine Apokalypse.

Seite 185

Die schwarzen Reiter von Saumur

Ganze Busladungen rücken an, um die Elite zu sehen. Der Cadre Noir ist die Quintessenz französischer Reitkunst und inzwischen auch offen für Frauen. Darbietungen in der stadiongroßen Manege in St-Hilaire-St-Florent zählen zum unverzichtbaren Unterhaltungsprogramm der Stadt.

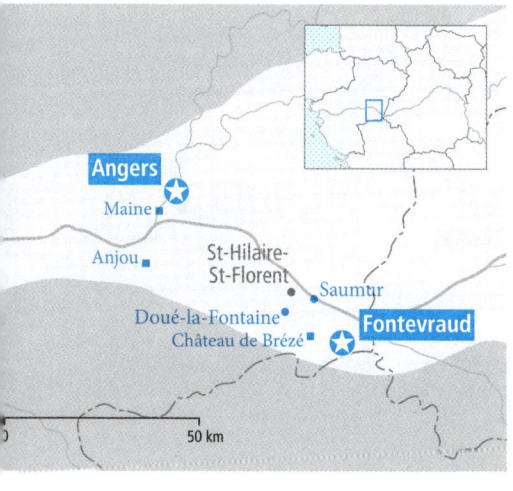

Liköre produziert Cointreau in Angers. Basiszutat sind Orangen.

Informiert ist, wer das Lokale liest: Der »Courrier de l'Ouest« versorgt die Region seit 1875 mit Nachrichten, seit 1889 als Tageszeitung, die heute immerhin noch eine Auflage von 85 000 Stück hat.

erleben

Blumig in jeder Hinsicht

D

ORIENTIERUNG   **O**

Internet: www.saumur-tourisme.
com, www.anjou-tourisme.com
Anreise: Bahn Paris–Orléans–
Tours–Angers–Nantes
Fahrrad: www.lavelofrancette.com,
www.valleeduthouet.fr

Douceur angevine – die Jugend spricht nicht mehr davon, bei den Älteren ist die sprichwörtliche Süße des Anjou noch im Gefühl verankert. Es war der Dichter Joachim du Bellay, der die Loire über den Tiber setzte und das süße Anjou über Meeresgefilde. Heimatliebe kennt nun mal keine Grenzen, nur hat sich das heutige Land gegenüber dem 16. Jh. doch kräftig verändert. Geblieben sind allerdings inmitten von Monokulturen noch zahlreiche Inseln der Glückseligkeit. Nördlich von Angers vereinigen sich Mayenne, Sarthe und Loir zum Fluss Maine, der bald darauf in die Loire mündet. Die Ufer sind oft wild und grün, die Städtchen am Wasserlauf kaum mehr als Dörfer aus einer verlorenen Zeit.

Touraine und Anjou konkurrieren um die schönsten Flusspanoramen – und wenn man aus der Ferne auf Saumur und Angers schaut, dann scheint der Wettbewerb angesichts der vorteilhaft gesetzten Schlösser entschieden. Schiefer, Granit und Kalkstein in ihren feinen Farbabstufungen genügen, um den Orten eine zarte Note voller Nostalgie zu verleihen. Als Geburtsort von Königen war dies einst das Herz Frankreichs, das immer noch schlägt, wenn auch gebremst. Üppige Blumenarrangements in den Straßen siegen über Tristesse. Es ist der Wille, schön zu sein für die Ewigkeit oder auch nur für einen Tag.

Das gelingt auch, dazu muss man gratulieren und einfach das genießen, was im Angebot ist. Feinsinn und Bildung sind in den Klostermauern von Fontevraud konserviert. Von Tatkraft, Abenteuer- und Erfindergeist künden die über Jahrhunderte von Menschen gegrabenen Höhlen im Tuff- und Kalkgestein. Stunden kann man rätselnd vor den schier endlosen Wandteppichen in Angers verbringen, auf denen die Apokalypse in mittelalterlicher Bildsprache erzählt wird. Und schließlich lockt die Natur, die man zu Pferd, bei einer Wanderung oder per Fahrrad erkundet. Neben dem Fernradweg entlang der Loire gibt es auch die »Vélo Francette«, die vom Ärmelkanal bis La Rochelle verläuft, oder kleine Schwestern wie »Le Thouet à Vélo« mit nur 140 km Länge.

Fontevraud K4

Feminismus im Mittelalter? Das klingt abstrus, aber es gab die Frauen, die selbstbestimmt lebten. Als Paradebeispiel gilt Eleonore, die Herzogin von Aquitanien, Mutter von Richard Löwenherz, heimliche Lenkerin der Staatsgeschicke in England und Frankreich, gestorben im damals biblischen Alter von 82 Jahren. Über Eleonores äußerst spannendes Leben wurden gleich mehrere Romane geschrieben, viele mit allzu freien Zusätzen. Ihre letzten 15 Jahre verbrachte die ungewöhnliche Frau in einer ungewöhnlichen Abtei: Fontevraud, 5 km vom Südufer der Loire entfernt im Ländlichen gelegen. Das Dorf ringsum ist mit demselben hellen Stein gebaut und letztlich aus demselben Holz geschnitzt, nur weniger beredt.

Das Grab der Royals

Die modernen Eingangsgebäude könnten einen kleinen Flughafen versorgen. Rund 200 000 Besucher werden jährlich durchgeschleust, darunter viele Briten. Denn in der Abteikirche von Fontevraud ruhen englische Majestäten: Henri II und Richard Löwenherz. Henri stammte aus dem Anjou, war zweiter Ehemann von Eleonore und kam durch Erbfolge auf den englischen Thron. Nur hielt er sich lieber in Frankreich auf, zumal er die englische Sprache nicht verstand. Nach seinem Tod 1189 wurde er in Fontevraud beigesetzt. Eleonore, die 1204 starb und zu seiner Rechten ruht, liegt höher als der König und liest ein Buch. In materieller Bescheidenheit hatte sie für ihre Grabfigur zwar Holz statt Stein gewählt, wollte aber ihre politische und intellektuelle Überlegenheit in die Ewigkeit tragen. Zum Quartett

Ein Gärtchen zaubert Leben vor das Portal der Klosterkirche.
Beim Rundgang beherrscht dann blasser Stein das Erlebnis.

Gar nicht so ruhige Ruhe: Vor allem Besucher aus England begeistern sich für die Königsgräber in der Abteikirche.

der Grabfiguren, die eindrucksvoll in die Vierung des 90 m langen Kirchenschiffs gesetzt sind, gehören auch Königssohn Richard Löwenherz und Isabelle von Angoulême, die Witwe von Richards Bruder Johann Ohneland. Die kräftige Bemalung bildet heute einen Kontrast zu den hellen Mauern, die aber einst auch Farbauftrag besaßen. Dem Ideal der frühen Benediktiner entsprechend ist der leicht erhöhte Chor von 1119 noch arm an Dekor. Die Säulen im 1160 vollendeten Langhaus besitzen aber bereits Kapitellschmuck.

Nolens volens hinter Mauern

1101, etwa ein Jahrhundert vor den Beisetzungen, hatte Wanderprediger Robert d'Abrissel das Kloster für den Doppelorden der Fontevristen gegründet. Dem männlichen Teil stellte er

Äbtissin Pétronille de Chemillé voran, weil seiner Meinung nach eine Witwe die Welt besser kannte als ein Mann. 35 Äbtissinnen folgten im Laufe der Jahrhunderte dem Vorbild. Anfangs unterstanden ihnen auch fast 100 Niederlassungen, doch verzeichnete die Abtei im Spätmittelalter einen Niedergang, um erst im 16. Jh. neu aufzublühen. Der Kreuzgang des **Grand-Moûtier** genannten Frauenklosters an der Südseite der Kirche wurde bei diesem Wiederaufleben zum größten in Frankreich ausgebaut. Weitere Ergänzung war der Kapitelsaal an der Ostseite. Vor der Kulisse der dortigen Wandmalereien, auf denen Porträts der Äbtissinnen des 16.–18. Jh. in Szenen aus dem Neuen Testament erscheinen, hatten die Nonnen ihre Sünden zu beichten und wurden gleich vor Ort bestraft.

1792 war der Orden aufgelöst, das Kloster durch die Revolutionäre geplündert worden. Napoleon verwandelte die Ruine 1804 in ein Gefängnis, das bis 1963 genutzt wurde. Hühnerställe, *cages à poules,* nannte man die gruseligen Minizellen, in die man Sittenverbrecher gesondert von den übrigen Häftlingen sperrte. Die Haftbedingungen waren so grauenhaft, dass die Lebenserwartung in Gefangenschaft bei acht Monaten lag. Jener Kapitelsaal diente als interner Gerichtssaal. Graffiti der Gefangenen finden sich an den Wänden des einstigen Speisesaals. In der Schatzkammer sprechen anrührende Exponate vom tristen Leben hinter Gittern.

Durch das 60 m lange Refektorium (Speisesaal) an der Südseite des Kreuzgangs gelangt man zu den *parloirs,* die schlichtweg dem Pläuschchen der Damen dienten. Als geheimnisvoll galt lange das oktogonale Gebäude mit den seltsamen Schuppendächern in der Westecke. Durch die komplizierte Verschachtelung der Türmchen setzt sich das Achteck sogar in die Höhe fort, eine architektonische

Meisterleistung der Romanik. Nachdem man die Dachhaut als Schlote von Feuerstellen enträtselt hatte, war klar, dass es sich bei diesem prachtvollen Gebäude um die einstige Klosterküche handelte.

Gelebtes Lazarus-Phänomen

Nach den turbulenten Zeiten gab es nur noch die Option einer umfassenden Restaurierung, die der französischen Denkmalpflege enorme Kräfte abverlangte. Es bleibt als Kehrseite, oft nicht mehr vor einem Original zu stehen. Zeitgenössische Kunst, die Räume und Freiflächen schmückt, sorgt dennoch für Authentizität, nur eben in zeitgemäßer Form. Das gilt auch für das einstige Krankenhaus. Waren Nonnen und Mönche anfangs in einer gemischten Abtei untergebracht, so gab es später vier separate Klöster. **St-Jean-de-l'Habit** beherbergte die Mönche, **La Madeleine** die Laienschwestern, die für die Versorgung der Abtei zuständig waren. Schließlich gab es **St-Lazare** für Ordensschwestern, die sich in einem Krankenhaus vor allem um ›Aussätzige‹ kümmerten. Die alte Leprastation ist heute ein Hotel (s. u.).

Nicht versäumen sollte man auf dem weitläufigen Klostergelände die diversen Gärten, aber auch die **Colline Robert d'Arbrissel,** denn von dieser Anhöhe hat man die schönste Sicht auf die gesamte Anlage. Jüngste Zutat ist das **Cligman-Museum** mit Werken der klassischen Moderne.

Abtei: T 02 41 51 73 52, www.fontevraud.fr, April–Okt. tgl. 9.30–19, sonst 9.30–18 Uhr, 11 €

Schlafen, Essen

Absolut nicht krank

Fontevraud L'Hôtel: Das einstige Krankenhaus im Kloster ist heute ein Hotel im japanischen Stil mit Gourmetrestaurant. Gäste können dort die Stunden nach Schalterschluss der Stätte ganz für sich genießen. Ein (teures) Abendessen mit Gemüse aus biologischem Anbau im Klostergarten gibt es an Tischen im Kreuzgang, Frühstück im Kapitelsaal des Spitals.

38, rue St-Jean de l'Habit, T 02 46 46 10 10, http://hotel-fontevraud.com, 54 Zi., DZ ab 110 €, Menü ab 70 €

Die tadellose Alternative

Domaine de Mestré: Der ehemalige Fronhof der Abtei vermietet seit den 1970er-Jahren Gästezimmer und beherbergt seither auch die Seifenmanufaktur Martin de Candre, die Naturprodukte nach Methoden aus Marseille verarbeitet. Ein reichhaltiges Büffet wird im hauseigenen Restaurant serviert, das sich mit einer herrlichen Terrasse zum Garten öffnet.

Mestré, T 02 41 51 72 32, https://domaine-de-mestre.com, 12 Zi., DZ ab 90 €, Menü ab 28 €

Infos

- **Bureau d'Information:** Place St-Michel, 49590 Fontevraud-l'Abbaye, T 02 41 51 79 45, www.ot-saumur.fr
- **Bus:** Agglobus Linie 1 nach Saumur.

Unterwegs nach Saumur ♥ J/K4

Ganz tief eingefressen

»*Un château sous un château*« ist der geläufige Slogan – ein Schloss unter einem Schloss. Aus der Ferne wirkt **Château de Brézé** wie eines der üblichen Renaissanceschlösser, aber dann blickt man von der Zugbrücke in 18 m tiefe Trockengräben, die ein zweites Schloss im Souterrain umgeben. Bei dieser Unterkellerung handelt es sich um die größte unterirdische Festung Europas, entstanden durch Gesteinsabbau. Neben dem Besuch dieser Keller machen die Kellereien hier im Anbaugebiet des Saumur-Champigny den Reiz aus.

2, rue du Château, Brézé, T 02 41 51 60 15, www.chateaudebreze.com, Juli/Aug. tgl. 10–18.30, April–Juni, Sept. 10–18, Febr./ März, Okt.–Dez. 10–17.30 Uhr, 11,80 €

Kollege Pilz

Das Schloss im Winzerort **Montsoreau** könnte man links liegen lassen, gäbe es darin nicht seit 2016 die Dauerausstellung britischer Konzeptkünstler, die Philippe Méaillé zusammentrug. Zuvor schon lieferte das **Château** (www. chateau-montsoreau.com, Mai–Sept. tgl. 10–19, April 12–19, Mitte Jan.–März, Okt.–Dez. 12–18 Uhr, 10,20 €) Künstlern Anregung. Der Maler William Turner etwa bezog mit seiner Staffelei einst einen Standort auf der nahen Loire-Brücke, der heute als **Point JMW Turner** bezeichnet wird. Gleich gegenüber dienen die Steinbrüche **Saut aux Loupes** (Avenue de la Loire, www.troglo-lesautauxloupes. com, Juli/Aug. tgl. 10–19, Sept.–Juni 10–18 Uhr, 7 €; Restaurant – Spezialität gefüllte Pilze – tgl. mittags, Mitte Juli–Ende Aug. auch abends) seit Ende des 19. Jh. der Pilzzucht. Champignons de Paris waren die ersten Leckereien, die in Frankreich nachgefragt wurden. Paris deshalb, weil sie zuerst in Katakomben der Hauptstadt gezüchtet wurden, bevor man an die Loire wechselte. In den Höhlen von Saut aux Loupes lernt man aber auch, dass Champignons dort nur noch zu Demonstrationszwecken wachsen, während der Markt inzwischen mit Importen aus Polen versorgt wird. Als Zuchtpilze verblieben im Anjou noch Austernpilze und Shitake. Der Nachbarort **Souzay-Champigny** erweitert das Höhlenvergnügen, indem man das verschachtelte Dorf mit dem Fahrrad auf unterirdischen Straßen queren kann.

Schlafen

Sowohl als auch

Demeure de la Vignole: Troglo oder nicht Troglo? Ein klares »Ja« für diese Höhlenbehausung. Sie stammt aus dem 17. Jh. und besitzt als ungewöhnliche Zutat einen hübschen Pool im Fels. Gänge und Treppen aus Holz und Schmiedeeisen erschließen die vier Troglo-Zimmer mit ihrem minimalistischen Mobiliar – ein Erlebnis für die Sinne, gegen das die übrigen sieben Zimmer trotz all ihres Charmes nicht mehr recht bestehen können.

3, Impasse Marguerite d'Anjou, Turquant, T 02 41 53 67 00, www.demeure-vignole.com, Anf. Febr.–Anf. Nov., 11 Zi., davon 4 Troglo, DZ ab 81 €, Vermietung von E-Bikes

Einkaufen

Gar nicht grottig

Village Métiers d'Art: Ja, Troglo-Shopping gibt es auch. 10 km östlich von Saumur wurden Grotten für den Verkauf von Kunsthandwerk hergerichtet. Vom Schmuck zur Keramik, vom Gemälde zur Skulptur wandert man und kann sich zugleich an den farbig erleuchteten Höhlengängen erfreuen. Auch Bistro und Restaurant sind vorhanden.

Rue Château Gaillard, Turquant, www. turquant.fr, Öffnungszeiten je nach Boutique (Websites beachten)

ANJOU-ARTIG **A**

Kulturstätten, Parks, Hotels und Restaurants werden ein Ideechen preiswerter gegen Vorlage des **Passeport Privilèges:** Ersparnis 10 %, mitunter auch 20 %. Näheres auf www.destination-anjou.com

Der Klotz drückt … Saumur scheint unter der Last seines Schlosses in die Knie zu gehen. Vor der Kulisse wirbt der Ort für seine Reitschule.

Bewegen

Auf glatten Wogen

Amarante & Belle Adèle: Zwei Ausflugsboote brechen von Montsoreau oder dem Nachbarort Candes zu diversen Fahrten auf Loire und Vienne auf. Die Fahrten bieten sich auch an, um ein Abendessen an Bord zu genießen.

Quai Philippe de Commines, Montsoreau, T 02 47 95 80 85, www.bateauamarante. com, März–Okt. Sa/So und Fei, ab 13 €, Menü 14–34 €

Infos

• **Maison du Parc:** 11, av. de la Loire, 49730 Montsoreau, T 02 41 38 28 88, www.parc-loire-anjou-touraine.fr. Informiert über den regionalen Naturpark.

Saumur 📍 J4

Man könnte über Schauspielerin Fanny Ardant sprechen. Oder über Modeschöpferin Coco Chanel. Beide sind in Saumur geboren. Ebenso könnte man begeistert feststellen, wie schön sich die Stadt an die Loire schmiegt und dazu eine imposante Brücke ans andere Ufer schlägt. Aber in Frankreich köchelt dieser Song der Heavy-Metal-Band Trust, die wegen eines untersagten Auftritts polterte: »Methoden von Militaristen, auf die wir am liebsten pissten.« Nun lassen sich 27 000 Einwohner nicht über einen Kamm scheren. Aber die Legende lebt und reimt sich auf die Tatsache, dass Saumur mit dem Musée des Blindés an der Straße nach Fontevraud eines der weltweit größten Panzermuseen besitzt.

Schauen wir aber erst einmal nach anderen Seiten der Stadt. Doch dies als Nachtrag: Auch Fanny Ardant ist Tochter eines Offiziers.

Tuff oder nicht Tuff

La Blanche, ›die Weiße‹, klingt schon besser als Militarismus und bezieht sich auf die Mauern aus hellem Tuffstein, der am Tag stets sauber über dem Spiegel der Loire flirrt und nachts wie ein Glühwürmchen nachzuleuchten scheint. Weltweit gilt der weiche Tuff als hervorragendes Baumaterial, in das sich gut auch Höhlen schlagen lassen. An der Loire wurde das Gestein abgebaut, um damit grell leuchtende Schlösser zu errichten, während in den Steinbrüchen eine Unterwelt für das niedere Volk verblieb. Heute gilt es als verlockend, die Grotten als Troglo-Ho-

Das Tuffgestein rings um Saumur ist seit dem hemmungslosen Abbau ein Labyrinth aus Gängen.

tels und Troglo-Restaurants zu nutzen. »Troglo« sagen alle, die bei *troglodytique* stammeln. Im Klartext meint der Begriff das Höhlendasein.

Was Saumur mit Tours teilt: Die Altstadt liegt am südlichen Loire-Ufer, damit entfällt der Blick auf die Mauern im gleißenden Mittagslicht. Guter Standpunkt für ein Panorama, dann eben morgens oder abends, ist die **Île d'Offard** ❶, auf der nach dem Krieg kaum ein Stein auf dem anderen stand. Man sieht das Schloss schwer auf den Tuffmauern der Stadt lasten und ahnt nicht, dass die wirkliche Altstadt erst in zweiter Reihe hinter den Quais wartet. Der Weg dorthin führt über den **Pont Cessart** ❷ und vorbei an **Le Dôme** ❶, beide 18. Jh., erst einmal zur **Mairie** ❸ an der Rue Molière. Deren trutzige *maison fort,* der Trakt links des Eingangs, datiert noch ins frühe 16. Jh. und war Teil der Stadtmauer. An der Fassade fällt ein gerahmter Stein auf, den ein Bürger namens Aubin Bonnemère beim Sturm auf die Bastille ergattert haben soll.

Vom Fachwerk des ganz alten Saumur blieben Reste an der **Place St-Pierre** ❹, die von Cafés, Restaurants und der restaurierten **Église St-Pierre** ❺ gesäumt ist. Die Kirche mit romanischem Südportal, gotischem Schiff und barocker Fassade beherbergt Tapisserien aus Tours (16. Jh.), die das Leben von St-Florent und St-Pierre illustrieren. Von der Kirche in südlicher Richtung verläuft die **Grande Rue** ❻, ein Beleg für den Wohlstand der einst dort lebenden Hugenotten. Ihr Theologe und Staatsmann Philippe Duplessis-Mornay wohnte in Haus Nr. 45, bis er 1621 den Posten als Stadtgouverneur verlor. In seiner jahrzehntelangen Amtszeit hat er Saumur als Sicherheitszone der Hugenotten erhalten und eine protestantische Akademie gründen können. Man kennt ihn im heutigen Frankreich aber eher wegen der *Sauce Mornay,* einer Variante der Béchamel.

In der Nähe des Hauses blieb an der Rue des Païens als Rest der alten Verteidigungsanlagen die **Tour Grenetière** ❼ aus dem 15. Jh. Weiter südlich findet sich mit **Notre-Dame-de-Nantilly** ❽ die älteste Kirche Saumurs. Schon im 7. Jh. gegründet, entstanden die heutigen Gebäude ab dem frühen 12. Jh., als auch die Marienfigur geschnitzt wurde, heute in der südlichen Seitenkapelle des Chors. Louis XI, der oft dort betete, ließ Anbauten im Flamboyant-Stil errichten. **Kirchen:** tgl. 9–18/19 Uhr

Wo der Sadismus spukt

Fulko Nerra (s. S. 93) hatte etwas vom Hasen und dem Igel – er war immer schon da, demnach auch hier. Nun erfordert es keinen Expertenblick, um die strategisch günstige Position auf dem Plateau über Saumur zu erkennen. Dort stand Fulkos Burg, dort bauten die Herzöge von Anjou ab dem 14. Jh. ihren Hauptsitz. Ob der Blick aus der Ferne auf Stadt und Schloss schöner ist als die Aussicht von oben übers Loire-Tal? Der Marquis de Sade wird das **Château** ❾ (www.chateau-saumur.fr, Juli/Aug. tgl. 10–19, April–Juni, Sept. Di–So 10–18, Anf. Febr.–Ende März, Okt.–Dez. Di–So 10–13, 14–17.30 Uhr, 7 €) jedenfalls nicht geschätzt haben, denn 1768 saß er dort für drei Wochen ein.

Nachdem die Stadt 1906 das Schloss gekauft hatte, richtete sie dort zwei Museen ein, das eine zur Geschichte der Reiterei, das andere zum Kunstgewerbe mit einer Sammlung des Grafen Lair, die u. a. die Entwicklung von der Keramik zum Porzellan nachzeichnet. 2017 wurde das Schloss in seiner Gesamtheit nach 15-jährigen Sanierungsarbeiten wiedereröffnet.

Auf dem Rückweg lohnt sich ein Abstecher über die Rue Jean-Paul Hugot zur Wallfahrtskirche **Notre-Dame-des-Ardilliers** ❿, errichtet über einer wundersam entdeckten Pietà und im 17. Jh. ausgestattet mit der damals größten Kuppel Frankreichs.

MÜHLEN AN DER RÖMERSTRASSE

M

Le Panorama heißt das Bistro mit Terrasse, das seine einfachen Speisen mit einem fantastischen Blick auf das Schloss garniert. Die Adresse Rue des Moulins bezieht sich auf rund 30 Windmühlen, die ab dem 15. Jh. an dieser einstigen Römerstraße entstanden. Auf alten Postkarten sieht man noch, wie die bizarren Gebilde malerisch über der Loire wachten. Geblieben sind nur ein paar Stümpfe.

Ross und Reiter

Der Hinweis auf die militärische Prägung trifft Saumur keineswegs grundlos. Tatsächlich stehen Stadtteile im Westen unter dem Regiment der Militärschule **École d'Application de l'Armée Blindée et de la Cavalerie** ⓫. Eine Elitetruppe der Reiterei hatte dort schon 1763 ihre ersten Kasernen, inzwischen ist eine Offiziersschule eingezogen. Beim sommerlichen Carrousel (s. S. 166) steht eine seltsame Mischung aus Dressur- und Panzervorführungen auf dem Programm.

Bagneux ⓬ findet sich auf dem Hinweisschild, das den Weg über den nahen Fluss Thouet anzeigt. Der Ort besitzt den vielleicht einzigen im Garten einer Bar stehenden Dolmen (56, rue du Dolmen, www.ledolmendebagneux.com, Juli/Aug. tgl. 9–19, übriges Jahr Do–Di 9–18 Uhr, 4 €). Zugleich ist dieses 5000 Jahre alte Grab mit 23 x 7 m und 15 Steinplatten Europas zweitgrößter Dolmen. Nach dem kleinen Umweg geht es am Thouet entlang nach **St-Hilaire-St-Florent** ⓭ mit seinen Sektkellereien (s. S. 162) und weiter zur École Nationale d'Equitation. Das Gelände ist seit 1972 auch Heimat des fortan rein zivil ausgerichteten **Cadre Noir** ⓮ (s. S. 185),

Saumur

Ansehen

① Île d'Offard
② Pont Cessart
③ Mairie (Rathaus)
④ Place St-Pierre
⑤ Église St-Pierre
⑥ Grande Rue
⑦ Tour Grenetière
⑧ Notre-Dame-de-Nantilly
⑨ Château
⑩ Notre-Dame-des-Ardilliers
⑪ École d'Application de l'Armée Blindée et de la Cavalerie
⑫ Bagneux
⑬ St-Hilaire-St-Florent
⑭ Cadre Noir
⑮ Musée de la Cavalerie

Schlafen

1 Le Patio
2 Gloriette de Loire

Essen

1 Le Moulin des Saveurs
2 Le Bœuf Noisette
3 La Table des Fouées

Einkaufen

1 Les Docks de la Loire

Bewegen

❶ Husky Dream
❷ Croisières Saumur Loire

Ausgehen

❶ Le Dôme
❷ Bateau-Bar Sur les Quais

dessen Elite den Unterricht an der Schule gestaltet. Seit 2011 steht die französische Reittradition auf der Liste des immateriellen UNESCO-Kulturerbes.

Museum

Rein in die Steigbügel

⑮ Musée de la Cavalerie: Wo der Cadre Noir einst seine Stallungen hatte, zeichnet ein Museum die Geschichte der französischen Kavallerie nach.

Place Charles de Foucauld, www.musee-cava lerie.fr, Juli/Aug. tgl. 10.30–18, sonst Sa–Do 10.30/11–17.30/17 Uhr, 7 €

Schlafen

Gut gehütetes Postgeheimnis

❶ Le Patio: Aus dem 17. Jh. stammt die einstige Poststation an der Loire. Aber sie ist schon lange wohnlich umgebaut, zuerst vom und für den königlichen Architekten Alexandre Jean-Baptiste Cailleau, der im Auftrag von Louis XV die Brücken der Stadt baute. Heute dient das Haus als Pension mit kleinem Spa. Im herrlichen Innenhof parkten einst die Postkutschen.

31, quai Mayaud, T 02 41 51 20 22, www. lepatiosaumur.fr, 5 Zi., DZ ab 90 €

Im sicheren Hafen

❷ Gloriette de Loire: Hoher Seegang droht nicht, aber das Heim schaukelt. Die Gloriette ist gegenüber der Stadt am Loire-Ufer vertäut und erfreut durch nette Ausblicke von den Planken aus. Gebaut wurde sie 2015 nach dem Vorbild der traditionellen Wäschereiboote, während die Replik zu Wohnzwecken dient. Zweites Hausboot des Unternehmens ist die Loire Romance.

5, quai du Marronier, T 06 25 68 64 98, https://different-holidays.jimdofree.com, Boot für 4 Personen, ab 330 €/Woche

Essen

Teich mit Wohlgefühl

❶ Le Moulin des Saveurs: Man fährt ein wenig aufs Land hinaus, 7 km südwestlich ans Ufer des Flüsschens Douet. Was am Ende wartet, ist das Restaurant eines gehobenen Hotelbetriebs, untergebracht in einer ehemaligen Mühle. Kabeljau und Zander, Wildschwein und Rind ergeben zwar keine umfangreiche Karte, sind aber extravagant zubereitet.

2425, rte. de Cholet, Distré, T 02 41 40 25 95, www.domainedepresle.fr, Mo–Sa 12–14, 19–21.30, So 12–14 Uhr, Menü ab 29 €

Steak à la Vintage

❷ Le Bœuf Noisette: Ein wenig überteuert, eine etwas zu kleine Auswahl, aber beste Lage neben dem Theater und eine ansprechende Innenarchitektur mit Spiegeln, Marmortischen und Holzfußböden. Spezialität sind Fleischgerichte mit Rind aus regionaler Züchtung.

29, rue Molière, T 09 81 73 73 10, auf Facebook, Di, Do, Fr, So 12–14.30, 19–22, Mi 19–22 Uhr, Menü ab 28 €

Teig statt Teich

❸ La Table des Fouées: Sie sind lecker, die Brote aus dem Holzkohleofen, die mit verschiedenen feinen Zutaten gefüllt oder bestrichen werden. Auch ein vegetarisches Menü ist im Angebot. In der Höhle schmeckt das noch mal so gut. Ein Häuschen weiter findet man dazu die Weinbar.

29, rue Ackerman, T 02 41 03 31 65, www. latabledesfouees.fr, April–Okt. Mo–Sa 12–14, 19–22, So 12–14, 19–21, Nov.–März Mi–Sa 12–14, 19–22, So 12–14 Uhr, Menü ab 20 €

Einkaufen

Unter der Kuppel der Musen

❶ Les Docks de la Loire: Nicht weit vom Rathaus hat die Boutique Spitzenprodukte engagierter Kunsthandwerker und Lebensmittelproduzenten der Region versammelt.

5, rue Bonnemère, www.croisieressaumurloire. fr/les-docks, Mo–Fr 10.30–12, 14–18.30, Sa 10–12, 14.30–18, So 14–18, April, Sept./Okt. So/Mo geschl., Nov.–März Di–Fr 14.30–18, Sa 10–13 Uhr

Bewegen

Hunde, die bellen

❶ **Husky Dream:** Husky ohne Schnee ist wie Kamel ohne Palme? Kann sein, trotzdem macht es Spaß, sich von den Vierbeinern durch die Landschaft ziehen zu lassen. In den meisten Fällen klappt die Gewöhnung aneinander.

L'Ermitage, Brigné, Doué-en-Anjou (29 km westl.), T 06 20 77 15 17, www.huskydream. fr, April–Dez. tgl. auf Voranmeldung, Jungfernfahrt im Hundewagen 45 €

Die Liebe zum Kontinent: Zwei junge Engländer brechen zur Radtour auf.

Fluss muss

❷ **Croisières Saumur Loire:** Kreuzfahrt hat auf der Loire noch einen ziemlich gemütlichen Charakter, zumindest in den Varianten ab Saumur, wo ein kleines Boot zu Dinnerfahrten, Erkundungen, Vintage-Promenaden, Weinschaukeleien und Sonnenuntergangstouren aufbricht.

Buchung: 5, rue Bonnemère, Ableger: Quai Lucien Gautier, T 06 63 22 87 00, www.croi sieressaumurloire.fr, Mai–Mitte Sept., Fahrplan s. Website, Preis z. B. Dinnerfahrt 55 €

Ausgehen

Unter der Kuppel der Musen

❶ **Le Dôme:** Das klassizistische Theater von Saumur, inzwischen auch bekannt als Expo Artistes Saumurois, wurde im 19. Jh. nach dem Vorbild des Pariser Odéon gebaut. Sein Kuppelsaal im italienischen Stil bietet 430 Sitzplätze und wird mit einem breit gefächerten Programm von Theater über Tanz bis zu Konzerten der U- und E-Musik bespielt. Rings um das Gebäude haben sich Cafés mit Öffnungszeiten bis in die Nacht angesiedelt.

Place de la Bilange, T 02 53 93 50 00, http:// saisonculturelle.agglo-saumur.fr, Ticketverkauf Di–Fr 13.30–17.15 Uhr

Für den Apéro

❷ **Bateau-Bar Sur les Quais:** Wenngleich als Restaurant definiert, würde man das Hausboot kaum als solches hervorheben. Der größere Spaß besteht darin, bei und nach Sonnenuntergang dort vor der Kulisse der Stadt ein Gläschen zu trinken und mit Freunden eine Tapasplatte zu teilen.

Quai Lucien Gautier, T 06 98 65 83 32, https://sur-lesquais.com, Fr/Sa 11.30–23.00, Do 11.30–23, Mi 17–22, 11.30–20 Uhr (im Winter verkürzte Zeiten), abends gemischte Platten ab 6 €, Mittagsmenü ab 15 €

TOUR
We are the Champignons

Mit dem Auto auf Pilzfahrt ab Saumur

Infos

📍 H/J 4

Start/Ziel: St-Hilaire-St-Florent

Länge/Dauer: 60 km, 1–2 Tage

Jacke oder Pullover gehören ins Auto, denn nun geht es in die Unterwelt. Doch in Saumur beginnt es erst einmal angenehm warm. Zum Tuff *(tuffeau)*, dessen reiche Vorkommen schon mehrfach auffielen, gesellt sich Muschelsandstein *(falun)*. Beide waren ab etwa 1000 n. Chr. Baumaterial und stammten großteils aus dem Dreieck zwischen Montsoreau, Doué-la-Fontaine und Gennes. Auf 1500 km belaufen sich die Gänge, die man nach dem Abbau nicht brach ließ. Unsere Rundfahrt beginnt in **St-Hilaire-St-Florent,** wo die Stollen am Südufer des Thouet von mehreren Kellereien als Sektlager genutzt werden. Meister und Pionier ist Ackerman, nach dem sogar die Straße benannt ist. Sie führt in der Verlängerung zum **Musée du Champignon,** das sich der unterirdischen Pilzzucht widmet. Säcke oder Kisten mit Kompost ermöglichen die Anzucht, hohe Luftfeuchtigkeit und gleichmäßige Temperaturen garantieren das Gedeihen. Im Schein schwacher Lampen wirken die eng gesetzten Pilze wie wuchernde Pestbeulen, entwickeln aber auf dem Teller ihre appetitliche Pracht. Besonders große Champignons werden in der Region als *galipettes farçies* angeboten, Pilze mit diversen Füllungen im Hut.

Nur ein kurzes Stück weiter an der Straße demonstriert der **Parc Miniature Pierre et Lumière,** wie man einen ehemaligen Steinbruch auch nutzen kann. In diesem Fall hat der Bildhauer Philippe Cormand in den Gängen 20 maßstabsgetreue Modelle von Monumenten, Städten und Dörfern der Loire geschaffen. Die Sache hat einen

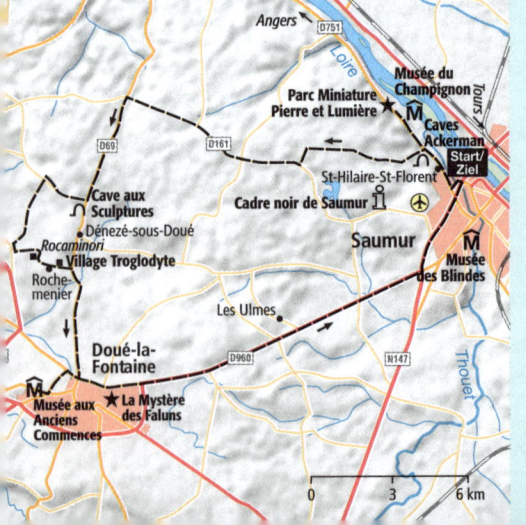

*Champignons,
Kopf an Kopf*

St-Hilaire-St-Florent: Musée und
Pierre-et-Lumière:
www.musee-du-
champignon.com,
www.pierre-et-lu-
miere.com

**Dénézé-sous-
Doué:** Cave aux
Sculptures: 7, rue
de la Caverne,
Juni–Aug. Mi–Mo
10.30–13, 14–18,
April/Mai, Sept.
Mi–Mo 14–18
Uhr, 4 €

Rochemenier:
Rocaminori, www.
rocaminori-hotel.fr;
Village troglodyte:
www.troglodyte.fr

**Doué-la-Fon-
taine:** Le Mystère
des Faluns: www.
les-perrieres.com;
Musée: www.anci
ens-commerces.fr

Vorläufer in **Dénézé-sous-Doué**, wo Kinder 1956 die
kleine **Cave aux Sculptures** entdeckten – die Wände
übersät mit Hochreliefs. Schöpfer waren möglicherweise Protestanten, die während der Religionskriege
dort Schutz gesucht hatten.

Das Höhlenhotel **Rocaminori** in **Rochemenier** ist fast
schon ein Dorf für sich. **Village troglodyte** heißt das
Museumsdorf unterhalb, in dem einst 40 Bauernhöfe
über 250 Höhlen verstreut waren und so die größte dieser
Anlagen im Loire-Tal ergaben. Zwei Gehöfte sind restauriert und als Museum hergerichtet. Seit dem 13. Jh.
lebte hier die einfache Bevölkerung. Kälte, Feuchtigkeit
und Finsternis, denen man nur durch Aufenthalt im Hof
entkam, führten ab dem 19. Jh. dazu, dass die Höhlen
verlassen wurden. Als Zweitwohnung oder Hotel feiern
sie heute ein Comeback.

Doué-la-Fontaine ist so etwas wie die Troglo-Hoch-
burg, in der man das Troglo-Restaurant und die
Troglo-Galerie, den Troglo-Steinmetz und die Tro-
glo-Boutique, den Troglo-Zoo und den Troglo-Kera-
miker findet. **Le Mystère des Faluns** nennt sich eine
Attraktion, die aus der Sache Aufregendes kitzelt. Es
handelt sich um ein Höhlensystem im Muschelsandstein, den vor 10 Mio. Jahren ein Meer überspülte.
Laserspiel setzt die Schächte virtuell nochmals unter
Wasser, damit man die Magie der Urzeit nacherleben
kann. Zur Show gehört aber auch die Reanimation
der Tage, als das Gestein in der Finsternis abgebaut
wurde. Gänzlich anderer Natur ist im Ort das **Musée
aux Anciens Commerces** mit rekonstruierten Läden
und Handwerksbetrieben von 1850 bis 1950.

TOUR
Ufer hin, Ufer her

Per Rad von Saumur nach Gennes

Infos

📍 J 3/4

Start/Ziel: Saumur, Office de Tourisme
Länge/Dauer: 40 km, 2–3 Std. (ohne Besichtigungen)

Vorbereitung: www. ot-saumur.fr, www. francevelotourisme. com
Fahrradvermietung: VéloSpot, 51, quai Mayaud, www.velospot.fr

Einstieg ist das **Office de Tourisme** in Saumur, von dem man am linken Ufer der Loire auf den **Pont du Cadre Noir** zuhält, dort in südliche Richtung zum Kreisel schwenkt und dem Abzweig Richtung Gennes folgt. Ab dem nächsten Kreisverkehr ist der Radfernweg Loire à Vélo markiert, der abwechselnd auf Straße oder asphaltiertem Radweg nach **St-Hilaire-St-Florent** leitet. Champignons und Sekt sind erst einmal die Begleiter am Fluss Thouet. Ein Highlight für Radfahrer stellt die **Kellerei Bouvet-Ladubay** dar, weil man durch die weiträumigen Stollen radeln darf (www.bouvetladubay.com, Juni–Sept. Mo–Fr 8.30–19, Sa/So 9–19, sonst Mo–Fr 8.30–12.30, 14–18, Sa/So 10–12.30, 14.30–18 Uhr, 7 €).

Zur Umgehung der geschäftigen D 751 leitet die Markierung ein wenig landeinwärts, dann zurück zum Loire-Ufer und auf einen Pfad. Auf Höhe eines Campingplatzes ist dann aber die Straße bis **Cunault** unumgänglich. Maxenceul, ein Schüler des hl. Mar-

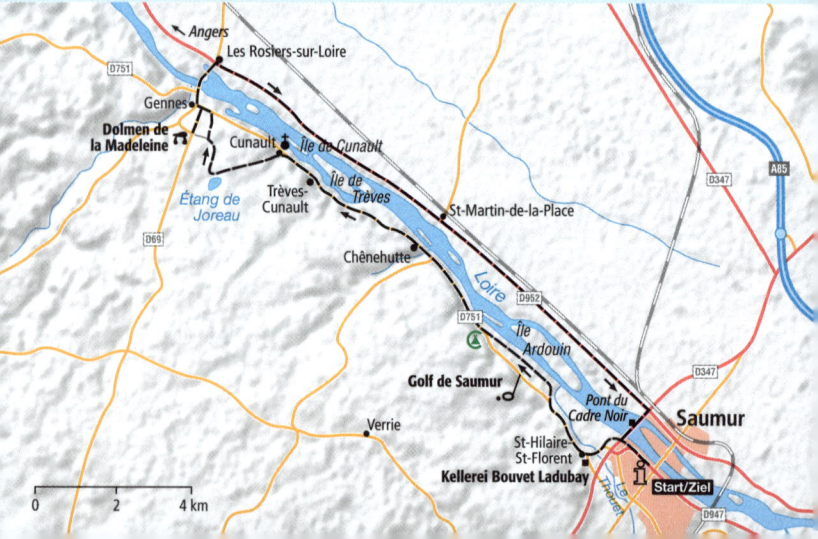

Versunkene Kathedrale nennt der Künstler Philippe Cormand sein Werk in den Sektkellereien von Bouvet Ladubay, inspiriert durch die Musik von Claude Debussy.

tin, soll das dortige Priorat im 4. Jh. gegründet haben. Die Hallenkirche **Notre-Dame** (www.ot-saumur.fr, im Sommer tgl. 9–20, sonst bis 18/19 Uhr, gratis) mit drei gleich breiten Längsschiffen ist einer der großartigsten romanischen Sakralbauten an der Loire, der Glockenturm (11. Jh.) der älteste im Anjou. Dass eine Phiole Muttermilch Marias enthalten soll, zog Pilger in dieses Benediktinerzentrum. Heute begeistert eher der Schmuck an 223 Kapitellen – so hoch oben, dass ein Fernglas gute Dienste leistet. Zu erkennen sind u. a. Szenen von der Vertreibung der Araber aus Spanien. War einst die gesamte Kirche ausgemalt, so entdeckt man jetzt nur noch Reste aus dem 13.–18. Jh. Im Sommer erklingen bei den *Heures Musicales de Cunault* sonntags ab 17 Uhr Konzerte in dieser oder in der ebenfalls romanischen Kirche von Trèves.

Dann folgt ein nervenschonender Knick landeinwärts zum **Étang de Joreau**, dann geht's zurück zur Hauptstraße in **Gennes**. Vom römischen Genina Loca blieben *Reste eines Amphitheaters.* Eindrucksvoller ist 1 km östlich der Ruinen jedoch der prähistorische **Dolmen de la Madeleine.** Nach einem Kurzbesuch quert man die Loire-Brücke und folgt ab **Les Rosiers-sur-Loire** – vielleicht nach einer Stärkung in der dortigen **Bäckerei Vinaillou** (http://biscuiterie-le-vinaillou.fr) – dem autofreien Radweg am rechten Flussufer zurück nach Saumur.

Feiern

• **Journées nationales du Livre et du Vin:** Mitte April. Mal ist es das Thema Weiblichkeit, dann auch wieder Kino und in jedem Fall Saumur samt seinem Wein und seiner Kultur. Zur Debatte steht dabei auch, wie die Literatur – einschließlich der Kritiker – zum Wein steht. www.livreetvin.com

• **Festivini:** Juni–Sept. Die Festivitäten um den Wein betreffen das gesamte Anbaugebiet um Saumur, wo ein straffes Programm organisiert wird: Wanderungen durch die Weinberge, Konzerte, Märkte, Schlemmerabende. www.festivini.com

• **Anjou Vélo Vintage:** Anfang Juli. Opas Fahrrad steht längst im Keller, trotzdem erinnert man sich an einem verlängerten Wochenende mal an die Tage, als keine Rede von E-Bikes war. Retro-Kleidung ist unabdingbar. www.anjou-velo-vintage.com

Verwirrung stiften: Das Kunstwerk »Hélice terrestre« verbindet ober- mit unterirdisch.

• **Carrousel:** 3. Juli-Wochenende. Die berühmte Reitschule der Stadt ist in zahlreiche Feste eingebunden, aber dieses zählt zu den großen Veranstaltungen. Die dreitägigen Feierlichkeiten auf der Place du Chardonnet umfassen Darbietungen des Cadre Noir (s. S. 185), aber auch Paraden von Motorrädern und Panzern. www.saumur-tourisme.com

• **Grandes Tablées:** Ende Juli. Die Appellation Saumur-Champigny lädt 9000 Menschen zum Bankett auf die Place de la République. Ein Fest der Sinne. www.saumur-champigny.com

Infos

• **Office de Tourisme:** 8bis, quai Carnot, 49415 Saumur, T 02 41 40 20 60, www.ot-saumur.fr

• **Bahn:** Bahnhof außerhalb an der D 347, TER nach Tours und Angers, von dort jeweils TGV nach Paris.

• **Bus:** Saumur Agglobus (28, place de la Gare de l'État) verkehrt im Stadtgebiet und entlang der Loire. Nach Fontevraud fährt Linie 1.

Unterwegs nach Angers 📍H3

Kunst in der Versenkung

Bis Gennes ist die Strecke schon durch eine Radtour bekannt (s. S. 164), sie führte aber nicht weit genug, um bei St-Georges-des-Sept-Voies eine verblüffende Attraktion zu erleben. Teile dieser spiralförmigen **Hélice terrestre** könnte man für ein bizarres Werk der Natur halten, doch Schöpfer war der 1996 verstorbene Künstler Jacques Warminsky. Seine Erdschraube, in der auch Konzerte und Ausstellungen stattfinden, besteht aus zwei parallel verlaufenden Räumen, einer über, der andere unter der Erde.

6, L'Orbière, T 02 41 57 95 92, http://helice terrestre.canalblog.com, Mai–Sept. tgl. 11–20, Okt.–April Sa/So n. V., 6 €

Château de Brissac

Sekt und Raser – die Brissacs

Nach dem Rundgang durch Château de Brissac hat man den Eindruck, sehr viel gesehen zu haben. Aber nur 15 der 204 Räume sind für Besucher geöffnet. Wer sich erinnert: Das Königsschloss Chambord hatte auch ›nur‹ 440 Zimmer, womit klar ist, dass die Familie Brissac ein Wörtchen mitzureden hatte. Erstaunlich nur, dass ihr Klotz ein wenig abseits am Fluss Aubance steht, wieder einmal auf Ruinen einer mittelalterlichen Festung. Ein Park mit altem Baumbestand umgibt dieses größte Loire-Schloss in Privatbesitz. Vom Weinkeller arbeitet man sich aufwärts zur Salle des Gardes mit Aubusson-Tapisserien und vergoldeten Decken, ins Schlafgemach von Louis XIII und weiter in einen Opernsaal von 1883, gebaut für die damalige Herzogin, die Konzertsängerin war. Ein herausragendes Porträt in der Gemäldesammlung zeigt Madame Cliquot, Vorfahrin des Schlossherrn und Namensgeberin des berühmten Champagners Veuve-Cliquot. Einer anderen Dame des Hauses bescheinigt ein Protokoll der Pariser Polizei von 1893, dass sie einen heißen Reifen fuhr. Sie soll mit mehr als den zulässigen 12 km/h durch den Bois de Boulogne gesaust sein.

Rue Louis-Moron, Brissac-Quincé, T 02 41 91 22 21, https://chateau-brissac.fr, Juli/Aug. tgl. 10–17, April–Juni, Sept. Mi–Mo 10–12, 14–17, Okt. Mi–Mo 10.30–11.30, 14–16.30, Nov.–März Mi–Mo Führung 14 und 16 Uhr, 12 €; Mai–Sept. herrschaftliche Übernachtung im Schloss, DZ/ÜF ab 390 €

Angers ⭐ 📍 H3

Nur wenig mehr als 100 km liegen zwischen Tours und Angers. Zugleich liegen Welten dazwischen. Die eine Stadt, Tours, alt, gebrechlich, oft spröde und merklich unaufgeräumt, die andere auch alt, nur nobel, reich mit Blumen dekoriert, in weiten Teilen gefällig. Mit 151 200 gegenüber 136 500 bewegt sich Angers' Einwohnermarke ein Stück über Tours, während beim Anteil der Studenten die Gewichtung umgekehrt ausfällt (20 000 gegenüber 28 000). Der Verdacht liegt nahe, dass die Jugend bröckelnden Charme mehr schätzt als saubere Beschaulichkeit, nur bewegen wir uns da im Reich der Spekulation. Bleibt die Frage, was Reisende lockt und wohin.

Am Ostufer der Maine

Apocalypse now

Die Kelten mal wieder und nach ihnen die Römer. Eine altbekannte Folge in der gallischen Historie, an die – weniger geläufig – im 9. Jh. Überfälle der Normannen anknüpften. Ihretwegen erhielt die Siedlung an der Maine eine erste Festung. Denn wir sind nicht am Fluss Loire, in den die Maine erst 8 km weiter südlich mündet – nicht ohne vorher auf dem Gelände einer Kiesgrube zum Freizeitsee **Lac de Maine** gestaut worden zu sein. Man kann dort am rechten Flussufer den Einstieg wählen und durch den Parc de Balzac etwa eine Stunde bis zum **Château ❶** spazieren oder gleich bei der Festung den Stadtrundgang beginnen. Dass die Burg erhöht auf einem Fels steht, muss einem gesagt werden, weil dieser belanglose Sporn das imposante Bauwerk nicht gerade fotowirksam über den Fluss hebt.

Die farblich durchgestylte »Apokalypse« von Angers lässt stundenlang staunen und rätseln.

Was dann aber doch mächtig beeindruckt, sind der von Gärtnern einfallsreich bepflanzte Burggraben, die 17 kraftstrotzenden, bis 40 m hohen Rundtürme aus Schiefer und Kalkstein und die alte Zugbrücke, die aus dem Mittelalter herüberzuquietschen scheint. Auch hier war Fulko Nerra (s. S. 93) der erste Bau- und Burgherr, dem das Herrscherhaus Plantagenêt in die Fußstapfen folgte. Die Majestäten hatten lustige Beinamen, ›Kurzmantel‹ war es im Fall von Henri II, der aber allen Respekt verdient. Denn in Union mit seiner Ehefrau Eleonore von Aquitanien begründete er das Angevinische Großreich, das ab 1154 auch England umfasste.

Freilich muss man einräumen, dass der gute Mann schon tot war, als seine Enkelin Blanca von Kastilien 1230–39 den Großteil der Festung in heutiger Gestalt bauen ließ. Sie war eine kluge, couragierte und politisch versierte Frau, die alle Schachzüge ihrer Zeit beherrschte und zweimal den Thron Frankreichs innehatte. Nach ihrem Tod erfolgten an der Festung weitere Aus- und Umbauten, insbesondere zum Schutz gegen bretonische Übergriffe. **Kapelle** (1410) und nebenan **Logis Royal** (1435–40) sind wohl die markantesten Beigaben aus dieser Zeit.

Nur hat man damit noch nicht den größten Schatz der Festung gesehen: den Teppichzyklus »**Apokalypse des Johannes«,** der seit 1954 in einem Anbau an der Flussseite verwahrt wird. Herzog Louis I de Anjou gab das grandiose Werk 1375 in Auftrag. Hennequin von Brügge fertigte die Entwürfe nach Illustrationen karolingischer Manuskripte. Nicolas Bataille sorgte für die Umsetzung in einen 103 m langen mehrteiligen Wandteppich. Die Arbeiten währten sieben Jahre, wobei man die Sieben gerade bei diesem Text als Symbolzahl erachten muss. Sieben Sendschreiben schickt Johannes (wohl nicht identisch mit dem Apostel) an sieben kleinasiatische Gemeinden und offenbart ihnen seine Visionen. Da öffnet ein Lamm das berühmte Buch mit den sieben Siegeln und entlässt Schritt für Schritt die apokalyptischen Reiter, die Verwüstung über die sündige Erde bringen. Von sieben Engeln und sieben Posaunen, sieben Plagen und sieben Schalen göttlichen Zorns handelt der Text, dem man allerdings bescheinigen muss, dass er reichlich wirr geriet. Es heißt, die Teppichkünstler hätten dem Umstand der schweren Verdaulichkeit Rechnung getragen, indem sie so manche Bildaussage vage hielten. Dem Betrachter sei gesagt, dass er von links oben nach rechts unten zu lesen hat und in jeder Visionsszene Johannes als wiederkehrenden Betrachter des Geschehens findet. Vollständig ist der eindrucksvolle Zyklus nicht mehr, denn Teile wurden während der Revolution zerschnitten und als Bettvorleger oder Frostschutz für Bäume verwendet. Zwei Drittel haben sich erhalten und ergeben ein ergreifendes, in Angers glänzend präsentiertes Werk, das sich auch als Spiegel seiner Entstehungszeit interpretieren lässt. Denn vorausgegangen war das Wüten der Pest, während der Hundertjährige Krieg gerade in eine trügerische Pause eintrat.

2, promenade du Bout du Monde, T 02 41 86 48 77, www.chateau-angers.fr, Mai–Aug. tgl. 9.30–18.30, Sept.–April 10–17.30 Uhr, 9 €

Mal kurz auf dem Strich gehen

Man muss sich das Leben nicht unnötig schwer machen und kann nun einer Linie auf dem Straßenpflaster folgen, die einen 90-minütigen Stadtrundgang begleitet – den wir freilich erweitern werden. Doch erst einmal geht es am Strich entlang zur **Cathédrale St-Maurice ❷**,

einem Werk aus der zweiten Hälfte des späten 12. Jh. Für die Plantagenêts war es die erste Chance, eine eigene Variante gotischer Sakralarchitektur zu formen. Unbewiesen ist die Behauptung, dass Fulko Nerra den Vorgängerbau in Brand steckte. Es wird dem ausgemachten Bösewicht nun mal alles nachgesagt, nur nichts Gutes und damit auch keine Beteiligung am Neuaufbau. Verblüffend daran sind die Kreuzrippengewölbe, ein typisches und hier sehr früh ausgeführtes Merkmal der Gotik. Was Julian, den frühchristlichen Erzbischof von Toledo, nach Angers verschlug, bliebe mit Akribie zu klären, doch sicher ist, dass sein Leben zum Thema der Glasfenster im Querschiff genommen wurde. Nach den großen Verlusten während des Zweiten Weltkriegs sind leider nur Bruchstücke der gotischen Originalfenster erhalten.

Vom imposanten Westportal der Kathedrale fällt der Blick auf die einladende Treppenflucht Montée St-Maurice hinunter zum Fluss. Wir verzichten erst einmal auf den Abstieg und flanieren durch die Altstadt, die mit ihren 46 prachtvollen Fachwerkhäusern seit 2000 zum UNESCO-Weltkulturerbe zählt. Sosehr die Bauten beeindrucken, etwa in der **Rue de l'Oisellerie ❸**, erreicht doch keines die Pracht der fünfstöckigen **Maison d'Adam** an der Place Ste-Croix. Das reich mit Schnitzwerk überzogene Haus wurde um 1491 für einen Apotheker errichtet, der übrigens nicht Adam hieß. Vielmehr entdeckt man an der Fassade die Darstellung eines Apfelbaums, neben dem ehemals vielleicht auch Adam und Eva standen. Im Gebäude wohnten später reiche Kaufleute, heute beherbergt es als **Maison des Artisans ❶** das Warenangebot diverser Kunsthandwerker (s. S. 178). Der Stadt bekannt, nur den meisten Touristen nicht ist *Messire Tricouillard,* ein Männlein an der Fassade mit entblößtem Hintern und deutlich sichtbarem Gemächt.

Place du Ralliement ❹ heißt die nächste Station und wäre mit Stolz der Stadt auch gut beschrieben. Dass sich die neue Tram durch den Platz und die Sichtachsen schneidet, sei angesichts ihrer Umweltverträglichkeit gebilligt. Man muss also von den umliegenden Kaufhäusern und Cafés manchmal um die Tram-Ecke schielen, um die pompöse Fassade des Stadttheaters aus dem 19. Jh. ins Visier zu nehmen. Während das etwas abseits gelegene Musée Pincé wegen schier endloser Schließung kaum einen Abstecher lohnt, sollte man die **Maison Bleue** ❺ nicht ausklammern (Boulevard du Maréchal Foch/Ecke Rue d'Alsace). Das achtstöckige Haus von 1929 mit umlaufenden Balkonen und großzügigen Wohnungen besaß als erstes der Stadt einen Aufzug. Noch bemerkenswerter ist die Mosaikfassade im Stil des Art déco, ausgeführt von dem Künstler Isidore Odorico aus Rennes, die gleichwohl schon viel von ihrem alten Farbglanz eingebüßt hat. Das Changieren von Beige in den Untergeschossen zu Blau in der Höhe war allerdings Programm.

Cathédrale St-Maurice: 3, rue de l'Aubrière, T 02 41 87 58 45, http://cathedrale-angers.fr, tgl. 8–20 Uhr

Von gartenfrisch bis museal

Der Schwarz-Weiß-Kontrast von Schiefer und Kalk prägt die Türme der Festung. Schiefer ist allenthalben in der Architektur präsent, denn im östlichen Vorort Trélazé wird das Gestein seit Jahrhunderten so intensiv wie in keiner anderen Gegend Frankreichs abgebaut. Allerdings handelt es sich wegen der Konkurrenz aus Spanien um ein sterbendes Geschäft. Längst Geschichte sind die Spinnereien, Seilereien und Webereien der Établissements Bessonneau, die sich vom tempelgleichen **Palais de Justice** ❻ (Rue Waldeck-Rousseau, 1863–75) über ein riesiges Areal Richtung Osten erstreckten. Bis zur Schließung 1966 waren sie führender Brötchen- respektive Baguettegeber der Stadt, die hernach ihren Strukturwandel zu bestehen hatte.

Die neue Wahl fiel auf Computer, Multimedia und den Tourismus. Nur wenige Besucher durchstreifen allerdings den sympathischen **Jardin du Mail** ❼ (Boulevard de la Résistance et de la Déportation, T 02 41 22 53 00, www. angers.fr, durchgehend geöffnet, Eintritt frei). Der Name weckt falsche Assoziationen, Mail war ein Spiel, ähnlich dem Krocket, das die betuchte Gesellschaft im 17. Jh. dort austrug. Der Name übertrug sich auf eine Promenade und schließlich die Parkanlage von 1859. Ein gusseiserner Konzertpavillon, der ausladende Springbrunnen, die Palmen und Statuen vermitteln noch etwas vom Geist des 19. Jh. Es lohnt der Gang bis zum östlichen Ende des Parks, wo entlang der blumengeschmückten Avenue Jeanne d'Arc die Villen jener Aufbruchjahre stehen.

Einem weiteren Park, dem **Jardin des Plantes** ❽ (Boulevard de la Résistance et de la Déportation, T 02 41 22 53 00, durchgehend geöffnet, Eintritt frei) aus dem 18. Jh., läuft man weiter nördlich an der Rue Boreau in die Arme. Das romantisch bepflanzte, wenn auch kleine Gelände besitzt Spazierwege um zwei Teiche, zudem Volieren mit Papageien und ein Tiergehege mit Ziegen und Damwild. Was diesen Botanischen Garten aber so gänzlich von anderen seiner Art unterscheidet, ist in der Nordecke die einbezogene Ancienne Église St-Samson aus dem frühen 11. Jh. Man kann die Kirchenstudien noch ein Stück weiter betreiben und am Chor der nahen **Paroisse St-Serge** ❾ (2, rue Émile-Hatais, T 02 41 43 66 76, tgl. 8–19.45 Uhr) den einvernehmlich so bezeichneten Höhepunkt angevinischer Gotik bestaunen.

Zurück an der Maison Bleue, folgt man den Straßenbahngleisen bis zur rechts abknickenden **Rue St-Aubin** ⑩, die mit ihren Boutiquen wieder an irdische Belange erinnert. **Collégiale St-Martin** ㉖ (s. S. 177), **Musée des Beaux-Arts** ㉔ (s. S. 176) und **Galerie David d'Angers** ㉕ (s. S. 176) machen den Rückweg zum Château deutlich museumslastig, doch haben die Bauten und ihr stark kirchlich geprägtes Umfeld auch architektonische und atmosphärische Reize. Zudem locken die ehemalige Obst- und heutige Ziergarten beim Musée des Beaux-Arts und die Überbleibsel der **Abbaye St-Aubin** ⑪ an der Place Michel Debré. Um 550 gegründet, war sie das erste Kloster der Stadt, deren Bistum schon für 372 nachgewiesen ist. Der 54 m hohe Glockenturm steht mit seinem wehrhaften Charakter wie ein Wächter über dem Kloster und diente im Mittelalter tatsächlich als Sitz der Nachtwache.

Nach Osten des Spirits wegen

Ab- und Umwege werden denjenigen nicht schrecken, dem Genuss als Belohnung reicht. Allerdings steht der Genuss am Ende dieses Ausflugs dank vorzüglicher Marketingstrategie fast überall auf der Welt zur Verfügung. Er hat sich durchgesetzt, der klare Orangenlikör Cointreau. Würde noch am Originalschauplatz in der Rue St-Laud produziert, dann wäre es ein Katzensprung von der Kathedrale aus. So aber fährt man zur Produktionsstätte eine Viertelstunde ostwärts, vorbei am **Cimetière de l'Est** ⑫ mit dem Familiengrab der Cointreaus. Adolphe und Éduard-Jean waren 1849 Gründer der Destillerie, aber erst Édouard jr. gelang 1875 der große Wurf mit Orangen. Die damals exotische Apfelsine eroberte gerade den Markt, Cointreau mischte und zerkleinerte die Schalen bitterer und süßer Orangen,

Einsturz als Segen: Das offene Dach der Abteikirche Toussaint, nur geschützt durch Glas, schafft einen lichten Raum für die Skulpturen des Bildhauers David in der Galerie David d'Angers.

Boulevard Daviers

Place du
Dr. Bichon

Place de
la Paix

Place du Tertre -
St-Laurent

Pont de la
Haute-Chaîne

Tour

Boulevard Clemenceau

Rue Lionnaise

Boulevard Descazeaux

22

20

Place de la
Laiterie

19

21

Boulevard Arago

Quai Monge

Maine

Rue du Mail

Place Molière

Rue Maillé

Place
Monprofit

Rue St-Nicolas

Rue Beaurepaire

Place
Molière

Rue de la

Rue de la Tannerie

Boulevard H. Arnauld

Quai des Carmes

Pont de Verdun

17

Place
Poissonnerie

Place
du Pilori

Rue de la Roë

Rue Plantagenet

18

1

2

Esplanade
du Port Ligny

Place
de la République

Place
Rue Baudrière

4

Rue

16

2

3

Boulevard
Foulques Nerra

Pont de la
Basse-Chaîne

Blvd. du Bon Pasteur

14

Prom. du Bout-du-Monde

Rue St-Aignan

Place
Freppel

2

1

Place
Ste-Croix

Maine

1

Rue St-Evroult

Rue Voltaire

Blvd. du Général de Gaulle

Place du
Président Kennedy

Rue Toussaint

4

25

24

11

Rue des
Lices

2

Place de
l'Académie

St-Laud

Place de
la Visitation

Boulevard du Roi René

Rue Faidherbe

Avenue de la Blancheraie

Rue Hoche

Rue Marceau

Rue Talot

Rue de la Gare

Rue d'Anjou

Rue Delâge

Foch ~ Haras

Rue du Haras

Nantes N 23, A 11

Rue Faidherbe

Place
P. Sémard

Avenue Denis-Papin

Les Gares

Place
Marengo

Gare SNCF

0   150   300 m

23 2 3

1

15

27 M

M

24 M

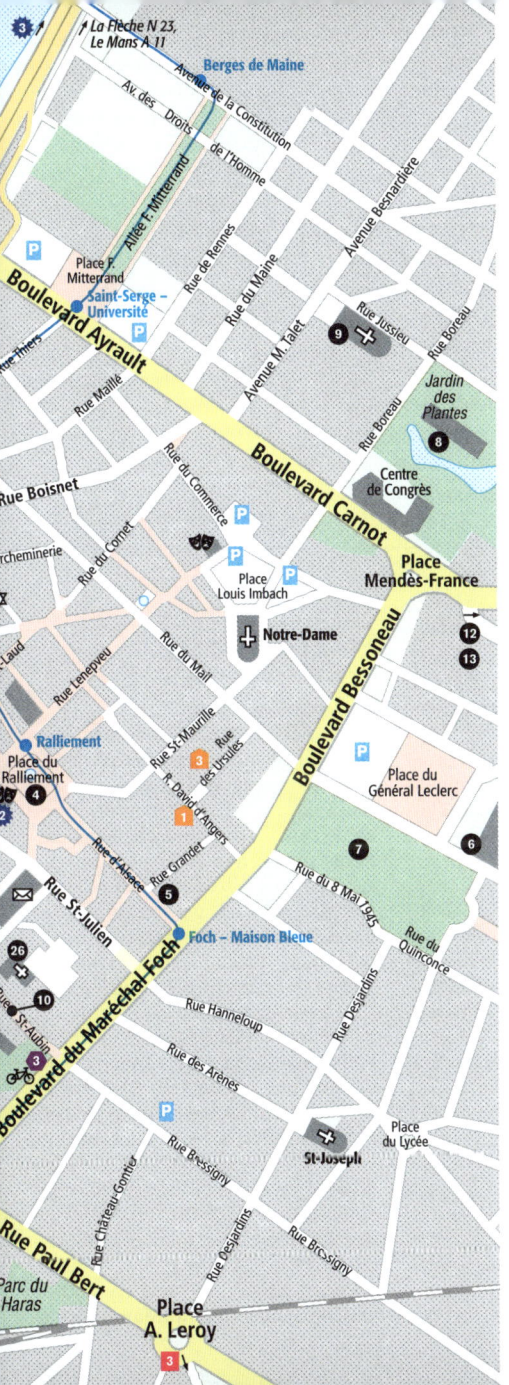

Angers

Ansehen

1 Château
2 Cathédrale St-Maurice
3 Rue de l'Oisellerie
4 Place du Ralliement
5 Maison Bleue
6 Palais de Justice
7 Jardin du Mail
8 Jardin des Plantes
9 Paroisse St-Serge
10 Rue St-Aubin
11 Abbaye St-Aubin
12 Cimetière de l'Est
13 Carré Cointreau
14 Basse-Chaîne
15 Haute-Chaîne
16 Esplanade Cœur de Maine
17 Pont de Verdun
18 Cale de la Savatte
19 Église de la Trinité
20 Maison de l'Apothicaire
21 Abbaye de Ronceray
22 Hôtel des Pénitents
23 Terra Botanica
24 Musée des Beaux-Arts
25 Galerie David d'Angers
26 Collégiale St-Martin
27 Musée Jean Lurçat et de la Tapisserie Contemporaine

Fortsetzung Seite 174

Angers Fortsetzung von Seite 173

Schlafen
1 Maison Bossoreil
2 L'Oisellerie
3 Hôtel du Mail

Essen
1 Belle Rive
2 La Cabane du Chat qui Pêche
3 Pastels, Wax et Cie.

Einkaufen
1 La Maison des Artisans (Maison d'Adam)
2 La Petite Marquise
3 Giffard
4 Brocante Rue Toussaint

Bewegen
1 Atoue Loire
2 Locactivités
3 Pony Bikes

Ausgehen
1 Le Quai
6 Grand Théâtre
6 Parc des Expositions
6 Les 400 Coups

---

löste ihr Aroma in Alkohol, destillierte, gab Wasser und Zucker bei und hatte so die Basis für zahlreiche Cocktails geschaffen. Den Siegeszug unterstützte eine grandiose Werbeabteilung, in der die Kinopioniere Lumière Spots drehten, der Designer Nicolas Tamagno die Figur des Pierrot erfand und schließlich Erotikstar Dita von Teese vor Gästen im riesigen Cocktailglas badete.

Zwei Stunden dauert eine Führung durchs **Carré Cointreau** 13, die heutige Produktionsstätte. Jährlich verlassen etwa 15 Mio. l des Orangenlikörs die Brennerei, inzwischen aufgegliedert in drei Sorten: *Triple sec,* der Urtropfen in brauner Flasche mit weißem Etikett, *Noir* mit Cognac statt Neutralalkohol und *Blood Orange* mit Beigabe korsischer Früchte. Zum Probieren gibt es die Bar, in der geduldige Mixerinnen und Mixer Drinks wie einen Sidecar, Kamikaze oder Fizz zaubern. Das darf man dann auch selbst mal üben (2, bd. des Bretonnières, St-Barthélemy d'Anjou, T 02 41 31 50 50, www.cointreau.fr, Buslinie 6 Station Cointreau, Di–Sa 10–16 Uhr n. V., 10–18 €).

Über den Fluss

Einen guten Übergang

Basse- 14 und **Haute-Chaîne** 15 heißen die beiden Brücken, die am südlichen und nördlichen Altstadtende die Maine queren. Die Namen erinnern an den archaischen Brauch, feindliche Boote mit Ketten *(chaîne)* abzuwehren. Als im 19. Jh. die Gefahr gebannt war und man Hängebrücken anstelle der Kettenverbindungen plante, lauerten andere Tücken. Fatal war, salopp gesagt, der Gleichschritt mit Gesang. 1831 hatte Manchester den Einsturz der Broughton Suspension Bridge unter den Füßen marschierender Soldaten erlebt. Obwohl man also um die Risiken von Resonanzschwingungen wusste, geschah fast genau 19 Jahre später ein ähnliches Unglück in Angers. Erbaulich ist die Nachfolgerbrücke nicht, deshalb empfiehlt sich ein goldener Mittelweg: von der Kathedrale über die Treppenflucht des Montée St-Maurice, dann quer durch die noch junge Grün- und Freizeitfläche **Esplanade Cœur de Maine** 16 und zum **Pont de Verdun ⓱**. Auch wenn die heutige Brücke aus dem 19. Jh. stammt, reichen ihre Vorläufer ins 6. Jh., wenn nicht in die Zeit der Gallier zurück.

Gebenedeites Viertel

Doutre ist so etwas wie die städtische Alternative, das Jenseits zum Diesseits. Wer auf der anderen Seite der Maine rein gar nichts an historischen Spuren vermutet, irrt um Längen. Freilich ist das Erbe dort nur schwach aufgebrezelt. Kontakt zur Moderne wahrt die **Cale de la Savatte ⓲**, der Kai mit Restaurantbooten und Caféterrassen, an dem man mit Blick auf das Schloss die Zeit vertrödeln kann. Ins alte Doutre führt unterdessen die Rue Beaurepaire, der die restaurierte **Église de la Trinité ⓳** (Place de la Laiterie, tgl. 9–12, 14.30–17 Uhr) gleich zwei romanische Portale zukehrt, während gegenüber das Haus Nr. 67 als **Maison de l'Apothicaire ⓴** Fachwerk der Renaissance ergänzt. Die eingeritzte Jahreszahl 1582 sichert die Datierung der Schnitzereien.

Wie ein Anbau der Kirche wirken die Überbleibsel der **Abbaye du Ronceray ㉑** (Passage de la Censerie, www.infoconcert.com/salle/abbaye-du-ronceray-dangers, geöffnet zu Veranstaltungen, s. Website), doch tatsächlich ist dieses Kloster älter. Hildegarde, zweite Frau von Fulko Nerra (s. S. 93), hat es 1028 für Benediktinerinnen gegründet. Leider kann man es wegen universitärer Nutzung heute nur noch eingeschränkt besichtigen. Die jahrhundertelange Anwesenheit von Nonnen in La Doutre hat aber Eindrücke hinterlassen, existiert doch seit dem 15. Jh. am Boulevard Descazeaux Nr. 23 ein **Hôtel des Pénitentes ㉒** (23, bd. Descazeaux, T 02 41 05 40 73, geöffnet zu Veranstaltungen, Kalender auf www.angers.fr), zeitweilig als Zuflucht von denen genutzt, die man als ›bußfertige Dirnen‹ bezeichnete. Dienst am Nächsten versah man seit dem Mit-

telalter auch im Krankenhaus St-Jean, das heute als **Musée Jean Lurçat ㉗** (s. S. 177) genutzt wird.

Kein grüner' Land

Die Straßenbahnhaltestelle **Terra Botanica ㉓** vor der Tür verleiht der Entscheidung Flügel. Aber auch ein ›grüner Weg‹ für Radfahrer und Fußgänger entlang der alten Bahntrasse ab Pont de Segré im Norden der Stadt lockt zu diesem Ausflug. Ein Fesselballon, der bei tauglichen Windverhältnissen als schwebende Aussichtsstation dient, zeigt schon aus der Ferne das Areal an, wirft aber auch eine brisante Frage auf: Führt die Unternehmung in einen botanischen Garten oder in ein grünes Disneyland? 500 000 Pflanzenarten aus sechs Kontinenten verspricht die Werbung ebenso wie die Wiedergeburt von T-Rex oder eine Jagd nach Bernstein. Tatsächlich mischt sich Animation mit Studium und Lehre, freilich unaufdringlich und unterhaltsam. Das Konzept ist stimmig, auch hartnäckige Skeptiker verlieren sich rasch in den blühenden

PERIODISCH VOLLGELAUFEN **P**

Loir, Mayenne, Sarthe und Maine bilden das 9200 ha große Überschwemmungsgebiet der **Basses Vallées Angevines**, die zwischen Oktober und Mai nahezu komplett überflutet sind. Die große Wasserfläche lockt dann Zehntausende von Zugvögeln in die flachen Täler nördlich von Angers. Im März sind sogar mehr als 300 Paare des seltenen Wachtelkönigs dort anzutreffen – so viele wie nirgends sonst in Europa. Die Basses Vallées sind in die Liste von Natura 2000 eingetragen. http://bassesvalleesangevines. n2000.fr

Attraktionen des Parks. Man benötigt einen ganzen Tag, um Terra Botanica ausgiebig zu genießen. Vier thematisch, demnach botanisch gegliederte Segmente fügen sich zu einem Ganzen: Ursprung des Lebens, von Seltsam bis Ungewöhnlich, die großen Erkundungsfahrten und die heimische Flora des Anjou. Neben Bambuswald und Bayous, Dahliengarten und Kamelienzauber ist es gerade auch das tropisch-feuchte Schmetterlingshaus mit schillernden Riesenfaltern, das den Atem raubt.

Route d'Épinard, T 02 41 25 00 00, www. terrabotanica.fr, Tram A Terra Botanica, Juli/Aug. tgl. 10–19, April Mo–Fr 10–18, Sa/So 10–19, Mai/Juni, Sept. Do, Fr 10–18, Sa/So und Fei 10–19 Uhr, 20 €, bei Online-Vorausbuchung 17 €

Museen

Gotisch mit Zugaben

㉔ Musée des Beaux-Arts: Als königlicher Schatzmeister und Bürgermeister von Angers empfing Olivier Barrault die französische Elite seiner Zeit bis hin zu Louis XII und Anne de Bretagne. Dazu schuf er sich 1486–93 einen architektonischen Rahmen

im Flamboyant-Stil, bekannt als Logis Barrault. Das Haus wuchs in die Renaissance hinein, nahm 1673 das Priesterseminar auf und 1801 das Museum der Schönen Künste. Bis 2004 wurde das Gebäude renoviert und auf 3000 m² erweitert. Die Kunst darin umfasst Gemälde und Skulpturen seit dem 14. Jh., legt mit Watteau, de Champaigne, Ingres oder Corot viel Gewicht auf französische Malerei ab dem 17. Jh. und widmet auch der Moderne einige Säle. Hier ist vor allem der Lokalmatador François Morellet aus Cholet gut vertreten. Um Besuchern den Einstieg in die Fülle zu erleichtern, wird nach zwei Abteilungen unterschieden: eine zu den Schönen Künsten, die andere zu Geschichte von Stadt und Region. Café und Garten garantieren angenehme Stunden.

14, rue du Musée, http://musees.angers.fr, Di–So 10–18 Uhr, 6 €

Meister der schweren Brocken

㉕ Galerie David d'Angers: Eine Kirchenruine erweist sich anscheinend dann als praktisch, wenn man sie mit einem Glasdach deckt. Als Pierre Prunet 1984 die Abbatiale Toussaint (11.–13. Jh.) restaurierte, ging es um Erhalt und zugleich Umnutzung der einstigen Kanonikerabtei. Nach dem Einsturz des Gewölbes 1815 inspirierten die nunmehr luftigen Räume samt glasloser Fensterrose (18. Jh.) dazu, die Lichtflut sachdienlich zu nutzen. Und bei dieser ›Sache‹ ging es darum, für die Werke des Bildhauers Pierre-Jean David (1788–1856) einen Rahmen zu schaffen. Das Ergebnis wäre mit ›gelungen‹ nur schwach beschrieben. Tatsächlich reizt schon allein der magische Lichteinfall zu langem Verweilen. Bei den Skulpturen handelt es sich nicht um die fertigen Werke Davids, sondern um seine vorausgegangenen Gipsabgüsse, die er ab 1811 seiner Heimatstadt Angers überließ.

33bis, rue Toussaint, http://musees.angers.fr, Juni–Sept. tgl. 10–18.30, sonst Di–So 10–12, 14–18 Uhr, 4 €

Auf den Trümmern Roms

❷❻ Collégiale St-Martin: Nach Rom führen ja sowieso alle Wege, aber auch Angers war zur Römerzeit Knotenpunkt. Davon blieb Straßenpflaster im Bereich von St-Martin, das vom 5. Jh. bis zur Revolution als Kirche diente und dann verfiel. Nach Fertigstellung der Abbatiale Toussaint begann auch dort die Restaurierung mit einem ähnlichen musealen Ziel: Dort sind die Sakristei mit Objekten zur Baugeschichte, die archäologisch bedeutende Krypta und eine Sammlung sakraler Statuen seit dem 14. Jh. zu sehen.

23, rue St-Martin, www.collegiale-saint-martin. fr, Mai–Jan. Di–So 13–19, sonst Di–So 14–18 Uhr, 4 €, am letzten So im Monat gratis

Von Mord zu Mord

❷❼ Musée Jean Lurçat et de la Tapisserie Contemporaine: Thrillerfans kennen das mit der abgetrennten Schädeldecke von Hannibal Lecter. 1170 starb Canterburys Erzbischof Thomas Becket auf ähnliche Weise. Drahtzieher war König Henri II, der zur Strafe ein Spital gründen musste. Dieses Krankenhaus St-Jean von 1175 ist das älteste erhaltene in Frankreich und war 700 Jahre lang in Betrieb. Heute befindet sich dort eine Sammlung moderner Tapisserien, darunter der Zyklus »Le Chant du Monde« von Jean Lurçat (1892–1966). Dieser entstand als Hommage an die »Apokalypse« im Schloss (s. S. 168) und illustriert unter dem Eindruck des Atombombenangriffs auf Hiroshima den schwierigen Weg des Menschen zwischen Natur und Katastrophe.

4, bd. Arago, http://musees.angers.fr, Di–So 10–18 Uhr, 6 €

Schlafen

Zeitversetzt

❶ Maison Bossoreil: Parkett und Rundbogenfenster, Garten und Klassizismus. Lebensqualität aus dem 18. Jh.

setzt sich in die Moderne fort und begeistert insbesondere dort, wo viele andere Adressen versagen – in den geräumigen und gemütlichen Bädern. Heißgetränk und Gebäck im hauseigenen Salon de Thé.

32, rue David d'Angers, T 06 26 22 56 63, www.maison-bossoreil.fr, Tram A Place du Ralliement, 4 Zi., DZ/ÜF 95–120 €

Romantik im Fachwerk

❷ L'Oisellerie: *Chambres et boutique* steht im Erdgeschoss, beides sei *caractère.* Wahrlich, die jungen Gastgeberinnen Marlène und Johanna verstehen es, Atmosphäre zu zaubern. Das Fachwerkhaus von 1580 trägt allerlei dazu bei. Aber es stimmen auch die Details bis hin zum Frühstück mit Bio-Produkten. Der überdachte Innenhof mit imposanter Holztreppe ist fast schon Argument genug für die Herberge.

5, rue de l'Oisellerie, T 02 41 41 79 55, https://loisellerie.com, Tram A Place du Ralliement, 5 Zi., DZ/ÜF ab 90 €

Klostercharme

❸ Hôtel du Mail: Klösterliche Aura hat in dem ehemaligen Konvent aus dem 17. Jh. überlebt, nur sind viele der Zimmer recht klein, fast mönchisch bescheiden geraten. Freundliches Personal und ruhige Lage machen aber den Makel wett. Dass der Innenhof als Parkplatz dient, kann man als Freude oder Leid betrachten.

8, rue des Ursules, T 02 41 25 05 25, www. hoteldumail.fr, Tram A Foch-Maison Bleue, 25 Zi., DZ 85–123 €

Essen

Köstlich an der Maine

❶ Belle Rive: Am Fluss speisen mit Blick auf die Stadt – dazu fällt den meisten die Cale de la Savatte gegenüber dem Schloss ein. Aber die dortige Gastronomie liefert nur durchschnittliches Essen. Die weitaus bessere Wahl ist weiter nördlich an der

Maine das Belle Rive mit Aussichtsterrasse im ersten Stock und traumhaft angerichteten Speisen. Wer die höchsten Genüsse des Hauses kosten möchte, muss allerdings recht kräftig zahlen.

32, promenade de Reculée, T 02 41 48 18 70, www.restaurant-bellerive.com, Tram A Capucins, Sa mittags und So ganztags geschl., Menü ab 31 €

Zünftig an der Mayenne

2 La Cabane du Chat qui Pêche: Die Holzhütte mit der überdachten Terrasse und der vorgelagerten Wiese liegt direkt an der Mayenne und ist das perfekte Beispiel einer Guinguette. Die Karte mit deftigen Speisen ist überschaubar, doch gibt es neben Burger und Zander auch ein vegetarisches Gericht. Beliebt sind die Käse- und Wurstplatten zum Teilen.

Rue du Port, Cantenay-Épinard (10 km nördl.), T 07 68 96 12 14, www.lacabaneduchatqui peche.com, Bus Linie 1, 3, 5, 7, 33, Ostern bis Ende Sept. Mi 19–23, Do 11.30–14, 19–23, Fr–So 11.30–23 Uhr, Menü ab 16 €

Verlockung aus dem Senegal

3 Pastels, Wax et Cie.: Angers zählt zu den keineswegs zahlreichen europäischen Städten, in denen sich auch Varianten der afrikanischen Küche einen Namen gemacht haben. Ungewöhnlich und absolut köstlich ist das Angebot im Pastels, das vor allem junge Kundschaft anzieht.

98, rue Rabelais, T 09 86 08 59 89, www. pastelswaxetcie.com, Tram A La Fayette, Mo–Fr 12–14.30, 18.30–21.30, Sa 18–22 Uhr, Menü 20–25 €

Einkaufen

Garantiert selten

1 La Maison des Artisans: Die Maison d'Adam (s. S. 169) bei der Kathedrale ist nicht nur Fotomotiv, sondern auch Einkaufsadresse für Kunst und Kunsthandwerk von höchster Qualität.

1, place Ste-Croix, www.maison-artisans.com, Di–Sa 11–19 Uhr

Schiefer

2 La Petite Marquise: Die Kurve von Schiefer zu blauer Schokolade kriegt wahrscheinlich nicht jeder, aber das Gestein, das man am Stadtrand von Angers abbaut, inspirierte einen Konditor zu den *quernons d'ardoise.* Teuer und lecker sind die Attribute, die auf diese Krokanttäfelchen in blau gefärbter Schokolade zutreffen.

Boutique: 22, rue des Lices, https://quernon. fr, Di–Sa 10–19 Uhr

Prost ohne Mahlzeit

3 Giffard: Cointreau hatte Angers zum Tresenthema gemacht. In die Fußstapfen trat der Apotheker Émile Giffard, der 1885 einen Minzlikör von klarer Farbe nachlegte. Dieser *Menthe-Pastille,* immer noch im Familienbetrieb destilliert, hat längst großen Zuwachs erhalten. Die Palette reicht vom *Mangalore* mit Zimt- und Kardamom-Note bis zum *Agave trocken.*

Chemin du Bocage, ZA de la Violette, T 02 41 18 85 14, www.giffard.com, Tram A Bois du Roy, Führung n. V. Mo–Do 10.30 und 14.30, Fr 10.30 Uhr, 5,50 €, Boutique Di–Fr 14–18 Uhr

Echt nachgeahmter Rembrandt

4 Brocante Rue Toussaint: An jedem ersten So im Monat entdeckt man auf dem Floh- und Antiquitätenmarkt gegenüber dem Schloss herrlich nutzlose Dinge für Setzkasten, Wand oder Speicher.

Rue Toussaint, 1. So im Monat bis 19 Uhr

Bewegen

Mit des Wassers Fluss

1 Atoue Loire: *Gabare, Toue Sablière* und *Toue Cabanée* heißen drei Bootstypen der Vergangenheit, die für unterschiedliche Zwecke auf der Loire und ihren Nebenflüssen zum Einsatz kamen.

Ihnen allen gemein ist die flache, archaisch wirkende Holzbauweise. Gruppen können individuelle Touren buchen, für Einzelpassagiere steht nur die einstündige Rundfahrt auf der Maine zur Verfügung. Cale de la Savatte, T 06 85 40 26 23, www. atoueloire.com, 12 € pro Pers./Std.

Mal eben ein E-Boot

Locactivités: Mittwochs und sonntags füllt sich die Flusslandschaft um Angers mit Elektrobötchen, die man ohne Führerschein steuern darf. Die Gefährte, die ein Sonnendach besitzen, kann man an diesen Tagen für ein- und mehrstündige Touren mieten. Cale de la Savatte, T 07 78 69 46 57, https://locactivites.com, Mai–Sept. Mi und So 11–19 Uhr, 30 € pro Pers./Std.

Prêt-à-Vélo

Pony Bikes: Angers war Frankreichs Pionier, jetzt hat es alle gepackt. Die Idee ist einfach, aber erst durch die Technologie von Smartphone-Apps möglich. Bei diesem Fahrradverleih muss man das Rad nicht an einer Zentrale abholen, sondern sucht sich über die App den nächsten Standort und kann es später dort zurücklassen, wo man möchte. Ein Magnetsystem öffnet und schließt das Hinterrad, wodurch das Bike gegen Diebstahl geschützt ist. Rue St-Aubin, Kontakt und Download der App: www.getapony.com

Ausgehen

Allrounder mit Weitblick

Le Quai: Theater, Tanz, Musik, Tagungen – die moderne Mehrzweckhalle macht alles mit. Ein Panorama-Aufzug bringt Gäste aufs Dach, von wo man den schönsten Blick auf das Schloss hat. 17, rue de la Tannerie, T 02 41 22 20 20, www.lequai-angers.eu, Bus Linie 1, 3, 4, 5, 6, 8, Ticketschalter Di–Fr 13–19, Sa 15–18 Uhr

Konzerte mit Zeitensprung

Grand Théâtre: Das 1871 eröffnete Theater im italienischen Stil bietet 700 Sitzplätze für Schauspiel und Musik. Auch Ausstellungen finden dort statt. Ein Platz in einer der Logen bereitet Kulturgenuss wie aus einer längst vergangenen Zeit. Place du Ralliement, T 02 41 24 16 40, www.angers.fr/vivre-a-angers/culture/theatre/grand-theatre, Tram A Place du Ralliement, Ticketschalter Di–Sa 10.30–12.30, 13.30–18.30 Uhr

Wenn's krachen soll

Parc des Expositions: Im Amphitéa, wo einst ein Supermarkt stand, treten die großen Stars der U-Musik vor bis zu 7500 Leuten auf. Zum Messepark gehören aber auch Kongresssaal und Luxushotel. 33, bd. Carnot, T 02 41 96 32 32, https://angers-expo-congres.com, Bus Linie 2 Parc Expo

PANTOFFELHELD BEIM EIERTANZ

Anjou ohne wäre nur eine halbe Sache. Deshalb sollte man unbedingt mal ran an die Kugel, die keine ist. **Boule de fort** heißt eine Variante des berühmten Pétanque, bei dem die Kugel eher eiförmig geraten und auf einer Seite schwerer ist. Dass dabei die Wurfpraxis ausgetüftelt sein muss, erschließt sich ohne Erläuterung. Es kommt hinzu, dass die Spielbahn an beiden Seiten eine Aufwölbung besitzt, die dem Rollverhalten weitere ungewohnte Eigenarten verleiht. Üben kann man – grundsätzlich in Pantoffeln – 11 km südöstlich von Angers in Les Garennes-sur-Loire (Boule de fort Cercle de la Paix, 3, rue de l'Église, T 06 61 74 21 77).

TOUR
Zu Wasser und zu Schiefer

Mit dem Rad an Maine und Loire entlang zu den Gruben von Trélazé

Infos

 H 3

Start: Parc de Balzac in Angers

Länge/Dauer: 40 km, 4–6 Std.

Jardin Méditerranéen: ganzjährig rund um die Uhr

Jardin Presbytère: tgl. 9–17.30 Uhr

Musée de l'Ardoise: www.lemuseedelardoise.fr, Di–Fr 9–12, 14–17, Juli/Aug. bis 18.30, Sa/So 14.30–18.30 Uhr, 4,30–7,50 €

Yolande d'Aragon war eine politisch prominente Zeitgenossin von Jeanne d'Arc, doch überlebt hat sie eher durch den Namen einer Rose, stark duftend und rosarot. In Angers ist am Westufer der Maine, gleich links hinter dem **Pont de la Basse Chaîne**, eine Promenade nach ihr benannt. Der Weg führt erfreulich dicht am Fluss entlang südwärts, umkurvt autofrei den **Lac de Maine** und schmiegt sich dann dicht und gut beschattet ans Ufer. **Belvédère de la Piverdière** heißt hinter dem Pont de la Libération eine Anhöhe, die man nicht verpassen sollte, denn von dort fällt der Blick auf das schillernde Ende der Maine, die ein Stück weiter bei Bouchemaine in die Loire mündet.

Ab der Brücke Pont de Bouchemaine ist ein kurzes Straßenstück (D 112) in Kauf zu nehmen, aber schon am nächsten Kreisverkehr knickt man rechts und gleich wieder links ab, um über den Weiler **L'Hermitage** in ruhiges Fahrwasser zu gelangen. Wer es bislang nicht bemerkt hat: Grün-weiße Schildchen kennzeichnen den Routenverlauf als Teilstück des Fernradwegs Loire à Vélo. Das zieht sich so weiter bis **Port-Thibault,** wo – quasi die Füße im Wasser der Loire – eine **Guinguette**

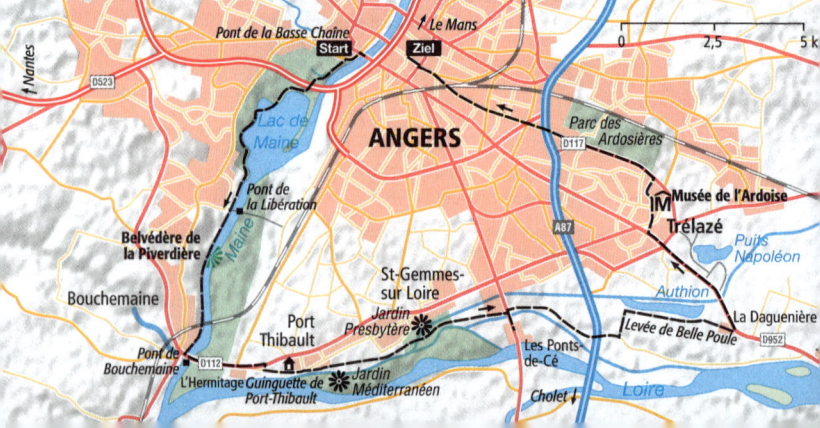

Zu schön für diese Welt: Über die Maine blickt man auf die Kathedrale von Angers.

zur Rast einlädt und gleich vor der Nase ein **Jardin Métiderranéen** in die etwas entrückte Pflanzenwelt des Mittelmeers entführt. Die üppigere Blütenpracht wartet aber im **Jardin Presbytère** in **Ste-Gemmes-sur-Loire**, wo über den einstigen Friedhof ein Terrassengarten gelegt wurde.

Les Ponts-de-Cé mit seinen Brücken über die verästelten Arme der Loire vermittelt einen guten Eindruck davon, wie amphibisch die Landschaft an einem ungebändigten Fluss gerät. Hinter dem Loire-Arm St-Aubin biegt man rechts ab, weiter den Markierungen folgend über den **Levée de Belle Poule** – wobei Belle Poule ein Bauernhof am Wegesrand ist, in dem man übernachten kann. Der aufgeschüttete Weg *(levée)* mündet bei **La Daguenière** in die D 952. Da die markierte Route ab hier ein paar weniger ergiebige Haken schlägt, sei an der Einmündung der Abzweig nach links und auf der D 952 direkt in den Ort **Trélazé** empfohlen. Nach Querung des kanalisierten Flusses Authion geht es aber gleich wieder rechts ab in den Levée Napoléon, dann links um den Puits Napoléon herum und auf prächtig angelegter Trasse in den Ort hinein.

Eine Einkehrmöglichkeit bietet die Guinguette de Port-Thibault (http://guinguette deportthibault.fr, Do–Di 12–14, 19–22.30 Uhr).

Bei den Puits handelt es sich um Tümpel, die als Spuren des Bergbaus blieben. Denn Trélazé ist Frankreichs Zentrale des Schieferabbaus und besitzt deshalb ein **Musée de l'Ardoise** zum Werdegang dieses Industriezweigs. Ganz in der Nähe, beim Kreisverkehr an der D 117/Boulevard André Bahonneau, wird die Spur des Radfernwegs wieder aufgenommen, der in westlicher Richtung zurück ins Zentrum von Angers führt.

Lieblingsort

Kreml für Aussteiger

Kilometerweit Pampas zwischen den Armen der Loire. Die Menschenseelen scheinen dem Grillenzirpen gewichen, hinter der nächsten Kurve könnte die Welt abbrechen. Indessen endete dort die Einsamkeit. Radfahrer und Späthippies, Gewohnheitsrevolutionäre und Hundebesitzer drängten sich vor einem Hot Spot namens **Lenin Café.** Inhaberin Martine Thouet hatte von Reisen während des Kalten Krieges allerlei aus dem Osten auf die Basse-Île bei **Chalonnes-sur-Loire** (📍 G 3) geholt, um dort dem militanten Sowjet Lenin ein Museumscafé zu setzen. Im Mai 2021 starb Martine. Wehmütig kann man am Café sitzen und warten, ob jemand den alten Geist wiederbelebt.

Kopfkino

✺ **Cinémas Les 400 Coups:** Dieses Kino bezieht seinen Namen von einem Truffaut-Film der Nouvelle Vague. Und damit ist schon vieles gesagt über die Ausrichtung des Programms. Das ist *intello*, also mehr was für den Gulliver, wie es im Filmklassiker »A Clockwork Orange« heißt. 2, rue Jeanne Moreau, T 02 41 88 70 95, www.les400coups.org, Tram A Pl. d. Ralliement

Feiern

• **Festival Premiers Plans d'Angers:** Mitte–Ende Jan. Erstlingswerke nachrückender europäischer Filmregisseure. www.premiersplans.org/festival
• **Festival d'Anjou:** Anf. Juni–Anf. Juli. Freilichttheater an beeindruckenden historischen Orten, besonders in Château Plessis-Macé. www.festivaldanjou.com
• **Tempo Rives:** Mitte Juli–Anf. Aug. Open-Air-Konzerte diverser Stilrichtungen, überwiegend französische Musiker. www.angers.fr/vivre-a-angers/culture/musique/tempo-rives

Infos

• **Office de Tourisme:** 7, place Kennedy, 49051 Angers, T 02 41 23 50 00, http://angers-tourisme.com
• **Flughafen:** Angers-Loire, 25 km nordöstlich in Marcé, ist nur theoretisch ein Anflughafen, nachdem 2017 die letzten Linienflüge mangels Rentabilität eingestellt wurden. Es bestehen Pläne zur Wiederbelebung, einstweilen bleibt ein Luftfahrtmuseum (www.musee-aviation-angers.fr).
• **Bahn:** Gare d'Angers-St-Laud, 1, esplanade de la Gare, T 08 92 35 35 35, www.gares-sncf.com/fr; u. a. nach Nantes (40 Min.) und Orléans (ab 2.15 Std.).
• **Überlandbus:** Aléop, T 02 41 22 72 95, https://aleop.paysdelaloire.fr/maine-et-loire. Die Gesellschaft versorgt ab Place Pierre Semard das Departement Maine-et-Loire mit Regionalbussen. Im näheren Umkreis von Angers unterhält auch Irigo (s. u.) einige Linien.
• **Stadtbus und Tram:** Irigo, 5, place de Lorraine, T 02 41 33 64 64, www.irigo.fr. Busse bedienen Innenstadt und Peripherie. 12 km lang ist die Tram Linie A von Roseraie im Süden bis Avrillé-Ardenne im Norden. Eine kreuzende Linie B von Beaucouzé im Westen über die Uni bis zum Parc des Expositions im Osten soll 2022 in Betrieb gehen. Das einfache Ticket zum Preis von 1,40 € ist eine Stunde lang gültig. 4 € kostet ein Tagesticket.
• **Taxi:** Allo Taxi, T 02 41 87 65 00, http://www.alloangerstaxi.fr
• **Autovermietung:** am Bahnhof (Sixt, T 08 20 00 74 98; Europcar, T 02 41 87 87 10; Hertz, T 02 41 88 15 16).

Nach Oudon ♀E–G3

Ab **Bouchemaine** (♀ G 3) flussabwärts gilt die Loire erst einmal als Trauerkloß: kaum ein Schloss dort, kein gar nichts. Auf einer romantischen Insel harren die gerade mal 120 Einwohner des Charakterdorfs **Béhuard** (♀ G 3) der Dinge, die da kommen. Das waren einst viele Wallfahrer auf dem Weg zur Kirche Notre-Dame, aber auch da lichten sich die Reihen. Verständlich, denn Gebete an diesem Ort hatten den Sinn, eine sichere Fahrt auf dem Fluss zu erflehen. Wer braucht's noch?

Nun bleibt die Wahl. Am Südufer der Loire verläuft die D 751 als lohnende Panoramastraße *Corniche Angevine* nach **Chalonnes-sur-Loire** (♀ G 3; s. S. 182). Am Nordufer ist es der Weinbau von Savennières mit Reben der Sorte Chenin blanc. Wer diese zweite Variante wählt, fährt am **Jardin des Kangourous** (www.lejardindeskangourous.com) vorbei zum westlichsten der großen Loire-Schlösser.

Schottische Zweigniederlassung
Nach dem Baubeginn 1546 wurde an **Château de Serrant** (♥ G 3) über drei Jahrhunderte gewerkelt, bis dunkle Schieferdächer über hellem Tuff und Ecktürme mit Kuppeln komplett waren. Innen überzeugt ein besonders schönes Renaissancetreppenhaus ebenso wie die Bibliothek mit imposanten 12 000 Bänden. Schlossherren im 18. Jh. waren die irischen Jakobiten der Familie Walsh. Jakobiten, das muss man erklären, nannten sich die Anhänger des britischen Hauses Stuart, die wegen Absetzung ihres Thronfavoriten auf den Kontinent geflohen waren und nun ihre Hoffnungen auf den schottischen Bonnie Prince Charlie setzten. Tatsächlich war es ein Schiff von Anthony Walsh, das den Thronprätendenten zwecks Rückeroberung nach Schottland brachte. Nur blieb der ›Young Pretender‹ glücklos und verkam zum Alkoholiker.

St-Georges-sur-Loire, www.chateau-serrant. net, zu den komplizierten Öffnungszeiten Website konsultieren, 10 €

Widerstand am Kirchensitz
Die nächste Station an der Loire heißt **St-Florent-le-Vieil** (♥ F 4), wo von der Brücke aus die Altstadt mit Häusern ab dem 16. Jh. den Hügel erklimmt, um auf dem Gipfel die **Benediktinerabtei St-Florent** (Mauges-sur-Loire, www. osezmauges.fr, Juli/Aug. Mo–Sa 10–12.30, 14–18.30, Mai/Juni, Sept. Mo–Sa 10–12.30, 14–18, April, Okt–Dez. Mo–Fr 9/9.30–12.30, 14–17.30 Uhr) aus dem 18. Jh. zu erreichen. Die dortige Place d'Armes hat historische Bedeutung, denn am 12. März 1793 gab es auf diesem Platz einen Volksprotest gegen Zwangsrekrutierungen, mit dem die Vendée-Kriege der Royalisten gegen die Republikaner begannen. Immer wieder war die Stadt Schauplatz von Auseinandersetzungen und Exekutionen und wurde 1794 sogar niedergebrannt. Bleiglasfenster in der Kirche erinnern an diese längst vergangenen Jahre. Näher steht uns der im Ort geborene Schriftsteller Julien Gracq (s. S. 197). Ein Rundgang durch das hübsche Dorf führt auch an seinem Haus vorbei (https://maisonjuliengracg.fr).

Doppelt geschlosst
Am westlichen Ende des Departements Maine-et-Loire stehen sich die Orte **Champtoceaux** und **Oudon** (♥ E 3), schon im Departement Loire-Atlantique, zu beiden Seiten des Flusses gegenüber. Beide Lokalherren bemühten sich um Kontrolle des Flusshandels von ihren mittelalterlichen Châteaux aus. Während in Champtoceaux nur Reste stehen, gestattet der Donjon in Oudon Ausblick vom Dach aufs Tal und beherbergt ein Museum (Juli/Aug. tgl. 10–19, März–Juni, Sept. Mo–Fr 14–18, Sa/So 10–12.30, 14–18.30, Ende Okt.–Anf. Nov. tgl. 14–18 Uhr, 7,50 €). Dort erfährt man etwa, dass der berühmte Maler William Turner von seiner Loire-Reise auch Bilder dieser Burg mit nach Hause nahm.

Essen

Sterne schmecken
Les Jardins de la Forge: s. S. 287
1, place des Piliers, Orée-d'Anjou, T 02 40 83 56 23, Menü ab 30 €

Infos

- **Offices de Tourisme:** 4, place de la Fevrière, 49410 Mauges-sur-Loire, T 02 41 72 62 32, www.osezmauges.fr; Rue du Pont-Levis, 44521 Oudon, T 02 40 83 07 44.
- **Bahn:** Zwischen Angers und Nantes verkehren TER-Züge, u. a. mit Halt in Ancenis und Oudon.
- **Bus:** Aléop verbindet Angers mit Chalonnes-sur-Loire und St-Florent-le-Vieil.

Zugabe
Die schwarzen Reiter von Saumur

Der Cadre Noir

Courbette, Croupade und als Krönung die Capriole – Pferd und Reiter müssen verschmelzen, wenn alle Sprünge gelingen sollen. Zumal sie ohne Steigbügel ausgeführt werden. 1815, als Napoleon bei Waterloo unterlag, wurde Saumurs Reitschule reformiert, um der Kavallerie neue Struktur zu geben. Als Lehrer kamen zivile Könner, die im Unterschied zu den Offizieren eine schwarze Uniform trugen – der Cadre Noir war geboren. Nach einem Intermezzo durch das Militär ist der Cadre seit 1972 rein zivil und nahm 1984 die erste Frau in seine Reihen auf. Die regelmäßige Beteiligung von Publikum durch Shows gehört zum Konzept. Bei großen Darbietungen in der Manège des Dieux mit bis zu 1700 Zuschauern gleicht die Szenerie einem Rockkonzert. Statt langer Zahlenkolonnen hier nur ein beredtes Beispiel: Der Reitstall des Cadre Noir hinterlässt jährlich 6000 Tonnen Mist. Das ist, mit Verlaub, ein dicker Haufen. Ein geadelter zudem: Seit 2011 zählt der Cadre Noir zum immateriellen UNESCO-Weltkulturerbe (St-Hilaire-St-Florent, J 4, Führungen April–Sept. Mo nachmittags–Sa morgens 10, 10.30, 11, 11.30, 14, 14.30, 15, 15.30, 16, Febr./März, Okt. nur 10, 11, 14.30, 16 Uhr, 8 €, Showtermine auf www.cadrenoir.fr, ab 19 €). ∎

Nantes ✪

Wasserscheu ist die Stadt zwar nicht — aber sie legte einen Deckel über zahlreiche Flussarme, um Platz für Pracht schaffen zu können: Nantes wurde in großem Stil klassizistisch umgebaut, als der Sklavenhandel das nötige Geld lieferte.

Seite 198
Bürger der Erdre

An einem Zufluss der Loire hat sich die ungebändigte Natur erhalten, weil die wohlhabenden Anwohner den Autoverkehr eindämmen. Verkehrsmittel der Wahl bleibt das Boot, mit dem man durch die grüne Pracht gleitet, vorbei an stattlichen Herrensitzen.

Weder Makkaroni noch Makronen: der Maskaron (Seite 195)

Eintauchen

Seite 197
Tour Bretagne

Ganz entschieden keine Schönheit ist dieser Büroklotz. Aber seine Aussichtsterrasse mit der Bar Le Nid gestattet den ultimativen Rundumblick.

Seite 201
Passage Pommeraye

Shoppen bekommt hier eine neue Dimension, die aber doch mit ihren Putten und Schnörkeln uralt ist. Die Passage von 1843 begeistert nicht nur Filmemacher und Instagrammer.

Seite 202
Place du Commerce

In einer Stadt mit so vielen weiten Plätzen lässt sich kaum sagen, welcher am luftigsten und angenehmsten ist. Dieser hier mit klassizistischen Bauten ringsum hat quasi Vorkaufsrecht.

Seite 203

Grand Éléphant

Jules Vernes Romane
gaben den Anstoß für
den hölzernen Koloss,
der seine Runden über
die Île de Nantes dreht.

Seite 212

Canal de Nantes à Brest

Napoleons Kanalpläne
wurden zwar umgesetzt,
aber von der Eisen-
bahn überrollt. Und so
beschert die Zeitlupe auf
dem Canal de Nantes
à Brest heute herrliche
Ferientage im Hausboot.

Seite 214

Rekordreifer Binnensee

Ein großer See, den man
nicht sieht? Der Lac de
Grand-Lieu ist eines
der großen Reservoirs
Frankreichs, wegen des
Dickichts am Ufer aber
nahezu verborgen. Das
Erlebnis See per Fahrrad
führt zu weiteren Attrak-
tionen.

Seite 217

LU, die Keks-barone

Was macht man mit
einer Fabrik, die
Geschichte schrieb und
dann nur noch deko-
rativ rumsteht? Nantes
verwandelte das Ge-
bäude von Lieu Unique
in einen Jahrhundert-
speicher mit Öffnungs-
datum Neujahr 2100.

Trentemoult war
einst ein Fischer-
dorf, heute ist
es nach Nantes
eingemeindet und
Yuppie-Wohnort
(Seite 206).

Riesen aus Holz sieht man oft im
französischen Karneval. Die Nantaiser
Gruppe Royal de Luxe (www.royal-
de-luxe.com) hat sie zu Marionetten
aus Stahl und Holz weiterentwickelt,
bis zu 10 m hoch und von 30 Personen bewegt.

erleben

Achtung, Stadt hebt ab

Industrie und Dienstleistung beherrschen Nantes mehr als Glanz und Gloria. Bezeichnend also, dass weniger die Kirchen als die Türme der Keksfabrik LU die Silhouette prägten, während heute das Bürogebäude Tour Bretagne alles überragt. Dass die Loire und ihre Zuflüsse Geschichte und Topografie im Griff hatten, dass man Nantes mit all seinen Inseln und Brücken »Venedig des Westens« nannte, sieht man nicht mehr recht ein, seit der Seehafen flussabwärts nach St-Nazaire verlagert ist und viele Wasserarme unter Asphalt verschwunden sind. Es gab allerdings Zeiten, als täglich 3000–5000 Schiffe an den Kais ankerten oder vorbeifuhren.

Inzwischen ist es eher das Fahrrad, das die Stadt erobert. Viele markierte Wege sind neu geschaffen, die Radler dominieren selbstbewusst das Straßengeschehen, in dem ansonsten die Tram das Regiment führt. Auch dieser Anblick zählt zu den Überraschungen für alle, die das junge Nantes noch nicht kennen. Es entwickelt sich rasch, erfindet neue Treffs für Jung und Alt, mischt Generationen und Nationen auf atemberaubende Weise. Trentemoult, das ein Fischerdorf und dann Zentrum der Alternativszene war, ist fast schon wieder altes (aber schönes)

ORIENTIERUNG

Internet: Über die Stadt informiert www.nantes-tourisme.com, über das Departement https://tourisme-loireatlantique.com, über die Region www.paysdelaloire.fr.
Verkehr/Anreise: Der Schnellzug TGV ab Paris legt solches Tempo vor, dass Flüge auf Kurzstrecken kaum Zeitvorteile bringen. Innerstädtisch ist es vor allem die Straßenbahn, die rasch über Distanzen hilft. Den Rest schafft man bequem zu Fuß oder mit dem Fahrrad.

Eisen. Daneben existieren die eindrucksvollen klassizistischen Wohnhäuser und Palais aus dem 18. Jh., die mit dem Kolonial- und dem Sklavenhandel zur Blüte kamen. Ein schwieriges Kapitel, dem man sich immerhin ansatzweise widmet. Allzu intensive Beschäftigung damit verbietet man sich, viel eher treibt die Neuzeit, die auch touristischen Zugewinn generiert. Im Fokus steht dabei die Île de Nantes, einst zersiedelt und unansehnlich. Städtebauliche Kraftakte haben dort neben neuem Wohn- und Büroraum auch das Freizeitareal geschaffen, auf dem der Große Elefant wie ein Urzeitwesen seine Runden dreht, begleitet von Scharen begeisterter Stadtbesucher.

Das östliche Zentrum

Wo es begann, aber nicht endete

Von einer Altstadt erwartet man Denk-
und Ehrwürdiges. Und wer die Bretagne
kennt, der erwartet von einer ehemaligen, wenn auch kurzzeitigen bretonischen Hauptstadt sehr viel Fachwerk.
Im historischen Kern von Nantes gibt
es da nicht viel zu bestaunen – außer
eben der Tatsache, dass so wenig von
der Historie blieb. Alt ist hier nicht
das, was fragil und gebeugt in der Ecke
steht. Alt ist vielmehr der Wille, nach
vorn zu schauen, mit kleinen Schritten
unbeirrt aufs Ziel zuzusteuern. Weder
Kathedrale noch Herzogschloss heften

sich krampfhaft und mit Pathos an die
Vergangenheit. Die Altstadt lebt und
nimmt achselzuckend zur Kenntnis,
dass Leben außer Werden nun mal
auch Vergehen bedeutet.

Vom Château zum Jardin des Plantes

Präludium und Spiegel

Ein Wasser-Spiegel, klares Nass von geringer Tiefe, in dem ein Teil der Stadt
sein eigenes Antlitz zu prüfen scheint.
So ein Brunnen reflektiert seit 2006 die
Place de la Bourse in Bordeaux und hat
sich zur Instagram-Ikone entwickelt.
Weit abgeschlagen in der Publikums-
gunst trottet Bruno Fostiers **Miroir
d'Eau** ❶ in Nantes hinterher. 2015

*Ein überlebensgroßer hölzerner Elefant mit schwerem Innenleben ist
futuristische Attraktion auf der Île de Nantes – Triumph der Mechanik.*

eröffnet, scheint er wie eine Kopie des Bordelaiser Publikumsmagneten, nur reicht in Nantes die Idee bereits in die 1930er-Jahre zurück. Zufällig, nervös, unkontrolliert wirkt aber der Wechsel von Fontänen, Nebel und Flachwasser. Die Lage am Cours John F. Kennedy erscheint bei Weitem nicht so logisch wie beim Brunnen in Bordeaux. Und auch das Objekt, das sich da spiegelt, erreicht nicht die Erhabenheit der Place de la Bourse. Gleichwohl handelt es sich um ein gewichtiges Stück bretonischer, gar französischer Geschichte, wie wir gleich sehen werden. Hier nur der Hinweis, dass sich oft Vergleiche zwischen Nantes und Bordeaux aufdrängen und dass Nantes dabei immer ein wenig auf der Strecke bleibt. Die Loire-Stadt ist größer, aber weniger elegant. Sie hat den weitaus geringeren Anteil am Tourismus. Sie ist der Dienstleister und weniger der Schöngeist. Sie hat den breiteren Fluss, aber nicht als offene Ader, sondern als überdeckeltes Fußbad. Sie hat die klassizistischen Häuser aus der Ära des Sklavenhandels, aber nicht den Schutz der UNESCO. Das bedeutet aber alles nicht, dass sie weniger spannend wäre.

BON PLAN IST BESSER ALS KEINER **B**

30 Nantaiser Attraktionen einschließlich der Machines de l'Île und der Museen, aber auch Nutzung des ÖPNV liegen dem Besucher mit dem **Pass Nantes** zu Füßen. Es gibt ihn für 24, 48 und 72 Stunden zum Preis von 22,50, 31,50 bzw. 40,50 €. Gegen Vorlage des Passes werden kräftige Preisnachlässe gewährt. Details auf www.nantes-tourisme.com/en/all-offer-pass-nantes

---

Mehr Geschichte als Prunk

Der Klotz, der sich im Wasser spiegelt, ist das einst von der Loire umflossene **Château des Ducs de Bretagne** ❷. Man muss links an der Festungsmauer entlang, um zur Place Marc Elder und von dort über eine Zugbrücke ins Schloss zu gelangen. Der Blick fällt über den weiten Turnierhof auf einige nicht allzu betagte Häuser. Da hätte man von außen mehr Ritterromantik vermutet. Immerhin ist dieser schlichte Part einschließlich einer Runde über den Wehrgang kostenlos. Relativ teuer wird die Führung durch die Reste vom alten Schloss und durch seine Museen. Bleiben wir im Innenhof und gedenken vor der prächtigen Fassade des Grand Logis der Geschichte.

Der bretonische Herzog François II gab 1466 den Auftrag für ein neues Château. In einem Turm der älteren Festung, der später dem Grand Logis weichen musste, wurde 1477 François' Tochter und Thronfolgerin Anne geboren. Bekannt war sie als *La petite Brette*, verehrt, aber glücklos: Schon im Alter von elf Jahren wurde sie machtlose Duchesse der Bretagne, 1491 zur Heirat mit Frankreichs hübsch-hässlichem König Charles VIII gezwungen, nach dessen Tod 1499 in der Schlosskapelle zu Nantes mit dessen Folgekönig Louis XII vermählt. Der zweite Ehevertrag sicherte der Bretagne ein letztes Mal Autonomie und Nantes einen Nachklang seiner einstigen politischen Bedeutung. Das Nantaiser Schloss behauptete sich während der Religionskriege als ein letztes Bollwerk der Ultra-Katholiken, bis König Henri IV dort einmarschierte und im April 1598 ein Friedenspapier unterzeichnete. Dieses oft zitierte Edikt von Nantes garantierte den calvinistischen Protestanten (Hugenotten) Religionsfreiheit im katholischen Staat.

Wer in der Architektur zu lesen vermag, kann dem historischen Wandel

Spieglein, Spieglein … Die Festung der bretonischen Herzöge ist zwar nicht die schönste im ganzen Land, aber sie spiegelt sich schön im Wasser.

nachspüren. Die starke Ummauerung verrät spätmittelalterlichen Geist, während der dekorreiche Grand Logis vom kämpferischen Flamboyant (untere Etage) zur aufatmenden Frührenaissance (obere Fluchten) wechselt. Die Wappentiere von Anne und Louis XII, Hermelin und Stachelschwein, erinnern da allerdings noch an die bretonisch-französische Zwangsehe. Doch öffneten sich mit ihr auch größere geografische Räume und allmählich eine freiheitlichere Gesinnung, wie die Erweiterungen unter François I im ausgeprägten Stil der italienischen Renaissance andeuten (Petit Gouvernement).

4, place Marc Elder, T 08 11 46 46 44, www. chateaunantes.fr, Tram 1 Duchesse Anne, Hof und Wehrmauer tgl. 8.30–19, Juli/Aug bis 20 Uhr, Eintritt frei, Schloss und Museum Juli/Aug. tgl. 10–19, sonst Di–So 10–18 Uhr, 8 €, mit Führung 12 €

Zug um Zug grüner

Die ausladende **Gare SNCF** umgeben reichlich Parkplatzflächen, aber nur noch sehr wenige der einst zahlreichen Amüsierbetriebe. Dafür stolpert man nach Norden hinaus in den **Jardin des Plantes** ❸, wo auf einer Fläche von 7 ha mehr als 10 000 Pflanzenarten um Teiche, Wasserfälle und Holzbrücken sortiert sind. Ein Vorläufer waren die *Jardins des Apothicaires*. Nachdem man festgestellt hatte, dass sich exotische Pflanzen recht gut mit dem Atlantikklima arrangieren, begann man dort mit heilenden Extrakten für den Arzneischrank zu experimentieren. Erst die Mode des 18. Jh. brachte Reeder auf die Idee, daheim in einem großen Park die Blütenpracht der Kolonien auszubreiten. An die 400 Kamelienarten und Europas erste Magno-

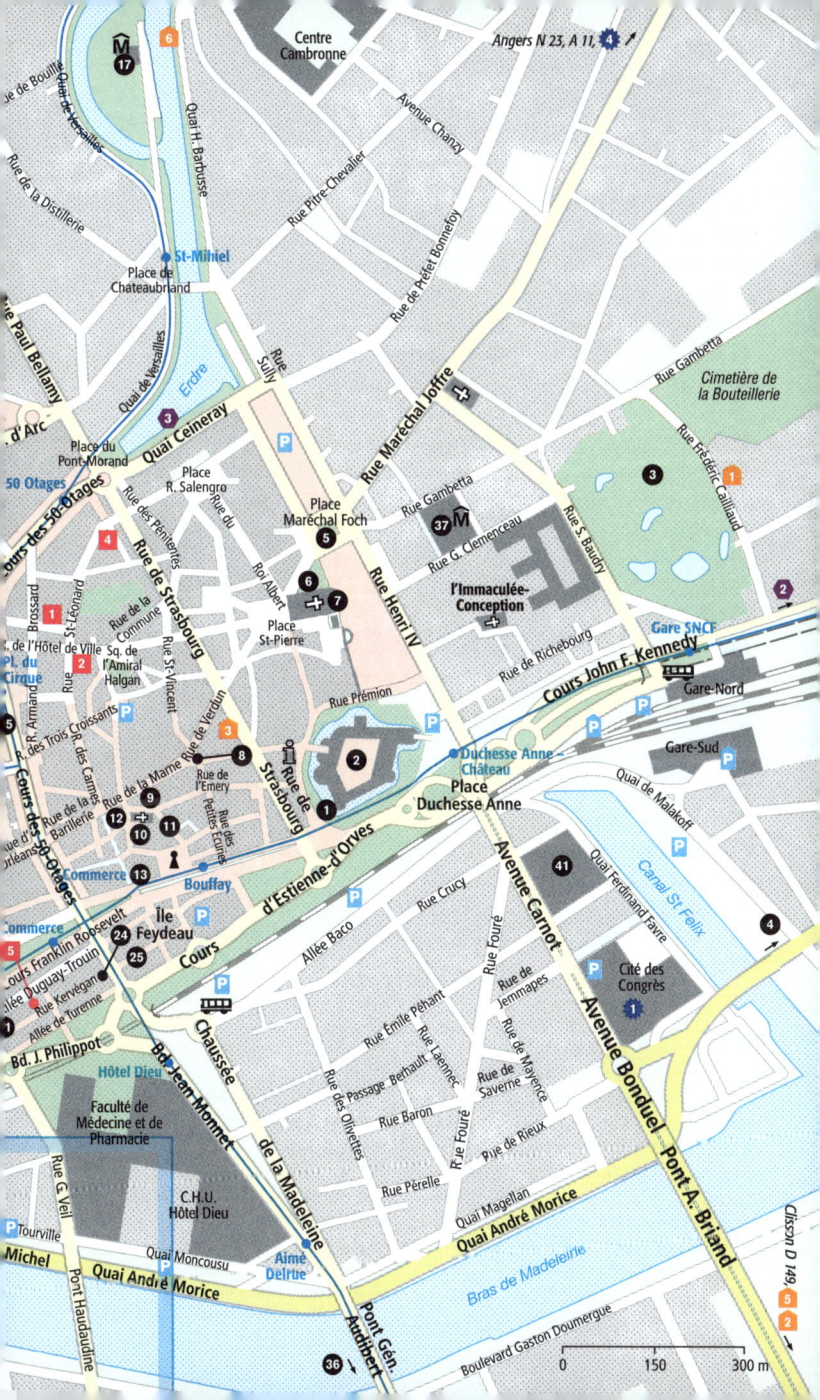

Nantes

Ansehen

1. Miroir d'Eau
2. Château des Ducs de Bretagne (mit Musée d'Histoire de Nantes)
3. Jardin des Plantes
4. »Péage Sauvage«
5. Place Maréchal-Foch
6. Porte St-Pierre
7. Cathédrale St-Pierre-et-St-Paul
8. Place du Pilori
9. Jungle Intérieure
10. Ste-Croix
11. Rue de la Bâclerie
12. Place du Change
13. Place du Bouffay
14. Tour Bretagne
15. Cours des 50 Otages
16. Basilique St-Nicolas
17. Place Royale
18. Passage Pommeraye
19. Théâtre Graslin
20. Cours Cambronne
21. Petite-Hollande
22. Square J.-B. Daviais
23. Place du Commerce
24. Rue Kervégan
25. Cours Olivier-de-Clisson
26. Mémorial de l'Abolition de l'Esclavage
27. Palais de Justice
28. »De Temps en Temps«
29. Les Machines de l'Île
30. Grand Éléphant
31. Carrousel des Mondes Marins
32. On va marcher sur la Lune
33. Grues Titan
34. »Les Anneaux«
35. Hangar à bananes
36. Jardin des Cinq Sens
37. Musée d'Arts de Nantes
38. Musée Dobrée
39. Musée Jules Verne
40. Planétarium
41. Le Lieu Unique (s. S. 217)

Schlafen

1. Sozo
2. Château de Goulaine
3. Okko
4. Micr'Home
5. Abbaye de Villeneuve
6. Jacoba
7. Maisons du Monde

Essen

1. Pickles
2. L'Instinct Gourmand
3. La Cigale
4. Beau Rêve
5. A Cantina
6. Tartines et Bouchons
7. La Cantine du Voyage

Einkaufen

1. Marché de Talensac

Bewegen

1. Petits Voyages Extraordinaires
2. Mauves Balnéaire
3. Gabara 1715

Ausgehen

1. Cité des Congrès
2. 40 Pieds
3. Warehouse
4. La Cloche

---

lien schlugen also Wurzeln in Nantes, waren fruchtbar und mehrten sich, bis der Pflegeaufwand schließlich am Geduldsfaden zerrte und ein englischer Landschaftspark mit Skulpturen und Gewächshäusern diesen Platz einnahm. Wer da schon mutmaßt, dass Nützliches gewünscht war, erhält nach Nordosten hinaus die Bestätigung: Dort befindet sich quasi als Türöffner des Parks der 1774 eröffnete Friedhof Cimetière La Bouteillerie. Absolut nicht nützlich, aber erstaunlich sind im Jardin die Riesenparkbänke, 2013 nach Zeichnungen des Künstlers Claude Ponti entstanden. Sitzen kann man auf ihnen kaum – es sei denn, man ist mindestens so groß wie Rübezahl.

Rue Ecorchard, https://jardins.nantes.fr, Tram 1 Gare SNCF Nord, 20. März–22. Okt. 8.30–20, 23. Okt.–17. Nov., 15. Jan.–19. März 8.30–18.30, sonst 8.30–17.30 Uhr, Eintritt frei

Ins Quartier Bouffay

Von Weisheit und Mäßigung

Die Kunst muss auf schlechtes Wetter warten und bleibt erst einmal links liegen im **Musée d'Arts de Nantes** ㊲ (s. S. 205) an der Rue Gambetta. Hinter dem nächsten Straßenknick schaut man auf eine weiße Säule, die sich hoch über die **Place Maréchal-Foch** ❺ reckt. Erstmals 1790 stand dort oben Louis XVI. Das gibt allen zu denken, die ein wenig über Frankreichs Revolutionsgeschichte wissen. Immerhin hatte im Vorjahr mit dem Sturm auf die Bastille das Kratzen am Thron begonnen, das 1793 mit der Enthauptung dieses Königs endete. Überall im Land verschwand sein Bildnis – im royalistischen Nantes allerdings nur in der Asservatenkammer, um 1823 wieder auf die Säule gehievt zu werden.

Zu besseren Zeiten, am 13. April 1598, war König Henri IV schräg links von hier durch den engen Bogen der **Porte St-Pierre** ❻ marschiert, um in der Stadt das Edikt von Nantes zu unterzeichnen. Der königliche Gang führte zunächst an der **Cathédrale St-Pierre-et-St-Paul** ❼ vorbei, die damals noch längst nicht vollendet war. Jahrhundertelanges Verharren im Rohbau kann als Normalfall der Gotik gelten. Die Kathedrale war 1434 über den Mauern einer älteren Kirche begonnen, aber erst im 19. Jh. vollendet worden. Zwar behielt man den ursprünglichen Entwurf bis zur Fertigstellung bei, doch dünnten mehr und mehr die finanziellen Mittel aus. Während die skulpturenreiche Westfassade noch vor Schaffenskraft strotzt, wird es himmelwärts kleinlaut. Auch der Zweite Weltkrieg sowie die Brände von 1972 und 2020 haben an der Pracht genagt. In der Vierung steht ein Marmorgrab des Bildhauers Michel Colombe aus Tours: Vier junge Damen – Symbole für die Kardinaltugenden *Iustitia* (Gerechtigkeit), *Prudentia* (Weisheit), *Temperantia* (Mäßigung) und *Fortitudo* (Tapferkeit) – besetzen die Ecken des Sarkophags mit den Liegefiguren von Herzog François II und seiner zweiten Gattin, Marguerite de Foix. Von *Iustitia* (Schwert, Buch mit Waage) sagt man, es handele sich um ein Porträt der Anne de Bretagne, die das Werk 1502 in Auftrag gab (7, impasse St-Laurent, Tram 1 Duchesse Anne, tgl. 8.30–19, im Winter bis 18 Uhr, Krypta Juli/Aug. tgl. 10–19 Uhr).

M

DIE MAUT, DIE SICH NICHT TRAUT

Wer im Südosten des Bahnhofs am Boulevard de Berlin zufällig über das Schwimmbad Piscine de la Petite Amazonie stolpert, wird irritiert sein: Was hat der Betonklotz wohl mit dem Amazonas zu tun? Die Auflösung findet sich hinter dem Pool am Chemin du Pont de l'Arche de Mauves. Ein hölzernes Autobahngebilde von Künstlerhand namens **»Péage Sauvage« ❹**, wilde Maut, erinnert dort an die Straßentangente, die mal geplant war, dann aber aufgegeben wurde. So blieb eine unberührte Landschaft mitten in der Stadt, die tatsächlich wie ein kleines Stück Amazonas anmutet.

Pranger, Henker und Dschungel

In nur fünf Minuten huscht man über die Tangente Rue de Verdun zur **Place du Pilori** ❽, wo im Mittelalter der Pranger Schaulustige erfreute und Sünder peinigte. Zwischen Gut und Böse lässt sich da schwer unterscheiden, eher schon zwischen Freud und Leid. In der ersten Etage am Haus Nr. 12 widmen sich zwei Maskarone diesen widerstreitenden Emotionen. Bekannt sind sie in der Stadt als Lachender und Weinender Jean. Bei Voltaire erscheint das Thema 1772 in einem Gedicht,

Ein Umtrunk auf dem Gipfel der Tour Bretagne weitet den Blick, wird aber erst in ferner Zukunft wieder möglich sein (s. S. 197).

aber in etwas anderem Wortlaut. Goethe brachte es später im »Egmont« auf einen Punkt, der zum Leitsatz von Sturm und Drang wurde: »Himmelhoch jauchzend, zum Tode betrübt.«

Die variantenreichen Fratzen an den Fassaden des 18. und 19. Jh. erzählen tatsächlich viel über Kultur, Denken, Politik und Wirtschaft der Stadt. Unter italienischem Einfluss kamen solche Maskarone in Frankreich schon während der Renaissance in Mode, finden sich in Paris, Bordeaux, Nancy und dann eben an Bürgerhäusern in Nantes, vor allem auf der Île Feydeau (s. S. 202). Sie sprechen heute nicht mehr so deutlich zu uns wie einst. Aber die auffällig beliebten afrikanischen oder kreolischen Physiognomien verweisen doch unmissverständlich auf die unrühmliche Ära des Sklavenhandels.

Schräg gegenüber vom Lachenden und Weinenden Jean hat die renommierte Kaufhauskette Galeries Lafayette ihren Sitz in einem unspektakulären Neubau. Den Eingang im Rücken, schaut man auf den Rundbogen der Passage Bouchaud, die man sich nicht entgehen lassen sollte. Denn dort schuf der Künstler Evor in den Hinterhöfen einen ungewöhnlichen Garten. Dieser »**Jungle Intérieure**« ❾ vereint im Schutz der Häuser Pflanzen verschiedener Klimazonen, ohne sich auf Kategorien wie Nutzpflanze oder Unkraut einzulassen. Möglichst gering soll das Eingreifen von Menschenhand bleiben, die Grenzen des Wachstums setzen die umliegenden Mauern, über die Besucher von einer Holzempore aus blicken können.

Auch das nächste Ziel ist von dort aus schon zu sehen und vom anderen Ende der Passage auch schnell zu erreichen, die **Kirche Ste-Croix** ❿ aus dem 17. Jh. Ihr gusseiserner, tonnenschwerer Turmaufsatz von 1860 verleiht der Kirche ein weltliches Aussehen und trägt als *beffroi* die Stadtglocke. Ringsum stehen vom alten Nantes noch ein paar schiefergedeckte Fachwerkhäuser, etwa in der **Rue de la Bâclerie** ⓫ oder an der **Place du Change** ⓬, wo einst die Geldwechsler etabliert waren. Um 1680 wurde Holz als Baumaterial verboten, da es Brände begünstigte und im Schiffsbau bessere Dienste leistete.

Auch an der **Place du Bouffay** ⓭, Zentrum des mittelalterlichen Lebens und vorübergehend Standort der Guillotine, regiert längst die steinerne Architektur des 18. Jh. Von einem Bollwerk nebenan, dem ältesten Schloss der Stadt, blieb nach dem Abriss im 19. Jh. nur ein Mauerrest. In den Cafés am Platz macht sich quirliges Leben breit. Ein bronzener Herr auf einem Podest reckt vorwitzig das Bein über seinen Sockel und gibt sich als »**Éloge du pas-de-côté**« (s. Abb. S. 278). Das ist, frei übersetzt, die Ode an einen Blick über den Tellerrand oder wörtlich: an den Schritt zur Seite. Der Künstler Philippe Ramette ehrt damit die Beherztheit, auch der freien oder eben ›abwegigen‹ Kulturszene Raum zu geben.

Das westliche Zentrum

Schnörkellos reich

Seit die Idee aufkam, die oft bedrohlichen Fluten der Flusslandschaft gnadenlos zu überbauen, hat sich das Bild der Stadt Nantes massiv gewandelt. Von einem Venedig des Soundso, das überall auf der Welt bemüht wird, spricht keiner mehr. Nantes haftet vielmehr im Bewusstsein als emsige Hafenstadt mit klassizistischem, ebenso unaufgeregtem wie kostspieligem Perlenbesatz. Dass man sich die kühle Schönheit dieser Häuser leisten konnte, hat viel mit der Handelsware zu tun, die in Nantes umgeschlagen wurde. Und das ist ein Punkt, der Schatten wirft. Denn die Kaufleute, die hinter diesen sauberen Fassaden Saus und Braus zelebrierten, verdienten ihr Geld mit dem Sklavenhandel. Die afrikanischen Migranten, die heute rat- und beschäftigungslos durch das Stadtgeschehen stolpern, sind Mahnmal daran, dass noch viele offene Wunden zu heilen sind – freilich nicht nur in Nantes und nicht nur in Frankreich.

Quartier Graslin

Intermezzo bei Höhenluft

Einen beherrschenden Riesen besitzt Nantes mit dem 32-stöckigen Bürogebäude **Tour Bretagne** ⓮. 120 m sind es bis zum Dach, weitere 24 m bis zur Antennenspitze darüber. Als das Gebäude 1976 fertiggestellt war, hatte sich der Geist aus den Planungsjahren verflüchtigt, wurde der Klotz missmutig beäugt. Die Hälfte der Büros blieb wegen zu hoher Mieten leer, die Hoffnung auf den Einzug von Ladenlokalen im Erdgeschoss erfüllte sich nicht, das Restaurant auf dem Dach musste wegen zahlreicher Selbstmordfälle geschlossen werden. Um den Unterhalt des Hochhauses zu sichern, zogen später diverse Abteilungen der Kommunal- und Regionalverwaltung in die Büros. Und dann kam 2012 die Bar **Le Nid**, ›das Nest‹ in der

RÜCKBLICK NACH JAHRZEHNTEN

Welche Stadt darf sich mit einem Schriftsteller schmücken, der sein Leben heute hier, morgen dort zubrachte? **Julien Gracq** wurde 1910 in St-Florent-le-Vieil geboren, studierte in Paris, zog auf den Spuren der Artussage durch Cornwall, war Gymnasiallehrer in Quimper, Kriegsgefangener bei Hoyerswerda, wieder Lehrer in Amiens, Angers und erneut Paris. Den Abend seines 97 Jahre langen Lebens verbrachte er schließlich an seinem Geburtsort. Trotz allem sind es Nantes und seine (lesenden) Bürger, die sich Gracqs Werk besonders verbunden fühlen. Dort ging er zur Schule, dort traf er den Surrealisten André Breton, der sein Schreiben beeinflusste. Gracq war 75 Jahre alt und längst nicht mehr mit dem Schreiben von Romanen befasst, als sein Buch »La Forme d'une Ville« (dt. »Die Form einer Stadt«) erschien. Es ist eine Sammlung von Anekdoten, Erinnerungen und Reflexionen über die Stadt Nantes, die es ihm entsprechend dankte.

TOUR
Bürger der Erdre

Mit dem Boot auf dem Zufluss der Loire

François I galt die Erdre als Paradebeispiel eines Flusses. Man kann es ihm nachfühlen, auch wenn sie in der Renaissance eine andere war als heute. Darüber stolpert man schon in Nantes. Hatte Bischof Félix um 550 Stauanlagen gebaut, um das Wasser in den nördlich gelegenen Sümpfen zu einem Fluss wallen zu lassen, so spürte die wachsende Großstadt mehr und mehr die feuchten Risiken der Fluten. Vielleicht geschah es als späte Rüge, dass man Tunnel und Kanal, die zwecks Bändigung an der Mündung entstanden, nach diesem St-Félix benannte. Vor dem Abtauchen in den Tunnel bietet die Erdre einen seltsamen Anblick – wie eine Sackgasse, was ein Fluss aber nicht sein kann. Und genau dort, am Quai Ceineray, breiten die Nantaiser ihren Vergnügungsteppich aus. Es scheint, als müsse jeden Moment eine Party steigen, nur passiert es nicht. Vielmehr ist man sich genug mit Apéro-Tapas und etwas Musik im **Le Bateau Lavoir**, der Bar, die den traditionellen schwimmenden Waschhäusern nachempfunden ist.

Die echten Boote, hergerichtet für Freizeitzwecke, warten 1 km flussaufwärts. Schönster Weg dorthin ist der **Quai de Versailles,** vorbei an der Île de Versailles, wo inmitten eines japanischen Gartens die fernöstlich anmutende **Maison de l'Erdre** über Flora und Fauna des Flusses informiert. Die Insel ist nichts anderes als der Aushub, der 1831 bei Grabungen für den Canal de Nantes à Brest anfiel. Für die lange Wasserstraße wurden natürliche Flussläufe mit Kanalstücken verbunden. Auch die Erdre ist Teil des Systems, von der Quelle bei La Pouëze bis zur Mündung in Nantes misst sie knapp 100 km. Schiffbar ist aber nur das Stück flussaufwärts bis kurz vor Nort, wo der Kanal nach Brest abzweigt.

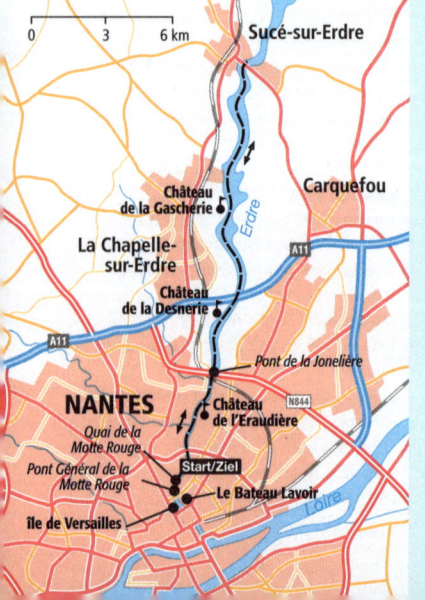

Tram und träge: Am Ufer der Erdre trifft Geschäftigkeit auf Müßiggang.

Auf der Île de Versailles können Ruder-, Haus- und Motorboote für individuelle Fahrten auf der Erdre gemietet werden. Die Flussufer eignen sich für Wander- und Radtouren. Ein Fahrradverleih mit zahlreichen Stationen im Stadtgebiet von Nantes ist Bicloo (www.bicloo.nan tesmetropole.fr).

Die ganze schillernde Pracht der Erdre erlebt man an Bord eines Ausflugsboots ab **Quai de la Motte Rouge**. Da hier ausnahmsweise die Anwohner das Zugangsrecht zum Wasser verwalten, sind die Ufer frei von Straßen und die feudalen Anwesen teils nur mit Barken zu erreichen. Als Zaungast kann man bei einer Tagesfahrt vorbeigleiten oder die nächtliche Variante mit exquisitem Dinner an Bord wählen. In der Dunkelheit heben schiffseigene Scheinwerfer die Flusslandschaft wie einen Traum aus der Nacht – besonders reizvoll im Frühjahr und Herbst, wenn Nebel aus dem Wasser steigen.

Jenseits der Schwaden tauchen dann geisterhaft Parks und Schlösser aus dem 18. und 19. Jh. auf. Einige der Bauwerke haben ältere Wurzeln: Vor dem **Pont de la Jonelière** liegt am Ostufer das **Château de l'Eraudière** mit Ursprung im 16. Jh. Hinter der Brücke befindet sich auf der anderen Flussseite das nur wenig jüngere **Château de la Desnerie**. Höhepunkt aber ist **Château de la Gascherie**, dessen Vorgänger schon im Mittelalter existierte. Das heutige Bauwerk, bekannt für sein Taubenhaus, wurde ab Ende des 15. Jh. errichtet und im 19. Jh. umgestaltet. Bei **Sucé-sur-Erdre**, einst Zuflucht der Hugenotten aus Nantes, wendet das Boot. Wer bei anderer Gelegenheit zurückkehrt, kann mit Mietbooten weiter bis zum Canal de Nantes à Brest (s. S. 212) fahren.

32. Etage. Ihre Sessel in Form aufgeschlagener Eier und der überlebensgroße Vogel auf dem Boden waren das Werk des Nantaiser Designers Jean Jullien – und durchaus ein neues Objekt, an dem sich die Geister schieden. Ungeteilte Zustimmung fand derweil die atemberaubende Aussicht von der umlaufenden Terrasse auf die Stadt.

Im Frühsommer 2020 kam eine bestürzende Nachricht. Es war beschlossen worden, das Hochhaus umfassend zu sanieren. Die Arbeiten, so hieß es, würden sechs, vielleicht aber auch zehn Jahre dauern. Damit endete auch die Erfolgsgeschichte der Bar. Ob und wann es möglich sein wird, wieder einmal vom Dach aus auf die Stadt tief unten zu blicken, bleibt abzuwarten.

Das Wasser bändigen

Einen Charles de Gaulle kann man sich gönnen, das ist Überzeugung vieler französischer Städte. Nantes ließ sich Zeit, erst 2010 kam ein Denkmal der Nantaiser Bildhauerin Françoise Bourdier auf die Place du Pont Morand am Schnittpunkt mit dem **Cours des 50 Otages** ⓯. Anlass war der 70. Jahrestag jener berühmten Ansprache im Londoner Exil, in der de Gaulle zum Widerstand gegen Nazi-Deutschland aufrief. Das erklärt die Wahl

TRAM AUF TRAB

Die Nantaiser Straßenbahnen, die ab 1879 Fahrgäste beförderten, wurden in der Nachkriegszeit bis 1958 zugunsten des Busverkehrs stillgelegt. Mit dem Ruf nach neuen Konzepten für den Nahverkehr kam der Wunsch nach Wiederbelebung. Seit 1985 fahren moderne Straßenbahnen durch Nantes. Ihr Streckennetz von knapp 44 km ist das viertgrößte Frankreichs, die Fahrgastzahlen stehen mit jährlich fast 65 Mio. an dritter Stelle.

des Standorts. *50 otages* (Geiseln) hatten die deutschen Besatzer am 22. Oktober 1941 als Vergeltung für ein Attentat der Résistance hinrichten lassen. Der breite Cours verläuft als Schneise über den alten Verlauf des Flusses Erdre und teilt die östliche von der westlichen Hälfte der Innenstadt. Aufschüttung und Überbauung der Wasserader gehörten in den 20er- und 30er-Jahren zu den deutschen Reparationsleistungen nach dem Ersten Weltkrieg.

Die breite Straße beschreibt eine Sichel, vorbei an der Tour Bretagne und gesäumt von den Gleisen der Straßenbahn. Vom Kreisel an der Rue de Feltre blickt man auf den Chor der **Basilique St-Nicolas** ⓰. Sie wurde ab 1844 als eines der ersten neogotischen Gotteshäuser Frankreichs errichtet: hoch aufragend, schlank und arm an Schmuck. Der Rückgriff auf die mittelalterliche Gotik, Glanzzeit des Katholizismus, erklärt sich als Reaktion auf den vorausgehenden Klassizismus. Dessen Formenkanon von Tempeln römischer und griechischer Götter galt den Revolutionären als Symbol eines selbstgefälligen Bürgertums, während die wiedererstarkende Kirche darin einen Ausdruck des Heidnischen sah.

Vom Portal sind es nur wenige Schritte zur **Place Royale** ⓱, deren umliegende Fassaden den direkten Vergleich mit dem Klassizismus gestatten. Mathurin Crucy, Architekt *en vogue* im ausgehenden 18. Jh., hatte dort für sein Bauvorhaben die alte Stadttor Porte St-Nicolas abreißen lassen. Lange Achsen mit Schnittpunkten an ausladenden Plätzen waren zu seiner Zeit ebenso Ideal wie der Wechsel vom Fachwerk zum feuerfesten Stein. Fast verloren wirkt auf der weiten Fläche, die im Winter den Weihnachtsmarkt aufnimmt, die **Fontaine de la Loire** aus bläulichem Granit. Hauptfigur des Brunnens von 1865 ist eine dralle, mit Weindolden behängte Marmorschönheit, Sinnbild der Stadt Nantes, der es ersichtlich gut geht.

Zu ihren Füßen gießt die Loire Wasser aus nie versiegenden Krügen auf ihre Kinder herab: die Zuflüsse Cher, Loiret, Sèvre und Erdre.

Kaufrausch, Kulinarik und Klüngel

Die Wahl zwischen den Stichstraßen fällt an diesem Punkt nicht leicht, aber die Rue de la Fosse kann als guter Rat gelten, denn sie führt in zwei Minuten zum Eingang der überdachten **Passage Pommeraye** 18. Die 1843 eingeweihte Ladenstraße, dreistöckig angelegt und pompös mit Glas, Schmiedeeisen und Putten ausgestattet, beeindruckte auch Flaubert, der sie in seinen Reisetagebüchern wegen des üppigen Warenangebots erwähnte. Bei allem Rummel, bei aller Flut an Handyfotos, die in der Passage entstehen, vermag sich doch ein erster Film im Kopf zu entwickeln, der in eine andere Zeit entführt. Der Nantaiser Regisseur Jacques Demy, Ehemann der ungleich bekannteren Filmemacherin Agnès Varda, soll bei einem Trödler in der Passage Pommeraye seine erste Kamera gekauft haben. Später entstanden dort Szenen seiner Filme »Lola« (1960) und »Une chambre en ville« (1982) – ersterer ein stadthistorisches Juwel, weil Anouk Aimée als Dirne Lola auch das alte Hafenviertel durchstreift.

Die Passage, deren drei Stockwerke 10 m Höhenunterschied zwischen Ober- und Unterstadt ausgleicht, mündet am höheren Ende in die **Rue Crébillon.** In der kurzen, aber prächtigen Einkaufsstraße befand sich zwischen sehenswerten Schmuck- und Modehäusern einst auch Philippe Jamin, eine der feinsten Patisserien Frankreichs. Aber der alternde Meister hat sein Zuckerwerk längst an Debotté abgegeben und damit auch ein Stück der tradierten Kunst sterben lassen. Trotz allem – und obwohl Luxus inzwischen in der Provinz wie auch online zu haben ist – bleibt *crébilloner* für Nantaiser und Zugereiste ein Verb für gepflegtes Einkaufen.

Die Passage Pommeraye stellt mit Putten-Pracht Einkaufsgalerien unserer Tage weit ins Abseits.

Rückgrat der **Place Graslin,** am westlichen Ende der Rue Crébillon gelegen, ist das **Théâtre Graslin** 19 von 1788 (Programm: www.angers-nantes-opera. com). Hoch über acht korinthischen Säulen stehen auf dem Dach die acht Musenstatuen und blicken hinab auf einen Brunnen und auf die Brasserie **La Cigale** 3. Das Lokal ist erheblich jünger als das Théâtre, nach unseren Maßstäben aber auch schon betagt. Am 1. April 1895 eröffnet, wurde das Restaurant auch für Künstler wie André Breton zum Treffpunkt. Die Ausstattung einschließlich der berühmten Zikade *(cigale)* stammt weitgehend von dem Architekten und Keramiker Émile Libaudière, während der große Platz vor der Tür auf einen Plan Crucys zurückgeht. Der betrieb, wie man heute sagen würde, Klüngel mit einem Baulöwen. Sein Gönner Jean-Joseph-Louis Graslin hatte außerhalb der damaligen Stadtmauern Ödland aufgekauft, ließ es von Crucy bebauen und veräußerte dann mit hohem Gewinn die optisch aufgewerteten Parzellen.

Geplant waren einheitliche Fassaden im gesamten Quartier Graslin, konsequent durchgesetzt wurde dies aber nur am **Cours Cambronne** ⓴, der mit seiner umschlossenen Grünanlage ein netter Ruhepol geblieben ist. Pierre Cambronne, der mitten in der Anlage auf einem Sockel steht, war Kriegsheld unter Napoleon und als solcher Kommandant in der Schlacht bei Waterloo. »Die Garde stirbt, aber sie ergibt sich nicht«, soll er stolz dem englischen General geantwortet haben, der ihn in die Enge getrieben hatte. Und dann kam es nach weiterem Gerangel zum heute sprichwörtlichen, weil unaussprechlichen ›mot de Cambronne‹ – mit Verlaub, er soll »Scheiße« gesagt haben. So einen Platz auf dem Sockel, für was auch immer, möchte sich ebenso das bronzene indische Mädchen erklettern, das der Künstler Philippe Ramette (s. S. 197) als »Éloge de la Transgression« (›Lob der Überschreitung‹) im Cours Cambronne hinterlassen hat.

Île Feydeau

Brennpunkt der Sklaverei

Petite-Hollande ⓴ erinnert an die holländischen Reeder, die im 18. Jh. hier siedelten. Der Platz bietet citynahe Freifläche, wenn nicht gerade Markt ist (Sa 8–13.15 Uhr). Nach Osten schließt die Parkanlage **Square Jean-Baptiste Daviais** ⓴ an, bepflanzt mit Früchten, Gemüse und Kräutern, die man für ein Picknick ernten darf. Im Zeichen heutiger Migrationsbewegungen wird die Anlage hin und wieder zur Notunterkunft nordafrikanischer Flüchtlinge. So

hatten sich die Stadtplaner des 18. Jh. das nicht vorgestellt. Mitten im Boom der Sklaverei-Ära schuf ihr Architekt Mathurin Crucy die **Place du Commerce** ㉓ mit der klassizistischen Börse, heute Zweigniederlassung des Verkehrsamtes. Das war die Zeit massiver Umgestaltungen, als man sich in Nantes sehr zügig von der amphibischen Natur früherer Jahrhunderte trennte. Mittlerweile ist auch die Île Feydeau nur noch dem Namen nach eine Insel. Ab 1722 waren dort Sandbänke in der Loire zu solidem Baugrund geformt worden, wobei man der Île die Umrisse eines Schiffsrumpfes verlieh. Denn die Insel sollte Heimat für Menschen werden, denen Schiffe Reichtum bedeuteten: die *négriers,* die Sklavenhändler. Bis 1743 war für ihre Häuser architektonische Einheitlichkeit verordnet, dann brach stilistische Vielfalt durch, deutlich zu sehen an den Bauten entlang der **Rue Kervégan** ㉔, wo Maskarone von Antillanerinnen den Sklavenhandel bekunden. An der breiten Querstraße, **Cours Olivier-de-Clisson** ㉕, wurde im Haus Nr. 4 Jules Verne geboren (s. Kasten).

Der Rundgang schließt westlich von Petite-Hollande am Quai de la Fosse, wo man 2012 der Kehrseite des Reichtums ein europaweit einzigartiges Denkmal setzte. Es nennt sich **Mémorial de l'Abolition de l'Esclavage** ㉖ und feiert die Abschaffung der Sklaverei. Oberirdisch erinnern 2000 Gedenktafeln an die Expeditionen, die von Nantes aufbrachen und keinem anderen Zweck dienten als der unmenschlichen Ausbeutung Afrikas. Unterirdisch, schon auf dem Niveau des Loire-Wassers, lässt ein dunkler, von Texttafeln und Fotos gesäumter Gang die Atmosphäre in einem Schiffsrumpf nachempfinden, jenem engen Raum, in dem die Sklaven bei der Überfahrt eingepfercht waren (Mitte Mai–Mitte Sept. Tram 1 Chantiers Navals, tgl. 9–20, sonst 9–18 Uhr, Eintritt frei).

Île de Nantes

Im Unterschied zur Feydeau ist die Île de Nantes eine veritable Loire-Insel geblieben, immerhin 337 ha groß, dabei lange Zeit bedeutungslos für die meisten Besucher der Stadt. Zur Jahrtausendwende eröffneten die Stadtentwickler Alexandre Chemetoff und Jean-Louis Berthomieu ein Umgestaltungsprojekt auf der Insel, das an die Stelle von Werften und Wohnsilos einen attraktiven Mix von Wohnen, Arbeiten und Freizeit setzen sollte. Nach der vorausgegangenen Rezession war dies ein mutiges Unternehmen, das zugleich den Fluss in die Stadt zurückholte. Obwohl die vorhandene Architektur von purer Zweckmäßigkeit und entsprechender Lieblosigkeit geprägt war, erfolgte kein weitflächiger Abriss, vielmehr Umnutzung und Integration in moderne Beigaben. Auftakt war 2000 der **Palais de Justice** ㉗ von Stararchitekt Jean Nouvel. Über die Fußgängerbrücke Passerelle Victor-Schœlcher steuert man direkt darauf zu.

Elefant im Porzellanladen

Autofahrer wählen für die Querung den Pont Anne de Bretagne und sehen am Brückenende links das aufgehübschte Versicherungsgebäude Harmonie Atlantique. An dessen Fassade gibt die Lichtinstallation »**De Temps en Temps**« ㉘ eine Wetterprognose für die nächsten Stunden: Sonne bei rotem Halbkreis, Regen bei Schrägstreifen. Was hinter dieser Empfangsarchitektur passiert, ist in erster Linie dem nachhaltigen Wohnen und Arbeiten verpflichtet – von allerlei sehenswerten modernen Kunstwerken umgeben und dennoch nicht Kernthema einer touristischen Stadtbesichtigung.

So bliebe das alles wohl weiterhin unbeachtet, wären da nicht **Les Machines de l'Île** ㉙. François Delarozière

und Pierre Orefice heißen die beiden Künstler, die sich von Jules Vernes' literarischem Werk ebenso inspirieren ließen wie von Leonardo da Vincis Erfindungen, um dieses Kunstprojekt zu schaffen. Es ist Erlebnispark und Ausstellung zugleich. Bei den Exponaten, untergebracht in einstigen Werfthallen, handelt es sich um Maschinen, deren Krönung, der **Grand Élephant** ㉚, als quasi ›freilaufendes Haustier‹ übers Ge-

DER FANTAST **F**

Biedere Bürger, die sich der Verwaltung und dem Rechtswesen verschrieben hatten, waren sie, die Vernes. Am 8. Februar 1828 wurde ihr Spross Jules geboren, der während des Jurastudiums in Paris durch Alexandre Dumas den Jüngeren zur Literatur geführt wurde. Schon sein Erstling »Fünf Wochen im Ballon« schlug das Publikum in den Bann, denn **Jules Verne** widmete sich mit Humor und Fabuliertalent den atemberaubenden Möglichkeiten im aufkeimenden Zeitalter der Technisierung. Von der »Reise zum Mittelpunkt der Erde« (1864) bis zur U-Boot-Fahrt »20 000 Meilen unter dem Meer« (1869) reichten die fantastischen Visionen, die das Genre der Science-Fiction vorwegnahmen. Der Deutsch-Französische Krieg 1870/71 veranlasste Verne, von Paris ins sichere Amiens zu ziehen. Zugleich verdüsterte sich sein bislang optimistisch gestimmtes Werk. Schauplatz für den Roman »Die fünfzig Millionen der Begum« (1879) ist dann auch eine Zukunftsstadt voller Schrecken, in der sich Gut und Böse des Industriezeitalters gegenüberstehen. Verne starb am 24. März 1905 in Amiens.

lände marschiert. Mit 12 m Höhe, 21 m Länge, 48 t Gewicht und einem 450 PS starken Motor nötigt der Koloss Respekt ab. Bei seinem Gang trägt er 50 Personen und erweckt den Eindruck eines urzeitlichen Kriegselefanten, der kein Pardon mit Menschenwesen kennt. Tatsächlich posaunt er markerschütternd und bläst Wasser durch den Rüssel. Unter den drei Haltepunkten des Elefanten ragt das 25 m hohe **Carrousel des Mondes Marins** ㉛ heraus. Ästhetik aus dem 19. Jh. verbindet sich dort mit moderner Technik zu einem dreistöckigen Karussell voller Meeresfiguren. Abenteuerspielplatz und Kunstwerk zugleich ist weiter westlich am Flussufer »**On va marcher sur la Lune**« ㉜, eine Mondlandschaft mit Kratern, auf denen man dank unterlegten Trampolins gleichsam schwerelos hüpfen kann.

Les Machines de l'Île: Parc des Chantiers, boulevard Léon Bureau, T 08 10 12 12 25, www.lesmachines-nantes.fr, Tram 1 Chantiers Navals, 2. Woche Juli–vorletzte Woche Aug. tgl. 10–19, April–1. Woche Juli, Sept., Okt. Mo/Di–So 10–17/18, Nov.–1. Woche Jan., 3. Woche Febr.–Ende März Di–So 14–17/18 Uhr, Reise auf Elefant, 8,50 €, Galerie des Machines 8,50 €

Schiffbau, Handel, Zaubergarten

Die **Grues Titan** ㉝ gibt es in den Ausführungen *jaune* (gelb) und *grise* (grau). Die beiden Kräne von 1954 und 1966 zeigen weithin sichtbar den einstigen Sitz von Werften und Hangars am Quai des Antilles an. Tagsüber ziemlich unauffällig, in der Dunkelheit aber sehenswert durch farbiges Licht akzentuiert ist die Skulptur »**Les Anneaux**« ㉞, 18 große Ringe, die die Künstler Daniel Buren und Patrick Bouchain 2007 entlang dieses Quais installierten. Sie weisen den Weg zum **Hangar à bananes** ㉟. Dieses einstige Lager für Früchte aus Afrika entwickelte sich mit der Voyage à Nantes (s. S. 211) schrittweise zur HAB Galerie für zeitgenössische Kunst (Anf. Juli–Mitte

Sept. tgl. 10–19 Uhr, Eintritt frei). Im gleichen Kontext entstand nebenan **La Cantine du Voyage** ⑦ (s. S. 209).

Was man von dort vor der Nase sieht, ist der Loire-Arm Madeleine. Gleich links um die Ecke geht es zum Arm Pirmil. Er führt zum anderen Ende der Île de Nantes und dem Parc de Beaulieu mit dem **Jardin des Cinq Sens** ㊱. Der Garten wurde ursprünglich für Blinde angelegt und verwöhnt deshalb nicht nur mit Farben die Augen, sondern lässt auch erriechen, erfühlen, erschmecken und erhören, was Gartenbaukunst ist.

Rezé

Museum der Siedlungshistorie

Gleich mehrere Brücken queren von der Île de Nantes aus den Pirmil und leiten hinüber zu den südlichen Vororten, die zunächst nichts Auffälliges an sich haben. Ausgrabungen seit den 1980er-Jahren konnten aber bestätigen, dass das heutige Rezé einst eine gallorömische Siedlung namens Ratiatum war. Ein kleines Museum dazu ist **Le Chronographe** (21, rue de St-Lupien, https://lechronographe.nantesmetropole.fr, Tram 2 Gare de Pont Rousseau, Tram 3 Espace Diderot, Juli/Aug. Di–So 14–19, Sept.–Juni Mi–So 14–18 Uhr, 3 €). Als weiterer Meilenstein steht in Rezé **La Maison Radieuse** des Architekten Le Corbusier. Der Klotz aus dem Jahre 1955 besteht aus mehreren hundert Wohnungen ›von der Stange‹, die aber bei Betrachtung aus der Innensicht erstaunlich wohnliche Qualitäten beweisen (Boulevard Le Corbusier, Tram 3 Espace Diderot, Führungen über die Mairie von Rezé Mi 16, Sa 11 Uhr, Juli/Aug. zusätzlich Do und Fr 16 Uhr, 5 €, T 02 40 84 43 60, www.reze.fr/pratique/culture/visiter-maison-radieuse).

Doch Rezé besitzt mit **Transfert** noch ein drittes – und mit Trentemoult (s. Lieblingsort, S. 206) sogar ein viertes – Abenteuer der Siedlungsgeschichte. Transfert steht für Transformation: Was lässt sich mit den Zweckbauten der Vergangenheit anstellen? Wie kann man Freiflächen, die durch Abriss entstehen, bürgernah umnutzen? Transfert spielt auf dem ehemaligen Gelände des Schlachthofs künstlerisch-experimentell mit den Möglichkeiten und wirkt wie ein verspielter Freizeitpark (Rue Abbé Grégoire, Bus 30 und 97 bis Seil, 36 bis Sorin, Navibus bis Trentemoult und weiter ca. 1,5 km zu Fuß, geöffnet bei Events, www.transfert.co).

Museen

Ein ganzer Batzen Kunst
㊲ Musée d'Arts de Nantes: Kirchen, Klöster, Schlösser, Herrenhäuser waren während der Revolution in so gewaltigem Ausmaß geplündert worden, dass Paris nicht mehr wusste, wohin mit den Schätzen. Die Lösung: 15 Großstädte wurden 1801 mit Museen ausgestattet und erhielten als Startkapital Kunstwerke aus dem Bestand des Louvre. So begann auch die Geschichte des Musée des Beaux-Arts in Nantes – mit großen Namen, aber kleiner Sammlung. Mittlerweile sind es 12 000 Werke, erschaffen von Künstlern wie Ingres, Delaunay, Picasso, Léger, Kandinsky. Um wenigstens einen Teil in großzügigem Rahmen zeigen zu können, wurde das alte Haus bis 2017 renoviert und erweitert. Allein der moderne vierstöckige Anbau Le Cube, der zusätzliche 2000 m² Ausstellungsfläche schafft, garantiert mit seiner Sammlung zeitgenössischer Kunst einen denkwürdigen Aufenthalt.
10, rue Georges Clemenceau, https://musee dartsdenantes.nantesmetropole.fr, Tram 1 Duchesse-Anne, 2 St-Mihiel, Mi, Fr–Mo 11–19, Do 11–21 Uhr, 8 €, Do 19–21 Uhr gratis

Herz der Königin der Herzen
㊳ Musée Dobrée: Ein 30 m hoher Turm mit Ausblick auf die Stadt markiert diesen Gebäudekomplex aus mehreren Jahrhunderten. Der einstige Besitzer Thomas Dobrée (1810–95) war ein betuchter Nantaiser Reeder, der von weltweiten Ausfahrten kunstvolle Souvenirs mitbrachte: von Gemälden bis hin zu Zeichnungen, von Porzellan bis zu Elfenbeinarbeiten. Zum heutigen Fundus gehören die Totenmaske des Vendée-Revolutionärs Charette und das goldene Reliquiar mit dem Herz der Anne de Bretagne. Die früh verstorbene Königin selbst hatte verfügt, ihr Herz möge im Grabmal der Eltern zur letzten Ruhe finden. Während der Revolution sollte der Reliquienschrein in Paris zu Münzen umgeschmolzen werden, gelangte aber unversehrt nach Nantes zurück. Im April 2018 wiederholte sich das Drama: Annes Herz wurde wegen des Materialwerts gestohlen – aber in St-Nazaire wiederentdeckt.
18, rue Voltaire, https://grand-patrimoine. loire-atlantique.fr, Tram 1 Médiathèque, Gärten Juli/Aug. tgl. 8–19.30, sonst 8–18.30 Uhr (sonstige Räume nur zu Wechselausstellungen mit variierenden Zeiten, regulärer Betrieb nach Renovierung voraussichtlich ab 2023), Gärten Eintritt frei

ZWISCHEN SPARSONN-TAG UND JAHRESTICKET
Fünf Museen der Stadt können zwischen September und Juni an jedem 1. Sonntag im Monat gratis besichtigt werden. Im Juli und August ist der Eintritt hier frei mit dem **Pass Château des Ducs de Bretagne**, der für 10 € ein Jahr lang unbegrenzt Zutritt zum Schloss gewährt. Mit dem **Pass Inter-Musées** (20 €) kann man die fünf Museen ein Jahr lang beliebig oft besuchen (www. chateaunantes.fr/fr/droits-dentree).

Lieblingsort

Vom Fischernest zur Bobo-Insel

Mauve und Mint, schräges Lila und knatschiges Zinnober – über die Fassaden von **Trentemoult** (♥ D 4) scheint der Regenbogen gewischt zu haben. Ein uraltes Privileg zum Heringsfang lenkte die Geschicke, bis der Welthandel im 19. Jh. lukrativere Horizonte eröffnete. Trentemoult füllte sich mit Kapitänen, die von Übersee exotische Pflanzen als Deko für ihre dreistöckigen Häuser mitbrachten – dreistöckig mit Außentreppe und Dachverbindung zum Nachbarn, um den Fluten der Loire entfliehen zu können. Vor dieser Kulisse spielte Catherine Deneuve 1991 »La Reine Blanche« (dt. »Die schöne Lili«) und machte Trentemoult samt seinen Flusskneipen zur Kultadresse. Statt echter Subkultur, wie mancher glaubt, regiert dort aber die Bobo-Szene: Jeansträger mit reichlich Geld in den zerrissenen Taschen. Mit Fahrrad und Navibus pendeln sie zwischen Haus im Idyll und Büro in der Stadt, immer offen für eine Siesta am Fähranleger. Der pittoresk gepflegte Vorort hat auch Platz für eine der letzten Fassadenreklamen, die für den Butterkeks der Nantaiser Firma LU warben.

Wie sie wurde, was sie ist

❷ **Musée d'Histoire de Nantes:** Industrie und Hafen, Nantes im Bild und das Wirken der Kirche – diversen Aspekten der Stadtgeschichte einschließlich des Sklavenhandels widmet sich das Museum im Schloss der bretonischen Herzöge. Die bevorzugte Lage ließ lange keine baulichen und konzeptuellen Veränderungen zu, bis 2016 eine beachtliche Modernisierung gelang. Da wird jeder seinen Schatz finden, vielleicht die Sammlung von Bildern aus der Frühzeit der Fotografie oder das interaktive Modell der Stadt im Jahr 1900.

Château des Ducs de Bretagne, 4, place Marc Elder, www.chateaunantes.fr, Tram 1 Duchesse-Anne, Di–So 10.30–18 Uhr, 8 €

Zurück in die Zukunft

❸❾ **Musée Jules Verne:** Das Museum zum bekanntesten Nantaiser Schriftsteller sieht sich in Erklärungsnot: Jules Verne habe nicht in diesem Haus aus dem späten 19. Jh. gewohnt, sei aber oft und mit Begeisterung dort am Loire-Ufer gewesen. Seit 1978 werden hinter den Mauern frühe Ausgaben von Vernes Büchern, Gegenstände aus seinem Besitz, Modelle und Zeichnungen zu seinen Werken gezeigt. Da der Literat seine produktivste Phase fern von hier in Amiens hatte, bleibt die Sammlung überschaubar. Der Besuch des Hauses lohnt aber allein der Aussicht wegen.

3, rue de l'Hermitage, https://julesverne.nantes metropole.fr, Tram 1 Gare Maritime und weiter 10 Min. zu Fuß, Mi–Fr, So, Mo 14–18, Sa 10–12, 14–18 Uhr, 3 €

Im Sessel durch die Milchstraße

❹❶ **Planétarium:** Eine ca. einstündige Reise durch den Orbit, wenn auch nur virtuell. Erläuterungen gibt es in französischer und nur teilweise in englischer Sprache. Ein Besuch bietet sich an, wenn man zugleich das benachbarte Musée Jules Verne besichtigen möchte.

8, rue des Acadiens, www.nantes.fr/le-plane tarium, Tram 1 Gare Maritime und weiter 10 Min. zu Fuß, Mo–Fr 10–12.30, 13.30–18, Sa/So 14–18 Uhr, 6 €

Schlafen

Ein blendender Service auf der Internetseite von Nantes Tourisme, mit der man in Sekunden ein Hotelbett findet: www. nantes-tourisme.com/fr

Sakral-japanisch mit Blütenduft

❶ **Sozo:** Am Botanischen Garten – so muss das sein. Es gibt da aber noch ein interessantes Detail: Das 4-Sterne-Hotel mit Spa wurde in einer aufgelassenen Kapelle aus dem 19. Jh. eingerichtet. Klavier und Gitarren in der Rezeption, Pilaster und Rundbögen hinterm Bett. Das alles verbindet sich mit japanischem Design. Fast könnte man Nantes allein wegen dieser ungewöhnlichen Herberge besuchen.

16, rue Frédéric Cailliaud, T 02 51 82 40 00, www.sozohotel.fr/fr, Tram 1 Gare SNCF Nord, 24 Zi., DZ ab 135 €

Feudal lockt und ängstigt

❷ **Château de Goulaine:** Wer es immer noch nicht kennt, sollte es jetzt am Ende der Reise probieren: Wohnen im Schloss. Dazu geht es hier gleich ins kalte Wasser, denn dieses Château aus der Renaissance ist auch Museum (der Keksfabrik LU) und Kochstudio mit Garten und Teestube.

Allée du Château, Haute-Goulaine (♥ E 4, 15 km östl.), T 02 40 54 91 42, www.chateau degoulaine.fr, Bus Aléop Linie 331 bis Haute-Goulaine, 2 Zi., DZ/ÜF 115 €

Weiß gegen Schwarzseher

❸ **Okko:** Schlaf- und Traumforschung waren für den Designer Julien Nédóleo Grundlage zur Gestaltung seiner Künstlerzimmer. Dort herrschen Schwarz und Weiß vor, da es heißt, dass ein großer Teil der Bevölkerung nicht in Farbe träume. So dreht sich im Haus alles um die angenehme Nachtruhe. Was obendrein reizt, ist die zentrale Lage beim Schloss von Nantes.

15, rue de Strasbourg, T 02 52 20 00 70, www.okkohotels.com, Tram 1 Duchesse Anne, 80 Zi., DZ/ÜF ab 109 €

Veeerrrückt

4 Micr'Home: Platz ist in der kleinsten Hütte – nur eben nicht viel. Myrtille Drouet nutzte eine 3 m breite Passage zwischen zwei klassizistischen Häusern, um dort das Micr'Home zu installieren – eine Art Metallkasten hoch über dem Trottoir, der auf drei Ebenen 26 m² Wohnfläche erreicht.

12, rue de la Fosse, T 08 92 46 40 44, c/o www.nantes-tourisme.com, Tram 1 Commerce, ab 100 €

Klösterlich-ländlich

5 Abbaye de Villeneuve: Blasses Gelb und Grau, angevinischer Tuff und bretonischer Granit beherrschen die einstige, 1201 gegründete Zisterzienserabtei. Der heutige Bau stammt aus dem 18. Jh. Ein Spitzenrestaurant wie auch Pool und Garten im ehemaligen Kreuzgang üben zwar Verrat an der Bescheidenheit der Zisterzienser, doch bewahrt das Haus die besinnliche Ruhe eines Klosters.

Route de La Roche-sur-Yon, Les Sorinières (📍 D4, 10 km südl.), T 02 40 04 40 25, www.abbayedevilleneuve.com, Bus 80 Le Pérou, 24 Zi., DZ ab 95 €, Menü ab 19 €

Auf der Schiffschaukel

6 Jacoba: Die Bleibe wurde 1896 in den Niederlanden gebaut, jetzt hat sie ihren Altersruhesitz in Nantes. Wie das? Nun ja, es handelt sich um eine *péniche,* eines jener traditionellen Hausboote, die auf der Erdre schaukeln. Man kann die Nachtruhe auf dem Wasser genießen oder gleich mit seiner Wohnung auf Tour gehen.

22, quai Henri Barbusse, T 06 84 64 66 96, auf Portalen wie www.airbnb.com, Tram 2 Motte-Rouge, 1 Hausboot, DZ ab 83 €

Wie im Möbelhaus

7 Maisons du Monde: Den Schriftzug kennen alle, die gerne stylische Möbel und Dekoartikel mit französischem Flair kaufen. 2019 eröffnete das Handelsunternehmen dieses 4-Sterne-Hotel. Man wohnt dort wie in der Boutique, aufgeräumt und von Dingen umgeben, mit denen man daheim die Wohnung ausstatten würde.

2bis, rue Santeuil, T 02 40 73 46 68, www.maisonsdumondehotel.com, Tram 1 Médiathèque, 47 Zi., 7 Suiten, DZ ab 79 €

Essen

Franko-britisch indophil

1 Pickles: Lokale Produkte, vergessene Gemüsesorten, exotische Geschmacksrichtungen – Pickles und sein englischer Küchenchef verstehen sich als Neo-Bistro und unterstreichen das durch günstige Mittagsmenüs. Abends steigt zwar der Preis beträchtlich, aber der Genuss überzeugt.

2, rue du Marais, T 02 51 84 11 89, www.pickles-restaurant.com, Tram 2 Place du Cirque, Di–Fr mittags sowie Mi–Sa abends geöffnet, Menü mittags ab 22 €, abends ab 50 €

Küchenmeister Waghals

2 L'Instinct Gourmand: Häufiger Wechsel auf der Speisekarte geht einher mit großer Experimentierfreude – alles frisch und ohne Schnickschnack. Immer mal wieder wird eine vergessene Gemüsesorte aus dem Ärmel gezogen oder ein Ding zum anderen gemengt, wobei man nicht gedacht hätte, dass die beiden zueinander passen.

14, rue St-Léonard, T 02 40 47 41 64, http://linstinctgourmand.com, Tram 2 Place du Cirque, Di–Fr 12–14, 20–22, Sa 19.30–22 Uhr, Menü 33 €. Dependance: 9, rue Kervégan

Die gute Grille nie verloren

3 La Cigale: Die Brasserie, die eher Sehenswürdigkeit als echte Ausgehadresse ist (s. S. 201). Um die Qualität des Essens wird vielleicht etwas zu viel Brimborium gemacht, aber die Atmosphäre betört. Zudem kommen die langen Öffnungszeiten den Frühaufstehern ebenso gelegen wie den Nachtschwärmern.

4, place Graslin, T 02 51 84 94 94, www.laci gale.com, Tram 1 Médiathèque, tgl. 7.30–0.30 Uhr, Menü ab 25 €

Nachlass des Ramses

4 Beau Rève: *Pavé* kann der Stein sein, der einem schwer im Magen liegt, aber zumeist ist doch ein ordentliches Filetstück gemeint. Das stammt im Beau Rève nicht unbedingt vom Rind, vielmehr kann es von Tieren der Wüste sein, denn die Kost im Haus ist ägyptisch geprägt. Das schlichte Ambiente gestattet – positiv ausgedrückt – die volle Konzentration auf die exotischen Geschmacksnoten.

16, rue Léon Blum, T 02 28 29 76 84, https:// restaurant-egyptien-beau-reve.business.site, Tram 2 50 Otages, Mi 19–2, Do 11.45– 14.15, 19–22, Fr 11.45–14.15, 19–22.30, Sa 12–15, 19–22.30 Uhr, Menü um 25 €

Diskret feierlich

5 A Cantina: Klassizistische Architektur zählt zu den Pfunden, mit denen man wuchern kann. Hier ist es ein Haus aus dem 18. Jh. im alten Reederviertel, das behagliches Ambiente schafft. A Cantina fungiert dabei als Weinbar wie auch als Restaurant, besitzt eine Terrasse, freundliches Personal und gutes Gespür fürs adäquate Anrichten der Speisen.

28, rue Kervégan, T 02 40 47 68 83, www.a-cantina.fr, Tram 1, 2, 3 Commerce, Mo 12–14, Di–Fr 12–14, 19–21.30, Sa 19–21.30 Uhr, Menü 18–32 €

Schon der Weine wegen

6 Tartines et Bouchons: Den Gast erwarten eine umfangreiche Weinkarte und ein überschaubares Angebot an deftiger, landesüblicher Kost in Bistro-Atmosphäre. Mittwochabends Jazz oder Blues live.

Zikade aus Uromas Zeiten: La Cigalle pflegt die Gastronomie der Belle Époque.

11, rue d'Auvours, T 02 40 47 85 40, www. tartinesetbouchons.com, Tram 3 Viarme-Talensac, Di mittags sowie Sa/So geschl., Menü 17–21 €

Zu cool für Fans der Bügelfalte

7 La Cantine du Voyage: Die Kantine ist Hemdsärmeligkeit auf Biergartenniveau, kulinarisch kaum der Rede wert. Aber die Atmosphäre reißt es raus. 2013 erstmals für die Voyage à Nantes geöffnet, hat sich der Ort zur sommerlichen Kultadresse entwickelt. Der eigene Gemüsegarten ist mittlerweile für seine guten Produkte bekannt Huhn, das viele Gerichte bestimmt, kommt von einem Bauernhof in Ancenis.

20, quai des Antilles, T 06 89 64 85 03, auf Facebook, Chronobus 5 Quai des Antilles, April–Okt. tgl. 12–24 Uhr, Bar So/Mo 11–24, Di–Sa bis 2 Uhr, Menü mittags 11 €, abends 14 €

Einkaufen

Frische mit Dach
🔟 **Marché de Talensac:** Zehn Gehminuten nördlich der Tour Bretagne stolpert man in einen der wenigen überdachten Märkte der Stadt. Ab 1829 war dies der Sitz des Schlachthofs, 1937 wurde daraus der Markt mit heute etwa 150 Händlern.
Rue Talensac, www.marche-talensac.fr, Di–Sa 7–13, So 7–13.30 Uhr, seit 2019 Abendmarkt Do 16–20 Uhr

Nase platt drücken
⓲ **Passage Pommeraye:** *Lèche-vitrine* zählt auch für diejenigen zum Shopping-Erlebnis, die gar nicht wissen, was das heißt. Wörtlich meint der Begriff das Ablecken von Fensterscheiben, übertragen bezieht er sich auf diejenigen, die alles anfassen, viel fragen und nichts kaufen. Von ihnen ist die berühmte Passage voll, aber auch von interessanter Ware aller möglichen Sparten.
Passage Pommeraye, www.passagepommeraye.fr, Tram 1 Médiathèque, tgl. 8–20 Uhr

Bewegen

15 Löcher
❶ **Petits Voyages Extraordinaires:** Das große Wunder sollte man hier nicht erwarten, aber ein kleines Vergnügen. Die Bahnen heißen Hongkong, Calcutta oder Yokohama, das Spiel ist so alt wie Methusalem. Aber bei diesem Minigolf hat sich der Designer Jean Bonichon von Jules Verne inspirieren lassen und einen besonders schwierigen Parcours entwickelt. Das beginnt mit einer Montgolfière in 4 m Höhe.
Nantes Camping, Allée des Grands Chênes, T 02 40 74 46 94, www.nantes-camping.fr/mini-golf, Tram 2 Morrhonnière-Petit Port, Juli/Aug. tgl. 8–20, April–Juni, Sept./Okt. 9.30–12.30, 14–19 Uhr, 8 €

Vintage-Strand
❷ **Mauves Balnéaire:** So kennen es einige noch aus Kindertagen – oder nicht mal mehr das. Ein Kollektiv namens MIT hat 15 km flussaufwärts einen Badestrand an der Loire gestaltet, der mit Picknickwagen, Holzkabinen, Guinguette und Freiluftkonzerten die Unbeschwertheit längst vergangener Tage wiederbelebt – nur baden darf man wegen der unberechenbaren Fluten nicht.
Quai des Mariniers, Mauves-sur-Loire (10 km nordöstl.), auf Facebook, mit dem Zug bis Gare de Mauves, Juli/Aug. Mo–Do 16–22, Fr–So 12–22, Sept. Fr–So 12–22 Uhr

Auf Planken wanken
❸ **Gabara 1715:** Austern, Sekt und lockeres Leben. Eine *gabare* ist ein flaches Hausboot, das speziell für Flüsse mit Sandbänken entwickelt wurde. Mit so einem Kahn befährt Christian Chatelier Loire und Erdre und nimmt Passagiere mit, sofern mindestens sechs Personen buchen. Es kann auch an Bord übernachtet werden.
Quai Ceneray, T 06 74 45 95 59, http://gabara1715.fr, ganzjährig je nach Buchung, Preise je nach Arrangement

Ausgehen

Nantes Passion ist das gelungene Monatsmagazin, das nicht nur, aber auch über das Kulturleben der Stadt berichtet und Ausgehtipps bereithält. Das Heft liegt kostenlos in gedruckter Form aus und kann auf der Website heruntergeladen werden. Dort kann man es sich sogar vorlesen lassen – in französischer Sprache. https://www.nantes.fr/nantes-passion

Zentrale Gemischtwaren
🔅 **Cité des Congrès:** Das Kongresszentrum mit erstaunlicher Architektur ist Veranstaltungsort von Messen, Events,

Konzerten, Theaterdarbietungen oder Comedy. Das große Auditorium bietet Platz für 2000 Besucher.

5, rue de Valmy, T 02 51 88 20 00, https:// lacite-nantes.fr, Tram 1 Duchesse Anne

Tanz und Tränke unter Bäumen

⚜ **40 Pieds:** Tanzen, trinken, essen könne man in dieser Guinguette, sagt die Werbung. Aber das Essen hat nur untergeordnete Bedeutung, mehr als einfache Snacks gibt es nicht. Stimmig ist unterdessen das Restangebot, kräftig in Schwung gebracht durch DJs und Livemusik. Der Laden brummt, er besitzt 20 000 Plätze unter dem Blätterdach einer Baumschule.

Quai e la Fosse, T 07 82 26 02 87, https://40-pieds.business.site, Tram 1 Gare Maritime, April–Okt. tgl. 11–23.30 Uhr

Eine Nacht bei Schaumschlägern

⚜ **Warehouse:** Der Live-Club auf der Île de Nantes, ehemals als LC unter anderer Leitung bekannt, gilt als größter im Westen Frankreichs. Für Zustrom sorgt die junge Kundschaft im Hangar à Bananes nebenan. Auf der riesigen Tanzfläche kann der Abend durch Befüllung über entsprechende Düsen auch mal zur Schaumparty werden.

21, quai des Antilles, T 06 86 27 94 84 (für Tischreservierung), www.warehouse-nantes. fr, Tram 1 Chantiers Navals, dann 15 Min. zu Fuß, Mi–Sa 23.30–6 Uhr

Altgedient jung

⚜ **La Cloche:** Das Gründungsjahr glaubt man kaum: Seit 1895 bringt La Cloche jährlich eine neue Revue auf die Bühne. Mit dabei sind Musiker und Tänzer, die eine heiter-frivole Show nach dem Muster einer Music-Hall aufs Parkett legen.

Zentrale: 14, rue d'Allemagne, T 02 40 05 11 87, www.revue-la-cloche.fr, Ort und Zeit der Shows sind jeweils der Website zu entnehmen

Feiern

● **Trajectoires:** Mitte–Ende Jan. Einwöchiges Tanzfestival am Puls modernster Strömungen. Beteiligt sind mehrere Austragungsorte im Zentrum und am Stadtrand. http://festival-trajectoires.com

● **La Folle Journée:** Anf. Febr. Das anfangs nur eintägige Festival (deshalb *la folle journée* = der tolle Tag) hat sich längst zu einem mehrtägigen Konzertprogramm mit Zehntausenden von Besuchern ausgewachsen. Ziel ist es, durch Darbietung fern allen Bierernstes und an teils kuriosen Orten die klassische Musik an ein breites Publikum zu tragen. Gespielt werden Werke eines im Voraus bestimmten Komponisten. www. follejournee.fr

● **Les Escales:** Ende Juli. Konzerte diverser Stilrichtungen der U-Musik. www. festival-les-escales.com

● **Le Voyage à Nantes:** Juli/Aug. Eine kilometerlange grüne Linie durch Nantes markiert einen Parcours zu Meilensteinen und Kuriositäten der Stadt. Kunstausstellungen, Installationen und kulinarische Events entlang der Route steigern den Anreiz. www.levoyageanantes.fr

● **Aux Heures d'Été:** Juli/Aug. Künstler aus aller Welt präsentieren in Gratisveranstaltungen Kultur aus ihrer Heimat, vom Film zum Tanz, von der Musik zum Theater. Schauplätze sind das Schloss und die Parkanlagen der Stadt. www. auxheuresete.com

● **Les Rendez-vous de l'Erdre:** Ende Aug./Anf. Sept. Mehrtägiges Jazzfestival mit Open-Air-Konzerten in verschiedenen Dörfern an den Ufern der Erdre. www. rendezvouserdre.com

● **Celtomania:** Von Anfang Okt. bis Ende Nov. schlägt sich Nantes' Verbundenheit mit der bretonischen Kultur in einem farbenfrohen, mythenreichen und musikschweren Keltenfest nieder. www. celtomania.fr

TOUR
Wasserweg wurde Holzweg

Am Canal de Nantes à Brest

Napoleon wollte Kanäle quer durchs Land, weil der Binnenverkehr mehr Schutz vor den Engländern bot. Erst 1842 wurde der Canal de Nantes à Brest fertig. Er erlag dem Dampfross und verwilderte, um Terrain für Freizeitkapitäne zu werden.

Einstieg ins Paradies ist die **Erdre,** die man vom Stadtzentrum aus erst mal bequem per Ausflugsboot genießen kann (s. S. 198). Zwischen Sucé und Nort knickt der Kanal westwärts ab. Hausbootfahrer empfängt er mit 18 Schleusen allein im Departement Loire-Atlantique, bevor der stärker genutzte bretonische Teil einer Kanalfahrt beginnt. Unter dichtem Blätterdach gleitet man dahin, genießt Landschaften, die dem Autofahrer verschlossen bleiben, macht Station in Dörfern, um einzukaufen oder eine Radtour zu unternehmen. Es gibt auch die Variante einer reinen Fahrradfahrt am Kanalufer entlang.

Nort-sur-Erdre bietet sich für den Aufbruch zu einer Probetour an. Gleich zu Beginn kann man im ehemaligen Schleusenwärterhaus **La Cueilleuse** (https://la cueilleuse.com) dort gebackenes Bio-Brot als Proviant kaufen. Eine weitere Schleuse im Ort, **La Tindière,** bietet ein Nachtlager (ab 18 €/Pers; www.etapecanalgiteeclusede latindiere.com). Nette Stationen auf dem Radweg sind der **Étang de Bout-de-Bois** und der **Bois de la Chavallerais.** Der ehemals gallorömische Militärposten und spätere Kanalhafen **Blain** scheint schon geeignet für die Kehrtwende, aber es lohnt noch die Weiterfahrt bis zur alten Schleuse von **Bougard** (https://gitebou gard.wordpress.com; Herberge und Minibrauerei).

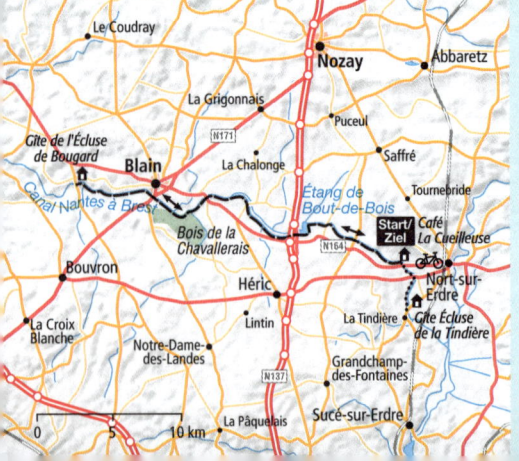

• **Les Utopiales:** Ende Okt.–Anf. Nov. Wenn nicht in Nantes, dem Geburtsort von Jules Verne, wo dann? Das einwöchige Science-Fiction-Festival probt mit Literatur, Kino, Comics und Kunst das Fantastische. www.utopiales.org

Infos

• **Nantes Tourisme:** 9, rue des États, 44000 Nantes, T 08 92 46 40 44 (0,35 €/min.), www.nantes-tourisme. com; Filialen: Station Prouvé im Parc des Chantiers (nur Juli/Aug.), 17, quai de la Chaussée des Moines im Vorort Vertou, T 02 40 34 94 36. Website der Stadt: https://en.nantes.fr
• **Flughafen:** Aéroport Nantes Atlantique 10 km südwestl. in Bouguenais (T 08 92 56 88 00, www.nantes.aeroport.fr). Als Zubringer dient eine Navette ab Gare SNCF (Mo–Sa 5.30–22.30, zurück 6.15–23.15 Uhr alle 20 Min., So 6.20–22.50, zurück 7–23.15 Uhr alle 30 Min., 9 €). Für ein Taxi (Anbieter s. u.) zahlt man etwa 30–35 €.
• **Bahn:** Gare SNCF, 27, bd. de Stalingrad, T 08 92 35 35 35, www.sncf.com/ fr/gares/nantes. TGV über Angers und Le Mans nach Paris Montparnasse in knapp 2,5 Std., nach Bordeaux St-Jean (mit Umsteigen) 4 Std., TER u. a. nach St-Nazaire, Rennes und Tours.
• **Bus:** Regional- und Fernbusse starten ab 13, allée de la Maison Rouge. Vertreten sind Gesellschaften wie Flixbus, Eurolines, BlaBlaBus, Ouibus und Sindbad für Fernverbindungen (Vergleich auf www. checkmybus.de/nantes). Verbindungen innerhalb der Region stellt Aléop bereit (https://aleop.paysdelaloire.fr).
• **Tram:** Drei Linien (Details s. S. 200) verkehren zwischen ca. 5/6 und 0/0.30 Uhr, Fr/Sa bis etwa 2.30 Uhr. Der Einzelfahrschein kostet 1,60 € (gültig 1 Std. ab Entwertung), ein Zehnerticket 14,70 €, ein 24-Stunden-Fahrschein 5,20 €.

• **Taxi:** Allo Taxi, T 02 40 69 22 22, www. taxis-nantes.com; Hep Taxi, T 02 40 85 40 85, https://heptaxis.com
• **Autovermietung:** Flughafen und Bahnhof sind die gängigen Mietstationen der großen Anbieter. Preisvergleich auf: www. happycar.de/mietwagen-nantes

Rund um Nantes ♀E3

Le Cellier

Wo die Verrückten sind …

20 km nordöstlich von Nantes treffen zwei kuriose Stätten aufeinander, deren Besuch leider Probleme bereitet bzw. unmöglich ist. Beginnen wir mit dem Unmöglichen: Dass **Château Clermont** aus den Jahren 1643–49 stammt, sich außen nahezu unverändert erhalten hat und einst einer Familie Nau de Maupassant gehörte – nun gut. Aber der Name lässt aufhorchen, erscheint in Frankreichs Literaturgeschichte doch der Schriftsteller Guy de Maupassant. Nun begab es sich 1943, dass eine Jeanne-Augustine Barthélémy Nau de Maupassant, Großnichte von Guy, den spanischen Einwanderersohn Louis Germain David de Funès de Galarza heiratete. Dieser Mann machte als Louis de Funès Karriere und war dank der Heirat Schlossbesitzer, der mit seinen Kinoeinnahmen sogar für den Erhalt des Hauses sorgen konnte. Nach seinem Tod teilte eine Immobilienfirma das Innenleben in mehrere Luxuswohnungen auf. Die Orangerie war 2014–16 ein Funès-Museum, dann gab es Probleme mit der Bausubstanz und dem Vermieter, was zur Schließung führte. Funès, der 1983 gestorben war, fand seine letzte Ruhe auf dem Friedhof von Le Cellier (32, rue de Clermont).

TOUR
Rekordreifer Binnensee

Rund um den Lac de Grand-Lieu

Wo viel Wasser ist, kann man nicht unbedingt viel Wasser sehen. Für diese seltsame Erfahrung ist die Réserve Naturelle du Lac de Grand-Lieu allemal gut. Das Vogelschutzgebiet etwa 14 km südöstlich von Rezé besitzt eine Winterwasserfläche von rund 6300 ha, die in heißen Sommern auf zwei Drittel schrumpft. See und Sumpf mit dichtem Schilf bieten Lebensraum für 270 Vogelarten. Trotz der nahen Großstadt Nantes und der Freizeitbedürfnisse ihrer Bewohner bestehen keine Ambitionen, die Idylle aufzubrechen. Aber es existiert ein Rundweg und dort an wenigen Stellen die Möglichkeit, Kontakt zur Fauna aufzunehmen – sei es auch nur per Fernglas.

Seit 2019 öffnet das Besucherzentrum **Maison du Lac de Grand-Lieu** in Bouaye ein großes Tor zur See-Erfahrung. Neben Dauer- und Sonderausstellung bietet es einen *Chemin écologique* als Lehrpfad und einen alten Jagdpavillon mit Beobachtungsterrasse. Am Parkplatz vorbei führt die Rue du Lac, auf der man rechts die Bahngleise quert, dann gleich wieder rechts abbiegt in die Avenue de Plaisance und an deren Ende erneut rechts in die Rue de la Gare (D 85). Im Rücken des Bahnhofs von Bouaye, zu dem die Straße führt, erstrecken sich die Weinfelder der **Domaine des Herbauges.** Produziert wird dort und auf anderen Gütern der Umgebung ein Muscadet Côtes de Grand-Lieu mit inzwischen eigener A.O.P. Die Aufwertung bedeutet für die Winzer höheren Gewinn, für den See aber mehr Schadstoffe. Wie eine Mahnung erscheint da der Name Herbauges. Er erinnert an eine Stadt, die der Sage nach wegen gotteslästerlichen Treibens im See versank und nur noch

Die Weißflügelseeschwalbe hat keine Ahnung, dass Experten sie als Chlidonias leucopterus bezeichnen.

zur Weihnachtszeit mit Glockengeläut von sich hören lässt.

Hinter dem Bahnhof schwenkt die Rue de l'Acheneau rechts von der D 85 ab und mündet in eine Piste, die als Circuit bzw. Route du Lac zu einem Parkplatz führt. **Pierre Aiguës** heißt der wenige hundert Meter südlich gelegene Punkt, der tatsächlich doch noch einen Blick vom Ufer über den See gestattet.

Weiter über **St-Aignan-Grandlieu** und **Pont St-Martin** gelangt man ins Fischernest **Passay**. Die dortige **Maison des Pêcheurs** informiert ihre Besucher über das Leben der Berufsfischer am See und versorgt sie mit Livevideobildern aus dem Reservat. Seeblick bietet das nahe **Observatoire ornithologique**.

2 km südlich von Port-St-Père jagen Rhesusaffen durch den Wald, planschen Robben, picken Marabus, Pelikane und Flamingos in einem See nach Beute. Das Kunstgebilde »Planète Sauvage« bietet dem autofahrenden Besucher 10 km Pisten, auf denen er 1500 exotischen Tieren begegnet. Europas größtes Delphinarium und ein seltsam anmutendes Buschdorf komplettieren den Freizeitspaß.

Für den Rest der Tour muss man sich vom Wasser und von geruhsamen Wegen verabschieden. Die D 65 ist das Einfallstor nach **St-Philbert-de-Grand-Lieu**. Die dortige **Abbaye St-Philbert** diente ab 836 als Zwischenstation für die Gebeine eines Heiligen namens Philbert, die auf der Flucht vor Normannen von der Küste landeinwärts getragen wurden. Die Abtei zählt zu den seltenen Relikten karolingischer Ära. Zierbänder aus roten Ziegeln und hellem Sandstein lockern den Eindruck der archaisch schweren Säulen im dunklen Kirchenschiff auf. In der Krypta steht noch der Marmorsarkophag aus dem 7. Jh., der seit 1936 wieder eine Reliquie des hl. Philbert enthält.

Die westliche Nachbargemeinde **St-Lumine-de-Coutais** ist ebenfalls für ihre Kirche bekannt, allerdings nur, weil ihn 70 m hoher Glockenturm einen Panoramablick über den See bietet. Die weitere Fahrt über **St-Mars-de-Coutais** bleibt dann ereignisarm, aber man muss ja irgendwie zum Ausgangspunkt Bouaye zurück.

Von dort ist es kein weiter, aber ein verwinkelter Weg zu den **Folies-Siffait**, einem labyrinthischen Park, der sich an Klippen über dem Loire-Ufer emporhangelt. Die malerisch überwucherte Anlage aus den Jahren 1820–30 war nie etwas anderes als eine Ruine mit Terrassen, Treppen, Trompe-l'œil-Fenstern und Pavillons ohne Zweck. Unklar ist, was die Erbauer Maximilien Siffait und Sohn Oswald genau zu dieser Mühe trieb. Möglicherweise war es Totengedenken an die früh verstorbene Tochter Maximiliens. Wegen Sanierungsarbeiten ist die zauberhafte Anlage nur eingeschränkt zu besuchen, gelegentlich werden Führungen angeboten (Termine und Anmeldung auf www.loire-atlantique.fr).

Gorges

Was Papier kann

Sèvre und Maine, Zuflüsse der Loire, haben ihren klangvollen Namen bei Weißweintrinkern wegen des dort gekelterten Muscadet. Rebstöcke und Kellereien begleiten auch die Fahrt nach Gorges an der Sèvre Nantaise, dort lohnt die idyllisch gelegene Papiermühle **Le Liveau** einen Stopp. Die Getreidemühle von 1407 dient heute als Museum der Papierherstellung.

T 06 16 11 89 50, www.lemoulinapapierdu liveau.com, April–Okt. tgl. 14.30–18 Uhr, 4–7 €

Clisson

Mittelmeer und Metal

4 km flussaufwärts bietet sich mit Clisson ein Kuriosum, auch wenn man den ungewöhnlichen Charakter des Städtchens nur schrittweise versteht. Auf den ersten Blick ein Ort wie viele andere in Frankreich – idyllisch am Zusammenfluss von Sèvre und Maine gelegen, Kirche Notre-Dame und Altstadt hoch auf einem Felsen, eine hölzerne Markthalle, Kopfsteinpflaster und – nun, zumindest eine Schlossruine. Als Zentrum des Aufstands, den zu Revolutionszeiten die Royalisten der Vendée gegen die Republikaner führten, wurde Clisson 1794 niedergemäht. François Cacault und François-Frédéric Lemot aus Nantes entwarfen wenige Jahre danach Pläne für einen Wiederaufbau, der nach toskanischer Manier erfolgen sollte. Das mediterrane Flair ist dem Ort nicht abzusprechen, aber noch stärker spürbar bei der **Domaine de la Garenne-Lemot.** Bildhauer Lemot (1772–1827) hatte sich das herrschaftliche Anwesen samt romantischem Park, antikisierenden Statuen und kleinen Tempeln am Ostrand von Clisson bauen lassen. Begraben liegt er im Temple de l'Amitié am anderen Ufer der Sèvre (https://grand-patrimoine. loire-atlantique.fr). Das Tosen bricht über Clisson herein, wenn sich dort im Juni die Liebhaber extremer Musikrichtungen zum **Hellfest** treffen (s. u.).

Feiern

● **Montmartre à Clisson:** 1. Wochenende im Juni. Man flaniert durch die Gassen, vorbei an Darbietungen von Straßenkünstlern und hinein in Ateliers. Es heißt, die Kunst sei dann preiswerter zu haben, aber wer weiß schon, ob der Preis vor der Senkung nicht zunächst angehoben wurde? So oder so – das Fest mit Musik macht gute Laune. www.levignobledenantes-tourisme.com
● **Hellfest:** Mitte Juni. An einem Juniwochenende wird das verträumte Clisson zur Bühne für Hardcore, Punk, Death Metal und andere extreme Musikrichtungen. Mehr als 150 Bands spielen mittlerweile für weit über 100 000 Besucher. hellfest.fr

Zugabe
LU, die Keksbarone

Lieu Unique und Speicher für 100 Jahre

Einfach abheben: Ein Posaunenengel ziert die Fassade der Keksfabrik.

D as Jahr 2000 hielt sich für was Besonderes. ›Millennium‹ wurde Wort des Vorjahres. Die Concorde brachte Unersättliche von Jahreswechsel zu Jahreswechsel, derweil manch einer den weltweiten Computercrash befürchtete. Coole unkten, wonach es kein Jahr Null gegeben und demnach erst 2001 den großen Böllerschuss verdient habe. Egal, Nantes stimmte mit ein und eröffnete am 1. Januar 2000 ein großes Kulturzentrum am Canal St-Félix. Der Bau selbst, die **LU-Fabrik**, ist alt, man sieht es der verschnörkelten Fassade an. Jean-Romain Lefèvre brachte den Stein ins Rollen, als er 1846 eine Zuckerbäckerei gründete und bald Pauline-Isabelle Utile heiratete. Sohn Louis trieb die Mechanisierung voran und eröffnete 1885 am Quai Baco die 2000 m² große LU-Fabrik. Die Lage am Wasser in Sichtweite des Schlosses taugte zum Wahrzeichen, zumal mit den später ergänzten beiden Türmen an der Avenue Carnot. Ab 1886 wurde dort mit dem Petit-Beurre ein millionenschwerer Dauerbrenner gebacken – der Butterkeks, dem Bahlsen erst fünf Jahre später Paroli bot. Was niemand ahnt: Der Keks hat 52 Zähne für die Wochen im Jahr, vier Ecken für die Jahreszeiten, 24 Löcher für die Stunden des Tages und 7 cm Seitenlänge für die Zahl der Wochentage.

Aber die Fabrik ließ Federn. Die Eisenbahn legte Gleise über den angrenzenden Loire-Arm, eine Hälfte der Fabrik wich Neubauten, die Firma ging Fusionen ein, die eingesessene Familie verlor an Einfluss, die Produktion wanderte nach La Haie-Fouassière. Erst der Millennium-Gedanke brachte die Wiedererweckung als LU = Lieu Unique = Einzigartiger Ort für Events. Nur einer der illustren und begehbaren Türme steht noch, dafür gibt es an der rückseitigen Rue de la Biscuiterie einen ›Jahrhundertspeicher‹, den Grenier du Siècle. Als Essenz des 20. Jh. enthält er Tausende Objekte, die Spender als ihr Stück Geschichte einreichten. Am 1. Januar 2100 um 17 Uhr soll der Grenier wieder geöffnet werden … (2, quai Ferdinand-Favre (**41** Cityplan Nantes, S. 192), T 02 40 12 14 34, www.lelieuunique.com, Tram 1 Duchesse Anne; mit Buchhandlung und Hammam; Bar Mo 11–20, Di, Mi 11–1, Do 11–2, Fr, Sa 11–3, So 15–20, Restaurant Félix, T 02 51 72 05 55, Mo 12–14, Di–Sa 12–14, 19–23 Uhr). ∎

An der Loire-Mündung

Salz und Sonne — Ab Nantes herrscht Stille, mitunter von gespenstischer Qualität. Erst auf der Halbinsel Guérande treffen sich die Reisenden wieder und schauen, wie die Natur ein Gewürz aus dem Meer schält.

Seite 222

Couëron

Schiffe mit Schlagseite kennt man, einen schiefen Turm ganz sicher auch. Aber ein Haus, das in den Fluss zu kippen scheint, irritiert dann doch auf den ersten Blick: »La Maison dans la Loire«.

Seite 224

St-Nazaire

1975 war es geschafft: Beim großen Hafen, den die Deutschen im Krieg als U-Boot-Station genutzt hatten, querte nun eine gigantische Brücke die Loire-Mündung. Der deutsche Bunker existiert derweil noch und dient als Museum.

Filmheld M. Hulot steht als Bronze am Strand von St-Marc (Seite 229).

Eintauchen

Seite 225

Kunst per Rad

Der Estuaire ist ein Sorgenkind, weil nur wenige ihn besuchen. Ein mehrjähriges Kunstprojekt hat im Mündungsgebiet für neue Attraktionen gesorgt. Gerade am linken Ufer der Loire lassen sie sich gut mit dem Fahrrad erkunden.

Seite 230

La Baule

Auf den ersten Blick scheint da gar nichts zu laufen, weil bei flüchtiger Betrachtung nur Bettenburgen ins Auge stechen. In zweiter Reihe aber stehen Villen wie aus dem Bilderbuch.

Seite 232

Salz, Marsch!

Die These des umtriebigen Erfolgsautors Bannalec: So leckeres Salz muss tödlich sein. Im Badeort Mesquer trifft man nicht auf Leichen, sondern auf die gemütlichen Seiten der Salzewinnung.

Seite 234

Stille im Sumpf

Schilfdächer signalisieren eine verträumte Ära, waren den Hausbesitzern aber auf Dauer zu verträumt. Mit Kerhinet restaurierte die Verwaltung des Brière-Parks ein ganzes Schilfdachdorf. Vor der Tür kann man per Boot über tierreiche Gewässer staken.

Seite 233

Guérande

Hinter einer Stadtmauer hatte sich der Reichtum aus dem Salzhandel verschanzt. Die mittelalterliche Architektur bleibt Top Act.

Seite 237

Fort de l'Océan

Festung ist Festung, Schloss ist Schloss. Doch ganz weit draußen steht am Atlantik eine Festung, die heute ein Schloss ist – und nun das wirklich letzte Château der Loire.

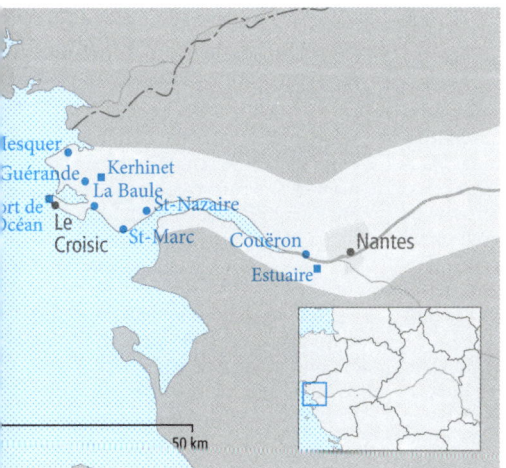

Queller heißt die Pflanze bei uns: *Salicorne* aus den Salzgärten ist lecker und gesund.

Graffiti sind zahlreich in St-Nazaire. Chilenische Künstler hinterließen 2015 die auffälligen Fresken in Petit-Maroc, wo sich einst die Altstadt erstreckte. Im Quartier wohnten Fischer, die bis Marokko ausfuhren.

erleben

Ein bretonisches Ende

Abschied. Über so viele Kilometer hat uns die Loire begleitet, ein majestätischer Weggefährte, der sich nun in den Atlantik stürzt. Die meisten Reisenden scheinen sich davor drücken zu wollen, den Ausklang noch bewusst zu erleben. Der Mündungstrichter, das Stück ab Nantes, bleibt ihnen unbekannt. Um auch für diese Gegend Anreize zu schaffen, hat man den Estuaire als Kunstparcours geöffnet. Nicht alle Bausteine lohnen einen Besuch, aber Werke wie das Haus in der Loire oder die Ozeanschlange vor der Brücke von St-Nazaire hätten mehr Beachtung verdient. Wenn der Rummel ausbleibt, so bedeutet das aber auch, dass man mal ausspannen kann von den umschwärmten Orten zwischen Orléans und Angers.

St-Nazaire bleibt ein harter Brocken, jenen Menschen mit speziellen Interessen vorbehalten, aber auch die existieren schließlich. Allein die gewaltige Autobahnbrücke über die Loire-Mündung kann attraktiv sein. An ihren beiden Enden geht der Hafen- allmählich in Badebetrieb über, im Süden sind es die Strände der Vendée, im Norden die ehemals herrschaftlichen Urlaubsorte der Halbinsel Guérande. Ohne Zweifel bietet

ORIENTIERUNG

Internet: www.loire-atlantique.fr, www.estuaire.info/fr, https://de.labaule-guerande.com

Unterwegs ohne Auto: Nahe am Geheimtipp, zumindest außerhalb Frankreichs kaum bekannt, ist die Tatsache, dass man von St-Nazaire über Nantes und noch weiter ostwärts Flusskreuzfahrten mit der MS Loire Princesse unternehmen kann (www.croisieurope.de). TER-Züge mit zahlreichen Haltestellen fahren von Nantes am rechten Loire-Ufer entlang nach St-Nazaire, wo man nach Le Croisic umsteigen kann. Für Busverbindungen sorgt Aléop (https://aleop.paysdelaloire.fr).

sie sich als logischer Abschluss der Reise an, ein Paradies mit Macken, ein Land der Gegensätze, nah genug an der großen Mündung, um dort genussvoll den Abschied zu zelebrieren. Mit einem Paukenschlag namens La Baule meldet sich zunächst der Massentourismus, nur um bereits nach wenigen Kilometern an der felsigen Côte Sauvage auszuplätschern. Die bizarren Klippen, der scharfe Wind und die gekräuselten Wellen sind schon deutlich bretonisch und wie eine Einladungskarte zum Nachbarn.

Der Estuaire ⚲ C/D4

Kunst und Industrie am Wasser

Wer es bezweifelt, schlage nach: Ästuar steht im Duden. Der Begriff bezeichnet eine Trichtermündung, was in der Natur ein beeindruckendes Schauspiel sein kann. Immer breiter macht sich der Fluss, lässt sich nichts mehr diktieren, nimmt auf seiner Reise Salzwasser auf, bis unter einem weiten Himmel die Grenzen zum Meer verschwimmen. Flora und Fauna haben dort eigene Lebensformen hervorgebracht, aber auch der Mensch hat sein besonderes Auskommen mit dem Ästuar entwickelt. Oft handelt es sich um technische Errungenschaften, die von den Wassermassen profitieren. Darum sind die letzten 60 km der Loire, das Stück von Nantes bis zum Atlantik, eine Mischung aus wilder Natur und bedrängender Industrie.

Estuaire hieß auch eine Aktion der Jahre 2007, 2009 und 2012, die entlang der Ufer 30 spektakuläre Kunstwerke mit Bezug zu dieser Landschaft möglich machte. Die Skulpturen und Installationen akzentuieren das Mündungsgebiet, machen die unverwechselbaren Phänomene deutlich und geben einen Leitfaden für die Reise von Nantes nach St-Nazaire. Eine Besonderheit ist zu berücksichtigen: Man sollte sich schon in Nantes für das Nord- oder das Südufer entscheiden, denn außer den Brücken von Cheviré und St-Nazaire gibt es nur die beiden leistungsschwachen Fähren bei Indre und Couëron, die einen Sprung übers Wasser gestatten. Nehmen wir einfach das Auto für das Nordufer und das Fahrrad für ausgewählte Stationen am südlichen Ufer der Loire …

Jahresringe joggen: »Les Anneaux« sind ein Beitrag von Daniel Buren und Patrick Bouchain zur großen Kunstaktion an der Trichtermündung der Loire.

Am Nordufer zur Mündung
📍 C/D 4

Das Geisterhaus im Fluss

Es dauert ein Weilchen, bis man Land gewinnt, denn Nantes greift weit nach Westen aus, sein Hafen hat trotz der Überschwemmungsgefahr früh für zahlreiche Siedler am großen Wassertrichter gesorgt. In **St-Herblain** etwa ist die höchste Erhebung ein 32-stöckiges Wohnsilo aus den 70ern, Sillon de Bretagne. Außer Dienstleistungs- und Einkaufsflächen befinden sich 781 Wohnungen in dem Koloss. Im Parc de la Gournerie beim gleichnamigen Château (17. Jh.) entkommt man dem Gewusel und kann sich mit etwa 30 Bäumen anfreunden, die wegen Alter, Umfang oder Herkunft als herausragend eingestuft sind. Riesen wie der Sequoia beim Schloss künden vom einstigen Kolonialhandel mit Amerika.

Indre mit seinem traditionsreichen Sonntagsmarkt schaltet bereits einen Gang runter, selbst die einst florierende

VOGELFLÜSTERER

Geboren ist er in Haiti, gestorben in New York. Da kann man es kaum fassen, dass **John James Audubon** überhaupt eine Verbindung zu Couëron hatte. Tatsächlich verbrachte er dort wegen familiärer Verbindungen seine Kindheit. Bleibt zu klären, was ihn so besonders macht. Der Amerikaner, wenn man ihn so bezeichnen darf, war Ornithologe und Zeichner. Von ihm stammt das epochale Werk »The Birds of America«, das dem Federvieh der neuen Welt ein nachhaltiges Denkmal setzte. Amerikanern bleibt Audubon ein vertrauter Name.

königliche Kanonenmanufaktur wurde in eine Kapelle verwandelt. Bleierne Schrotkugeln für die Jagd, vor allem im vogelreichen Marais Audubon, wurden bis 1988 im Nachbarort **Couëron** hergestellt. Teile der Fabrik mit der Tour à Plomb stehen noch, inzwischen als Mediathek genutzt. Von dort, Quai Émile Paraf, sieht man am anderen Ufer ein besonders eindrucksvolles Kunstwerk, nämlich »**La Maison dans la Loire**«. Ohne einen Hinweis auf den künstlerischen Kontext gäbe dieses Objekt Rätsel auf. Das Haus setzte Jean-Luc Coucoult mit bedrohlicher Neigung in den Schlick der Loire, so als müsse es jeden Moment versinken. Das (reale) Traumgebilde ist perfekt, es bleibt die Frage nach dem Schicksal der Bewohner, die es aber nie gegeben hat.

Wer da mal ein wenig Überblick sucht, ist in **Cordemais** gut aufgehoben. **Centre de découverte Terre d'Estuaire** heißt dort die museal aufbereitete Erkundungsstation, die interaktiv mit der Natur am Ästuar vertraut macht. Im Eintrittspreis enthalten ist der Aufstieg in die Lüfte in einem fest vertäuten Fesselballon. Mit dem »**Observatoire**« baute Tadashi Kawamata in **Lavau-sur-Loire** aus Bauholz einen weiteren Ausguck auf Fluss und Sümpfe. Die wohl größere Attraktion im Ort aber ist die urige Bar-Crêperie La Maison du Port (39, rue du Port), Vorbild für die Maison dans la Loire in Couëron.

Terre d'Estuaire: Le Port, T 02 85 67 04 80, www.terredestuaire.com, Juli/Aug. tgl. 10–19, Juni Mo–Fr 10–18, Sa/So 10–19, April/Mai tgl. 10–18, Febr./März, Sept./Okt. Do–So (in den Schulferien tgl.) 10–18 Uhr, 10,50 € Ausstellung und Ballon, nur Ballon 4 €

Schlafen

Wie die Kaminkehrer

Villa Cheminée: Das »eiserne Schloss«, das dem japanischen Künstler Tatzu Nishi

Lieblingsort

Nessies Schwester

Während der Präsident von der Bühne herab Wirtschaftsprognosen verkündet, macht der Clown im Publikum Faxen zum gleichen Thema. So ungefähr wirkt das Verhältnis zwischen dem bierernsten Pont de St-Nazaire und dem launigen Skelett der »Serpent d'Océan« davor. 2012 stellte der chinesische Künstler Huang Yong Ping seine 130 m lange Aluminiumschlange an die Pointe du Nez-de-Chien im Badeort **St-Brévin-les-Pins** (♥ B 4). Genau dort ist endgültig Schluss mit der Loire, beginnen die Urlauberstrände des Atlantiks. Die Ausrichtung der Seeschlange besitzt Finesse, ihr Schwanzende wird bei Niedrigwasser gerade noch befeuchtet, dagegen ragt der Kopf bei Höchststand der Flut noch knapp aus dem Meer. Man kann Stunden dort verbringen, das Dasein der Schlange im Spiel der Wellen betrachten und immer neue Botschaften des Skeletts, seiner Vergänglichkeit und seiner Bezüge zur Umgebung empfangen.

bei Cordemais ins Auge stach, ist ohne Betrachtung durch die rosa Brille ein Kohlekraftwerk aus den späten 60ern. Nishi baute einen der Schlote nach und setzte darauf ein Häuschen mit Garten und Fernblick über die Loire. Das bewohnbare Kunstwerk zählt zu den ungewöhnlichsten Übernachtungsadressen der Region.

Lieu-dit Le Grand Quartier, Cordemais, zu buchen über Nantes Tourisme (s. S. 213), Haus ab 119 €/Nacht

Essen

Seine Brüder, die Metzger

François II: Fleisch aus der Region, geliefert von den Brüdern des Eigentümers, ist der Trumpf auf der übersichtlichen Speisekarte. Das Haus mit Terrasse hat eine Vorgeschichte als Kurzwarenladen mit einer Inhaberin, die alles andere als kurz angebunden war. Inzwischen geht es weniger kurios, aber weiterhin sehr herzlich zu.

5, place Aristide Briand, Couëron, T 02 40 38 32 32, www.francois2.com, Mi–So 10–16.30, Fr/Sa 17–22.30 Uhr, Menü ab 18 €

Infos

- **Zug:** Von Nantes über Couëron nach Savenay führt eine Bahnlinie. Ab Savenay Anschluss nach St-Nazaire. Bahnhof Rue de la Gare, Couëron.
- **Bus:** Die Gesellschaft Aléop bedient Couëron und St-Nazaire von Nantes aus mit Bussen. Verbindungen: https://aleop.paysdelaloire.fr
- **Fähre:** Zwischen Nord- und Südufer verkehren Fähren bei Basse-Indre (nach Indret) und Couëron (nach Le Pellerin). Infos: Maison des Bacs, Quai Besnard, Basse-Indre, 44610 Indre, https://info routes.loire-atlantique.fr/jcms/bacs-de-loire-fr

St-Nazaire 📍 B 3/4

Schönheit auf den ersten Blick besitzt St-Nazaire nicht, deshalb ist die Stadt auch kein touristischer Anlaufpunkt. Ihre knapp 70 000 Einwohner leben vom Hafen, den Werften, dem Bau von Airbus-Teilen – Industriezweige, die nicht schöner machen und teils auf der Natur lasten. Aber der Hang zum Gigantischen verleiht Frankreichs viertgrößtem Hafen ein eigenes Flair. Allein die Tatsache, dass der Transatlantikliner Queen Mary 2 und das Kreuzfahrtschiff Europa 2 in St-Nazaire gebaut wurden, flößt Respekt ein. Und wer hartnäckig sucht, entdeckt auch Versöhnendes, darunter Radwege ins Umland und die Stadtstrände, beginnend mit der **Grande Plage** am Boulevard Président Wilson.

Bridge ebenso wie troubled water

Auftakt dieser Grande Plage ist der **Quai des Marées**. Von dort hat man schon mal allerlei im Blick, auch den **Pont de St-Nazaire** über die Loire-Mündung, unausweichliche Station für Autofahrer zwischen Bretagne und Vendée. Zu ihrer Entstehungszeit, 1972–75, stellte die Brücke eine technische Höchstleistung dar. An Länge (3356 m) stellt sie zwar selbst den Viaduc de Millau aus den Jahren 2001–04 in den Schatten, bleibt aber mit 61 m weit unter seiner Höhe von 343 m. Fußgängern und Radfahrern wird wegen des Seitenwinds und Verkehrsaufkommens von der Querung abgeraten, für sie gibt es außer Linienbussen im Sommer auch einen Shuttle-Minibus.

Was man zudem am Quai sieht, ist eine kuriose Orientierungstafel: »Tintin à St-Nazaire«. Neben Brüssel zählt die Hafenstadt zu den wenigen realen Schauplätzen der belgischen Comic-Reihe »Tintin« (in Deutschland

TOUR
Kunst per Rad

Von Nantes zum Südufer des Estuaire

Infos

📍 D 4

Start/Ziel: Gare Maritime in Nantes

Länge/Dauer: etwa 40 km hin/zurück, 4 Std.

Fahrradverleih: www.bicloo.nantes-metropole.fr

Badesee: La Roche Ballue in Bouguenais, www.bouguenais.fr/fr/roche-ballue

Übernachtung: Ab 90 € kostet die Nacht in einem der Künstlerzimmer auf Château du Pé. Ausklappbare Möbel in den Wänden oder das Bett als Gruft im Boden reizen. Buchung: www.chateaudupe.fr

Ab **Gare Maritime** in Nantes setzt der Navibus nach **Trentemoult** (s. S. 206) über. Am Zementwerk dort baumelt das von Roman Signer installierte, 7 m lange **Pendel** gleichsam die Zeit weg. Wegen der Industrieanlagen kann man nicht einfach dem Ufer folgen. Am großen Kreisverkehr südlich des Pendels (D 723) gibt es aber Hinweisschilder auf einen Radweg Richtung **Bouguenais,** dessen Markierung man nun folgt. Zum Flusshafen **Le Port Lavigne** führt vom Ortskern die Rue des Pêcheurs. Die Häuser sind betagt, die Überbleibsel einer Werft desolat. Die Natur holt sich dieses Fleckchen zurück. Und dann entdeckt man im Geäst »**The Settlers**«, Skulpturen exotischer Tiere. Ihre Existenz verdanken sie der Kunstaktion Estuaire, die auch im nächsten Zielort **St-Jean-de-Boiseau** ihre Spuren hinterließ. Dort lockt das kleine **Château du Pé** mit Park, Teich – und einer Sitzbank am Ufer. Nimmt man auf dieser Platz, schießt eine 20 m hohe Fontäne aus dem Wasser, nur zu stoppen, indem man wieder aufsteht. »**Did I miss something?**« nennt Jeppe Hein sein Werk. Bei der Weiterfahrt Richtung Westen wartet am Ortsausgang (D 58) die gotische **Chapelle de Bethléem,** die einst an der Stelle einer keltischen Kultstätte entstand. Bei ihrer Restaurierung schuf der Steinmetz Jean-Louis Boisel 28 Wasserspeier nach Vorbildern aus Filmen wie »Gremlins« und »Alien«.

Bevor man in **Le Pellerin** mit der Fähre ans Nordufer übersetzt, um über Couëron (s. S. 222) nach Nantes zurückzustrampeln, lohnt ein Abstecher zum **Canal de Matinière,** der einst dazu diente, den Sandbänken der Loire auszuweichen.

Grafiken und Bröckelputz beherrschen die alte U-Boot-Station der Deutschen – die hässliche Seite der Schönheit.

»Tim und Struppi«). Sie erschien in dem Band »Die sieben Kristallkugeln«, wo der Zeichner Hergé gleich mehrere Stationen rings um die Docks in Bildern festhielt. *Tintinophilie* nennt der eigens gegründete Verein Les 7 Soleils seine Begeisterung für die Abenteuer und ließ an den identifizierbaren Punkten große Plakatwände mit den jeweiligen Zeichnungen aufstellen. Eine weniger behagliche Fußnote: Hergé stand nach der Befreiung Belgiens durch die Alliierten im Ruf, mit den Nazis kollaboriert zu haben. Sein offenkundig bestauntes St-Nazaire hat wahrlich ein Päckchen aus der Zeit unter deutscher Besatzung zu tragen (s. S. 81).

Ein Bunker, mehrere Gesichter

Die starken U-Boot-Festungen der Deutschen im besetzten Frankreich mussten zwangsläufig Kriegsziele werden. Nach den enormen Verlusten im Kampf um Brest setzten die Alliierten in St-Nazaire auf Belagerung statt Bombardements. Und doch stehen rings um die U-Boot-Station keine alten Häuser. Der betonschwere Bunker einschließlich seines merkwürdig locker bebauten Umfelds trägt den Geruch des Martialischen. Stätten wie diese sind heute selten in Europa, man muss sie interpretieren und ertragen, aber auch ins aktuelle Leben einbinden können. Dazu hat St-Nazaire bewundernswert viele Anstrengungen unternommen und gute Lösungen gefunden. **Escal'Atlantique** ist eine davon, ein erlebnisorientiertes Museum zu Schiffsbau, Transatlantikfahrten und Emigration mit vorbildlichen Erläuterungen in mehreren Sprachen. Die Geschichte von Stadt, Industrie und Hafen ist Thema im **Écomusée**, wo man erfährt, dass keine Stadt Europas im 19. Jh. so schnell wuchs wie St-Nazaire. Um Offshore-Windenergie wiederum geht es im **EOL**. Außerdem kann man an Bord des U-Boots **Espadon** gehen, das nach vielfacher Weltumrundung während des Kalten Krieges nun seine Ruhe in St-Nazaire gefunden hat. Das Dach der U-Boot-Station ist begehbar und dient als Panoramaterrasse. Bei den rot-weißen Dreiecken, die man ringsum auf den Gebäuden sieht, handelt es sich übrigens um eine Monumentalmalerei von Felice Varini (2007).

Boulevard de la Légion d'Honneur, www. leportdetouslesvoyages.com/de, Juli/Aug. tgl. 10–20, Mitte Febr.–Ende Okt. Di–So 10–13, 14–18 Uhr, Einzelticket ab 5 €, Kombiticket 25 €

Mal kurz rüber

Auf die andere Seite der Loire sollte man auch dann mal eben fahren, wenn kein Anschlussurlaub am Atlantik geplant ist. Denn die Querung des Pont de St-Nazaire ist ein eindrucksvolles Erlebnis, ebenso der Blick auf die Brücke von **St-Brévin-les-Pins** aus. Die Weiterreise nach Süden lohnt, ist aber ein gänzlich anderes Thema, wie man schon nach wenigen Kilometern feststellen würde. Folgt man aber dem Südufer der Loire ein kleines Stück nach Osten, dann folgen stimmige Einblicke. Bei **Corsept** haben Hobbyfischer ihre *carrelets* in den Schlick gerammt, schiefe Hütten auf Stelzen, die den Fang unter den besonderen lokalen Gegebenheiten erst ermöglichen.

Nantes' Vorhafen **Paimbœuf**, wo Schiffe mit großem Tiefgang ihre Fracht umladen, ist wie eine Welt aus früherer Zeit. Dort hat der japanische Landschaftsdesigner Kinya Maruyama am Quai Edmond Libert einen erstaunlichen Garten geschaffen. Dass dieser Jardin Étoilé an Sternbildern ausgerichtet ist, fällt weniger auf als seine

Beschaffenheit aus lokal verfügbaren Materialien und Pflanzen. Entstanden ist ein frei und kostenlos zugänglicher Ort seltsamer Abgeschiedenheit, der zugleich Kindern als Abenteuerspielplatz dienen kann.

Schlafen

Unter Bäumen am Fluss

Manoir de l'Espérance: Das Herrenhaus aus dem 19. Jh. befindet sich in einem großen, schattenreichen Park. Frühstück mit Bio-Produkten, grüner Strom und Warmwasseraufbereitung durch Sonnenenergie sorgen für einen ökologisch orientierten Aufenthalt.

L'Espérance, Corsept, T 02 40 39 60 89, www.manoirdelesperance.fr, 2 Zi., 2 Suiten, 2 Schlafsäle, DZ/ÜF ab 68 €

Essen

Am Stadtstrand

Le 16: Schon allein der Meerblick bedingt, dass die Plätze in dem recht kleinen Restaurant ausgesprochen begehrt sind. Also reservieren und sich auf Doradenfilet, Entenbrust mit Himbeersauce und Austern freuen.

10, bd. de Verdun, St. Nazaire, T 02 40 15 41 89, www.restaurant-le-16.fr, tgl. ab 12 und ab 19.15 Uhr, Menü 26–30 €

Fisch und Schoko

Sabayon: Auch hier sollte man wegen des geringen Platzangebots reservieren. Diese kleine Mühe wird allerdings belohnt mit geläufigen, aber kreativ und appetitlich angerichteten Speisen, etwa Kabeljau mit Kartoffelpüree und Gemüse. Stadtweit bekannt und geschätzt sind die Schokoladendesserts

7, rue de la Paix, St. Nazaire, T 02 40 01 88 21, auf Facebook, Di–Sa 12–13.30, 19.15–21 Uhr, Menü ab 21 €

Bewegen

Eine Runde Schaukeln
Cruise Estuaire: Von St-Nazaire nach Nantes oder umgekehrt kann man während einer 2,5 Std. dauernden Bootsfahrt die Loire-Mündung erleben.

Quai de Kribi, Buchung über das Office de Tourisme (s. u.), April–Okt., eine Strecke 25 €, hin und zurück 37 €

Luftnummer
Usine d'Airbus: Der große europäische Flugzeughersteller hat seine Produktion auf mehrere Standorte verteilt, St-Nazaire fertigt die Cockpits. Wegen der begrenzten Teilnehmerzahl ist die zweistündige Führung durch das Werk mindestens zwei Tage zuvor im Internet zu buchen.

Zubringerbus ab U-Boot-Bunker, Führungen Mi, Fr, manchmal auch Sa, Buchung www.leportdetouslesvoyages.com/de/visite/airbus werk, 16 €

LES BLOGUEUSES   **B**

Wenn Franzosen behaupten, sie hätten von einer *bernique* noch nie gehört, dann muss man ihnen glauben, denn außerhalb der Bretagne wäre das eine *patelle*. Wörtlich eine Napfschnecke, in Verbindung mit *petite* aber ein kleines, regloses Etwas ohne Belang. Die Blogerinnen, die sich unter dem Begriff vereinigt haben und fröhlich auch »die Salzärsche« nennen, haben nicht nur den Humor für sich gepachtet, sondern auch ihr Revier, die Gegend um St-Nazaire. Was man bei ihnen nicht findet, ist schlichtweg keinen Tipp wert. Anders gesagt: Die Ladys können was, wenn es um Insiderwissen zur Region geht. www.lespetitesberniques.fr

Ausgehen

Wöchentlich erscheint das kostenlose Magazin »L'Estuaire« mit Kultur- und Veranstaltungstipps. Download unter: www.estuaire.org

Nachts beim Indianer
Indian Rock Café: Die angesagte Ausgehadresse seit 1991. Einlass gewährt ein Türsteher, also sollte man sich ordentlich benehmen. Außer Cocktails gibt es Livekonzerte.

55, rue Aristide Briand, auf Facebook, Do 21–2, Fr/Sa 22–4 Uhr

Feiern

- **Les Escales:** Ende Juli. Dieses große Musikfestival bringt internationale Stars und Tausende von Besuchern ans Ufer des Estuaire. www.festival-les-escales.com
- **L. M. Country:** Mitte Aug. Amerika ist ja nicht weit, also kann man sich auch mal ein Fest der Countrymusik gönnen. www.festivalcountrystnazaire.com

Infos

- **Office de Tourisme:** Boulevard de la Légion d'Honneur, T 02 40 22 40 65, http://de.saint-nazaire-tourisme.com und www.visit-saint-nazaire.de
- **Bahn:** TGV über Nantes nach Paris. Gare SNCF, 6, place Pierre Sémard.
- **Bus:** Die Gesellschaft Aléop unterhält Regionalbusse im Departement Loire-Atlantique und bedient u.a. Strecken über die Brücke von St-Nazaire Richtung Vendée, nach Nantes und in die Brière. https://aleop.paysdelaloire.fr
- **Stadtbus:** Allo STRAN, T 02 40 00 75 75, www.stran.fr; u.a. an die Strände um La Baule.

Gutes Leben vom Salz: La Guérande stieß sich gesund am Abbau der Meereswürze.

Halbinsel Guérandaise

Volle Möhre Süden, so könnte man auch sagen. Die Werbung löst das eleganter und spricht von der Bretagne Plein Sud. Gemeint ist eine Halbinsel zwischen St-Nazaire und La Roche-Bernard, umschlossen von Atlantik, Loire und Vilaine. Das ist für Reisende, die sich eigentlich der Loire widmen möchten, schon zu viel, aber es existieren ein paar Attraktionen, die man noch eben mitnehmen sollte. Auch Kommissar Dupin, der von Autor Jean-Luc Bannalec erfundene Liebling der Krimileser, tut das. »Bretonisches Gold« heißt der Band rund um einen unterstellten Skandal in den Salinen. 13 Stationen können mit dem Roman in Verbindung gebracht werden, eine Karte dazu gibt es bei den lokalen Tourismusbüros.

Baie de Pouliguen 📍 A/B 3/4

Die Pracht in zweiter Reihe

Der filmische Ruhm der Halbinsel reicht aber weiter zurück und führt nach **St-Marc** (📍 B 4) am Westrand von St-Nazaire. 1951/52 drehte Jacques Tati dort »Die Ferien des Monsieur Hulot«, einen Film zu den Absurditäten des gerade erst aufwallenden Massentourismus. Wenn Kino auch die Aufgabe hat, zu warnen und zu belehren, dann hat es hier auf ganzer Linie versagt: Die Küste ab dem Jachthafen **Pornichet** ist heute fast so dicht mit Freizeitimmobilien gespickt, wie man es von spanischen Stränden kennt.

Mit Ankunft der Eisenbahn 1879 hatten sich die Schleusen für Badebesucher geöffnet. Émile Zola, Alphonse Daudet, Gustave Flaubert und andere Prominente kamen vorbei, manche bauten ihre Villen, besonders gern im Seebad **La Baule** (♥ B 4). Da die Bucht weitgehend von Kriegsschäden verschont blieb, kann man heute noch an unterhaltsamen Führungen zu den herausragenden Häusern teilnehmen. In **Escoublac** wurden die Salinen zugeschüttet, um Platz zu machen für die Pferderennbahn (1907). Als einer der Austragungsorte des Springreiter-Cups Longines FEI hat sie internationale Bedeutung erlangt und ist Treff der lokalen High Society, während das Reiten eine gängige Freizeitunternehmung an der Bucht wurde. Allerdings hat der Wassersport bei allen Aktivitäten die Nase vorn und überrascht mit immer neuen Varianten: Flyboard, Flyfish, Foiling.

Wild und felsig

Der Hafen **Le Pouliguen** (♥ B 4) klingt bereits bretonisch und besitzt im Süden, nahe der Plage du Guec, mit der Grotte des Korrigans auch einen Verweis auf die Welt keltischer Spukgestalten. Auf dem Weg dorthin über die Küstenstraße kommt man an den Ausgrabungsstätten Camp gaulois und Camp celtique vorbei. Man sollte annehmen, dass gallisch (*gaulois*) und keltisch (*celtique*) aufs Gleiche hinauslaufen, aber Frankreichs Archäologen unterscheiden da zwischen der jüngeren, gallorömischen Epoche und der älteren, rein keltischen Ära.

Schon hinter La Baule hat sich die dichte Bebauung gelockert, deutlich spürt man nun den Reiz, den diese Landschaft auf die frühen Badegäste ausübte. Ein fast museumsreifes Dorf wie **Kervalet** am Rand der Salzmarschen entführt in eine viel geruhsamere Vergangenheit. Dazwischen drängt sich alljährlich am 11. Mai eine illustre Gesellschaft mit Fahrzeugen und Kostümen des Jahres 1945, die am **Grand Blockhaus,** dem Bunker südlich von Kervalet, den Tag der Befreiung von deutscher Besatzung feiert. **Batz-sur-Mer** (♥ A 3/4) heißt die Gemeinde, in solche Kontraste aufeinandertreffen. Der begehbare Turm ihrer Kirche St-Guénolé gilt mit 70 m über dem Meeresspiegel als höchster Punkt der gesamten Halbinsel. Während in der – von Guérande hierher translozierten – **Moulin de la Falaise** (Place Adèle Picon, T 02 40 23 82 79, www.cap-atlantique.fr/activites-et-loisirs/le-musee-des-marais-salants, Juli/Aug. tgl. 10–19, sonst Di–So 10–12.30, 14–17 Uhr, 5 €) noch Buchweizenmehl nach alter Tradition gemahlen wird, informiert das **Musée des Marais Salants** über die Salzgewinnung in den benachbarten Salinen.

Le Croisic (♥ A 3) ist der wirklich letzte Ort, an dem sich im Meerwasser noch Tropfen aus der Loire nachweisen ließen. Aus dem Hafen der Kabeljaufischer wurde ein Umschlagplatz für Langusten, rosa Garnelen und Krebse, die im alten Auktionshaus versteigert werden. Unterdessen stehen Klippen, Kiefern und Brandung an der Côte Sauvage im Süden des Ortes selbstredend dafür, dass Le Croisic schon 1840 und damit lange vor La Baule vom Badebetrieb ereilt wurde. Sogar zwei ›Berge‹ findet man im Städtchen: Mont Lénigo und Mont Esprit an den beiden Enden der Hafenpromenade. Es handelt sich um aufgetürmten und überwachsenen Ballast der Handelsschiffe. Mont Lénigo ist Wegweiser für das **Océarium** (Avenue de St-Goustan, T 02 40 23 02 44, www.ocearium-croisic.fr, Mitte Juli–Ende Aug. tgl. 10–20, April–Mitte Juli, Sept. 10–19, Mitte Febr.–Ende März, Okt. 10–18, Nov.–Mitte Dez. 14–18 Uhr, 14,50 €), eines der größten privaten Aquarien Frankreichs – wahrlich beeindruckend und für Familien mit Kindern eine echte Erholung nach all den Schlössern der Loire.

Schlafen

Im Westen schon viel Süden
La Palmeraie: Sie liebten Instagram, sagen die Betreiber. Und so sehen Gebäude und Zimmer auch exakt aus, als kämen sie just aus dem Insta-Reservoir: frisch, luftig, lebensfroh, unbeschwert. Bar, Restaurant und vor allem die große Dachterrasse, auf der auch Tapas serviert werden, befreien vom restlichen Ballast.

7, av. des Cormorans, La Baule-Escoublac, T 02 51 10 58 51, www.lapalmeraie-labaule. fr, 9 Zi., DZ ab 100 €, Restaurant Juli/Aug. tgl., sonst Mi–Sa 19–21.30 Uhr, Menü 39 €

Perfektes für Sparer
Villa La Ruche: »À voir, à faire« heißt eine Rubrik auf der Website des Gästehauses. Was man sich anschauen und wie man sich die Zeit vertreiben soll, ist aber bei dieser Villa aus dem Jahr 1903 gar nicht die Frage. Zum Strand sind es nur wenige Schritte, zum Pool noch viel weniger. Architektur, Dekor und Garten liefern genügend Anreiz fürs Auge. Die Liebe zum Detail hinterlässt sogar Spuren beim Frühstück.

6b, av. du Gén. Berthelot, La Baule-Escoublac, T 09 74 59 32 64, https://villa-laruche. com, 3 Zi., DZ/ÜF ab 95 €

Essen

Fisch im Fachwerk
Le M: Eine ehemalige Konditorei hat sich in eine beliebte Brasserie mit Hausmannskost verwandelt – innen und auf der Terrasse hinterm Haus hochmodern, zur Straße hin authentisches Fachwerk aus dem 19. Jh. Die Silhouette der Fassade erklärt den Namen: das M. Vom Service könnte manch ein Mitbewerber viel lernen.

22, place du Mar. Looloro, La Baule-Escoublac, T 02 40 23 14 14, www.mlabaule.com, tgl. 12–14.30, 19–22.30, Fr/Sa bis 23 Uhr, Menü ab 15 €

SCHMUGGEL SEI DANK   **S**

Die 145 km, die man zu Fuß in sechs Tagesetappen schafft, sind eigentlich nur Schlusslicht einer viel längeren Route. Dieses Endstück führt von der Barrage d'Arzal an der Vilaine zum Hafen St-Nazaire. Der Fernwanderweg trägt heute die schlichte Bezeichnung **GR34,** war aber ehemals als Zöllnerpfad ein Herzstück napoleonischer Wirtschaftspolitik. Der Kaiser, der Schmuggler bei den Hammelbeinen packen und auf der Guérande den Salzhandel schützen wollte, schuf ganz nebenbei eines der schönsten Wanderreviere Frankreichs. Die weiß-rote Markierung ist Garantie für allerfeinste Erlebnisse von den herrlichen Küsten der Bretagne bis zur Loire-Mündung (https://de.la baule-guerande.com/gr-34-le-sen tier-des-douaniers.html).

Vom anderen Ende der Welt
Ko-iki: Mit der Eröffnung eines japanischen Restaurants tat sich 2019 eine neue Welt in La Baule auf. Die Sache muss wachsen – und hoffentlich wächst damit auch die Speisekarte. Aber was derzeit im Angebot ist, mundet sehr gut.

21, av. Lajarrige, La Baule-Escoublac, T 02 40 91 94 23, auf Facebook, Mo/Di, Do–Sa 12–14.30, 19–21.30 Uhr, Menü ab 20 €

Bewegen

Und Abflug
Aqua Jet: Hier locken die etwas verrückteren Arten, sich auf dem Wasser zu vergnügen: Stehpaddeln, Flyfish, Wakeboard, Jet-Ski ... Absolut neben der Spur wirkt Flyboard: Der Sportler schwebt auf einem Wasserstrahl über dem Meer, der

TOUR
Salz, Marsch!

Mit dem Fahrrad in die Salinen von Mès

Infos

A/B 3
Start/Ziel: Kerhinet
Länge/Dauer: hin/
zurück 33 km, 3 Std.
**Infos/Fahrradver-
leih:** Office de Touris-
me, Maison du Parc
Village de Kerhinet,
St-Lyphard,
T 02 40 66 85 01,
https://de.
labaule-guerande.
com/bureau-d-
information-touris
tique-de-briere-mai
son-du-parc.html
Einkehren: Le P'tit
Caboulot, Rue de
Kerdandec, Mesquer,
www.le-ptit-caboulot.
fr; einfache Gerichte
um 15 €
Einkaufen: Di Markt
in Mesquer

Vom Gold schreibt Jean-Luc Bannalec und meint das
Salz der Halbinsel, um das sich angeblich perfide Ma-
chenschaften ranken. Dichter am Edelmetall ist **La Mine
d'Or** bei **Pénestin**. 1852 kamen Goldgräber, zogen aber
enttäuscht wieder ab, um Muschelzüchtern, dann Gleit-
schirmfliegern den Strand mit Steilwand zu überlassen.

Das ›weiße Gold‹ findet man etwa 15 bzw. 30 km weiter
südlich an den Buchten von Mesquer und Guérande.
Die dortigen *marais salants* kommen zusammen auf
2000 ha, Guérande hat daran mit 1650 ha den größeren
Anteil und wird häufiger von Touristen durchstreift.
Wegen des geringeren Autoverkehrs fallen Fahrradtouren bei Mesquer geruhsamer aus. Wobei man ergänzen
muss, dass die Vogelperspektive noch eindrucksvollere
Bilder von den Farben und Formen liefern würde. Seit
dem Mittelalter haben Menschen an diesem Muster
gearbeitet, es sind Europas nördlichste Salinen.

In **Kerhinet** (s. S. 235) kann man Räder für eine Tour
nach Mesquer mieten. Ein erster Stopp ist nach 1 km der
Dolmen de Kerbourg (um 4500 v. Chr.). Dann geht es
über **Gras** und **Penmont** nach **St-Molf**. Der Dorfpatron
ist auf einem Glasfenster in der *Chapelle St-Germain* zu
sehen. **Bassin de Mès** heißt weiter nördlich das Becken,
in dem Wind, Meerwasser
und Sonne am Geschmack
des Salzes feilen. Die *paludiers*
haben dort ein verzweigtes
Wegenetz gezogen, prima für
Radfahrer, die bei der Arbeit
zuschauen möchten, bevor sie
weiterziehen in den Badeort
Mesquer-Quimiac. Vorbei an
den Austernzuchtbecken von
Kercabellec geht es zur Landspitze **Pointe de Merquel**, wo
für Kommissar Dupin ein Lei-
chenfund arrangiert wurde.

von einem Begleitboot per Schlauch in die Höhe geschossen wird.
Ports de Pornichet, https://basenautique. glissevolution.com, 20 Min. Flyboard ab 80 €

Ausgehen

Bar minimal
Bidule: Keine Heißgetränke, kein Fassbier, weder Tische noch Stühle. Die Weinbar wird seit ihrer Gründung 1947 von derselben katalanischen Familie betrieben. Sie kennt offenkundig das Rezept für gute Atmosphäre. Statt geschraubtem Firlefanz um Sorten und Jahrgänge gibt es nur die Wahl zwischen Weißem und Rotem.
122, av. Mazy, Pornichet, auf Facebook, Di–Sa 10–13.30/14, 17.30–21, So 10–14 Uhr

Feiern

- **Grande Chasse aux Œufs:** Ostern. Frankreichs größte kostenlose Eiersuche im Parc des Dryades, La Baule, zeitgleich ebenfalls dort das Blumenfest La Baule en Fleurs. www.labaule.fr
- **Les Lundis du Quai:** Anf. Juli–Mitte Aug. jeweils Mo Musik und nächtliche Umzüge am Quai du Port Ciguet in Le Croisic. Ergänzt werden die Montage durch die Konzerte der Jeudis du Pilori jeweils Do. Auf Facebook.
- **Les Nuits Salines:** Mitte Juli. Nächte in den Salinen von Batz verbringt man gern mit Musik. www.lesnuitssalines.com
- **Jazz-Festival:** Mitte Juli. Open-Air-Konzerte im Parc des Dryades, La Baule. Auf Facebook.
- **Les Renc'arts:** Mitte Juli–Mitte Aug. Jeweils Di und Do kostenlos Musik und Theater in den Straßen von Pornichet. https://rencarts.fr
- **Pornichet Plein Vol:** Mitte Aug. Flugshow am Strand von Pornichet mit etwa 150 000 Besuchern. www.pornichet.fr

- **Pardon de St-Guénolé:** Mitte Aug. Großer Umzug mit Trachten und Musik zum Gedenken an den hl. Guénolé in Batz. https://de.ot-batzsurmer.fr

Infos

- **Office de Tourisme:** 8, place de la Victoire, 44500 La Baule, T 02 40 24 34 44, www.labaule.fr; Nebenstellen u. a. in Batz und Le Croisic; u. a. erhältlich ein Kartensatz zu einem Dutzend Fahrradtouren auf der Halbinsel.
- **Bahn:** Ein Regionalzug hält an den Stationen Pornichet, La Baule, Escoublac, Le Pouliguen, Batz-sur-Mer und Le Croisic.
- **Bus:** Die Gesellschaft Aléop bedient Strecken entlang der Bucht von Le Pouliguen und in die Brière. https://aleop. paysdelaloire.fr

Guérande   📍 B 3

Von *gwen rann* rührt der Name, er meint das weiße, von Salz überpuderte Land. Im Mittelalter, als das Pökeln die einzige zuverlässige Methode war, um Lebensmittel haltbar zu machen, bedeutete der Zugriff auf Salz enormen Reichtum. Siedler, Ritter und Geistliche kamen, sie bauten im 12. Jh. die Stiftskirche **Collégiale St-Aubin** (tgl. 10–12, 14–18 Uhr, gratis). Von ihrem Turm aus erschließt sich die strategisch günstige Position von Guérande: geschützt durch zwei Flussarme, zu Füßen die Salinen und einst auch Weinfelder, dahinter das Meer, das Handel mit den Gütern ermöglichte. Eine 1333 m lange, begehbare **Festungsmauer** (Juli–Sept. Mo 14.30–19, Di–So 10–12.30, 14.30–19, Okt. Mo 14–18, Di–So 10–12, 14–18 Uhr, 4 €) mit Stadttoren und Türmen umschließt den einst wohlhabenden Ort seit dem 15. Jh. In der **Porte St-Michel** (Zeiten wie Rem-

TOUR
Stille im Sumpf

Bootstour im Parc Naturel Régional de Brière

Linker Hand sieht man ihn deutlich über dem flachen Land aufragen: den rosa Kirchturm von **St-Lyphard,** den man gegen Gebühr besteigen kann (4 €). Wer sich auskennt, kann auch die anderen Türme identifizieren und so die eigene Position im Gewirr der Kanäle bestimmen. Herbignac, La Chapelle-des-Marais und Ste-Reine-en-Bretagne reihen sich von Nordwest nach Nordost auf, Crossac, St-Joachim und St-Malo-de-Guersac schließen sich im Osten an, St-André-des-Eaux im Süden.

Lust auf eine Einkehr? Die Auberge de Bréca (352, Village de Bréca, T 02 40 91 41 42, www.auberge-breca.com) bietet traditionelle Küche im Grünen.

Aufgebrochen sind wir vom **Port de Bréca,** nun stakt uns ein kräftiger Bursche per Boot durch die Stille des Parc Naturel Régional de Brière. Teiche, Kanäle, Sümpfe und am Rand eben der Ring jener genannten Dörfer. 40 000 ha umfasst der 1970 eingerichtete Park, eines der größten Feuchtgebiete Europas. Unser Bootsmann hat ein scharfes Auge darauf, wo sich etwas regt. Ein Reiher oder Blässhuhn, ein Fischotter vielleicht oder doch einer jener Nutrias, südamerikanische Zuwanderer, die nun den heimischen Tieren viel zu

Kein Laut außer Muh und Piep … Rinder und Vögel prägen das Leben in der Brière.

Infos

📍 B 3
Start: Boote ab Port de Bréca; **Dauer:** mit Besichtigung Kerhinet ca. 2 Std. **Infos:** Maison du Parc, Kerhinet, T 02 40 66 85 01, www. parc-naturel-briere. com, mit Ausstellung, Fahrradverleih, Shop; L'Arche Briéronne, Port de Bréca, T 02 40 91 33 97, www. larchebrieronne.com. Rundfahrt mit einer Barke oder Kutsche (45 Min.) 9,50 €, mit Barke und Kutsche (1,5 Std.) 17 €

große Konkurrenz machen. Zum Wandel im Tierreich hinzu kommen landschaftliche Veränderungen durch neue Lebensweisen. Der Torfabbau ist längst aufgegeben, auch Schilf oder Binsen für die Dächer der *chaumières* wird nicht mehr geschnitten, weil diese traditionellen Häuser als ärmlich gelten. So schreitet eine Verlandung voran, die Bäumen Lebensraum gibt. Gegen die Wasserfläche im Zentrum arbeitet auch der Klimawandel. Zwischen Niedrigwasser im Sommer und Höchststand im Winter bestand immer schon ein Unterschied von mindestens 60 cm, aber allmählich werden es gut mal 2 m und mehr.

Mit **Kerhinet** unterhält der Park ein Dorf aus 18 mittlerweile restaurierten Schilfdachhäusern. Beim Ankauf 1973 lebten dort noch zwei Menschen, ein Jahrhundert vorher waren es 15 kinderreiche Familien. Das Dorf zeigt die alte Wohnform auf, die gesamte Familie nutzte einen großen Raum, der zugleich Küche und Schlafzimmer war, während Depot und Stall in Nebengebäude verlagert wurden. Kerhinet zeigt noch das alte, aber museal aufbereitete Gesicht. Perfekter Abschluss der erbaulichen Fahrt durch die Wasserlandschaft ist ein Besuch im Shop der Maison du Parc, denn dort kann man allerlei Produkte kennenlernen und kaufen, die traditionell in dieser Gegend gefertigt wurden.

parts) widmet sich eine Ausstellung Aufstieg und Fall von Guérande. Geblieben ist ein sympathisches Nest mit Kopfsteinpflaster und mächtigen Häusern, in denen Händler auf die erstaunlich zahlreiche Kundschaft warten.

Das herausragende Gut, Meersalz und seine Ablegerprodukte, wird aber weniger dort ge- und verkauft, sondern eher im Besucherzentrum **Terre de Sel** (Rue de Pradel, Saillé, T 02 40 62 08 80, www. terredesel.com, Sommer tgl. 9.30–19.30, Frühjahr und Herbst 10–17.30/18, Winter 10–12.30, 14–17 Uhr, Führung 9,50 €) mit Ausstellungsraum und Panoramaterrasse. Von dort wie auch von der **Maison des Paludiers** (18, rue des Prés Garnier, Saillé, T 09 53 07 74 06, http://maisondespaludiers.fr, Museum Mai–Aug. tgl. 10–12.30, 14–18, April, Sept. 10–12, 14.30–17.30, Febr./März, Okt. 14.30–17.30 Uhr, 5,50 €) starten Führungen durch die Salinen (8,50 €; s. S. 232).

Schlafen

In malerischer Bescheidenheit
Auberge de Kerhinet: Reetgedeckt, offenes Balkenwerk und Bruchstein, Lavendel und Rosen im Garten. Es ist eine traumhafte Art, die Brière zu genießen, auch wenn es bis zum Strand noch 12 km sind. In nachhaltiger Erinnerung bleibt die unfassbare nächtliche Stille im Museumsdorf, zu dem auch ein Restaurant gehört. 10, Kerhinet, St-Lyphard, T 02 40 91 32 36, www.aubergedekerhinet.com, 6 Zi., DZ ab 70 €

Essen

Zum Glück nicht ritterlich
Brut: Das wohlige Ambiente, der gute Service und die kulinarische Qualität bilden fast schon einen Kontrast zur mittelalterlichen Architektur des Ortes Guérande. Christian Belorgeot hat mit französischer Küche und regionalen Produkten das Restaurant übernommen, das als Causerie bekannt und beliebt war. 16, rue des Prés Garnier, Saillé, T 02 40 42 33 10, www.restaurantsbrut.com, Mi–So 12–14, 19–21 Uhr, Menü ab 29 €

Vom Kunstkopf serviert
La Tête de l'Art: Kann denn Kochen kunstvoll sein? Auf dem Teller sieht es ganz so aus, auch das Gebäude und der Garten mit Terrasse besitzen ihre attraktiven Seiten. Trotz überzeugendem Geschmack würde man sich eine größere Auswahl und mehr Abwechslung wünschen. 11, rue Porte Calon, T 02 40 88 53 40, www. restaurantlatetedelart.fr, Di–Sa 12.15–15, 19.15–22 Uhr, Menü ab 35 €

Feiern

• **Les Illuminations:** ganzjährig. Vom Einbruch der Dunkelheit bis 1 Uhr nachts werden das ganze Jahr über die Mauern der Stadt mit weißen Strahlern illuminiert. In den Sommermonaten und zu großen Jahresfesten wählt man farbige Lichter, Muster und eine anspruchsvolle Choreografie. Mitunter gibt es auch Open-Air-Konzerte. www.ville-guerande.fr
• **Fête Médiévale:** Anf. Juni. Mittelalterfest mit Kostümen, Märkten und Musik. www. ville-guerande.fr
• **Bro Gwenrann/Les Celtiques:** Anf. Aug. Eine Woche lang keltische Musik, Gesänge und Tänze in den alten Mauern der Stadt. www.bro-gwenrann.org

Infos

• **Office de Tourisme:** 1, place du Marché au Bois, 44350 Guérande, T 08 20 15 00 44, www.ot-guerande.fr; Fahrradvermietung.
• **Bus:** Die Linie 1 von Aléop verbindet La Baule mit Guérande.

Zugabe
Letztes Schloss vor dem Atlantik

Jede Mündung ist ein kleiner Tod

Aber sicher, für eine Landspitze gehört sich das so: An der Pointe du Croisic steht seit dem 17. Jh. eine vom Wind geschüttelte Festung, das **Fort de l'Océan,** das Baumeister Vauban schützend an die Einfahrt in die Loire-Mündung stellte. Doch die Burg auf den Klippen hat so manches Zeichen ihrer Vergangenheit abgelegt. Eichenvertäfelung und Plüschmobiliar innen, Garten und Pool ums Haus – so hatte Vauban nicht gewettet. Das neue Ambiente zeugt vom Umbau in ein luxuriöses, aber kleines Hotel. Et voilà – aus der Festung wurde das definitiv letzte Château an der Loire, gesegnet mit unverbaubarem Fernblick auf alles andere als ein Schloss. Wer dort wohnen möchte: Bei 200 € für ein Doppelzimmer ohne Frühstück geht's los (www.hotelfortocean.com). ∎

Kleingedruckte

Das

In väterlichem Auftrag studierte der Belgier Jean-Baptiste Ackerman bei einem Benediktinermönch die Champagnerproduktion. Der Liebe wegen in Saumur gestrandet, fand er dort Boden, Rebsorten und Klima für Schaumwein vergleichbarer Güte vor.

Anreise

… mit dem Flugzeug

Orléans, Tours und Angers besitzen Flugplätze von geringer Bedeutung, die wegen ihrer Nähe zu Paris (150–300 km) so selten genutzt wurden, dass man den Betrieb radikal reduzierte. Aktuell hat einzig Nantes Atlantique Verbindungen nach Düsseldorf und Amsterdam sowie über Paris zu weiteren Zielen in Europa. Anbieter ist Air France bzw. deren Tochtergesellschaft Hop! (T 0049/69 29 99 37 72, www. airfrance.de). Hin- und Rückflug kosten ab ca. 100 €, günstigste Preise ermittelt man online z. B. über www.skyscanner.de oder www.flug.de.

… mit der Bahn

Seit Ausbau der Hochgeschwindigkeitsstrecken dauert die Fahrt mit dem TGV von Paris nach Nantes nur noch etwas mehr als 2 Std., nach Angers ab 1,5 Std. Allerdings ist die Anreise in die französische Hauptstadt zeitaufwendig (www.bahn.de), zumal man in Paris von den Bahnhöfen Gare du Nord (aus dem nördlichen Deutschland) oder Gare de l'Est (Süddeutschland, Schweiz, Österreich) mit der Metro zur Gare Montparnasse (TGV) wechseln muss (ca. 1 Std.). Platzreservierung ist obligatorisch. Wer Monate im Voraus bucht, genießt nicht nur günstigere Tarife (z. B. Paris–Nantes ab ca. 35 €), sondern kann sich auch den Platz aussuchen.

Thalys Store, Bahnhofsvorplatz 1, 50667 Köln, T 0180 707 07 07; nähere Infos unter www.sncf.fr und https://de.oui.sncf/de

… mit dem Bus

Flixbus (www.flixbus.de) benötigt ab 13 Std. für die Strecke Köln–Orléans, 15 Std. bis Tours, 16 Std. bis Nantes (jeweils 1 Umstieg erforderlich). Die einfache Strecke kostet ab ca. 20 €. Schnellübersicht unter https://de.omio.

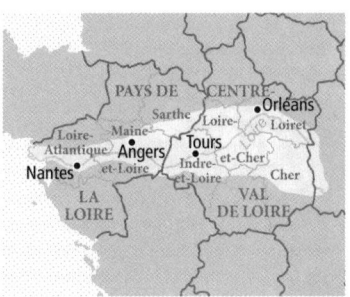

STECKBRIEF

Lage und Größe: Als Tal der Loire definiert das vorliegende Buch den etwa 600 km langen Abschnitt zwischen Burgund und Atlantik. Hier durchfließt der Strom die Regionen Centre-Val de Loire (39 151 km²) und Pays de la Loire (32 179 km²).
Einwohner: Centre-Val de Loire ca. 2,6 Mio., 65,8 Ew./km2; Pays de la Loire ca. 3,8 Mio., 116,8 Ew./km2.
Größte Städte: Nantes 309 000 Einwohner (Unité urbaine 545 000), Angers 151 000, Tours 136 500, Orléans 115 000
Staat und Politik: Centre-Val de Loire (Präfektur Orléans) besteht aus sechs Departements, Pays de la Loire (Präfektur Nantes) aus fünf. Relevant sind für dieses Buch nur Cher (Präfektur Bourges), Indre-et-Loire (Tours), Loir-et-Cher (Blois) und Loiret (Orléans) sowie Loire Atlantique (Nantes), Maine-et-Loire (Angers) und Sarthe (Le Mans).
Beschäftigung: Unter Macron ist Frankreichs Arbeitslosenquote auf 8,7 % gesunken, Pays de la Loire und Centre-Val de Loire liegen leicht darüber.
Vorwahl: 00 33
Zeitzone: MEZ (wie Deutschland)

com. Über Pauschalreisen mit dem Bus informieren Reisebüros und Atout France (s. S. 243).

… mit dem Auto

Etwa 615 km sind es von Köln nach Orléans, 720 km nach Tours, 870 km nach Nantes. Drehscheibe von Mittel- und Norddeutschland aus ist Paris, das man je nach Verkehrslage im Westen oder Osten umfährt und im Süden über die A 10 Richtung Orléans verlässt. Wer weiter flussaufwärts starten möchte, kann statt über Paris die Anreise über Reims und Troyes nach Bourges wählen. Aus Süddeutschland, Österreich und der Schweiz bieten sich die A 5 über Lang- res und Sens sowie die A 36/A 6 über Besançon, Beaune und Auxerre an. Au- tobahngebühr (*péage*) wird auf fast allen Strecken mit Ausnahme der Stadtumge- hungen erhoben, für einen PKW beträgt sie 15–30 € von der Grenze bis Paris, weitere 10 € bis Orléans oder 27 € bis Tours. An den Zahlstationen kann man den Betrag bar oder mit der Kreditkar- te begleichen. Infos zu Gebühren und Baumaßnahmen unter www.autoroutes.fr. Neben dem nationalen Führerschein und Kfz-Schein sollten Sie die Grüne Versi- cherungskarte (für Schweizer Pflicht) und einen Auslandsschutzbrief mitführen. Im- mer mehr französische Städte verlangen die landeseigene Umweltplakette Crit'Air. Wo diese gilt und wie man sie anfordert, steht tagesaktuell auf www.certificat-air. gouv.fr/de sowie www.adac.de/reise-frei zeit/maut-vignette/frankreich.

Bewegen und Entschleunigen

Angeln

Berufsfischer sterben an der Loire schnel- ler aus als ihre Beute. Zander, Aal, Hecht und bei geeigneter Strömung sogar Forel- len sind im Fluss anzutreffen. Zum Angeln

muss man die Mitgliedschaft in einem hei- mischen Verein nachweisen und benötigt eine Lizenz, erhältlich in Fachgeschäften und Tabakläden, ansonsten auf http:// de.cartedepeche.fr. Doch Vorsicht: Mit Treibsand und Strömung birgt die Loire gefährliche Tücken. Sicherer ist es an den Nebenflüssen.

Ballonfahren

Die Farbkleckse am Himmel sind keine Seltenheit, in der Hochsaison packt es immer mehr Unternehmungslustige: Sie wollen die Loire und ihre Schlösser aus der Luft sehen. Von den Flugplätzen der größeren Städte kann man dazu mit dem Hubschrauber starten, ansonsten sind Montgolfieren gefragt und reichlich Anbieter über die Gegend verstreut. Die Fahrt kostet ab ca. 200 €, z. B. bei www. franceballoons.com.

Bootfahren

Zumindest für Lasten war die Loire über Jahrhunderte der vorrangige Trans- portweg, dann kam die Eisenbahn. Die zurückgebliebenen Kähne werden für organisierte Ausflugsfahrten oder als Hausboote genutzt und garantieren ein besonders authentisches und hautnahes Flusserlebnis. Sie haben zudem Platz für Fahrräder, mit denen man die Umge- bung der Ankerplätze erkunden kann. Besonders beliebt sind Fahrten auf den Zuflüssen, vor allem Erdre und Vienne. Auch mit dem Kanu oder Kajak lässt sich die Loire erkunden, nur kann das in tro- ckenen Sommern schwierig und wegen Strömung und Treibsand auch gefährlich sein. Geführte Touren (Verzeichnis etwa unter www.canoe-regioncentre.org) sind da eine gute Wahl.

Radfahren

Die Wende kam 2008, als zwischen Sancerre und Nantes der Radfernweg Loire à Vélo eröffnet wurde. Inzwischen zählt man allein in der Region Centre-Val de Loire jährlich rund 1 Mio. Radfahrer, keineswegs nur sportliche Naturen, seitdem das E-Bike um sich greift. Längst ist das Wegenetz erweitert und verzweigt, nur verläuft auch der rund 900 km lange Fernweg nicht immer abseits der Straßen, freilich auch nur selten auf Hauptstraßen (Karte zum Netz https://en.francevelotourisme.com). Asphaltierung, Beschilderung, Picknickplätze, Werkstätten, Verleihstationen sowie speziell angepasste Gastronomiebetriebe und Unterkünfte, gekennzeichnet als Acceuil Vélo, bereiten allen erdenklichen Komfort. So schafft man mit Tourenrädern (VTC) oder Mountainbikes (VTT) auch ohne E-Motor allemal 50 km pro Tag, Geübte das Doppelte.

Sofern keine besondere Begründung vorliegt, ist das eigene Fahrrad nur Ballast. Mietstationen gibt es zur Genüge, manche liefern das Rad zum Wunschort und bestehen nicht darauf, dass es an derselben Stelle wieder abgegeben wird (z. B. www.loc-valdeloire.com, www.lav.loirevelonature.com). Die französische Bahngesellschaft SNCF (s. S. 239) befördert Räder in den Regionalzügen (TER) kostenlos und ohne Buchung, im TGV oder Intercité nur nach Reservierung und gegen Gebühr. In Bussen ist dafür ein Entgelt zu entrichten (www.loire-radweg.org/auf-der-radroute-mobil-unterwegs/ter-und-regionalbusse). Auskunft und Buchung für die Anreise mit der Deutschen Bahn: T 118 61.

Reiten

Als Heimat der staatlichen Reitschule und des Cadre Noir ist Saumur das Pferdeparadies schlechthin. In großem Umkreis existieren Reitställe, die Pferde vermieten, Unterricht erteilen oder auch geführte Touren anbieten. Ein ergiebiges Reitgebiet ist der Naturpark Brenne im Süden von Tours (www.parc-naturel-brenne.fr). Auf Portalen wie www.pferdesportreisen.de findet man aber auch organisierten Reiturlaub, der sich die Schlösser zum Ziel nimmt.

Wandern

Während der Fahrradtourismus boomt, werden Wanderungen, insbesondere über längere Strecken, weitaus seltener unternommen. Wahrscheinlich liegt es daran, dass die großen Herausforderungen fehlen. Anreiz könnten die Fernwanderwege GR 3 entlang der Loire oder GR 31 von der Sologne ins Gebiet um Sancerre sein. Wanderwege sind hinreichend markiert, Anregungen geben Broschüren, die man vor Ort in den Offices de Tourisme erhält, auf schweres Gepäck kann man angesichts der guten Versorgungslage verzichten. Beschreibungen langer Wanderwege finden sich in den Topo-Guides der Fédération Française de la Randonnée Pédestre (64, rue du Dessous des Berges, 75013 Paris, T 01 44 89 93 90, www.ffrandonnee.fr).

Einreisebestimmungen

EU-Bürger und Schweizer werden zwar an den Grenzen kaum noch kontrolliert, dennoch sollten sie − gerade für Notfälle − einen Personalausweis mitführen. Kinder benötigen unabhängig vom Alter einen eigenen Ausweis. Im privaten Reiseverkehr innerhalb der EU dürfen Waren zum eigenen Verbrauch unbegrenzt mitgeführt werden. Richtmengen zur Abgrenzung zwischen privater und gewerblicher Verwendung: 800 Zigaretten, 400 Zigarillos, 200 Zigarren, 1 kg Rauchtabak, 10 l Spirituosen, 20 l andere alkoholische Getränke bis 22 % Alkoholgehalt, 90 l Wein (davon max. 60 l Schaumwein) und 110 l Bier. Nicht-EU-Mitglieder dürfen 200 Zigaretten, 1 l Spirituosen und 2 l Wein mitführen.

Essen und Trinken

Wo isst man was und wann?

Das klassische *petit déjeuner* mit Baguette, Croissant, Marmelade und Kaffee

A LA VOTRE

Bier und Wein gelten als Genuss-, nicht als Rauschmittel. Insofern geht man davon aus, dass dem einzelnen Gast *un quart de rouge* oder *blanc* genügt, also ein Viertel Rot- oder Weißwein, vielleicht auch *un ballon,* ein Achtel. Bier vom Fass wird zumeist als *demi* bestellt, das ist kein halber Liter, wie Begriff und Preis vermuten lassen, sondern ein Viertel. Das Wort stammt von *demiard,* was im Mittelalter die Hälfte einer *chopine* war. Beim Wein hingegen läuft *un demi* doch auf einen halben Liter hinaus. Zum *apéro,* der Zeit vor dem Abendessen, gibt es das Gläschen oftmals zum Vorzugspreis.

weicht allmählich dem Frühstücksbüfett, das mitunter schon ab 12 € zu haben ist. Ab diesem Betrag gibt es auch ein Mittagsmenü mit Salat oder Suppe, Tagesgericht *(plat du jour)* und Nachspeise. *Formule* ist das Tellergericht mit Vor- oder mit Nachspeise. Übliche Zeit fürs Mittagsmahl ist ca. 11.30–14 Uhr, fürs Abendessen 19–22 Uhr. Wen dazwischen der Hunger packt, der muss gerade in kleineren Orten erfinderisch werden: Sandwich aus dem Supermarkt, Pizza aus der Bäckerei, Kuchen im *salon de thé,* croque im Bistro oder Pommes am Imbissstand. Die Hungerstrecke endet mit dem *dîner* als Höhepunkt des Tages. Reservierung ist zu empfehlen, den Tisch lässt man sich vom Kellner zuweisen. Fast überall werden Menüs mit Vorspeise, Hauptgericht und Dessert oder Käse angeboten, sie sind günstiger als die Bestellung *à la carte.* Zum Abendessen trinkt man Wein, entweder Qualität aus der Flasche oder Landwein aus dem Krug *(pichet)* bzw. der Karaffe *(carafe).* Leitungswasser ist gratis, muss aber ausdrücklich bestellt werden. Auf die Rechnung zahlt man in der Regel 5–10 % Trinkgeld.

Wochenmärkte zählen zur Tradition, wobei in zumutbarem Umkreis an jedem Wochentag ein Markt zu erreichen ist. Wein und Käse von dort, oft auch Obst und Gemüse, übertreffen die deutsche Qualität und Vielfalt, beim Brot ist es umgekehrt. Zur Mitnahme eignet sich neben Wein auch der Ziegenkäse, dessen Form das Herkunftsgebiet verrät: die Rolle ist ein Ste-Maure, der *crottin* (Pferdeapfel) ein Chavignol, die *pyramide* ein Valençay. Besonders haltbar sind auch die *poires* oder *pommes tapées,* Birnen bzw. Äpfel, die am Ende einer langen Prozedur geklopft werden, damit Luft und Flüssigkeit komplett entweichen. Zum Verzehr werden sie dann wieder aufgekocht. *Rillettes,* ein Aufstrich aus Schweinefleisch, taugen ebenso zur Mitnahme wie Gebäck oder auch zahlreiche regional begrenzte Süßigkeiten, darunter die *forestines* (gefüllte Bonbons) aus Bourges oder die *quernons d'ardoise* (Schoko-Krokant-Täfelchen) aus Angers.

Feiertage

1. Januar: Neujahr *(jour de l'an)*
Ostermontag *(lundi de Pâques)*
1. Mai: Tag der Arbeit *(fête du travail)*
8. Mai: Waffenstillstand 1945 *(armistice 1945)*
Christi Himmelfahrt *(Ascension)*
Pfingstmontag *(lundi de Pentecôte)*
14. Juli *(quatorze juillet):* Nationalfeiertag *(fête nationale),* Sturm auf die Bastille *(prise de la Bastille)*
15. August: Mariä Himmelfahrt *(Assomption)*
1. November: Allerheiligen *(Toussaint)*
11. November: Waffenstillstand 1918 *(armistice 1918)*
25. Dezember: Weihnachten *(Noël)*

Informationsquellen

Atout France

Französische Zentrale für Tourismus für Deutschland, Österreich und die Schweiz: Postfach 10 01 28, 60001 Frankfurt/M., T 069 74 55 56, https://de.france.fr/de

Regionale Fremdenverkehrsbüros in Frankreich

Comité Régional du Tourisme Centre-Val de Loire: 37, av. de Paris, 45000 Orléans, T 02 38 79 95 08, www.tourisme-pro-centre.fr

Agence Régionale Pays de la Loire: 7, rue Gén. de Bollardière, 44202 Nantes, T 02 40 89 89 85, www.loiretal-atlantik.com

Agences/Comités du Tourisme in den Departements

Region Centre-Val de Loire: Cher, 18000 Bourges, www.tourisme-territoiresducher.fr; Indre-et-Loire, 37000 Tours, www.touraineloirevalley.com; Loir-et-Cher, 41000 Blois, www.val-de-loire-41.com; Loiret, 45000 Orléans, www.tourismeloiret.com
Region Pays de la Loire: Loire-Atlantique, 44300 Nantes, https://tourisme-loireatlantique.com; Maine-et-Loire, 49000 Angers, www.anjou-tourisme.com; Sarthe, 72000 Le Mans, www.sarthetourisme.com

Im Land wendet man sich an das jeweilige *office de tourisme* (OT) bzw. *syndicat d'initiative* (SI).

Im Internet

www.ouest-france.fr: Für Nantes und die gesamte Region Pays de la Loire ist Ouest-France die führende Tageszeitung. Mit ihr liest man sich ins aktuelle Geschehen ein.
www.meteofrance.com: Wetternachrichten in französischer Sprache. Über eine Landkarte lässt sich die gewünschte Region anklicken, über eine Suchmaschine jeder Ort aufrufen.
https://fr.hotels.com: Die Website ermöglicht Hotelsuche und -buchung in zahlreichen Sprachen. Im Suchfeld werden Stadt und Aufenthaltsdaten eingetragen, dann erscheint eine Schnellübersicht mit Hotelkategorie und Preisen. Genauere Informationen wie Fotos, Eigenschaften und ausführliche Kundenbewertungen zu den einzelnen Adressen finden sich ebenso wie ein Bonussystem.
www.loiretal-frankreich.de: Centre-Val de Loire und Pays de la Loire, die beiden großen Regionen am Fluss, haben ihre jeweiligen Touristikseiten. Hier aber schließen sich beide zur umfassenden Information zusammen.
www.loire-radweg.org: Was man so braucht für die große Radtour entlang der Loire: Routenplaner, Erlebnisberichte, Package-Touren, Veranstaltungskalender.
www.voiesvertes.com: Eine interaktive Karte eröffnet den Zugang zu ›grünen‹ Radwegen, die frei von Autoverkehr sind.
www.pincamp.de/campingurlaub/loire: Mehr als 130 ausgewählte Campingplätze an der Loire listet die Seite, führt die aktuellen praktischen Hinweise auf und nennt die Links zu den Websites der Plätze.
www.flusswandern.at/loire: Autor Steve, der sich ansonsten nur ›Flusswanderer‹ nennt, hat auf Google eine ausführliche Karte hinterlegt, die allen Kanuten umfassende Tipps gibt.
www.gay-sejour.com: Die Seite versammelt Wissenswertes für Schwule und Lesben, die geeignete Ausgehadressen, Restaurants und Unterkünfte suchen. Schwulenhochzeit im Donjon oder Massagen bei Bertrand finden sich auf der Liste, die das Angebot nach Regionen sortiert.
www.vinsvaldeloire.fr: Alle Weinseligkeit der Loire komprimiert auf einer Seite. Die Homepage steigt mit einer interaktiven Karte ein, auf der die Lagen von Sancerre im Osten bis Gros Plant du Pays Nantais im Westen sortiert sind.

Internet

Fast alle Unterkünfte versorgen ihre Gäste mit WLAN (WiFi), das eventuell erforderliche Passwort teilt die Rezeption mit. Viele der Tankstellen an den Nationalstraßen wie auch große Restaurantketten, die Touristenbüros oder manche Behörden stellen ebenfalls WLAN bereit.

Karten

Autofahrern sind die Michelin-Karten Schlösser an der Loire und Loire-Tal (Maßstab 1:150 000) zu empfehlen. Weitgehend ausreichend ist aber auch er Faltplan in diesem Band. Gute Stadtpläne erhalten Sie gratis in den Touristenämtern. Die Departements geben für ihre Radwege Broschüren und Karten heraus, die von den Touristeninformationen (s. S. 243) verschickt werden. Für Wanderer eignen sich die Karten des IGN, Série Verte (1:100 000) oder Série Bleue (1:25 000): www.ign.fr

Kinder

Eine Überdosis an Schlössern kann auch für Erwachsene zur Tortur werden. Gibt es mitreisende Kinder, dann sollte man umso mehr auf ein gut gemischtes Programm achten. Die Mini-Châteaux bei Amboise kommen mitunter viel besser an als die Originale. Ein schlosseigener Park mit Spielplatz lockert den Besuch auf. Die Zoos von La Flèche, Beauval oder Doué-la-Fontaine sorgen ebenso für Abwechslung wie der Freizeitpark Terra Botanica bei Angers. Badevergnügen ist wegen Strömung und Treibsand der Loire nicht gegeben, aber Kanutouren auf den ruhigeren Nebenflüssen schaffen unterhaltsamen Ersatz. Hervorragende Anregungen für weitere kindertaugliche Unternehmun-

gen erhält man bei den lokalen Offices de Tourisme. Preiswerte Kindermenüs *(menu enfant)* wie auch Familientickets für ÖPNV und Sehenswürdigkeiten entlasten die Reisekasse.

Klima und Reisezeit

Jemand muss die Parole ausgegeben und dann vergessen haben, sie zu revidieren. Darum in aller Klarheit: Die Hauptreisezeit von Mitte Juni bis Ende August ist nicht die beste Zeit. Ja, zahlreiche Festivitäten und längere Öffnungszeiten lassen vermuten, dass es sich nicht um den ganz großen Irrtum handelt, aber überzogene Preise, überfüllte Schlösser, Restaurants und Hotels wie auch Tagestemperaturen von 38 °C und mehr geben Anlass zu Zweifeln.

Weitaus angenehmer sind Reisen im Mai, September und Oktober. Ab November muss dann leider mit grauem Himmel und höheren Niederschlägen gerechnet werden, wenngleich die Temperaturen mil-

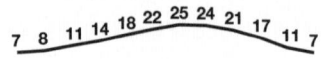

| J | F | M | A | M | J | J | A | S | O | N | D |

7 8 11 14 18 22 25 24 21 17 11 7

Mittlere Tagestemperaturen in °C

2 2 3 5 8 11 13 13 11 8 4 2

Mittlere Nachttemperaturen in °C

2 3 5 6 7 8 8 8 6 4 3 2

Sonnenstunden/Tag

12 11 11 9 11 7 7 7 8 9 10 12

Regentage/Monat

So ist das Wetter in Tours.

LESETIPPS

Belletristik

Juliette Barret: Château Ambroise. Kurzweil und Liebeskram vereinen sich zu einer Geschichte, in der ein Schloss Ambroise (sic!) zum Luxushotel mutiert.

Julien Gracq: Die Form einer Stadt. Wer Glück hat, bekommt das Buch noch antiquarisch: 50 Jahre nach seiner Zeit als Schüler kehrt der renommierte Autor nach Nantes zurück und spürt dem Geist dieser Stadt nach.

Sylvia Lott: Die Rosengärtnerin. Eine ostfriesische Journalistin erbt unerwartet ein Anwesen an der Loire und spürt dort dem Lebensweg ihrer verstorbenen Vorbesitzerin nach. Eine deutsch-französische Begegnung über Generationen hinweg.

Georges Simenon: Maigrets Memoiren. Der berühmte Kommissar hat sein Berufsleben hinter sich und denkt an seinem Alterssitz Meung-sur-Loire über all das nach, was sein geistiger Vater Simenon der Spannung wegen aufgehübscht hat.

Sachbücher

Gerald Axelrod: Die Schöne und das Biest – Das Geheimnis um die Entstehung des Märchens. Monster, Schloss und Mythen scheinen eine Vernunftehe zu führen. Der Autor verpackt diese Trinität in schöne Worte und Bilder.

Bikeline – Loire-Radweg: 690 km entlang der Loire – reißfest und wetterfest im praktischen Ringbuch.

Gérard Depardieu: Mein Kochbuch. So rustikal wie der Mime selbst ist sein Küchen-Credo. Die traditionellen Werte des Schauspielers aus Châteauroux führen zu Rührei mit Spargel und Schweinerippchen mit Honig, lassen aber auch Platz für eine Begegnung mit dem kantigen Mann.

Sylvia Jurewitz-Freischmidt: Die Herrinnen der Loire-Schlösser. Keine Frau auf die Burg! Die Losung des Mittelalters wurde von der Renaissance überrollt. Die Autorin zeichnet den weiblichen Einfluss auf die Politik an der Loire nach.

Karine Parquet, Alexandrine Cortez, Stéphane Pajot: Guide de Nantes en Bandes dessinées. Ein gezeichneter Stadtführer durch Nantes.

---

der ausfallen als in der Gegend um Paris (selten unter 10 °C). Für den Besuch der Schlösser eignet sich das Winterhalbjahr jedoch allemal, gerade auch wegen der geringen Besucherzahlen.

Ein recht neuer Hype ist die Schlossvisite zu Weihnachten, wenn viele Châteaux mit besonderen Programmen locken. Hochbetrieb herrscht auch zu Ostern, Pfingsten und Allerheiligen.

Je mehr man sich dem Atlantik nähert, desto eher ist mit Auffrischung durch Meeroluft zu rechnen. Sommertemperaturen sinken dort auf ein angenehmes Maß, im Frühjahr kommt es aber auch gelegentlich zu Stürmen. Der Herbst ist die schönste Zeit für die Weinbaugebiete. Der Niederschlag im Jahresmittel beträgt um 1 100 mm in Tours, die täglichen Sonnenstunden belaufen sich dort im Mittel auf 1,7 (Dezember) bis 8,3 (Juli).

Reisen mit Handicap

Die Website der französischen Dachorganisation **Association des Paralysés de France** (APF) gibt Hinweise auf Reiseangebote und behindertengerechten Service in Unterkünften und Restaurants. 17, bd. Auguste-Blanqui, 75013 Paris, T 01 40 78 69 00, www.apf-francehandicap.org

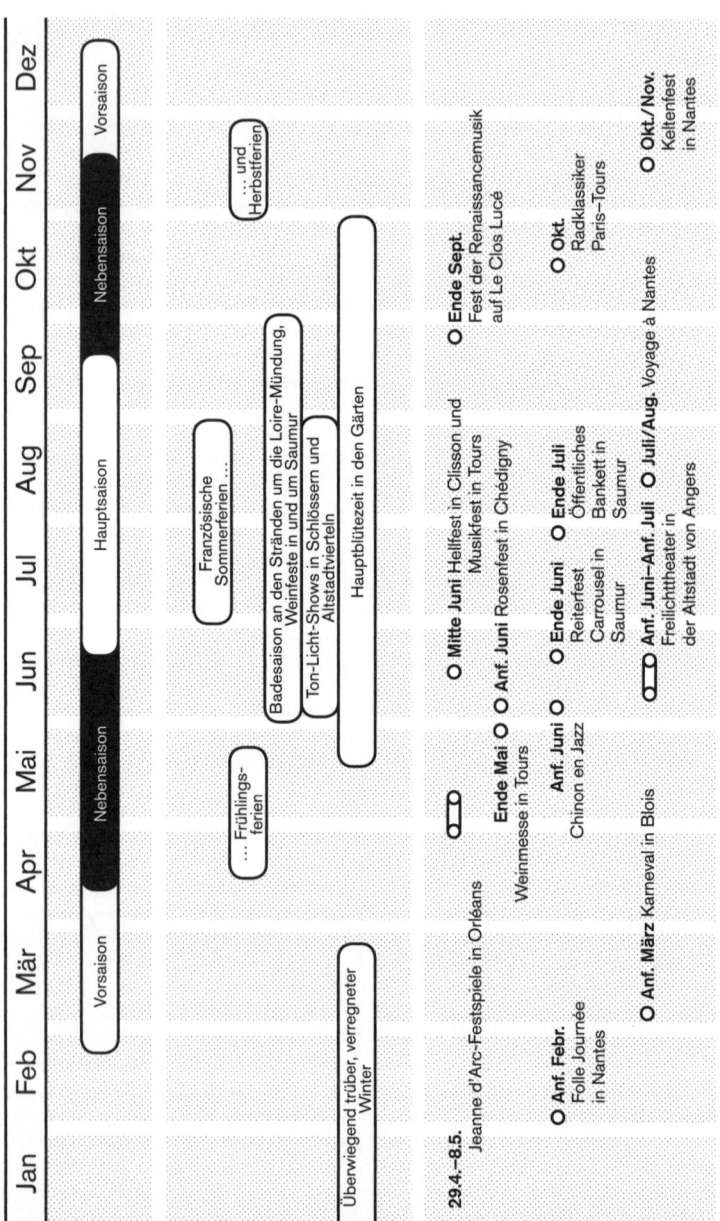

| Jan | Feb | Mär | Apr | Mai | Jun | Jul | Aug | Sep | Okt | Nov | Dez |

Vorsaison — Nebensaison — Hauptsaison — Nebensaison — Vorsaison

Frühlingsferien

Französische Sommerferien

… und Herbstferien

Badesaison an den Stränden um die Loire-Mündung, Weinfeste in und um Saumur

Ton-Licht-Shows in Schlössern und Altstadtvierteln

Hauptblütezeit in den Gärten

Überwiegend trüber, verregneter Winter

29.4.–8.5.
Jeanne d'Arc-Festspiele in Orléans

O **Anf. Febr.** Folle Journée in Nantes

O **Anf. März** Karneval in Blois

Ende Mai O O **Anf. Juni** Rosenfest in Chédigny
Weinmesse in Tours

Anf. Juni O Chinon en Jazz

O **Mitte Juni** Hellfest in Clisson und Musikfest in Tours

O **Ende Juni** Reiterfest Carrousel in Saumur

O **Ende Juli** Öffentliches Bankett in Saumur

O **Anf. Juni–Anf. Juli** O **Juli/Aug.** Voyage à Nantes
Freilichttheater in der Altstadt von Angers

O **Ende Sept.** Fest der Renaissancemusik auf Le Clos Lucé

O **Okt.** Radklassiker Paris–Tours

O **Okt./Nov.** Keltenfest in Nantes

Reiseplanung

Stippvisite

Steht maximal eine Woche zur Verfügung, sollte sich die Reise auf das Filetstück beschränken: Frankreichs Tal der Könige, der mittlere Abschnitt der Loire, wo die Plantagenêts, die Capétiens, die Valois und Bourbons ihre prächtigsten Schlösser bauten. Und diese Châteaux sind dann auch der Leitfaden für einen Kurzbesuch. Der Trip kann in Orléans beginnen, doch warten dort außer den blassen Spuren der Jeanne d'Arc noch keine unumgänglichen Verlockungen. Den ersten Paukenschlag, wahrscheinlich sogar einen unschlagbaren, bietet Château Chambord, das atemberaubende Jagdschloss von François I. Wer die großen Weltwunder gesehen haben möchte, sollte auch dort Station machen. Die Nachbarn haben keine Chance, solche Pracht zu überbieten, warten aber mit ihrem ureigenen Charakter und Charme gegen die Riesen auf. Cheverny bietet Paroli mit Jagdhundzwinger, Gärten und »Tintin«-Ausstellung. Blois war führender und imposanter Königssitz der Renaissance. Amboise steckte noch mit einem Bein im Mittelalter, als der König Leonardo da Vinci dorthin holte, ihm Herrenhaus und Gärten von Clos Lucé überließ und die Ideen des toskanischen Genies nutzte, um Frankreich in eine neue Ära zu führen.

Chenonceau, das Schloss der Frauen, besitzt mit seinem Brückenschlag über einen Wasserlauf einen romantischen Hauch. Wer dann noch die Gärten von Villandry, Kathedrale und Altstadt von Tours und den Teppichzyklus der Apokalypse von Angers ergänzt, ist zeitlich am Limit und zugleich gut gerüstet für eine erweiterte Tour im nächsten Jahr. Doch stop: Warum nicht noch Nantes für einen Blick ins moderne, besonders lebendige Talgeschehen anfügen?

Die Loire der Länge nach

Frankreichs längsten Fluss schafft man kaum in einem Rutsch, zumal dann nicht, wenn noch der Oberlauf in Betracht gezogen wird. Dürfen es drei Reisewochen sein, dann bleibt das beschriebene Mittelstück die Pflicht, während man Osten und Westen als Kür ergänzt. Bourges mit Kathedrale und Altstadt ist tadelloser Auftakt für den östlichen Teil, der mit Sancerre eine köstliche Wein- und Käsenote in lieblicher Landschaft erhält. Das an sich reizarme Städtchen Gien kann ergänzen, wer Sinn für Keramik hat, Briare lockt Fans von Kanalfahrten, für St-Sauveur-en-Puisaye entscheiden sich alle, die am Schicksal der Schriftstellerin Colette teilhaben möchten. Logische Ergänzung des zentralen Abschnitts ist die Sologne, ein dünn besiedelter Landstrich, in dem noch heute das Wild mehr Köpfe zählt als der Mensch. Wahre Highlights sind dort rar, es begeistert die Vielfalt einer Natur, in der die Adelsgeschlechter zu jagen beliebten.

Im westlichen Anschlussstück stehen nochmals Schlösser auf dem Plan: Balzacs Zuflucht Saché, das Wasserschloss Azay-le-Rideau, das Dornröschendomizil Ussé oder die mächtigen Klötze Brissac und Chinon. Es bleibt dort aber noch ein bunter Strauß schlossferner Attraktionen zu beachten. Das gewaltige Kloster Fontevraud zählt ebenso dazu wie die Höhlenlandschaft um Doué-la-Fontaine, die Altstadt von Saumur, das Pflanzenwunder Terra Botanica und ein Idyll am Nebenfluss Loir. Quirliger Abschluss kann die Großstadt Nantes sein, aber es schadet auch nicht, sich bis zum Atlantik vorzutasten, um mit La Baule ein Seebad und mit der Brière ein wasserreiches Naturschutzgebiet mitzunehmen.

Was vergessen? Aber ja! Ohne Abstecher zu den Winzern wäre keine Fahrt komplett. Die Auswahl ist groß: Muscadet an Sèvre und Maine, Sekt in Saumur, gehaltvolle Rote in Chinon.

Sicherheit und Notfälle

Die Sicherheitslage ist ausnehmend gut. Allenfalls muss man auf dem Land – das ist nicht scherzhaft gemeint – in der Jagdsaison Vorsicht walten lassen und etwa Kleidung in auffälligen Farben tragen, weil auch schon mal Wanderer und Radfahrer von Kugeln niedergestreckt werden. Hochwertige Fahrräder sollten stets gut gesichert sein, insbesondere in den größeren Städten.

Notrufnummern
Ärztlicher Bereitschaftsdienst in Städten, Erste Hilfe: T 15
Notruf per Handy europaweit: T 112
Polizei: T 17
Feuerwehr: T 18
ADAC: in Frankreich T 04 72 17 12 22 (deutschsprachig); in München T 0049 89 22 22 22 (auch für Nicht-Mitglieder)
Sperrung von Handys, Bank- und Kreditkarten: T 0049 116 116
Auskunft: T 118 218
Deutsche Botschaft: T 01 53 83 45 00, https://allemagneenfrance.diplo.de
Österreichische Botschaft: T 01 40 63 30 63, www.bmeia.gv.at/oeb-paris
Schweizer Botschaft: T 01 49 55 67 00, www.eda.admin.ch

Telefon

Internationale Vorwahlen
Frankreich: 0033
Deutschland: 0049
Schweiz: 0041
Österreich: 0043

Übernachten

Kategorie, Kritik, Kredit
Zur Umgehung der Luxussteuer verzichtete Frankreich einst auf das geläufige 5-Sterne-System, hat sich inzwischen aber an-

STROM ANZAPFEN

Die Stromspannung beträgt 220 V. Flache Eurostecker passen immer, Schukostecker nur, wenn ein Loch zwischen den Kontakten den Dorn französischer Steckdosen aufnehmen kann.

gepasst. Die Sterne sagen mehr über den Ausstattungsumfang als über Preis und Atmosphäre der Häuser aus. Aktuelle Hotellisten geben das regionale Fremdenverkehrsamt (CRT) oder die örtlichen Offices de Tourisme (OT) gratis heraus.

Haben Sie eine Vorauswahl getroffen, ist es ratsam, auf den gängigen Buchungsseiten die Bewertungen früherer Gäste zu studieren. Das erfordert Fingerspitzengefühl, da es notorische Nörgler ebenso gibt wie bezahlte Kritiker der Pro- oder Contra-Fraktion. Zudem fehlen solche Bewertungen wie auch aktuelle Tarife bei selten gebuchten Häusern. Deshalb empfiehlt es sich, die Homepage des Hotels zum Vergleich heranzuziehen.

Der schnelle Klick führt ebenso zu üblen wie erfreulichen Überraschungen. Einerseits peppen wahre Website-Zauberer einfache Herbergen optisch zu Gala-Adressen auf, andererseits fehlt es charmanten Häusern oft am Know-how, um sich angemessen zu präsentieren. Wer online in einem virtuellen Reisebüro bucht, kommt manchmal günstiger weg als bei Direktbuchung auf der Hotel-Website. Können Sie sich aber nicht entscheiden und klicken mehrfach auf eine Seite, klettern bei Sammelportalen die Preise, weil Sie über Ihr Surfverhalten Interesse bekunden.

Die Online-Buchung erfolgt nur, wenn Sie eine Kreditkartennummer angeben. Zur Bestätigung erhält man eine E-Mail mit dem Buchungsnachweis, der bei der Ankunft vorgelegt wird. Gezahlt wird in der Regel am Ende des Aufenthalts. Achten

Sie dann darauf, welche Belege Sie unterschreiben, denn gelegentlich kommt es zu Missbrauch bei der Kreditkartenzahlung.

Preise und Reservierung

Wenn nicht anders angegeben, beziehen sich die Preise im Buch auf ein Doppelzimmer (DZ) ohne Frühstück. Wer ein Zimmer als Einzelperson belegt, zahlt kaum weniger. Oft wird eine günstige Halb- oder Vollpension angeboten (Preise pro Person). Eine Reservierung ist im Juli und August sowie an Wochenenden unumgänglich.

Hotels mit Dach

Vielfach sind Hotels unter einer Dachorganisation zusammengeschlossen, deren Listen man über das CRT oder Atout France bestellen kann. Für Schlosshotels gibt es z. B. Broschüren von Relais & Châteaux (www.relaischateaux.com). Besonders attraktiv ist ein Verbund von Familienhotels der Mittelklasse, die mit Hilfe der Logis de France modernisiert wurden. Bei gutem Preis-Leistungs-Verhältnis bieten sie landestypische Atmosphäre und gediegene regionale Küche. Einen Hotelführer mit allen Logis de France, erkennbar am Signet des grün-gelben Kamins, bestellt man beim Verband: 83, av. d'Italie, 75013 Paris, T 01 45 84 70 00, www.logishotels.com.

Hotels von Niedrigpreisketten mit immer gleicher Ausstattung finden sich an Autobahnen, in Industriegebieten, an Durchgangsstraßen und Kreisverkehren der städtischen Peripherie. Solche Ketten sind etwa Campanile (www.campanile. com) oder Brit Hotel (www.brithotel.com). Besonders weit verbreitet ist die Gruppe Accor Live Limitless (https://all.accor. com), die diverse Komfort- und Preislevel anbietet, darunter Ibis Budget, Ibis und Ibis Styles, nicht selten im Stadtzentrum.

B&B der französischen Art

Die Privatunterkunft mit Frühstück, oft bei Bauern oder Winzern, heißt *chambre d'hôte*. Der Preis einschließlich Frühstück mit ländlichen Produkten kann bis zu 50 % unter dem eines vergleichbaren Hotelzimmers liegen. Viele Häuser bieten außerdem *table d'hôte* an, ein preiswertes Abendessen mit den Gastgebern. Interessierte Urlauber folgen den Schildern an der Straße oder buchen über das nächste Fremdenverkehrsamt.

Die meisten Anbieter sind den Gîtes de France angeschlossen. Kataloge für das gewünschte Reiseziel sind dort gegen Gebühr erhältlich (40, av. de Flandre, 75019 Paris, T 01 49 70 75 75 53, www.gites-de-france.com). Urlaub auf dem Bauernhof ist Spezialität der Organisation Bienvenue à la Ferme (Chambre d'Agriculture France, 9, av. George V, 75008 Paris, T 01 53 57 11 50, www.bienvenue-a-la-ferme.com). Der Anteil des amerikanischen Community-Marktplatzes Airbnb (www.airbnb.de) wird auch in Frankreich bereits kritisch beäugt, weil die anbietenden Privatleute ihre Immobilien dem lokalen Markt entziehen.

Ferienhäuser und -wohnungen

Zu den Gîtes de France (s. o.) zählen auch viele Ferienhäuser und -wohnungen, die je nach Ausstattung mit ein bis drei Kornähren klassifiziert werden. Die Vermietung erfolgt wochenweise. Alle erforderlichen Utensilien sind vorhanden, nur die Bettwäsche muss vielfach mitgebracht werden. Günstige Offerten werden außerhalb der Hauptsaison unterbreitet. Angebote sind in den Katalogen der Fremdenverkehrsbüros (CDT), bei Reiseveranstaltern wie TUI, bei Frankreichspezialisten wie Pierre & Vacances oder in den Tageszeitungen zu finden. Gute Adressen sind auch Clévacances France (www.clevacances.com) und Inter Châlet (www.interchalet.de).

Die junge Bleibe

Frankreichs *auberges de jeunesse* gehören entweder zur Fédération Unie des Auberges de Jeunesse (27, rue Pajol, 75018 Paris, T 01 44 89 87 27, www.fuaj.org)

oder zur Ligue Française pour les Auberges de la Jeunesse (67, rue Vergniaud, Bât. K., 75013 Paris, T 01 44 16 78 78, www.auberges-de-jeunesse.com). Anfragen sind frühzeitig direkt an das jeweilige Haus zu richten. Maximal drei Übernachtungen (je ca. 15–20 €) sind pro Herberge möglich, allerdings nur für Inhaber eines internationalen Jugendherbergsausweises, ausgestellt von: Deutsches Jugendherbergswerk (www.jugendherberge.de), Österreichischer Jugendherbergsverband (www.oejhv.at), Schweizer Jugendherbergen (www.youthhostel.ch).

Fast unter freiem Himmel

Die Versorgung mit Campingplätzen sei gut, heißt es, aber Verzeichnisse (etwa www.eurocampings.de/frankreich/loire tal) erreichen nicht die Vielfalt der Küstenorte. Auf Plätzen der Luxusklasse zahlt man zudem schon fast so viel wie in einem einfachen Hotel. Bungalows und Mietzelte sind oftmals vorhanden. Die örtlichen Touristenbüros geben Listen heraus. Reservierung empfiehlt sich zumindest für die Hochsaison, doch kann man oft auf abgelegene Orte ausweichen, die preiswerte, meist ganzjährig geöffnete, aber spartanisch ausgestattete Plätze der Kommunen besitzen (camping municipal). Auf www.lecampingsauvage.fr finden sich besonders romantisch gelegene Plätze wie auch Hinweise auf private Gastgeber, die ihre Rasenflächen zur Verfügung stellen.

Der Umwelt zuliebe

Zweifellos, das französische Umweltbewusstsein hat sich enorm verändert, in manchen Punkten ist man den Nachbarn schon voraus. Dank Schnellzug TGV kann die umweltschädliche Anreise per Flugzeug zu den Akten gelegt werden. Was den Pkw angeht, muss die Antwort differenziert ausfallen. Bus oder Bahn schaffen Verbindungen zwischen den Städten, sind aber nahezu untauglich, wenn man kleinere Orte und die Châteaux besichtigen möchte. Wer dazu nicht aufs Fahrrad umsteigen will, sollte dennoch mit dem Zug anreisen und vor Ort einen Mietwagen nehmen. Das genaue Reiseziel sollte die eigenen Interessen ohne größere Anfahrten bedienen, die Unterkunft Wert auf Nachhaltigkeit legen. Es zählt aber auch die soziale Verträglichkeit der Reise. Allzu große Gruppen wirken wie Fremdkörper. Pauschaltouren zu Dumpingpreisen fördern Billiglöhne. Anonyme Hotels behindern den sozialen Austausch. Von Belang ist auch, dass ausgegebenes Geld im Gastgeberland bleibt und nicht nur beim Reiseveranstalter.

Verzichten Sie beim Einkauf auf Plastiktüten und ignorieren Sie Ware mit aufwendiger Verpackung. Wer bei der Verpflegung sich selbst Gutes tut, belastet in der Regel auch die Umwelt weniger. In der Region Centre-Val de Loire verwenden etwa 160 Unternehmen seit 2014 das Siegel »© du Centre«, das Qualität und Verbreitung regionaler Produkte gewährleistet (www.cducentre.com). Die Siegel Bio Centre und Bio Pays de la Loire verweisen auf Märkte, Geschäfte, Bauernhöfe und Messen mit Bio-Qualität (www.bio-centre.org, www.biopaysdelaloire.fr). Beim Fisch sollten Sie bedrohte Arten meiden, die etwa der World Wildlife Fund listet (www.wwf.de). Die Website www.wirsindanderswo.de führt eine Vielzahl an Tipps auf, nennt Unterkünfte und Reiseveranstalter.

Verkehrsmittel

Autofahren/Verkehrsregeln

In Frankreich herrscht Anschnallpflicht. Fahrzeuge im Kreisverkehr haben Vorfahrt, die innere Spur zudem Vorfahrt vor den äußeren. Einige Vergehen werden streng geahndet, so das Überschreiten der Promillegrenze (0,5) und der zulässigen Höchstgeschwindigkeit: 130 km/h auf Autobahnen, 90 km/h auf Nationalstraßen, 110 km/h bei vierspurigem Ausbau, 80 oder 90 km/h auf Departementstraßen, 50 km/h in Ortschaften und bei Nebel. Geringere Geschwindigkeiten gelten bei Nässe sowie für Fahranfänger (Autobahnen 110 km/h, vierspurige Schnellstraßen 100 km/h, sonst 80 km/h). Sturzhelm und Abblendlicht sind Pflicht fürs Motorrad. Strafen sind an Ort und Stelle zu zahlen, in schweren Fällen droht die Beschlagnahme des Fahrzeugs. Für die Anreise sind die Bestimmungen für die Umweltplakette Crit'Air relevant (s. S. 240).

Auch bei Übertreten der Parkverbote müssen Sie mit hohen Geldbußen rechnen. In der *zone bleue* (blaue Linie oder blaues Schild mit P und Viereck darunter) ist das Parken für 1,5 Std., in der Mittagszeit 2,5 Std. mit Parkscheibe erlaubt. Auf gebührenpflichtigen Plätzen parken Sie zwischen 12 und 14 sowie nach 19 Uhr kostenlos. Untersagt ist generell das Parken vor Krankenhäusern, Polizeirevieren, Postämtern und Bushaltestellen. Gelb markierte Bordsteine stehen ebenfalls für ein Parkverbot. Wer sichergehen will, stellt das Auto in der Hotelgarage oder im Parkhaus ab. Für Wohnmobile und Wohnwagen gilt in vielen Orten ein nächtliches Parkverbot.

Kraftstoffe (Normal = *essence ordinaire*, Super = *supercarburant*, Diesel = *gaz-oil*, bleifrei = *sans plomb*) sind etwas teurer als in Deutschland, am günstigsten an den Tankstellen großer Supermärkte.

Auf Autobahnen stehen alle 2 km Notrufsäulen *(refuge)*; ihre Benutzung im Fall einer Panne ist Pflicht. Gelbe Westen *(gilets jaunes)*, die mit landesweiten Demos in aller Munde kamen, sind Pflichtausstattung und müssen im Pannenfall getragen werden.

Bus und Bahn

Im Sommer wird früh reserviert, in den TGV darf man überhaupt nur mit Reservierung einsteigen. Der superschnelle Zug der staatlichen SNCF (Societé Nationale des Chemins de Fer) bedient die Strecke von Paris nach Tours oder über Angers nach Nantes. Ansonsten ist das Bahnnetz weitmaschig und wird auch nur von den regionalen TER-Zügen befahren, über deren Service und Geschwindigkeit manch einer klagt. Immerhin existieren zahlreiche Preisermäßigungen, zu studieren auf www. sncf.com, Auskunft T 08 36 35 35 35. Tickets sind vor der Abfahrt in den *composteurs* (orangefarbene Automaten) zu entwerten. Fahrpläne verteilen u. a. die Offices de Tourisme.

SNCF unterhält auch Fernbusse, die ebenfalls in ihrem Fahrplan aufgeführt sind. Daneben existieren private Busgesellschaften, deren Fahrpläne jeweils nur für ein Departement am Busbahnhof *(gare routière)* und bei einigen Touristenämtern erhältlich sind. Zwischen größeren Städten verkehren die Busse recht häufig, in abgelegenen Regionen ist oft nur ein Bus pro Tag oder gar pro Woche unterwegs.

Mietwagen und Alternativen

In größeren Orten sind die Hauptanbieter z. B. am Bahnhof und am Flughafen vertreten. Nur sollte man sich nicht darauf verlassen, dort ohne Vorausbuchung ein Fahrzeug zu erhalten. Das gilt nicht nur für die Sommermonate. Darum hat es sich bewährt, schon daheim bei den internationalen Firmen ein Fahrzeug vorzubestellen, vor allem bei Sonderwünschen. Der Mieter muss mindestens 21 Jahre alt und seit mindestens 1 Jahr im Besitz der Fahrerlaubnis sein. Kaution oder Kreditkartennummer werden verlangt. Wachsende Bedeutung erlangen Mitfahrzentralen, allen voran BlaBlaCar (www.blablacar.de).

Taxis

An Flughäfen, Bahnhöfen und großen Plätzen finden Sie leicht ein Taxi. Der Kilometerpreis liegt je nach Tageszeit bei 1,50–3,10 € (nur Hinweg) oder 0,85–2 € (Nutzung auf Hin- und Rückweg). Mindesttarif 7 €. Gepäckstücke werden gegen Aufpreis befördert.

Sprachführer Französisch

Allgemeines

Guten Morgen/Tag	bonjour
Guten Abend	bonsoir
Gute Nacht	bonne nuit
Auf Wiedersehen	au revoir
Entschuldigung/	
Wie bitte?	Pardon
Hallo/Grüß dich	salut
bitte/danke	s'il vous plaît/merci
ja/nein	oui/non
einverstanden	d'accord
Wann?	Quand?

Unterwegs

Haltestelle	arrêt
Bus	bus/car
Auto	voiture
Ausfahrt/-gang	sortie
Tankstelle	station-service
Benzin	essence
rechts	à droite
links	à gauche
geradeaus	tout droit
Auskunft	information
Telefon	téléphone
WLAN	WiFi
Postamt	poste
Bahnhof	gare
Flughafen	aéroport
Stadtplan	plan de ville
alle Richtungen	toutes directions
Einbahnstraße	rue à sens unique
Eingang	entrée
geöffnet	ouvert/-e
geschlossen	fermé/-e
Kirche	église
Museum	musée
Strand	plage
Brücke	pont
Platz	place
Hafen	port
hier	ici
dort	là

Notfall

Hilfe!	au secours!
Polizei	police
Arzt	médecin
Zahnarzt	dentiste
Apotheke	pharmacie
Krankenhaus	hôpital
Unfall	accident
Schmerzen	douleur
Kopfschmerzen	maux de tête
Zahnschmerzen	mal aux dents
Bauchschmerzen	douleur abdominale
Panne	panne

Übernachten

Hotel/Pension	hôtel/pension
Einzelzimmer	chambre individuelle
Doppelzimmer	chambre double
Doppelbett	grand lit
Einzelbetten	deux lits
mit/ohne Bad	avec/sans salle de bains
Toilette/Dusche	cabinet/douche
mit Frühstück	avec petit-déjeuner
Halbpension	demi-pension
Gepäck	bagages
Rechnung	note
Preis	prix

Einkaufen

Geschäft	magasin
Markt	marché
Kreditkarte	carte de crédit
Geld	argent
Geldautomat	guichet automatique
Bäckerei	boulangerie
Lebensmittel	aliments
teuer	cher/chère
billig	bon marché
bezahlen	payer

Zeit

Stunde	heure
Tag	jour
Woche	semaine
Monat	mois
Jahr	année
heute/gestern	aujourd'hui/hier
morgen	demain
mittags	le midi
nachmittags	l'après-midi
abends	le soir
Montag	lundi
Dienstag	mardi
Mittwoch	mercredi
Donnerstag	jeudi
Freitag	vendredi
Samstag	samedi
Sonntag	dimanche
Feiertag	jour de fête
Winter	hiver
Frühling	printemps
Sommer	été
Herbst	automne

Zahlen

1	un	18	dix-huit
2	deux	19	dix-neuf
3	trois	20	vingt
4	quatre	21	vingt et un
5	cinq	30	trente
6	six	40	quarante
7	sept	50	cinquante
8	huit	60	soixante
9	neuf	70	soixante-dix
10	dix	80	quatre-vingt
11	onze	90	quatre-vingt-dix
12	douze		
13	treize	100	cent
14	quatorze	150	cent cinquante
15	quinze		
16	seize	200	deux cent(s)
17	dix-sept	1000	mille

WICHTIGE SÄTZE

W

Allgemeines

Sprechen Sie Deutsch/Englisch?	Parlez-vous allemand/anglais?
Ich verstehe nicht.	Je ne comprends pas.
Ich spreche kein Französisch.	Je ne parle pas français.
Ich heiße …	Je m'appelle …
Wie heißt du/heißen Sie?	Comment t'appelles tu/vous appellez-vous?
Wie geht's?	Ça va?
Danke, gut.	Merci, bien.

Unterwegs

Wo ist bitte …?	Pardon, où est …?
Könnten Sie mir bitte … zeigen?	Pourriez-vous me montrer … ?

Notfall

Können Sie mir bitte helfen?	Pourriez-vous m'aider?
Ich brauche einen Arzt.	J'ai besoin d'un médecin.

Hier tut es weh.	Ça me fait mal ici.

Übernachten

Haben Sie ein freies Zimmer?	Avez-vous une chambre de libre?
Wie viel kostet das Zimmer pro Nacht?	Quel est le prix de la chambre par nuit?
Ich habe ein Zimmer bestellt.	J'ai réservé une chambre.

Einkaufen

Wie viel kostet das?	Ça coûte combien?
Ich brauche …	J'ai besoin de …
Wann öffnet/schließt …?	Quand ouvre/ferme …?

Im Restaurant

Ich möchte einen Tisch reservieren.	Je voudrais réserver une table.
Die Speisekarte, bitte.	La carte, s. v. p.
Die Rechnung, bitte.	L'addition, s. v. p.

Kulinarisches Lexikon

Allgemeines

amuse-bouche	Appetithappen
carte des vins	Weinkarte
dessert	Nachspeise
garniture	Beilagen
hors d'œuvre	Vorspeise
plat du jour	Tagesgericht
plat principal	Hauptgericht
sel/poivre	Salz/Pfeffer
soupe	Suppe
sucre/saccharine	Zucker/Süßstoff

Zubereitung/ Spezialitäten

à la nage de …	in einem Sud von …
à l'huile d'olive	in Olivenöl
à point	medium gebraten
assiette de charcuterie	Wurstteller (Entrée)
assiette de crudité	Rohkostteller
assiette de fruits de mer	Meeresfrüchteteller
bien cuit/-e	gut durchgebraten
braisé/-e	geschmort
cassolet	Pfannengericht
chaud/-e	heiß
civet de …	Ragout von …
confit de …	Eingelegtes/ Eingekochtes von …
consommée	klare Brühe
cru/-e	roh
en croûte (de sel)	im (Salz-)Mantel
escabèche	saurer Sud
farci/-e	gefüllt
glacé/-e	gefroren, geeist
grillé/-e	gegrillt
nature	in Salzwasser gekocht, ohne Gewürze
petits farcis	junge Gemüse mit Füllung
rouille	Knoblauchmayonnaise mit Chili
saignant	blutig/roh
taboulé	nordafrikanisches Couscousgericht, oft als Salat mit Minze

Fisch und Meeresfrüchte

coquillage	Schalentier
crevettes	Garnelen
gamba	Garnele
homard	Hummer
huître	Auster
langouste	Languste
langoustine	Langustine
lotte de mer	Seeteufel
maquereau	Makrele
morue	Kabeljau
moule	Miesmuschel
rouget	Rotbarbe
saint-pierre	Petersfisch
sardine	Sardine
saumon	Lachs
thon	Thunfisch

Fleisch

agneau	Lamm
andouille	Kuttelwurst
andouillette	Innereienwurst
bœuf	Rind
boudin noir	Blutwurst
brochette	Spießchen
cabri	Zicklein
carré (d'agneau)	(Lamm-)Rücken
côte de …	Rippenstück vom …
civet	Ragout
entrecôte	Zwischenrippenstück
escalope	Schnitzel
escargot	Schnecke
gigot (d'agneau)	(Lamm-)Keule
porc	Schwein
tripes	Kutteln
veau	Kalb

Geflügel und Wild

chevreuil	Reh
dinde	Pute
faisan	Fasan
foie gras	Stopfleber
gésier	Geflügelmagen
lapin	Kaninchen
lapereau	Wildkaninchen
lièvre	Hase
magret de canard	Entenbrust
poule	Huhn
poulet	Hähnchen
sanglier	Wildschwein

Gemüse und Kräuter

ail	Knoblauch
aneth	Dill
artichaut	Artischocke
asperges	Spargel
avocat	Avocado
betteraves	rote Beete
blette	Mangold
canelle	Zimt
câpre	Kaper
cèpe	Steinpilz
champignon de Paris	weißer Champignon
chanterelles	Pfifferlinge
chou	Blumenkohl
courgette	Zucchini
fenouil	Fenchel
fleur de courgette	Zucchiniblüte
oignon	Zwiebel
poireau	Lauch
poivron	große Paprika

Obst

abricot	Aprikose
cerise	Kirsche
figue	Feige
fraise (de forêt)	(Wald-)Erdbeere
framboise	Himbeere
griotte	Sauerkirsche
marron	Esskastanie
pêche	Pfirsich
poire	Birne
pomme	Apfel

Käse

brebis	Schafskäse
camembert	Weichkäse
chèvre	Ziegenkäse
fromage blanc	Quark, Frischkäse
Livarot	würziger Kuhkäse

Nachspeisen und Gebäck

brioche	süßes Hefebrot
chausson aux pommes	Apfeltaschen aus Blätterteig
coupe de glace	Eisbecher
crème anglaise	Vanillecreme
crème brûlée	Speise aus Sahne, Milch und Eigelb mit einer Karamellkruste
crème chantilly	Schlagsahne
crêpe	dünner Pfannkuchen
fruits confits	kandierte Früchte
gâteau	Kuchen
île flottante	Dessert aus Eischnee in Vanillecreme
meringue	Baiser
profiterole	mit Sahne gefüllter Windbeutel (mit Schokoladensauce)
tarte tatin	heiße Apfeltarte

Getränke

bière (pression)	Bier (frisch gezapft)
brut	trocken (Sekt/Wein)
café	Kaffee
cidre	Apfelwein
eau de vie	Schnaps, Obstbrand
eau gazeuse/plate	Mineralwasser mit/ohne Kohlensäure
jus	Saft
lait	Milch
thé	Tee
tisane/infusion	Kräutertee
vin blanc/rouge	Weiß-/Rotwein
vin mousseux	Sekt

Das

Magazin

Mit einem Boot brachte man den Leichnam des barmherzigen Martin vom Sterbeort Candes-St-Martin flussaufwärts in sein Bistum Tours. Heutige Kanuten paddeln lieber in Gegenrichtung.

Die Ruhe vor dem letzten Sturm?

Mal friedlich, mal wild und frei — Wie ist sie, die Natur dieses Flusses? Wie hat der Mensch die Loire behandelt, welchen Nutzen aus ihr gezogen, welche Gefahren erlebt er mit ihr? Und wie lässt sich erhalten, was sie ihrem Land schenkt?

Man nehme als Eskorte eine Ouvertüre von Lully mit jener typischen fugierten Beigabe? Denkbar wäre das für die Stelle, wo die Loire bei Gien majestätisch links abschwenkt, um sich dann breit in die Ebene zu wälzen. Ihr Bett ist weich, Muschelkalk eines urzeitlichen Meeres. Wie sehr das helle Gestein unser Reiseerlebnis prägt, bemerken wir oft erst daheim bei der Nachbereitung unserer Fotos. Härter und dunkler wird der Grund erst weit im Westen: Schiefer bei Angers, Granit im Gebiet der Mündung. Weil das Wasser dort nicht so leicht in den Boden sickert, erstrecken sich Moore an den Ufern.

Liger, wie die Römer sagten, entspringt auf 1408 m Höhe am Mont Gerbier-de-Jonc und tummelt sich dann erst einmal als Wildwasser im Zentralmassiv. Erfahrene Kanuten empfehlen längere Gepäcktouren frühestens ab Roanne – und schwärmen für die weitere Strecke von Abgeschiedenheit und unberührter Natur, am schönsten im Frühsommer. Ungefährlich sei so eine Fahrt nicht, für Anfänger kaum geeignet. Felsbrocken und abgestorbene Bäume lauern im trüben Wasser, an Brücken auch Trümmer aus dem Zweiten Weltkrieg. Hinzu kommen schwer berechenbare Wasserstände und alternierende Fließgeschwindigkeiten – wie die Witterung es will. Selbst bei Niedrigwasser erreicht die Strömung 4–6 km/h, das ist schon ein gehöriges Tempo. Im 30 km langen Mündungstrichter sorgen Gezeiten und Gegenwind dann für lästigen Umkehrschub. So offenbart der scheinbar gleichförmige Strom auf seinen 1012 km Länge von der Quelle bis zum Atlantik immer neue Gesichter, lebensprägend für die Menschen an seinen Ufern.

Zwischen Kampf und Kapitulation

Sie haben den Hang, vieles im Leben auf die Ebene des Weines zu heben. Darum gibt es in Angers eine Messe namens Levée de la Loire mit Produkten der Bio-Winzer. Schließlich kann *levée* auch Leerung bedeuten. Doch wo das Wort bei Straßennamen auftaucht, ist ein Damm gemeint. Bei der Fahrt auf der Krone hat man immer mal den Eindruck, die Siedlungen am Straßenrand seien eingesunken. In Wahrheit stehen sie auf dem Niveau der Loire, im Schutz der Dämme, über die Autofahrer und Züge brausen.

Wie überall an Europas großen Flüssen künden Deiche und Dämme von einer gespaltenen Haltung. Einerseits möchte man den Fluss als Transportweg und seine Ufer für den Ackerbau nutzen, andererseits bedeuten Hochwasser, die ringsum Fruchtbarkeit garantieren, eine ständige Bedrohung. Erste Deiche entstanden an der Loire schon unter den Karolingern, eine systematische Befestigung begann erst im 12. Jh. Allmählich wuchs die Idee, man könne den Fluss bändigen, aber im 17. Jh. zeigten wiederkehrende Hochwasser, dass das System der Natur nicht gewachsen war. Als Lösung schlug man Breschen und beließ Sickerlandschaften für halbwegs regulierten Abfluss. Doch mit immer höheren Dämmen in mehreren Reihen verstärkte sich auch der Druck der Hochwasser, die an den Wällen nagten und ständige Reparaturen erforderten. Nach der Revolution gab man den teuren Kampf auf und konzentrierte sich darauf, die Loire schiffbar zu halten. Bald versprach die Dampfschifffahrt eine neue Ära, aber die Eisenbahn erwies sich als überlegen.

Nur hatten sich damit die Tücken der Loire nicht erledigt. Nach katastrophalen Fluten Mitte des 19. Jh. planten Ingenieure ein System von Wehren und Stauseen, scheiterten aber an Protesten der Anwohner, die überschüssiges Wasser lieber Richtung Paris ableiten wollten. Mit den Weltkriegen stellte sich die große Resignation ein: Soll der Fluss doch wüten, schlimmer als die Deutschen kann er auch nicht sein. Nach 1945 kamen neue Pläne für den Bau von Stauseen auf, nun zwecks Stromerzeugung, aber in der Ölkrise der 1970er ging man zur Kernkraft über. Freilich wurden auch dafür Staudämme benötigt, um den Meilern Kühlung zu verschaffen. Der Staat sah in dem Zug den Auftrag, die Loire in weitaus größerem Maßstab wirtschaftlich zu nutzen und sie mit modernster Technik einzuzwängen. Doch ein internationales Bündnis von Umweltschützern schmetterte das Vorhaben ab. Die Loire, an der sich Generationen von Herrschern die Zähne ausgebissen hatten, blieb einer der letzten wilden Flüsse Europas und wurde im Jahr 2000 auf dem Abschnitt zwischen Sully und Chalonnes von der UNESCO zum Weltkulturerbe erklärt. Inzwischen denkt man vielerorts an Europas bedrohlichen Flüssen über Renaturierung nach.

Das Wimmeln von Segeln und Masten

Fünf Brücken querten die Loire im Mittelalter, 13 waren es nach Ende des Hundertjährigen Krieges. Daraus lässt sich schließen, dass der oft zitierte rege Bootsverkehr weniger längs als quer der Loire erfolgte. Von Ufer zu Ufer transportierte man Mensch, Vieh und Ware mit den *fûtreaux,* etwa 12 m langen, schmalen Booten, die oft auch ein Segel besaßen. Für den Fischfang werden sie noch heute genutzt. Als *toue* waren sie etwas größer und konnten dann auch eine Kabine zwecks Übernachtung aufnehmen. Die bis zu 30 m langen *gabares,* die noch größeren *salambardes* und *chalands* dienten derweil dem Transport entlang des Flusses. Flussabwärts wurden zumeist Wein, Getreide, Kohle, Tuff und Schiefer befördert, flussaufwärts – ermöglicht durch Segeln und Treideln – waren es Salz, Baumwolle, Zuckerrohr, Kaffee und Gewürze. Die Ladung konnte sich auf bis zu 100 Tonnen belaufen. Von Orléans bis Nantes dauerte die Reise rund zwei Wochen. Nach der Ankunft wurde manch ein Boot einfach zerschlagen, weil die Rückfahrt zu langwierig und kostspielig war. Maximal acht Monate lang führte die Loire genügend Wasser, um zumindest bis Orléans schiffbar zu sein. Regulierte Seitenkanäle erweiterten die Möglichkeiten ein wenig. Aber mit der Dampfschifffahrt setzte es sich durch, dass die Reise von der Mündung aus nur noch bis Angers ging. Dort an der Einmündung der Maine enden auch heute Fahrten von Ausflugsschiffen. Als Hausboote und für Rundfahrten erleben die traditionellen Wasserfahrzeuge heute eine kleine Renaissance, während man wegen der kurzen schiffbaren Strecken kaum Sportboote mit Motoren antrifft.

Prinzessin mit geringem Tiefgang

Am 1. April? Lieber nicht. Also wurde es der Tag darauf im Jahr 2015, ein Gründonnerstag, als CroisiEurope in Nantes die ›Loire Princesse‹ an den Start brachte. Das Saarbrücker Familienunternehmen ist spezialisiert auf Flusskreuzfahrten. Ausgedehnte Touren auf der Loire mit größeren Schiffen gab es wegen schwieriger Fahrwasser bis dahin nicht. Immerhin ist die Princesse 90 m lang und 15 m breit, hat dabei aber einen Tiefgang von nur 70 cm. Die knapp 100 Übernachtungsgäste müssen sich allerdings damit begnügen, dass sie nur den Abschnitt zwischen St-Nazaire und Bouchemaine bzw. Angers besuchen können. Denn für die Nebenflüsse und Kanäle ist das Schiff zu breit. Die Maße erklären sich nicht aus Komfortansprüchen, vielmehr sind sie technisch begründet, weil nur die seitlich überragenden Schaufelräder den Antrieb im flachen Wasser ermöglichen. Pro Rad tuckert ein Dieselmotor mit 370 kW, das sind je 500 PS. Nach Verbrauch und Emissionen fragt man da lieber nicht, zumal es an Bug und Heck

PADDEL-HILFE

Längere Kanutouren auf unbekannten Gewässern sind immer eine Herausforderung und bergen so manchen Schrecken, auf den man sich schwer vorbereiten kann. Im Internet tauschen Sportler ihre Erfahrungen aus, etwa auf www.faltboot. org, wo es detaillierte Streckenbeschreibungen gibt. Der Regionale Naturschutzpark Loire-Anjou-Touraine (www.parc-loire-anjou-touraine. fr) hat Kanukarten für Abschnitte von Loire und Vienne ausgearbeitet, auf denen auch Zelt- und Picknickmöglichkeiten sowie Infos zu Fauna und Flora zu finden sind.

noch Jetantriebe gibt. Mit ihnen lässt sich das Schiff akkurat steuern und hat eine Reserve für den Ernstfall. Gebaut wurde es in St. Nazaire auf der STX-Werft – eine Princesse mit kompliziertem Innenleben, aber schlichtem Äußeren.

Von Fisch und Vogel

»Parc naturel régional Loire-Anjou-Touraine« lautet der sperrige Name für ein Naturschutzgebiet am Fluss, das sich insbesondere durch ständig mutierende Sandbänke und Inseln auszeichnet. Längste Flussinsel der Loire und überhaupt größte Europas ist die Île de Chalonnes. Das Leben dort, mehr noch auf den unbewohnten Inseln, ist eine Welt für sich. Früher baute man in der Abgeschiedenheit Hanf und Tabak an, heute sind es Mais, Sonnenblumen, Spargel und Melonen. Der Spargel aus dem Tal des Authion macht das Anjou sogar zum fünftgrößten Produzenten Frankreichs. Gemüse und Blumen werden an den Ufern gezüchtet, Wein gedeiht an den Hängen, Pilze in Höhlen. Bei all der intensiven Nutzung bleibt hinreichend Raum für natürliche Fauna und Flora. Trotz der trüben Farbe ist das Wasser der Loire kaum verschmutzt und garantiert großen Fischreichtum. Lachse sind dennoch rar und dürfen im Unterschied zu Zander oder Hecht nicht geangelt werden. Während an der oberen Loire Otter und Biber leben, sind Inseln und Feuchtgebiete Brutstätte für rund 250 Vogelarten. Auch die seltene Flussseeschwalbe ist vertreten. Das Eingreifen des Menschen in die Beschaffenheit der Loire hätte schwere Folgen. Staudämme würden die Fließgeschwindigkeit erhöhen, womit sich der Fluss tiefer eingraben und Sandbänke verschwinden würden. Ein Kampf gegen Hochwasser würde den Auwäldern und Feuchtwiesen schaden. Zerstörerisch bleiben der Betrieb der Kernkraftwerke und der Ausbau des Hafens St-Nazaire.

Ein Platz für die Jugend

Raphaël Ligtenberg ist nur knapp über dem Alter der »Fridays for Future«-Generation, 1999 in Nantes geboren. Im niederländischen Leiden studierte er Political Science mit der Absicht, in seinem Berufsleben etwas Gutes für die Natur zu tun. »Wir könnten sehr einfach allerlei zum Positiven wenden, tun es aber nicht«, urteilt er über den gegenwärtigen Lauf der politischen Dinge. Anstoß für sein Engagement habe ihm seine Heimatstadt gegeben, insbesondere das Lycée auf der Île de Nantes. Dass die Stadt Nantes 2013, kurz vor seinem Umzug nach Leiden, Grüne Hauptstadt Europas wurde und damals ihr Gesicht veränderte, hat ihn noch geprägt. Bei der Klimakonferenz COP21 war er Botschafter der Pays-de-la-Loire-Jugend, interviewte damals fürs Radio prominente Politiker des Landes und war selbst Gast im französischen Fernsehen.

»Die Region Pays de la Loire ist Pionier in Sachen Klimaschutz und Nachhaltigkeit. Ich sehe Hoffnung, dass von dort große Impulse ausgehen werden.« Aber Raphaël sieht auch die Bedrohungen, etwa dort, wo er in seiner Kindheit viel Zeit zubrachte: am Lac de Grand-Lieu. Fasane und Schmetterlinge seien dezimiert, derweil sich Invasivpflanzen wie das Großblütige Heusenkraut und die ebenfalls invasiven Louisiana-Langusten breitmachten. Im Mündungsgebiet sei es die eingeschleppte Biberratte, die der Natur zusetze. Bio-Vielfalt ist Raphaëls großes Thema und in dem Zusammenhang sind es auch die Einflüsse des Tourismus. Doch schwebt über allem die Sorge um den Klimawandel. Hitze und Trockenheit im Sommer 2019 schmälerten sogar die Weinernte an der Loire. Die Küste leidet unter Erosion durch Stürme. Jenseits aller Überlegungen zum Umgang mit dem Fluss droht das Damoklesschwert globaler Erderwärmung. ■

Das zählt

Zahlen sind schnell überlesen — aber sie können die Augen öffnen. Nehmen Sie sich Zeit für ein paar überraschende Einblicke. Und lesen Sie, was im Tal der Loire zählt.

27

Weinsorten mit kontrollierter Herkunftsbezeichnung (AOP, *appellation d'origine protégée)* hat die Region Saumur-Anjou. Darunter finden sich Weiße, Rote, Rosés, Crémants und Dessertweine.

36

Zuflüsse hat die Loire, davon 21 von links.

1,50

Meter beträgt bei mittlerem Niedrigwasser die durchschnittliche Tiefe der Loire. Die Untiefe kann bei 0,35 Meter und weniger liegen.

11

der insgesamt knapp 160 *plus beaux villages de France* befinden sich in den beiden Regionen, die dieses Buch beschreibt. Drei dieser schönsten Dörfer Frankreichs entfallen auf die Region Pays de la Loire (Montsoreau, Vouvant, Ste-Suzanne), der Rest auf Centre-Val de Loire (Apremont-sur-Allier, Gargilesse-Dampierre, St-Benoît-du-Sault, Candes-St-Martin, Crissay-sur-Manse, Montrésor, Lavardin, Yèvre-le-Châtel).

48

Meter ragt Château de Brissac in die Höhe und übertrifft damit jedes andere Schloss Frankreichs.

144

Meter hoch ist die Tour Bretagne in Nantes, 120 Meter beträgt die architektonische Höhe. Das 1976 eröffnete Gebäude ist – von Paris abgesehen – Frankreichs vierthöchster Bürobau und zugleich der höchste Punkt im Departement Loire-Atlantique. Es gibt acht Aufzüge, aber manch ein Gipfelstürmer zieht den Aufstieg über die 700 Stufen vor.

160

ist eine Zahl von doppelter Bedeutung für die Loire. Sie beziffert die ungefähre Anzahl an dort heimischen Vogelarten und zugleich die Zahl der Gemeinden, die sich im Gebiet des UNESCO-Welterbes befinden.

32

Kilometer lang ist die Mauer, die den Park von Schloss Chambord umfasst. Sie gilt als die längste Frankreichs, ist aber ein Waisenkind gegenüber den römischen Bauwerken Limes (550 Kilometer), Hadrianswall (117) und Antoninuswall (65). Die vorrangige Aufgabe der Mauer besteht darin, das reiche Wildvorkommen in den Grenzen des Parks zu halten.

4

Städte an der Loire haben mehr als 100 000 Einwohner und werden deshalb zu den Großstädten gerechnet. Es sind in absteigender Folge Nantes, Angers, Tours und Orléans. Hinzu kommen fünf Mittelstädte (ab 20 000 Einwohner): St-Nazaire, Blois, Roanne, Nevers und Saumur.

1.800

Arbeiter schufteten in den Jahren 1519 bis 1547 am Bau von Schloss Chambord.

200.000

Menschen erlebten 2018 das Hellfest in Clisson, das selbst nicht einmal 7000 Einwohner zählt.

7

Millionen Rosenstöcke werden jährlich in Doué-en-Anjou gezüchtet.

1.012

Kilometer legt die Loire auf ihrem Weg von der Quelle am Fuß des Mont Gerbier-de-Jonc bis zur 1400 Meter tiefer gelegenen Mündung in den Atlantik zurück. Sie ist damit Frankreichs längster Fluss.

1.500.000

Besucher etwa zählte man vor Corona in einem Jahr im Château des Ducs de Bretagne in Nantes (2018). Das ungleich imposantere Schloss Chambord brachte es nur auf die Hälfte.

22

Tonnen Zuladung konnten die *gabares* aufnehmen, jene Lastkähne mit weißem oder rotem Segel, mit denen man einst Fracht auf der Loire beförderte. Nur wenige dieser Boote finden heute noch Einsatz als nostalgisches Transportmittel für touristische Ausfahrten.

7,4

Nächte verbringen deutsche Urlauber durchschnittlich an der Loire. Währenddessen geben sie 1216 Euro aus und liegen mit einem Anteil von 19 Prozent an der Spitze der ausländischen Urlaubergruppen.

140

Kilometer misst der schiffbare Abschnitt der Loire von der Mündung beim Hafen St-Nazaire bis Bouchemaine, wo die Maine zuströmt und die Loire an Tiefe gewinnen lässt.

Die Tage von
Le Mans

Treff der Boliden — 2019 kam der Film »Le Mans 66« in die Kinos. Er beschreibt den harten Konkurrenzkampf zwischen den beteiligten Teams beim 24-Stunden-Rennen, das auch für seine tödlichen Unfälle bekannt war. Ruhepol im Sturm war das Hôtel de France am Fluss Loir, wo Fahrerlegenden aufeinandertrafen.

Die Fotos an den Wänden – das ist nicht ihr Jahrgang, nicht ihre Welt. Aber Leslie Termeau kennt viele der dort abgebildeten Herren ziemlich gut, wenn auch in weit fortgeschrittenem Alter. Denn einige dieser Männer kommen oder kamen immer mal im Hôtel de France (s. S. 138) vorbei: Jacky Ickx, Stirling Moss, Jackie Stewart. Auch für den Schauspieler Steve McQueen wurden einst die Betten bezogen – das allerdings, bevor Leslie ihren PR-Job beim Oldtimersammler und heutigen Hotelinhaber Martin Overington antrat. 2014 ließ er das über 100 Jahre alte Hotel behutsam modernisieren. Dessen Artdéco-Fassade prägt das Zentrum von La Chartre-sur-le-Loir. Im Restaurant gibt es das beste Essen der Gegend, jedenfalls zu diesem Preis. Pool und Garten leiten zum Fluss über. Es ist die typische Idylle aus einer vergangenen Zeit.

Nachdem Rennleiter John Wyer 1953 das Hotel entdeckt hatte, schlugen die Teams von Aston Martin und Gulf Oil hier ihr Lager auf. Der Vorteil lag auf der Hand: Vom urgemütlichen La Chartre sind es nur 40 Minuten über die D 304 zur berühmt-berüchtigten Rennstrecke von Le Mans. Berüchtigt, weil das 24-Stunden-Rennen eine Vielzahl an Todesopfern forderte. So war die traditionelle Fahrt der Boliden von La Chartre nach Le Mans für manche eine Reise zum Schafott.

»Als junger Fernsehreporter, der auch sehr viel internationale Motorsportberichte für die ›ARD-Sportschau‹ machte, sind mir die wilden 60er und 70er gut in Erinnerung. Nicht nur wegen der Kämpfe auf der Rennstrecke, sondern vor allem wegen der vielen tödlichen Unfälle. Abends noch saß man gemütlich beisammen oder spielte Tischtennis, am nächsten Tag war der eine oder andere Rennfahrer tot.« Alfred Noell, bis ins hohe Alter als Journalist tätig, hat sein Leben zwischen Sicherheit und Nervenkitzel verbracht. Er hat die großen Autorennen der Welt begleitet, war mitunter sogar Stuntman und ist einem Millionenpublikum bekannt als Erfinder und Autor der Fernsehserie »Der 7. Sinn«. In Le Mans wie in La Chartre hat er mit den damals berühmtesten Rennfahrern auf gute Zeiten angestoßen, die aber für manche nicht mehr kommen sollten.

BEVOR ES LANGWEILIG WIRD

260 000 Zuschauer finden sich am dritten Juni-Wochenende in Le Mans ein, um das 24-Stunden-Rennen auf dem Circuit Bugatti zu verfolgen. Seit der Geburtsstunde 1923 blieb die Strecke die gleiche. Am Samstag beginnt Punkt 15 Uhr für die zweiköpfigen Teams der etwa 60 Wagen das Rennen. Spannend wird es auf der Hälfte der zweigeteilten Strecke, wenn der traditionelle Parcours auf den städtischen trifft. Die Fahrer erreichen Durchschnittsgeschwindigkeiten von bis zu 250 km/h, in der Rechtskurve Les Hunaudières werden bis zu 400 km/h gefahren. Tickets: http://ticket.lemans.org

»Es lag nicht nur an schlechtem Material der Rennwagen, sondern vor allem am schlechten Zustand der Rennstrecken und an der Missachtung von Leben. Es gab für die Fahrer keine Sicherheit an diesen Strecken. Keine Randstreifen, keine Auslaufzonen, keine Reifenstapel, keine Leitplanken, keine Medical Center. Und wenn nicht die Rennfahrer und beherzte Zuschauer manch einen Fahrer gerettet hätten, wäre die Todesrate noch viel höher gewesen. In Le Mans holte der deutsche Rennfahrer Graf Berghe von Trips den französischen Kollegen Jean Hébert 1960 aus dem brennenden Auto. Ein Jahr später verunglückte Graf Berghe selber tödlich in Monza.

Die Sicherheitslage änderte sich erst Ende der 1960er-Jahre, als der später dreifache Weltmeister Jackie Stewart, Wortführer der 1961 gegründeten Grand Prix Drivers' Association, den Veranstaltern und Streckenbetreibern auf die Füße trat. Die Mitglieder der GPDA trafen sich heimlich in kleinen Hotels in der Nähe der Rennstrecken, so auch im Hôtel de France in La Chartre. Dort hatte ich Gelegenheit, mit meinem TV-Team eine solche Zusammenkunft zu filmen. Grundvoraussetzung: Wir durften keinen Ton mitlaufen lassen und nichts Gehörtes weitergeben. Die gedrehte Passage verwendete ich 1971 in meinem TV-Porträt ›10 Tage mit Jackie‹. Stärkste Waffe der Fahrer war der Boykott einer Veranstaltung, und so streikten sie 1969 in Belgien für Spa-Francorchamps und traten nicht zum Rennen an. 1970 boykottierten sie den Nürburgring, 1972 Zandvoort in Holland. Le Mans ergab sich früh den Forderungen und blieb deshalb von Streiks verschont. Erfolg war, dass Sicherheitsmaßnahmen umgesetzt oder völlig neue Rennstrecken gebaut wurden. Die Todesfälle gingen zurück. So gesehen hat Jackie Stewart einen Meilenstein für den europäischen Rennsport gesetzt.« ∎

Salz des Lebens

Unterwegs mit dem Paludier — Die Guérande hat frank-reichweit einen Namen, der auch in nahezu allen Supermärkten aus den Regalen funkelt. Er steht für feinstes Meersalz, das einst buchstäblich Gold wert war.

Eine Statur zwischen Kloß und Kleiderschrank, vielleicht behäbig, doch wohl eher kräftig wie ein Bär – Nicolas Arnoult ist ein Phänomen mit Rauschebart, Erzähltalent und Humor, in seiner Heimat Guérande bekannt wie der bunte Hund. Denn fast täglich führt er Gruppen durch die Salzmarschen und erläutert seine Passion für *gros sel* und *fleur de sel*. Das grobe Meersalz und die feine Salzblume werden in der Region immer noch nach alter Methode von Hand geerntet. Nicolas ist ein wandelndes Salzlexikon, dabei mit einem Auge immer am Himmel, wo vielleicht ein seltener Vogel flattert, den er garantiert auch zu bestimmen weiß: Seeregenpfeifer, Blaukehlchen, Brandente, Säbelschnäbler. Der Einklang von Natur und intensiver wirtschaftlicher Nutzung ist eine glückliche Fügung, die den Reiz der Marais ausmacht. Wind und gleißende Sonne, Meerluft und Stille – für Nicolas das Glück auf Erden.

Mit 2000 Hektar Becken ist die Guérande Frankreichs größtes zusammenhängendes Gebiet traditioneller Salzgewinnung. Etwa 200 *paludiers* arbeiten dort – Salzbauern, die man südlich der Loire *sauniers* nennt. Pro Jahr fahren sie 12 000 Tonnen Salz ein, von dem die Blume, die einst als minderwertig galt, heute wegen ihres feineren Geschmacks mehr geschätzt wird als das grobe, gräuliche Meersalz. Das System klingt einfach: Meerwasser durchläuft immer flachere Becken, erwärmt sich und verdunstet, wobei der Salzgehalt so weit steigt, dass man schließlich mit Schiebern ernten kann. Allerdings braucht es Erfahrung, um Wind und Sonneneinstrahlung einschätzen und die richtige Wassermenge zuleiten zu können. Als die Römer mit der Salzgewinnung begannen, nutzten sie natürliche Becken. Mönche verfeinerten im Mittelalter die Technik und schufen durch Wälle abgestufte Felder mit reguliertem Meerwasserzufluss. Geerntet wird nur in Monaten mit hoher Verdunstung, etwa von Juni bis Oktober. Nördlich von Guérande reicht die Sonneneinstrahlung kaum noch aus, das Salz versiegt.

Nicolas teilt sein Wissen ohne Punkt und Komma mit der Gruppe. Er berichtet von der Salzsteuer zur Finanzierung von Kriegen und vom Schmuggel mit dem kostbaren Gut, lässt raten, wie lange es dauert, bis in die Hand gefülltes Wasser verdunstet, bricht hier und da Blätter von den typischen Pflanzen der Marschen ab und lässt von den feinen Aromen kosten. Eine Welt tut sich auf, die nicht nur salzig ist. Aber der Geschmack, der bis heute den Absatz sichert, war einst nur die eine von zwei wichtigen Aufgaben. Die andere bestand darin, Lebensmitteln Wasser zu entziehen und Bakterien zu töten. Verderbliche Ware, insbesondere Fisch, wurde damit haltbar gemacht, bis die Konservendose und später der Kühlschrank erfunden waren. ∎

Johanna, die Katholiken und die Rechtspopulisten

Heiliger Schein — Die Kirche legte Wert darauf, dass Jeanne d'Arc eine Jungfrau war. Denn nur Damen, die sich schon dem Geschlechtsakt hingegeben hatten, konnten vom Teufel besessen sein. Statt Johannas Schlüsselrolle im Hundertjährigen Krieg zu würdigen, kreisten Anhänger und Gegner um die Frage der Tugendhaftigkeit. In der modernen Welt wird die nunmehr Heilige zur Galionsfigur der Nationalisten.

Brecht hatte recht: Die Hauptfigur seines Theaterstücks »Die heilige Johanna der Schlachthöfe« heißt mit gutem Grund Johanna Dark. Für ihr Vorbild, die berühmteste Bauerntochter des Mittelalters, kam nämlich die noble Schreibweise Jeanne d'Arc erst lange nach ihrem Tod auf. Als sie am 30. Mai 1431 auf dem Scheiterhaufen in Rouen hingerichtet wurde, soll sie Jungfrau und 19 Jahre alt gewesen sein. Lassen wir das mit dem kirchlich genehmen Status ›Jungfrau‹ beiseite, so bleibt immer noch, dass Johannas Geburtsdatum nicht gesichert ist. Um 1412 im lothringischen Domrémy zur Welt gekommen, mehr lässt sich nicht sagen. Zu dieser Zeit war Frankreichs Königshaus in arger Bedrängnis, denn England erhob erbrechtlich begründete Ansprüche auf den Thron und hatte alles Land nördlich der Loire besetzt. Orléans, das Tor in den Süden, belagerten die Engländer ab Oktober 1428.

Visionen braucht das Land

Schon drei Jahre zuvor soll Jeanne Stimmen gehört haben. Katharina von Alexandria sprach zu ihr, ebenso Margareta von Antiochia und auch der Erzengel Michael. Gemeinsam bedrängten sie das Bauernmädchen, als Retterin des Landes nach Chinon zu ziehen, wo der Dauphin Charles VII seinen Kummer um verlorene Staatsgeschäfte in rauschenden Festen ertränkte. An ein Wunder grenzt es bereits, dass die gänzlich unbekannte Jeanne am 5. März 1429 vom französischen Thronerben empfangen wurde. Noch rätselhafter aber, dass Charles diesem Mädchen ihre göttliche Mission abkaufte. Es hieß später, sie habe ihn an einer ihrer Visionen teilhaben lassen.

Trotz allem folgte ein dreiwöchiger Test auf Glaubwürdigkeit samt Prüfung, ob das Mädchen denn wirklich Jungfrau sei. Kaum war dies bestätigt, sprach man ihr das Recht auf eine Rüstung zu und bewilligte eine Handvoll Gefolgsleute. Die wenigen Tage vom 29. April bis zum 8. Mai 1429 genügten dann, um die völlig perplexen Engländer aus Orléans zu vertreiben. Am 17. Juli führte Jeanne d'Arc den Dauphin zur Krönung nach Reims. Nach gescheitertem Versuch, auch Paris einzunehmen, fiel Johanna durch Verrat in die Hand ihrer Feinde, die sie wegen Feenzaubers und anderer seltsamer Dinge zum Tode verurteilten.

Jeanne d'Arc hört Stimmen: So sah der Pariser Maler Eugène Romain Thirion die Jungfrau im Jahr 1876.

Verklärung mit Ansage

Indessen steckte in Jeannes Schicksal alles Zeug zur heldenhaften Verklärung. Schon ihre Mörder ahnten das und hatten ihre Asche in der Seine ausgestreut, damit um die Reliquien kein Kult entstand. In Tours, das sich dank St. Martin auf heiliges Gebein verstand, tauchte 1867 ein angeblicher Rippenknochen Johannas auf. Erst 140 Jahre später gelang der Nachweis, dass er von einer ägyptischen Mumie stammte. Nicht minder kurios waren die frühen Verschwörungstheorien, wonach die falsche Jeanne verbrannt worden sei und die wahre Heldin lebe. Über die Jahrhunderte wuchsen sich die Gespinste aus, Johanna hielt Einzug in Literatur und Malerei, sie wurde zum nationalen Mythos, erhielt Gedenkstätten am Geburts- wie am Sterbeort, begeisterte die frommsten Katholiken ebenso wie die Patrioten. Schon 1920 hatte Papst Benedikt XV. das rätselhafte Mädchen heiliggesprochen, wobei sein Anliegen darin bestand, Frankreichs antiklerikal gestimmte Regierung unter Raymond Poincaré für den Vatikan zu vereinnahmen.

Spielball Johanna

»Jeanne d'Arc, c'est la France, et la France, c'est Jeanne d'Arc.« Geistreich klingt der Spruch nicht, wohl aber markig. Jean-Marie Le Pens rechtsgerichteter Front National (FN) zog damit 1988 in den Wahlkampf und lässt seither nicht locker. Während Orléans zum 8. Mai weniger die Kapitulation der deutschen Wehrmacht im Jahr 1945 feiert als vielmehr das in Ehren gealterte Ende der englischen Belagerung, hat der seit 2018 in Rassemblement National umbenannte Front National seine Huldigung an Johanna terminlich vorgezogen: Der 1. Mai soll der rechten Partei und dem Patriotismus gehören, nicht den Sozialisten und deren Kampf für die Sache der Arbeiter. Man feiert aber nicht in Orléans, sondern vor Jeannes vergoldetem Reiterbildnis auf der Place des Pyramides in Paris. Und zwar nach dem Willen von Jean-Marie Le Pen bis zu dem Tag, da »Würde und Freiheit Frankreichs wiederhergestellt sind«. Als er das sagte, ahnte er noch nicht, dass ihn die eigene Tochter ausbooten würde.

In das ganze Gewese um die Jungfrau fügt sich, dass nach der Entlarvung des falschen Knochens doch noch eine Reliquie der Heiligen nach Frankreich gelangte. Im Prozess hatte Jeanne einst zu Protokoll gegeben, ihr sei im Gefängnis ein Ring entwendet worden. Der soll nach England gelangt sein und tauchte 2016 unerwartet in einer Auktion auf. Der rechtskonservative Franzose Philippe de Villiers bot und holte das gute Stück heim, freilich nicht nach Domrémy, Chinon oder Orléans, sondern in Villiers' Themenpark Puy du Fou, wo nun mit dem Ring im Rahmen von Shows Kasse gemacht wird. Unterdessen sahen Le Pens Gefolgsleute den Weltuntergang nahen, als Orléans für den Mai 2018 die 17-jährige Mathilde Edey Gamassou als Johanna-Darstellerin präsentierte. Ihre Hautfarbe verriet den Spießern allzu deutlich, dass Mathildes Vater aus dem afrikanischen Benin stammte.

Die Johanna-Spiele in Orléans sind letztlich so alt wie das Ende der englischen Belagerung, nur dass Jeanne darin über Jahrhunderte kaum eine Rolle spielte. Erst im 19. Jh. wurde die Jungfrau zur staatstragenden Figur. Inzwischen überschlägt man sich in Orléans mit Ehrungen. Das dient dem Tourismus ebenso wie dem Nationalismus und behagt obendrein der Kirche, die der Jungfräulichkeit immer noch viel abgewinnen kann. ∎

Hetzjagd als Bürgerrecht

Scharf auf Schwein und Hirsch — Seit der Revolution ist es nicht mehr Privileg des Adels, im Wald auf alles zu schießen, was sich bewegt. Schwund an Zweibeinern ist immer, und den duldet die Nation, denn die Lobby hat Argumente …

Es gibt diese Kuriositäten, die im Verborgenen bleiben, obwohl sich Horden von Fans darum balgen. Die von einem amerikanischen Streaming-Dienst produzierte Filmserie »Wild Boar Fever« etwa fokussiert auf die Frage: Wie und wo murkse ich die Wildsau ab? Dazu eilen gestandene Ballermänner um den Globus und nehmen die Fährte des Schwarzwilds auf, was in der Sologne bestens gelingt. Die zahlenden Teilnehmer einer Jagd beziehen Position auf Drückjagdböcken und warten, bis die hechelnde Hundemeute Wildschweine über eine breite Schneise zu Füßen des Hochsitzes treibt.

Der Sport hat uralte Tradition, nur wurde er einst mit mehr Einsatz und Risikobereitschaft betrieben. Ein verbliebenes Restrisiko mahnt jeder Jagdführer an: »Schießt nicht nach hinten, da könnte ein Kollege sitzen.« Jährlich werden in Frankreich ein paar Dutzend Jäger und Passanten von Querschlägern niedergestreckt. Schon deshalb hagelt es Proteste, doch die Jäger fuchteln mit einem Totschlagargument: Ohne sie vermehre sich das Schwein wie Karnickel. Die Gegenseite kontert, die Grundbesitzer in der Sologne fütterten reichlich, um zahlenden Jägern genügend blutigen Spaß zu garantieren.

In der dünn besiedelten Region gehört die Jagdbüchse zum Leben, sie ist gleichsam das letzte verlässliche Stück im Kampf um den Kulturerhalt. So erklärt sich die Popularität der LMR, ehedem CPNT, einer Partei der Jäger und Fischer, die auch europaweit auf freie Schusslinien pocht. Das kommt in Frankreich nicht von ungefähr, vielmehr ist es hart erkämpftes Recht aus den Tagen der Revolution. Man wollte sich vom Adel nicht länger die Butter vom Brot respektive den Schinken von der Butter nehmen lassen. Dass die Jäger zur Belustigung hinreichend bechern, ist bestens bekannt und sorgt dafür, dass am Waldrand gern die Polizei auf angeheiterte Kundschaft lauert. Warum auch soll es den Schützen besser gehen als den Schweinen? Freilich fragt sich der distinguiertere Teil der Jägerschaft, ob der Adel das Jagdrecht nicht besser gegen den Pöbel hätte verteidigen sollen. Wenn Charles-Antoine Marquis de Vibraye zur Jagd ausreitet – im Winterhalbjahr tut er das zweimal pro Woche –, besteht zumindest sein engeres Gefolge nur aus Mitgliedern der besseren Familien. Vermögen regelt die Hackordnung. Dass der Marquis etwas von Noblesse versteht, präsentiert er jedem Besucher von Schloss Cheverny bei der Fütterung der 100 Jagdhunde. Ein »V« im Fell der Tiere scheint auch sie zu adeln, diese Kreuzung aus französischem Poitevin und englischem Foxhound, aber ihr Benehmen ist ganz von dieser Welt. Lieb schauen sie aus triefenden Augen, sabbern, jaulen und lecken sich am Po. Indessen verrät ihre Nervosität, dass sie bald wieder den Zwinger verlassen werden, um Hirsch oder Wildschwein zu hetzen und am Ende ihren warmen, blutigen Anteil von der Jagdbeute zu erhalten. ∎

*Bar jeder Vernunft ... Um den Dolmen von
Bagneux wuchs mit den Jahren eine Kneipe.*

Reise durch Zeit & Raum

Fluss mit Mosaik — Quer durch Frankreich wälzt sich die Loire, ein Fluss mit vielen Gesichtern, unter historischem Blickwinkel ein Flickenteppich.

**Gallia est omnis divisa in partes …
mehr als drei**
4000 v. Chr.–2. Jh. n. Chr.

Wahrscheinlich ist er der weltweit einzige Dolmen mit angeschlossener Bar: der Megalith von Bagneux bei Saumur. Ein Riese zudem, der die meisten seiner französischen Konkurrenten an Größe übertrifft. Dafür besitzt die Region weniger Denkmäler der Jungsteinzeit als etwa die Bretagne. Mit einem Volk lassen sich die Stätten nicht in Verbindung bringen. So sind Kelten ab etwa 600 v. Chr. die ersten uns bekannten Siedler an der Loire, namentlich aber erst 57/56 v. Chr. bei Caesar erwähnt. Er unterschied von West nach Ost die Namneten, Turonen und schließlich die Karnuten, mit denen er Scherereien hatte. Denn sie entfachten 52 v. Chr. den Aufstand des Vercingetorix. Nach der Niederschlagung fanden Besatzer und Besetzte zum Einvernehmen.

Zum Anschauen:
Dolmen von Bagneux, S. 157; Amphitheater von Gennes, S. 164; Aquädukt bei Luynes, S. 113

Staatsstiftendes Tauziehen
3. Jh.–8. Jh. n. Chr.

Das Herz Frankreichs, damals Galliens, ist eine römische Idee. Fakt aber war, dass die gallische Eintracht um ein Zentrum nicht existierte und die heranwachsenden gallorömischen Siedlungen rivalisierten. Mit sinkender Macht der Römer ergaben sich im 5. Jh. Spannungen zwischen Westgoten im Süden und fränkischen Merowingern im Norden. Hinzu gesellte sich als dynamische Kraft das Christentum, das Bischof Martin von Tours ab 371 mit Klostergründungen gefördert hatte. In großer Geste nahm der Merowinger Chlodwig I. um 500 die katholische Taufe an, machte Paris zu seiner Hauptstadt und drängte die Westgoten nach Spanien. Seine Herrschaft und sein Bekenntnis zum Christentum gaben dem frühen Mittelalter eine Richtung, bald sah man in ihm sogar den Begründer einer französischen Nation. Diesen Platz machte ihm allerdings das nachfolgende Geschlecht der Karolinger streitig. Als nämlich in Spanien das westgotische Bollwerk gegen die Araber fiel, war es Karl Martell, der den weiteren Vormarsch stoppte.

Zum Anschauen:
Wirkungsorte St. Martins in und um Tours, S. 108

Schussfahrt in die Katastrophe
800–14. Jh.

Trotz einiger Misserfolge meisterte Karl der Große eine Reichsbildung und wurde 800 zum Kaiser gekrönt. Doch unter seinen Nachfolgern begann die Zentralgewalt zu bröckeln. Entlang der Flüsse zwangen Normanneneinfälle bis ins 10. Jh. hinein dazu, alte Wehranlagen auszubauen. Diese Burgen entwickelten sich zu lokalen Machtzentren mit teilautonomen Adelsdynastien. Nur mit Mühe gelang es dem 987 gekrönten Frankenkönig Hugo Capet, Streithähne wie Fulko von Angers und Odo von Blois auseinanderzuhalten. Um Aquitanien an die Krone zu binden, sollte dessen Herzogin Eleonore den Thronerben der Kapetinger heiraten. Aber die Ehe geriet zum Fiasko und wurde annulliert. Henri Plantagenêt aus der Linie Fulkos wurde Eleonores zweiter Gemahl, ein ohnehin mächtiger Regent, der 1154 durch Erbschaft auch noch König von England wurde. Zug um Zug spitzten sich die Rivalitäten zu, bis ein Streit um die Nachfolge der Kapetinger 1337 zum Ausbruch des Hundertjährigen Krieges führte. An die Stelle von wirtschaftlicher und kultureller Blüte rückten Zerstörung, Armut und Seuchen.

Zum Anschauen:
Abtei Fontevraud, S. 151; »Apokalypse des Johannes«, S. 168

Durch die Dunkelheit ins Licht und zurück

1429–1598

Es existiert die Sicht einer Besetzung Frankreichs durch Engländer, die bedeutende Städte einnahmen und den König in die Enge trieben. Allerdings ist dies eine französische Sicht, die ignoriert, dass auf dem Gebiet des heutigen Frankreich keine Einheit existierte. Vielmehr war Paris von Feinden umzingelt und Charles VII nicht grundlos verzweifelt, als Jeanne d'Arc ihm von ihrem göttlichen Auftrag zur Vertreibung der Engländer berichtete. Obwohl die berühmte Jungfrau auf dem Scheiterhaufen starb, fasste das französische Kernland durch ihren Sieg 1429 in Orléans wieder Mut und bereitete dem langen Krieg 1453 ein siegreiches Ende. Das ausgeblutete Land

Episoden aus dem Leben von Jeanne d'Arc malte im 19. Jh. Isidore Patrois (oben). – Charles de Gaulle als führender Kopf der Résistance organisierte den Widerstand gegen die Deutschen von England aus (unten).

fand zu neuen Kräften und entdeckte auch – den Menschen als Kreatur, die Eigeninitiative an die Stelle von Gottesfügung setzte. Ausdruck des veränderten Lebensgefühls war die Renaissance. Mit François I aus der königlichen Seitenlinie der Valois (reg. 1515–47) erhielt das Land einen Herrscher, der den Absolutismus vorbereitete und Künstler aus Italien an die Loire holte, um Wunderwerke der Architektur zu schaffen. Die Kirche machte derweil ihre eigenen Kämpfe durch und erlebte die Reformation. Katholiken und Protestanten suchten adelige Verbündete und schufen in ihrem Widerstreit neue Krisenherde. 1563 kam es darüber zu den Religionskriegen, die erst mit dem Edikt von Nantes 1598 ein einstweiliges Ende fanden.

Zum Anschauen:
Schlösser von Amboise, S. 85, Blois,
S. 69, Chambord, S. 63, u. a.

Glanz und Sturz des alten Regimes
1600–1789

Bereits François I war mit dem Bau von Schloss Fontainebleau näher an Paris gerückt. In der Folge verlor das Loire-Tal an politischer Bedeutung, insbesondere unter Louis XIV, der sich schließlich in Versailles niederließ und als Sonnenkönig (reg. 1643–1715) Absolutismus und Zentralisierung perfektionierte. Bedeutender Zug in dieser Entwicklung war 1685 das Edikt von Fontainebleau, das die weiterhin einflussreichen calvinistischen Hugenotten zur Massenflucht trieb. Andere zogen Nutzen aus den Umwälzungen. Frankreich avancierte zur Weltmacht mit Kolonien in Übersee und florierenden Hafenstädten wie Nantes. Neben der bitterarmen Provinz gab es nun die prunkvollen Metropolen, in denen die Bourgeoisie als neue Kraft regierte, freilich auch mit Gewinnen aus dem Sklavenhandel. Während der Adel die Loire erneut für seine Lustbarkeiten entdeckte, regte sich im Volk der Unmut, auch gegen die Kirche. Am 14. Juli 1789 kam es zum Ausbruch der Revolution.

Zum Anschauen:
Île Feydeau in Nantes, S. 202

Vom Kaiserreich zum Klimaschutz
1804–heute

Die nachfolgenden Wirren schienen mit Napoleon Bonaparte beendet. Aber der Kaiser, der er seit 1804 war, hatte maßlose Ziele, verstrickte sich in Kriege mit Nachbarländern und ruinierte Frankreichs Wirtschaft. Zukunftsorientiert regierte hingegen ab 1852 Napoleon III., der den Bau von Eisenbahnlinien und Häfen wie St-Nazaire förderte, See- und Thermalbäder populär machte und sogar noch Weichen für eine Autoindustrie stellte. In seine Zeit fällt aber auch der Deutsch-Französische Krieg 1870/71, dessen schreckliche Folgen über den Ersten bis in den Zweiten Weltkrieg ausstrahlten. Schwere Bombardements bremsten die ohnehin nur mäßig vorangetriebene Industrialisierung, was die Fünfte Republik unter General de Gaulle bis Ende der 1960er Kraftakte kostete. In seine Zeit fiel der Aufschwung des Tourismus an der Loire samt Restaurierung bedeutender Kulturdenkmäler, gefolgt von einem Boom des Weinanbaus. Unter Georges Pompidou begann die längst überfällige Dezentralisierung und Stärkung der Provinz. Der TGV von Paris über Tours nach Nantes wurde 1989 eröffnet, ein großer Abschnitt des Loire-Tals 2000 in die Liste des UNESCO-Welterbes aufgenommen. Richtungsweisend waren auch der Ausbau eines Radfernwegs an der Loire bis 2011 und die Wahl von Nantes als Umwelthauptstadt Europas 2013. Kräftigen touristischen Zuspruch erhielt die Region 2019 mit der 500-Jahr-Feier der Renaissance, gedämpft durch die Corona-Krise 2020/21.

Zum Anschauen:
Hafen St-Nazaire, S. 224; Seebad La Baule,
S. 230

Ein Leben lang Fluss

Mit dem Rad in die Rente — jede freie Minute hat das Ehepaar Jamin damit verbracht, das Land und seine Kulturschätze mit dem Fahrrad zu erkunden. Das Auto diente nur dazu, nicht verschwitzt am Arbeitsplatz einzutreffen. Aber nun als Rentner steht den Enthusiasten kein Hindernis mehr im Weg.

Marie-Anne und Jean Jamin sind echte Oésiens. Das hört sich erst einmal bedeutungsschwer an, aber mehr auch nicht. Mit dem Begriff schmücken sich die rund 4000 Einwohner des Städtchens Notre-Dame-d'Oé, einem nordöstlichen Vorort von Tours, wo sich angeblich auch mal Kelten herumtrieben. Einzig die Kirche erweckt noch den Eindruck, dass der Ort überhaupt eine Vergangenheit hat. Und die Zukunft? Nun, die gehört für fast alle im Ort dem Dasein im genormten Einfamilienhaus, das immer wieder nach den kleinen Fluchten schreit.

Seit 1985 lebt das Ehepaar Jamin hier vor den Toren der Großstadt Tours, Jean – oder Jeannot, wie ihn die Freunde nennen – als Krankenpfleger, Marie-Anne als Buchhalterin. Doch nun war sie durch, die Rente, und damit der Plan geschmiedet für ein Abenteuer, das einem Oésien leicht mal die Fassung rauben kann. Der gesamte Sommer sollte einer langen Reise gewidmet sein: über den Eurovélo 6 Richtung Deutschland, die Donau entlang und zum Schwarzen Meer. »3800 km«, sagt Jeannot, der ›kleine Jean‹, und scheint nun Respekt vor sich selbst zu haben. »Die Route folgt den Flüssen, das ist gar nicht so anstrengend, auch wenn wir keine E-Bikes haben. Zurück geht es dann mit dem Zug.«

Aber erst einmal sitzen wir bei Regenwetter im Salon de Thé an der Place Foire-le-Roi in Tours, die Brillen beschlagen, den Kopf über dampfende Teetassen gebeugt. Jeannot hat ganz gewiss seinen Platz im Leben. Aber er hat auch diesen ängstlich wirkenden Blick, der hin und wieder unsicher zu den verwegenen Gestalten draußen auf dem Platz wandert, als drohe von dort Gefahr. »Englisch? Nein, das sprechen wir nicht«, gibt Marie-Anne zu. »Aber wir fahren mit einem befreundeten Paar, das ein wenig Sprachkenntnisse hat. Man schlägt sich so durch.« Pensionen, Schlafsäle, für den Notfall das mitgenommene Zelt. »Ich passe schon auf sie auf«, sagt Jeannot, dem man genau das nicht zutraut, denn Marie-Anne ist in diesem Team erkennbar die Couragiertere.

Gemeinsam und in aller Liebe zueinander hat das Paar radelnd schon allerlei gemeistert, was den durchschnittlichen Oésien überfordert hätte. Da war die Fahrt per Tandem über Chaumont-sur-Loire bis Blois. Da war auch die ungleich ereignisreichere Tour am Nantes-Brest-Kanal. Zuerst mit dem Zug zum bretonischen Atlantikhafen Brest, dann täglich etwa 60 km am Kanal entlang und nach einer Woche die Ankunft in Nantes. Ein immer noch kleines Abenteuer, gemessen an der Reise nach Rumänien. Aber man muss sich steigern.

Was die Sicherheit angehe, so seien sie an der Loire gut aufgehoben. Bei jedem Schlossbesuch könne man die Räder unbesorgt abstellen. Wertsachen würden eben mitgenommen, aber das gelte ja auch für jeden Autofahrer. »Es gibt andere Gefahren, an die man erst mal gar nicht denkt. Hunde zum Beispiel, die irgendwo lauern können. Da hatten wir schon manch unangenehme Erfahrung. Aber auch Lastwagenfahrer, die nicht genügend Abstand halten. Glücklicherweise besitzt der Radfernweg Loire à Vélo lange Abschnitte abseits der Straßen.«

Allerdings sorgt auch die Sommerhitze für erschwerte Bedingungen: »Viele Wege an der Loire sind aber schattig und grün, da kann man es gut aushalten.« Im Winter, der in dieser Gegend oft nass ausfällt, haben die Jamins auf Touren verzichtet. Das lag allerdings auch daran, dass sie sich an ihren Urlaubszeiten orientieren mussten. Das wird sich in den kommenden Jahren ändern, aber die Loire wird bleiben. »Wir hatten nie den Traum, woanders zu leben«, sagt Jeannot. Für ihn öffnet das Fahrrad die Pforte zur Natur, für Marie-Anne ist es der Schlüssel zu neuen sozialen Kontakten, wie man sie als ständig isolierter Autofahrer nicht bekommen würde. ∎

Pedalpilger: Das Ehepaar Jamin beradelt die Loire seit Jugendjahren.

Späte Liebe
Debussy

Wichtig für die Seele — Gilles Ragon hat als Tenor an den größten Opernhäusern gesungen, häufig in Deutschland. Heute lebt er voller Zufriedenheit in seiner Geburtsstadt Nantes, wo er mit der Musik diverser Epochen experimentiert.

La bien-aimée lointaine. Was wüsste ein Deutscher damit anzufangen, zumal einer, dem alte Musik gleichgültig ist? Mehr Aufschluss gibt die ferne Geliebte. Beethoven komponierte sechs Lieder an eine Verstorbene, große deutsche Tenöre haben den Zyklus ins Programm genommen. Von Jean-Louis Haguenauer am Klavier begleitet, brachte Gilles Ragon die Wehmutsgesänge 2012 in der Originalsprache heraus. Und das so akzentfrei, dass man ihm auf Deutsch begegnen möchte. Aber zurück in seiner Heimatstadt Nantes, hat der Tenor wieder sein altes Sprachkleid übergestreift.

Die Place du Bouffay an einem sonnigen Sonntagmorgen, der Tenor trägt Buntes, das manch einen Provinzler nervös machen würde. »Ich bin in Nantes geboren und habe hier Wirtschaft studiert. Das Gesangsstudium bei Nicolai Gedda kam später in Paris, wo ich aber nicht gewohnt habe. Vielmehr bin ich mit dem Zug gependelt, das sind pro Strecke knapp 400 km.« Es folgen keine Klagen über Strapazen, vielmehr ist Gilles schnell und mit Genuss bei seiner Stadt. »Im Krieg wurde viel zerstört, aber die Straßen atmen noch die Geschichte, vor allem die der Reeder und des Handels, leider auch des Sklavenhandels. Was mir hier besonders gefällt, ist die Weitläufigkeit. In anderen Städten kriegt man ja kaum Luft, hier kann man unbeschwert atmen. Nantes hat für mich genau die richtige Größe, das Leben bleibt bezahlbar. Man muss sich nur damit abfinden können, dass es nicht gerade selten regnet.«

Da gibt es dieses schwermütige Chanson der Sängerin Barbara, das Gilles sogleich erwähnt: »*Il pleut sur Nantes, donne-moi la main.*« Die unterlegte Musik spielt mit Bachs berühmtem Präludium C-Dur. Und schon schwärmt Gilles Ragon von der Barockmusik, mit der er 1984 seine Karriere begann. »Ich habe darin ein Feuerwerk der Gefühle entdeckt. Am meisten liebe ich Rameau, ein Genie.« Dann aber fällt der Name Richard Wagner, ein rascher Sprung aus der Zeit des Sonnenkönigs Ludwig in die des Bayernkönigs Ludwig. Viele deutsche Städte zählen zu den Stationen im Leben von Gilles Ragon. Die Semperoper ist dabei, Stuttgart, Wiesbaden.

Sein Alter? In jedem Fall kein Problem. »Die Stimme wird nicht alt, man kann bis 70 oder 80 singen. Schwierig wird es nur bei den Opernrollen. Der Tenor ist der Liebhaber, das passt bald nicht mehr. Als Bass könnte ich der Vater sein.« Das bedeutet, dass andere Kanäle probiert werden müssen. Ragon hat Erfahrung mit zahlreichen Epochen, als Solist sehr intensiv auch mit Debussy. Zudem leitet er ein 20-köpfiges Vokalensemble und geht in Schulen, um dem Nachwuchs die Musik und das Singen nahezubringen, denn »es ist wichtig für den Kopf und für die Seele. Mein Vater war Radiomechaniker. Als ich acht war, brachte er mir eine Stereoanlage mit. Ich legte eine Schallplatte auf, lief um den Tisch und begann zu dirigieren. Von dem italienischen Dirigenten Riccardo Chailly weiß ich, dass es bei ihm auch so war.« Gilles' Vater war bald klar: Der Junge muss was mit Musik machen … ∎

Comtesse ist auch kein Traumberuf

Schloss zu versorgen — Reich einheiraten, so hatten sich das eigentlich beide vorgestellt: Comte und Comtesse Nicolaÿ. Das Ja-Wort war dann aber nur eine Zäsur im großen Ringen um den Erhalt des Familiensitzes. Comtesse Barbara Nicolaÿ berichtet von den damit verbundenen Anstrengungen, aber auch von der Freude an einem Juwel der Renaissance.

»Louis-Jean de Nicolaÿ«, so steht es in einem Artikel vom Sommer 1979 über Château Le Lude, »ist 30 Jahre, sportlich, weitgereist und mit Staatsdiplomen ebenso wie mit englischem Humor ausgestattet.« Und mit ebendiesem vermerkte er damals: »Ich müsste wohl die Tochter eines Ölscheichs heiraten, um das Schloss zu erhalten.« Der Satz rührt mich auf magische Weise, denn 40 Jahre später sitze ich auf der Schlossterrasse jener Frau gegenüber, die Louis-Jean stattdessen geheiratet hat: Comtesse Barbara Nicolaÿ. »Seit 39 Jahren bin ich nun hier«, sagt sie. »Anfangs war das übermächtig. Nach einer Woche hatte ich mich an die Größe gewöhnt. Bis heute weiß ich aber nicht einmal, wie viele Fenster dieses Schloss hat. Was mir aber bewusst ist: Wir sind die Generation, die sich um dieses Haus kümmern muss.«

700 Jahre Geschichte stecken in den Mauern, knapp 300 davon wachte dieselbe Familie darüber. »Die Schönheit des Schlosses entdecke ich jeden Tag neu und finde es enorm spannend, immer wieder Details herauszufinden, die mir bisher nicht bekannt waren. Vor einer Weile kam ein Student aus Tours, der sich mit dem Architekturschmuck der Renaissance beschäftigte. Er fand heraus, dass die Dekorationen von Le Lude zwischen 1510 und 1525 weitgehend nach Vorbildern aus

---

KLEINVIEH MACHT AUCH MIST

K

Neben Eintrittsgeldern sorgen Ausstellungen, Sonderveranstaltungen und Verkäufe im Shop (z. B. Pflanzen, Marmeladen aus Gartenfrüchten) für Einnahmen. Für Partys werden Teile des Schlosses vermietet, man kann in einem Renaissancesalon speisen oder das Café nutzen. Für Kinder gibt es zwei Labyrinthe, einen Streichelzoo und Schlossrundgänge im Mittelalterkostüm, bei denen auch die Katakomben besucht werden. Durch einen Campingplatz am Loir und die Anbindung an einen Fernradweg öffnet sich das Schloss auch Naturliebhabern. Praktische Hinweise s. S. 142.

Rom entstanden sind. Bei anderer Gelegenheit kam unter einem Teppichbelag ein Holzfußboden zum Vorschein.«

Was derweil stets präsent bleibt: So ein Schloss ist nicht nur Studienobjekt und angenehmer Wohnsitz, sondern will auch finanziert werden, wobei der Staat keine große Hilfe ist. Nach der Revolution war der Adel enteignet worden, die Schlösser wurden geplündert, als Kasernen oder Gefängnisse genutzt oder verfielen schlichtweg. Mitte des 19. Jh. wuchs Protest am Umgang mit dem Kulturgut. Früher als andernorts erließ Frankreich Gesetze zum Denkmalschutz, schuf aber keine adäquaten Finanzierungspläne. Nur vier Loire-Schlösser sind in Staatsbesitz: Chambord, Azay-le-Rideau, Chaumont und Talcy. Für den Rest in privater Hand decken direkte und indirekte Mittel maximal 50% der Ausgaben. Kein Wunder also, dass denkmalgeschützte Schlösser allenthalben zum Verkauf stehen.

Le Lude erdachte ein Historienspiel, das bis zu 140 000 Zuschauer anzog und mehr als 300 Gemeindemitglieder ins Geschehen einband. Reiseführer entdeckten das Schloss, doch Erfolge wie in Chenonceau oder Cheverny waren nicht zu verzeichnen. Es blieb die Hoffnung auf den Ölscheich. Comtesse Barbara, Belgierin mit italienischer Mutter, hat eine andere Quelle im Auge: »Würde ich in einer Lotterie gewinnen, dann würde ich erst einmal die Steine erneuern. Tuff ist die reinste Pest. Ob Frost oder Regen, alles greift die Fassade an.«

Wir sitzen auf der Terrasse und blicken hinunter auf ein anderes Problem. Statt saftigem Grün überziehen in diesem enorm trockenen Sommer Brauntöne den 8 ha großen Park. »Um den Rasen mache ich mir keine Sorgen, der kommt ja wieder. Mit den Gärten sieht das schon anders aus, da denke ich allmählich über andere Pflanzenarten nach.« Das Konzept dieses Terrassengartens stammt aus dem 17. Jh., doch gab es 200 Jahre später große

Comtesse Barbara Nicolaÿ erzählt vom adeligen Schicksal – Plausch auf Plüsch.

Veränderungen. »Die waren nicht einmal so schlecht, aber ich möchte gern zum Ursprung zurück, wenn auch mit zeitgemäßen Zugaben.« An Rosenbeeten und Gemüsegärten erkennt man die behutsamen modernen Zutaten besonders – ausgeführt von vier statt einst 20 Gärtnern.

1000 Pflanzenarten haben Le Lude ins Bewusstsein von Gartenliebhabern gerückt. Die *Fête des Jardiniers* am ersten Juni-Wochenende und die *Journées Potagères et Gourmandes* an Wochenenden von Juli bis September jeweils zur Monatsmitte bringen Zulauf. Etwa 30 000 Besucher jährlich empfängt das Schloss mittlerweile. Notgedrungen und doch auch zufrieden üben sich Comte und Comtesse im bescheidenen Mittelweg mit halbwegs kostendeckenden Einnahmen ohne Rummel. »Ruhe genießen und zur Schonheit finden, das bieten wir unseren Besuchern. Ich selbst mag auch eher die einfachen Dinge. Kunstausstellungen und Konzerte dürfen sein. Aber es soll alles nicht zu heftig werden, weil es nicht zu diesem Schloss passt.« Bleibt abzuwarten, wie die nächste Generation das sieht. ■

La Vie en Schloss

Hinter dicken Mauern — Wenn sich die Türen für Touristen schließen, erwachen die Schlösser der Loire zu einem anderen Leben, in dem Kurioses ebenso wie sehr Alltägliches geschieht.

Im Herbst, wenn der Reiseverkehr abebbt, beginnt die Zeit der großen Reparaturen (s. S. 282). Abgestaubt wird hingegen immer: Die Rüstungen des Mittelalters brauchen Glanz.

Die Märchenfee (rechts) bekommt vor allem während der Schulferien viel zu tun. Für den Marquis de Vibraye (unten) gibt es keine Stoßzeiten: Seine Jagdhunde haben täglich Hunger.

Liebe und ewige Pflege – ein Schloss ist Intensivstation für immer.

Seit 2013 bewohnen die gebürtigen Niederländer Cornelis und Christian ein Herrenhaus am Lac de Grand-Lieu (oben). Chambord dagegen ist Staatsbesitz und nur Touristenziel.

Beurre blanc und Leben als Risiko

Mit der Hektik verheiratet — Als Küchentraum sehen Laien den Stern im Restaurantführer. Aber was dem Gast Qualität garantiert, kostet den Koch Nerven, raubt den Hausfrieden und endet gelegentlich im Selbstmord. Paul Pauvert hat sein Schicksal dem Herd überantwortet – und dort alle Spezialitäten der Loire-Küche zubereitet. Natürlich auch die weiße Buttersauce.

Milder, feiner, etwas süßlicher als eine Zwiebel. Das ist die Schalotte. Und wer sie scharf anbrät, wird mit bitterem Geschmack bestraft. Für zwei Personen hacke man eine Schalotte und dünste sie in ein wenig Fett an, ohne eine Verfärbung zuzulassen. 100 ml Muscadet und der Saft einer halben Zitrone kommen hinzu, dann reduziert man die Flüssigkeit bei mittlerer Hitze auf etwa ein Viertel.

Paul Pauvert kann nicht zählen, wie oft im Leben er diese Handgriffe schon erprobt hat. Ziel der Übung ist die *beurre blanc,* jene weiße Buttersauce, mit der man nach alter Nantaiser Tradition Fisch und Geflügel, Spargel und Spinat verfeinert. Für Paul begann die Arbeit am Herd quasi schon vor der Geburt. Großvater Pierre hatte 1898 bei der Ruine von Château Champtoceaux eine Schmiede gegründet, Großmutter Aline eröffnete dort ein Café. Dieses bewies am Ende den längeren Atem und beeindruckte Paul. Mit 14 Jahren ging er zur Kochlehre nach Ancenis, fest entschlossen, in sein Dorf an der Loire zurückzukehren. Doch mit 17 erhielt er ein verlockendes Ange-

HERRIN DER SAUCE

Zwischen Champtoceaux und Nantes steht im Dorf La Chebuette als kulinarischer Meilenstein das Restaurant Clémence. Die 1860 geborene Namensgeberin Clémence Lefeuvre servierte dort eines Tages drei Gästen Fisch mit einfacher Buttersauce. Die Kundschaft fand das Gericht verbesserungswürdig. Also fügte Clémence Essig, Schalotten und weißen Pfeffer hinzu. So simpel begann die Geschichte der Beurre blanc, die aber ein Nachspiel hatte. Auf der Île de Nantes existiert eine Place Clémence-Lefeuvre. Auch die D274 in La Chebuette und eine Gasse in Vertou an der Sèvre Nantaise sind nach der Köchin benannt. Schließlich wird im Weinbaugebiet des Muscadet von einer rein weiblichen Jury der Prix Clémence verliehen.

Der Café Gourmand ist perfekt, wenn seine süßen Zutaten variationsreich von Hand gemacht wurden.

bot für das renommierte Pariser Café de la Paix, heuerte nach drei Jahren als Koch auf Ozeandampfern an und wurde mit 25 Küchenchef im Hotel Frantel in Nantes. Erst 1980 kehrte Paul Pauvert in die Auberge de la Forge zurück, erhielt 1984 den ersten Michelin-Stern und wurde dann »Maître Cuisinier de France«. An etlichen Wettbewerben, auch international, nahm er teil, hob das Restaurant in höchste Höhen, baute es zu Les Jardins de la Forge aus und verwandelte das Wohnhaus der Großmutter in ein Hotel. Ganz Nantes kannte die Adresse, wo ein Spaziergang an der Loire und der Besuch von Château Oudon am anderen Loire-Ufer das Erlebnis abrundeten. Doch mitten im Höhenflug zerbrach Pauls Ehe. Hotel-Restaurant und Salon de thé strauchelten, weil die Organisation des Betriebes auf familiärem Beistand

fußte und der Sternekoch vor Kummer in die Knie ging.

Ist die Reduktion fertig, lässt man sie im Topf auf 60 Grad abkühlen. Diese Temperatur muss gehalten werden, wenn nun der schwierigere Teil der Zubereitung folgt. Zuerst gibt man etwas Fischsud zu. Dann rührt man nach und nach eiskalte Stückchen von insgesamt 125 g Butter mit dem Schneebesen ein. Bei korrekter Temperatur wird die Sauce schaumig weiß.

Bernard Loiseau, Anthony Bourdain, Benoît Violier – unter Meisterköchen ist Suizid keine Seltenheit. Denn unter der Kochmütze pulsiert ein Leben im Dauerstress, umso mehr, wenn ein Stern zu verteidigen ist. Paul Pauvert, inzwischen im Rentenalter, spielt Gelassenheit, wenn er auf seine Krise zurückblickt. Reisen zu Vergnügungszwecken hat er nie unternommen, auch das belastet eine Ehe. Dem Kollegen Loiseau, der sich im Burgund zu Tode geschuftet hat, bescheinigt er eine instabile Psyche. Aber er selbst ist Meister der Verdrängung. Den Betrieb führte er mit gebremstem Anspruch im Alleingang, nur ein Kellner stand ihm zur Seite. Freitags und samstags hatte er noch ganztägig geöffnet, ansonsten lediglich für Mittagsgäste und montags komplett geschlossen. Menüs servierte das Bistro zum Sparpreis – glänzend investiertes Geld, denn die Speisen profitierten noch vom Michelin-Stern. Inzwischen hat ein Nachfolger das Restaurant übernommen. Natürlich gibt es auch bei ihm die beurre blanc zum Zander.

Da eine Montage mit Butter nicht lange bindet, muss Beurre blanc passgenau zum garen Fisch fertig sein und gleich serviert werden, nur eben noch mit weißem Pfeffer abgeschmeckt. Ein wenig Sahne würde die Sauce stabiler machen, aber dagegen sträubt sich die Nantaiser Tradition: Beurre blanc hat Butter zu bleiben. ∎

In Weinlaune

Gut gewinzert — Hunderte Kilometer liegen zwischen Sancerre und Nantes, den beiden Endpunkten des Weinbaus im Tal der Loire. Da dürfte jedem klar sein, dass man sich nicht mit allen guten Tropfen vertraut machen kann. Aber ein paar sollten es schon sein. Wir besuchen das Sekthaus Ackerman und den Muscadet-Produzenten Chéreau.

Betrachtet man Sancerre als glänzenden Vorboten der Burgunder und die Weine des Orléanais als historisch bedingtes Versehen, so teilen sich die Loire-Gewächse in drei große Gebiete: Touraine zwischen Blois und Chinon, Anjou zwischen Saumur und Ancenis, schließlich Nantais in einer südlichen Sichel um Nantes (Überblick auf www.vinsdeloire.fr). Die Sonne ist dort kein gar so verlässlicher Faktor, von daher wagte man sich erst nach der Römerzeit an den Weinbau. Inzwischen liefert die Loire Frankreichs drittgrößte Produktionsmenge und muss ihre Erzeugnisse nicht mehr verstecken. Der Weiße aus Sancerre, der Rote aus Chinon, der Edelsüße aus dem Anjou – sie alle sind gefragt. Exportiert wurde schon im Mittelalter in Nachbarregionen, mittlerweile auch nach Übersee. Chinesen, die sich längst im Bordelais und Burgund eingekauft haben, konnten sich für die Loire-Weine noch nicht erwärmen – man sagt ihnen nach, dass sie sich an Hitlisten und nicht an Kenntnissen orientieren. Dabei könnte man auch Promi-Klatsch als Wegweiser nehmen: Gérard Depardieu beispielsweise führt ein Weingut in Tigné. Wir indessen besuchen probehalber zwei andere Künstler der Rebstöcke.

Belgischer Schaumschläger

Vita brevis, ars longa. Die antike Weisheit vom kurzen Leben und der langen Kunst haben die Caves Ackerman auf den Sekt übertragen: vergänglich die Perlen, ewig die Emotion. An den *fines bulles,* den feinen Bläschen, hat Firmengründer Jean-Baptiste Ackerman lange getüftelt, um 1811 seine Kellerei in den Tuffsteinhöhlen bei Saumur zu eröffnen. Der Bankierssohn aus Antwerpen war der Erste, der die *méthode champenoise* an der Loire erprobte, nur durfte er das so nicht sagen. Denn die Winzer der Champagne strengten allerlei Prozesse an, um auf ihr Verfahren der Flaschengärung zumindest ein terminologisches Monopol zu bewahren. Noch heute spricht man deshalb von den Crémants de Saumur.

Und Emeline Martineau spricht von ihnen mit einer solchen Begeisterung, dass man ihr liebend gern zwei Stunden lang durch Ackermans kühle Keller folgt. Der Firmensitz im Tuffgestein von St-Hilaire-St-Florent war über vier Jahrzehnte der einzige Standort bei Saumur, an dem Crémants produziert wurden. Aber längst haben sich Rivalen am Loire-Nebenfluss Thouet postiert. Langlois-Château, auch bekannt für Weiß- und Rotweine, residiert dort seit 1885. Veuve Amiot ging ein Jahr früher an den Start. Gratien & Meyer mit Feudalsitz zwischen Thouet und Loire bietet schon seit 1864 Paroli. Den Vogel schießt der 1851 gegründete und damit älteste Konkurrent Bouvet Ladubay ab. Wenn man dort heute mehr Besucher sieht als bei Ackerman, so liegt das an

SO GANZ AM RANDE **R**

Keine 10 km sind es von Château de Chasseloir nach Le Pallet, wo das Musée du Vignoble Nantais über die Traditionen des Muscadet informiert. Das Dorf war aber auch Geburtsort des Philosophen und Theologen Pierre Abélard (1079–1142). Berühmt wurde er wegen der Liebe zu seiner Schülerin Héloise und der bitteren Konsequenzen. Héloises Onkel ließ Abélard entmannen und schickte seine Nichte in ein Kloster. Es existiert ein herzzerreißender Briefwechsel, nur höchstwahrscheinlich einseitiger Natur. Denn Héloise war es wohl nicht gestattet, Liebesschreiben zu empfangen, und so wird Abélard sich selbst geantwortet haben.

allerlei Attraktionen, die mit Sekt gar nichts zu tun haben. Eine Kunstsammlung und ein kleines Theater gehören dazu, vor allem aber kann man bei der Führung mit dem Fahrrad durch die Keller sausen.

Emeline versteht es, gegen das Pfauengehabe der Rivalen Ackermans Altersnoblesse aufzubieten. Die Höhlengänge seien die höchsten der Gegend, sagt sie. Ermessen kann man es an einem Kunstwerk, das in Etagen vom Boden zur Decke reicht. Ja, auch hier gehört Kunst zum Programm, aber es ist damit ein Fördergedanke verbunden: Ackerman und Fontevraud finanzieren gemeinsam eine Künstlerresidenz, aus der Werke speziell für die Kellerei hervorgehen. Das Staunen über Kunst und Katakomben setzt sich fort, während man von Emeline erfährt, wie die erste Gärung im Alutank erfolgt und Spitzenmarken ins Eichenfass wandern. Wie die zweite Gärung in der kopfüber gestellten Flasche stattfindet, wobei tägliches Rütteln die Heferückstände in den Flaschenhals treibt. Wie verschnitten wird, um *brut, sec* oder *demi sec* zu erzeugen. Zum Schluss kommt der Korken drauf, den Emeline dann aber noch knallen lässt. Denn die feuchte Probe gehört zum Rundgang. Der Crémant ist ein Champagner für die Armen, sagt man in der Gegend. Entsprechend naheliegend, am Ausgang zumindest noch eines der jährlich 15 Mio. Fläschchen Saumurois zu erwerben. Vielleicht gar den X Zero in Weiß oder Rosé, denn so einen prächtigen Alkoholfreien findet man andernorts kaum (https://visite. ackerman.fr; Weinkurse in Saumur: https://lesecretdespapilles.fr).

Frisch auf Bodensatz

Chéreau-Carré ist eine verzweigte Familie mit mehreren Weingütern im Muscadet. Über eines davon, das Luftschloss Château de Chasseloir in St-Fiacre-sur-Maine, wacht der studierte Mediziner Bernard Chéreau. Luftschloss deshalb, weil die feudalen Hauptgebäude aus dem 15. Jh. während der Revolution zerstört und abgetragen wurden. Trotz der Amputation weht Geschichte. Ein gotischer Turm steht noch. Glasfenster illustrieren die sieben Todsünden und die sieben Tugenden. Und im Keller wachen originale Holzschnitzereien über die Weinfässer. Sie erzählen von Gargantua und Pantagruel, den beiden Riesen, deren Abenteuer der Dichter François Rabelais etwa zur Bauzeit des Schlosses niederschrieb.

Bernard und seine Tochter Louise führen das Anwesen mit Geschichtsbewusstsein. Und auch mit stolzem Blick auf Weinstöcke gleich vor der Tür, die mit ihren 100 Jahren wohl die ältesten der Region sind, demnach am tiefsten wurzeln und das Beste aus dem Boden holen. Château de Chasseloir liegt im

15 000 Hektar großen Anbaugebiet des Muscadet, das mehrere Weißwein-Appellationen hervorbringt, als wohl bekannteste und hochwertigste den Muscadet Sèvre et Maine mit dem Zusatz *sur lie* (auf Bodensatz). Bei diesem Erzeugnis lagert der Muscadet den Winter über im Fass, die toten Hefezellen, die bei der Fermentation entstehen, setzen sich am Boden ab. Zum Frühjahr hin wird der nunmehr klare Wein oxidationsfrei abgefüllt, es bleiben Anteile von Karbongas zurück, die einen leicht spritzigen Wein von maximal 12% Vol. und einer Lagerfähigkeit von zumeist drei Jahren ergeben.

Bernard Chéreau ist da allerdings auf anderer Fährte, er setzt als Novum auf eine insgesamt längere Lagerung, schon im Fass. Der Anstoß war vom Vater gekommen, der vom ältesten Kellerbestand probiert hatte, das waren noch Reste aus den 1950er-Jahren, als die Familie das Weingut übernommen hatte. Das Urteil: Die schmecken noch, wenn auch anders, eher wie Burgunder. Was gar nicht so sehr verwundert, da die Rebsorte Melon ursprünglich aus dem Burgund stammt und sich wegen ihrer großen Frostbeständigkeit seit dem 18. Jh. an der Loire etablierte. In dieser Entdeckung stecke Potenzial, befand Bernard und registrierte zufrieden, dass das Ansehen stieg. Was nicht in den Export geht, wandert heute zu einem großen Teil in Pariser Läden – durchaus ein Erfolg. Getrunken wird der Muscadet bei 9 bis 11 ºC aus tulpenförmigen Gläsern zu Fisch und Salaten – in der Probierstube von Bernard aber erst mal nur in kleinen Schlucken, begleitet von Louises feinsinnigen Späßen (www.chereau-carre.co.uk/chateau-de-chasseloir). ∎

Flaschen- statt Erbsenzähler: Bernard Chéreau ist Meister des Muscadet.

Bombengeschäft im Wald

Mit Rüstung brüsten — Seit der Suezkrise 1956 quält Frankreich ein Albtraum: allein und unbewaffnet vor dem Feind zu stehen. Wo Leonardo für den König eine Musterstadt bauen sollte, bewaffnet sich heute der Staat bis an die Zähne.

Der Wald steht schwarz und schweiget. Über sein größtes Geheimnis redet er ohnehin nicht – und so machen das auch viele Anwohner hier in der Sologne. Nur wer gezielt sucht, wird an der D 75 bei Selles-St-Denis das sensationell klein dimensionierte Schild MBDA und den Parkplatz dahinter bemerken. Sensationell insofern, als diese winzige Tafel keineswegs auf eine Klitsche hinweist. MBDA – in voller Länge Matra BAe Dynamics Aérospatiale – ist vielmehr ein Gigant, dessen Auftragsvolumen von 10,5 Mrd. Euro im Jahr 2011 auf 17,4 Mrd. Euro in 2018 stieg. Und der smarte Staatspräsident Emmanuel Macron, den Europa als Lichtgestalt feiert, setzt alles daran, dass diese Zahlen weiter klettern. Auf ihre Weise arbeiten sogar die Präsidenten Trump und Putin daran, was allerdings eher ein Nebeneffekt ihres Handelns ist. Lassen wir die Katze aus dem Sack: MBDA produziert Luftverteidigungs- und Lenkflugkörpersysteme. Neben den französischen hat das Rüstungsunternehmen auch ausländische Standorte, gerne dort, wo konservative Politik auf abgeschiedene Natur trifft, etwa in Bayern. Und so verhält sich das auch in der Sologne. Dem kapitalen Hirsch begegnet man dort eher mal als einem eingefleischten Sozialisten.

Leonardos Utopia

Es gäbe andere Regionen in Frankreich mit vergleichbarer Eignung. Aber der Staat hat einen Narren an diesem Fleckchen gefressen, nachdem ausgerechnet dort mal die Hauptstadt der Nation entstehen sollte. Das war unter François I, der zwecks Planung einer neuen Metropole Leonardo da Vinci zu sich holte. Es sollte mehr als eine Idealstadt werden, ein dynamisches, revolutionäres Konzept: Wohnen und Kultur im Zentrum, Wassermühlen für die Wollproduktion an der Peripherie, die Umwandlung der Sümpfe in Ackerland. Ein kluges System von Zuleitungen und Kanälen sollte Frisch- und Abwasser sauber trennen, um mit den grassierenden Seuchen Schluss zu machen. Schließlich wollte Leonardo den Atlantik durch Kanäle mit dem Mittelmeer verbinden – über den Schnittpunkt Sologne. Jedoch kam ihm der Tod zuvor, François, auf sich gestellt, musste von dem Plan lassen, sein Romorantin in eine Zukunftsstadt zu verwandeln.

Vom SUV zum Riesenkracher

Der Ort, heute Doppelstadt unter dem Namen Romorantin-Lanthenay, besitzt noch Fachwerk und Reste einer Burg aus der Zeit, als Leonardo dort Studien betrieb. François war deshalb der Siedlung verfallen, weil seine Mutter eine Weile dort gelebt hatte und seine Frau Claude de France von dort stammte. Freilich ist diese Heimatliebe des Renaissancekönigs ein dünner Faden, der Romorantin

Politiker kommen und gehen, das Geschäft mit beängstigenden Waffen bleibt.

mit der Waffenproduktion verbindet. Handfest wird es mit dem erwähnten Namen Matra, einem Fahrzeughersteller, der u. a. mit dem Rancho schon 1977 den Prototyp eines SUV baute. Matra Automobile hatte seinen Sitz in Romorantin, fertigte dort auch in Kooperation mit Renault, war aber im Ursprung nur ein Imageträger, der dem Kerngeschäft des Mutterkonzerns das Martialische nehmen sollte. Denn gegründet wurde das Unternehmen schon 1941 als Flugzeug- und Rüstungsbetrieb. Nach Selles-St-Denis, jener Produktionsstätte von Lenkflugkörpern, sind es von Romorantin nur 15 km über die D 75. Weitaus komplizierter erscheint dagegen das heutige Firmenkonstrukt, an dem Airbus, das britische BAe Systems und das italienische Leonardo Anteile halten.

Falls es mal wieder kalt kriegt

War Macron bei seiner Wahl 2017 mit Sparplänen im Verteidigungsetat angetreten, so steuerte er zwei Jahre später im Gegenteil auf eine Erhöhung zu – auf Druck der USA und der eigenen Armee. Trumps Rückzug aus weltweiten militärischen Verbindlichkeiten stärkte Macrons Überzeugung, dass eine europäische Verteidigungspolitik ebenso vonnöten sei wie die strategische Autonomie Frankreichs. Als deren Rückgrat wird nicht nur vom Präsidenten die heimische Rüstungsindustrie gesehen und geschätzt, die trotz aller europäischer Kooperationsanstrengungen Kapazitäten für sämtliche Waffensysteme besitzt und Exporte in Milliardenhöhe abwickelt. Die Geschäfte florieren, je mehr sich Staaten von den USA als Beistandspartner verlassen sehen und Russland wieder als Bedrohung empfinden. In diesem Gefüge hat Macron bereits Bande zu Viktor Orbán geknüpft, den umstrittenen rechts-nationalen Ministerpräsidenten Ungarns, den er als Verfechter einer zukunftstauglichen Europapolitik sieht. Das Wettrüsten, das mit dem Ende des Kalten Krieges als überwunden erachtet wurde, ist längst in eine neue Phase getreten. Das schlägt sich auch in den Auftragsbüchern von Selles-St-Denis nieder. ∎

Danksagung des Autors
Für Geduld und vielfältige Hilfestellungen vor Ort danke ich
Adeline Legras, Loire Atlantique Développement,
Ingrid Perrais, Office de Tourisme La Baule-Presqu'île de Guérande,
Hélène Ramsamy, Agence Départementale du Tourisme de l'Anjou,
Margaux Seillé, Office de Tourisme de la Vallée du Loir,
Estelle Vandenbroucque, Comité Régional du Tourisme Centre-Val de Loire.
Eine Schlusskorrektur versah **Paul Ligtenberg,** der seit Jahrzehnten in der
Loire-Region wohnt und sein Berufsleben zahlreichen Aspekten des Tourismus
gewidmet hat.

DAS KLIMA IM BLICK

Reisen bereichert und verbindet Menschen und Kulturen. Wer reist, erzeugt auch CO_2. Der Flugverkehr trägt mit einem Anteil von bis zu 10 % zur globalen Erwärmung bei. Wer das Klima schützen will, sollte sich für eine schonendere Reiseform (z. B. die Bahn) entscheiden – oder die Projekte von atmosfair unterstützen. Atmosfair ist eine gemeinnützige Klimaschutzorganisation. Die Idee: Flugpassagiere spenden einen kilometerabhängigen Beitrag für die von ihnen verursachten Emissionen und finanzieren damit Projekte in Entwicklungsländern, die dort den Ausstoß von Klimagasen verringern helfen. Dazu berechnet man mit dem Emissionsrechner auf www.atmosfair.de, wie viel CO_2 der Flug produziert und was es kostet, eine vergleichbare Menge Klimagase einzusparen (z. B. Berlin – London – Berlin 14 €). Atmosfair garantiert die sorgfältige Verwendung Ihres Beitrags.

Manfred Görgens gehört zu diesen »Ich bin dann mal weg«-Menschen. Im Studium ist er rund um die Erde gereist, um schließlich festzustellen, dass er frankophil ist und spannende Landschaften wie das Tal der Loire bequem nahebei liegen. Reisen, Schreiben, Fotografieren sind Beruf und Leidenschaft zugleich. Der Journalist und Autor mehrerer DuMont-Reiseführer zum Thema Frankreich lebt in Wuppertal.

Abbildungsnachweis
AWL-Images, Whitchurch (GB): S. 130 re. (Doug Pearson) **DuMont Bildarchiv,** Ostfildern: S. 83 M. (Markus Kirchgessner) **Getty Images,** München: S. 2/3 (Gamma-Rapho/Herve TARDY); 272 (LL/Roger Viollet); 60 (Owen Franken) **Huber-Images,** Garmisch-Partenkirchen: S. 105 (Günter Gräfenhain) **iStock.com,** Calgary (Ca): S. 293 (Jozsef Soos) **Laif,** Köln: S. 219 re., 237 (Frank Heuer); 99, 110 (hemis.fr/Avenet Pascal); 55 (hemis.fr/Eric Planchard); 288 (hemis.fr/Franck Guiziou); 29 (hemis.fr/Herve Lenain); 134 (hemsi.fr/Philippe Blanchot); 69 (hemsi.fr/Sylvain Cordier); 161 (Le Figaro Magazine/de Russe); 131 re., 147 (Polaris/Piero Oliosi); 40 li., 49 (Tuul & Bruno Morandi); 43 (VU/Serge PicardU) **Lookphotos,** München: Titelbild (robertharding) **Manfred Görgens,** Wermelskirchen: S. 6, 8, 10, 12/13, 14 li. , 15 M., 15 re., 17, 18, 34, 37, 39, 41 M., 41 re., 45, 63, 64, 66, 70, 74, 81, 82 li. , 82 re., 83 re. , 85, 89, 90, 95, 96, 113, 115, 117, 123, 129, 131 M., 133, 139, 141, 144, 148 li., 149 M., 149 re., 151, 152, 155, 156, 163, 168, 171, 181, 182, 185, 186 li., 186 re., 187 re., 189, 191, 196, 199, 201, 206, 209, 217, 218 li., 218 re., 219 M., 221, 226, 229, 235, 256/257, 258, 264/265, 277, 278, 281, 282/283, 284 o. li., 284 re., 284 u. li., 285 o., 285 u., 287, 291 **MATO,** Hamburg: S. 130 li., 137 (Carlo Irek); 166 (Guido Cozzi) **Mauritius Images,** Mittenwald: S. 40 re., 59, 120 (Alamy/Andia); 269, 274 o. (Alamy/Artefact); 223 (Alamy/David Ridley); 165 (Alamy/Eckhard Supp); 274 u. (Alamy/Mccool); 7 o. li. (Alamy/Tim Sambrook) **Petra Fechner,** Wermelskirchen: S. 299 **Shutterstock.com,** Amsterdam (NL): S. 78 (Bruno Mazzetti); 14 re., 26 (Gregory Guivarch); 238 (Jooh); 142 (Leoks); 148 re. (NeydtStock); 7 re. (Nikolay Penev); 7 u. li. (Smspsy); Umschlagkklappe vorn (StockMySelf); 187 M., 215 (SwannGS) **www.lejardindemarie.com:** S. 32

Umschlagfotos
Titelbild: Schloss Chenonceau
Umschlagklappe vorn: Blois im Sonnenuntergang

Kartografie
DuMont Reisekartografie, Fürstenfeldbruck
© DuMont Reiseverlag, Ostfildern

Autor: Manfred Görgens **Redaktion/Lektorat:** Sebastian Schaffmeister **Bildredaktion:** Sylvia Pollex, Titelbild: Carmen Brunner **Grafisches Konzept und Umschlaggestaltung:** zmyk, Oliver Griep und Jan Spading, Hamburg

Hinweis: Autor und Verlag haben alle Informationen mit größtmöglicher Sorgfalt geprüft. Gleichwohl erfolgen alle Angaben ohne Gewähr. Infolge der Corona-Pandemie kann es darüber hinaus zu kurzfristigen Geschäftsschließungen und anderen Änderungen gekommen sein. Bitte schreiben Sie uns! Über Ihre Rückmeldung und Ihre Verbesserungsvorschläge freuen wir uns: DuMont Reiseverlag, Postfach 3151, 73751 Ostfildern, info@dumontreise.de, www.dumontreise.de

1. Auflage 2022
© DuMont Reiseverlag, Ostfildern
Alle Rechte vorbehalten
Printed in Poland

Offene Fragen*

Was macht Sankt Martin in Tours?
Seite 108

Wie viele Loire-Schlösser gibt es eigentlich?
Seite 6

Woher hat die Tarte Tatin ihren Namen?
Seite 61

Wie kam die Mona Lisa in den Louvre?
Seite 88

Gehört die Loire zum Welterbe?

Was hat Chinon mit Rio de Janeiro zu tun?
Seite 122

Warum hat man am Nordufer der Loire schwarze Dächer?
Seite 181

Kennen Sie Colette?
Seite 36

Wo gab es ein Schloss der Frauen?
Seite 95

»Ja, bitte« zur Atomkraft?
Seite 39

Kann man in der Loire baden?
Seite 244

Lebte Dornröschen an der Loire?
Seite 119

* Fragen über Fragen – aber Ihre ist nicht dabei? Dann schreiben Sie an info@dumontreise.de. Über Anregungen für die nächste Ausgabe freuen wir uns.